中青年经济学家文库

ZHONGQINGNIAN JINGJIXUEJIA WENKU

国家社会科学基金青年项目（批准号：17CJY045）阶段性成果

超越国际代工

——中国制造业转型升级路径及微观机理研究

杜宇玮／著

To Move Beyond International Subcontracting:

Roadmap and Micromechanism to Transform and Upgrade China's Manufacturing Industry

中国财经出版传媒集团

经济科学出版社

Economic Science Press

图书在版编目（CIP）数据

超越国际代工：中国制造业转型升级路径及微观机理研究/
杜宇玮著 . —北京：经济科学出版社，2019.11
　（中青年经济学家文库）
　ISBN 978 - 7 - 5218 - 1056 - 1

　Ⅰ. ①超…　Ⅱ. ①杜…　Ⅲ. ①制造工业 - 产业结构升级 -
研究 - 中国　Ⅳ. ①F426.4

中国版本图书馆 CIP 数据核字（2019）第 239167 号

责任编辑：杜　鹏　凌　健
责任校对：隗立娜
责任印制：邱　天

超越国际代工
——中国制造业转型升级路径及微观机理研究
杜宇玮　著

经济科学出版社出版、发行　新华书店经销
社址：北京市海淀区阜成路甲 28 号　邮编：100142
总编部电话：010 - 88191217　发行部电话：010 - 88191522
网址：www. esp. com. cn
电子邮箱：esp@ esp. com. cn
天猫网店：经济科学出版社旗舰店
网址：http://jjkxcbs. tmall. com
固安华明印业有限公司印装
710×1000　16 开　20.75 印张　330000 字
2019 年 11 月第 1 版　2019 年 11 月第 1 次印刷
ISBN 978 - 7 - 5218 - 1056 - 1　定价：88.00 元
（图书出现印装问题，本社负责调换。电话：010 - 88191510）
（版权所有　侵权必究　打击盗版　举报热线：010 - 88191661
QQ：2242791300　营销中心电话：010 - 88191537
电子邮箱：dbts@ esp. com. cn）

序：探索中国制造业转型
升级的微观机制

国际分工不断深化和细化的一个重要表现形式，就是"研发—生产—营销"这个价值链中一体化序列的分离，这成为在当代经济全球化浪潮中逐步出现并普遍流行的重要现象。在这种垂直一体化分离背景下，改革开放之后的中国，以引进外资进行加工贸易或积极主动地接受发达国家企业的生产外包订单，嵌入到价值链中的生产环节，形成了一种以国际代工为特征的制造业产业发展模式，这也成为推动中国东部地区外向型经济发展的主要动力。

过去一些年，我和我的研究团队曾经对这个重要现象和由此引发的问题做过许多分析和探索，也出版和发表过一系列著作和论文，取得了比较重要的学术影响。现在杜宇玮博士沿着这个线索继续探索，提出了超越国际代工这个学术命题。他的研究是有重要的现实意义的，现在的中国制造业发展已经到了这么一个阶段。应他的要求我为他这本书作序，顺便谈谈我对这个问题的认识。

我觉得在开放初期，中国制造业在参与国际竞争中走国际代工的道路，是一种内生性的自然选择，具体可以从以下四个方面来考察。

第一，从企业技术条件因素来看，中国制造业企业的技术能力和水平，与发达国家的先进企业之间还存在着较大的差距。技术能力的差距并不是一个简单的研发投入强度低的经费问题，其本质上产生于初始生产力的落后和制度的落后，如激励创新的制度结构不完善、对旧制度的路径依赖等以及由此决定的技术创新能力落后。技术能力上不处于同一个竞争平台的现实，决定了中国企业无法在研发、设计等方面与先进企业进行正面较量，而只能在某些拥有比较优势的要素成本如劳动力成本、土地成本、环境规制等方面参与国际竞争。中国特别是东部沿海地区自然形成的禀赋条件，对追求制造效率、强化核心业务能力和降低生产成本的发达国家的先进企业具有天然的吸引力。因此，中国东部地区也就顺其自然地成为重要的国际代工基地。

第二，从企业竞争战略因素来看，发达国家先进企业之间的竞争，主要是通过技术创新和品牌经营来进行的。差异化竞争是其主要的方式和特征，而对于大多数中国企业而言，当时还达不到这种竞争层次，客观上并不能直接介入这些阶段和层面的活动。一种更为现实的战略就是，它们可以在发达国家所开发的产品趋于成熟阶段介入市场，争取来自处于先进序列的企业的代工订单业务，以劳动力密集的规模经济优势降低生产成本，并保证能够提供物美价廉、及时交货的服务。即中国企业因研发能力和品牌运作能力的不足，先选择与跨国企业处于一种产品生产过程中的不同阶段，占据国际产品价值链中的低端生产环节，这是一种硬约束下的次优战略。

第三，从企业能力演进因素来看，中国企业在获得代工业务的过程中会获取来自发包方的"溢出效应"。通过国际代工，企业不仅可以赚取进一步扩大再生产的资金积累，而且可以使企业逐步积累起参与国际市场竞争的组织能力。具体表现为，可以把企业从一个封闭的环境带入了高度竞争的开放性国际市场，唤起企业的国际市场意识和品牌意识，锻炼企业的劳动者和高级管理者人员，增强企业的组织与学习能力。这就可能使中国企业培育出进一步向产品内分工的高端，如设计能力、研发创新能力和品牌运作能力等自然延伸的动态学习能力。也就是说，企业之间的差距可以在国际开放中不断缩小，企业的研发能力、品牌运作能力和治理结构可以通过学习模仿来提升和优化。因此，国际代工被看作中国企业在全球化条件下最佳的低成本学习途径。

第四，从市场支撑条件因素来看，有限的有效市场容量以及其背后的品牌成为中国企业成长过程中难以跨越的障碍。一方面，虽然中国具有巨大的并迅速成长的国内市场容量，但由于存在区域之间市场分割下的制度障碍，市场容量大并不代表企业的现实市场份额大。同时，由于缺乏自创品牌的市场基础和民族文化自信心，以及对品牌的更加广泛的国家凝聚力和民族认同度。因此，在开放条件下，国内因收入增长的有效需求很大一部分为国际竞争者所吸纳，国产品牌为洋品牌所替代。另一方面，中国制成品企业的产品本身也因缺少品牌而缺乏市场竞争力。在这种情况下，国内制造业企业通过国际代工，依靠"大腕"跨国公司，就是在品牌和市场约束下走向国外市场的一种现实选择。

不可否认，国际代工在中国经济起飞和高速增长以及社会现代化转型中起了不可磨灭的作用。即便如此，也应该清醒地看到，随着中国逐步进入经济新常态发展阶段，利用廉价的生产要素、从事全球价值链低端加工、制造、生产、装配的国际代工模式已经到了难以为继、必须进行转型升级和转换发展方式的关键时刻。这主要是因为以下三点。

第一，以国际代工为主的制造业增长模式，无法应对要素成本持续的、大幅度的上升趋势，容易出现持久的经济下行和衰退。众所周知，过去中国劳动密集型产业所具有的比较优势是我们的竞争利器，但是现在它正面临着要素成本大幅度上升的巨大压力，低价竞争的市场优势正逐步趋于消失，不断地让位于其他发展中国家。之所以出现这一情况，是因为长期以来，中国的竞争优势平台没有随着发展进程被逐渐提升，即劳动生产率的提升幅度没有不断地超越要素成本的上升幅度，由此企业不能消化掉要素成本上升的压力，从而导致制造业产业竞争力衰减。

第二，以国际代工为主的制造业增长模式，可能会抑制中国经济进入创新驱动发展的可能性。创新活动以及所伴随的技术进步是提升生产率的主要途径，也是消化和吸收要素成本上升压力的主要方法。但是依托于国际代工的制造业增长方式，却只能依靠低成本优势竞争，难以演化出创新驱动的发展格局。这是因为，中国过去制造业的低附加值贸易活动，做的是发达国家早已研发好、设计好的外包订单，自己成为别人的零部件供应商，收取微薄的加工费用。虽然这在发展的早期是必须付出的学习成本，但其副作用也很大。主要是它从起点就让中国企业失去了自主创新的欲望和动力，而且一旦进入这一体系，很容易被跨国企业"俘获"和长期被锁定在全球价值链的低端难以摆脱，为未来产业转型升级自我设置了障碍。另外，中国的自主创新必须基于自身庞大的内需，只有依靠自己的内需，才有可能培育出具有自主知识产权的创新成果。而国际代工是基于外需进行的外生型发展模式，无论是在经济学的逻辑上，还是在世界各国的实践中，都证明是一条走不通的产业升级道路。中国经济发展战略如果指向转型升级，必须把利用国内低端要素进行国际代工的外向型发展模式，转变为基于国内外市场需求的自主创新模式，否则就不可能转轨为创新驱动型国家。

第三，以国际代工为主的制造业增长模式，受制于外需萎缩和发达国家"再工业化"战略牵制，因而难以有大的作为。这些年除了国内生产要素成本大幅度上升、人口红利逐步消失外，中国 1.0 版的经济全球化，也受到了来自外部条件恶化的严重阻遏。尤其是 2008 年世界金融危机后，发达国家对劳动密集型制造业产品的需求大幅度降低，以美国为首的西方国家又纷纷调整其全球化战略取向，推行以制造业回归复兴、"制造业出口倍增计划"等为目标的"再工业化"战略，推行各种抛开 WTO 原则、以提高关税为主要手段进行贸易战等抑制中国崛起的进程，这些都使得中国过去传统的以国际代工方式进行出口为导向的全球化战略难以为继。

总而言之，在国际代工模式的发展格局下，跨国公司主导着产品内分工中的增值率较高的价值环节。而作为接受代工的中国企业仅具有对产业低端的加工能力，自身缺乏产品设计和研发优势，缺乏技术创新能力，缺乏具有自主知识产权的知名品牌，信息来源和销售渠道严重依赖海外供应商和进口商，从而处于全球价值链的低端。因此，未来中国外向型经济的发展和制造业的转型升级，就是要超越国际代工者的角色，实现产业链向高端攀升。

从微观经济角度来看，超越国际代工模式，就是要让企业从以代工生产的低成本竞争战略转向自有品牌的创新发展战略。应该来说，每个企业都拥有自主品牌特别是国际著名品牌的梦。然而事实上，并不是所有企业都会选择或有能力选择自创品牌。对于中国众多代工企业来说，是继续代工做著名品牌光环下的"幕后英雄"和"隐形冠军"，还是转型发展自有品牌成为"自立门户"的"龙头老大"，往往是一个两难选择。

首先，作为发包方的品牌厂商就是一条难以跨越的坎，代工企业的转型必然会与之发生利益冲突。一旦其战略转型到经营自有品牌，无论是在国内市场还是进入到发达国际市场，都会遇到实施全球化战略的、具有技术创新优势和品牌优势的跨国公司的正面抵抗。这是因为，代工企业的战略转型会使原先的合作者变成了现实的竞争者，那么作为发包方的品牌厂商就会通过停止技术转移、撤销外包订单等可信威胁来阻止代工企业自创品牌的努力。在这种情况下，中国企业与跨国公司在研究开发投入上的差距越大，跨国公司的技术能力越强，产品经济寿命越短，则中国企业进入品牌经营的壁垒越高、代价越大、失败的风险也越大。不仅如此，中国企业自创品牌决策，会受到跨国企业的高强度营销投入的障碍，会遇到跨国企业的已有品牌价值的障碍，还会遇到跨国企业营销知识积累和其策略的障碍。

其次，代工企业要从原来的生产制造企业顺利完成品牌转型也会遇到非常大的困难，技术开发、品牌建设、渠道建立与售后服务等能力不足都会成为难以跨越的几道坎。生产制造的一种本领要转变为研发和品牌运作等几种本领，并且彻底地玩转这些本领，这对于相对后进的代工企业来说也是极其困难的。不仅如此，代工企业能不能撇开眼前利益、避开短期盈利和市场压力，抛开原先的品牌商独立运作，往往也是有疑问的。例如，OEM 时企业有 10 亿订单，而其发展自有品牌初始阶段它可能只有 1000 万订单，如此巨大的利益差距，中国的代工企业往往很难习惯这样的运作。因此，一旦其战略转型到经营自有品牌，有可能既在自有品牌战略上得不到市场认同而遭遇失败，又可能失去了原本正常秩序的代工订单。

最后，很多代工企业认为，每个企业有它自己的核心资源和发展基础，企业的未来也不一定要朝一个方向发展。的确，全世界有很多百分之百做代工的企业到现在发展得也很不错。例如，台湾地区著名的台积电，从成立之初它就定义为专业的芯片代工厂，它曾经在自己的一家子公司尝试做自有品牌的内存，亏损的现实让它放弃了这个自有品牌，将该子公司纳入台积电的代工体系中，后来运营得不错。如果台积电当初一定要坚持运营自有品牌，肯定会亏损更多。实际上，台湾地区的经验证明，代工虽然只获得生产投入的回报而不获得品牌投入的回报，但是与自己所投入的资金相比，其回报率并不低，甚至比某些企业品牌投入的回报率还要高。

因此，代工企业是否转型做自有品牌，不能用简单的是或不是来回答，而需要满足一定的条件。从内部企业能力条件来看，关键是要能够独立承担国际分工的"微笑曲线"的两端——产品创新和品牌经营这两个环节。从外部市场需求条件来看，关键是要有适合后起品牌发展的足够容量的品牌空间和文化氛围。一个世界著名品牌的诞生和发展，都与其市场容量和特殊的社会经济文化结构有关，尤其是与品牌中内涵的文化性、包容性和流行性有密切的关系。就现阶段而言，中国仍然缺乏大规模创建自主品牌的实力，对于绝大多数本土企业来说，生产制造方面的核心能力依旧相对突出。即便如此，我们也不能否认，在经过长时间的代工学习之后，我国已经出现了一批能力较强的本土企业逐渐积累起品牌经营所需要的资源和能力，其自创品牌的决策可能更多地受到全球价值链中其他企业特别是跨国公司战略以及外部市场环境的影响。有鉴于此，不同代工企业可以选择不同的创新和升级路径最终发展自有品牌，但同时也需要进一步完善培育品牌所需的市场条件和制度条件。

第一条路径是代工企业直接进入市场发展自有品牌的方式。如果该代工企业制造的产品所占据的份额足够大，它的制造能力在产品领域中有足够的话语权，那么它的制造能力和资金积累能力就能够支持它直接进入品牌经营领域。拥有所在产业国际代工领域的话语权，是代工企业进入该领域进行品牌经营的基础和前提。

第二条路径是代工企业抓住市场变化中的新空间，避开原品牌商的竞争锋芒发展新的适合自身的新品牌。在这方面，"浪潮服务器"是成功的典型案例。过去服务器都是世界大牌，进入这个领域挤占一部分市场十分不易。不过"浪潮"看到了在线网络游戏十分火爆，很多人在玩在线网络游戏时都不希望掉线，因而"浪潮"思考能否提供一天24小时不用关闭的服务器。最后，"浪潮"抓住了网络在线游戏发展所带来的市场新空间，推出了网络游戏服务器，市场反应良好，销量与品牌快速增长。

第三条路径是通过改变技术，在既有的市场中挖掘新市场。代工企业走这条道路的关键在于进行技术创新，实行差异化竞争。战略的本质在于制造差异，而创造差异的基础在于改变技术依赖的路径。因此，在既有市场中寻找到一个新的市场，关键是要代工企业贴近消费者和市场进行技术创新。

对于以上三条路径的实现机制和条件，杜宇玮博士的书中也有进一步地深入分析。例如，他在这本书第6章中，提到代工企业可以通过增强与发包方的讨价还价能力，提升自身在价值链中的地位与话语权；在第7章中提到在不同市场结构条件下，通过实施水平产品差异化战略，开拓新的利基市场；在第8章中提到贴近消费者，通过提供有吸引力的消费折扣优惠、消费者补贴来克服消费者的品牌转换成本；等等。当然，除了以上企业自身的努力之外，自主品牌建设也离不开政府政策的支持。主要包括以下三个方面。

第一，政府要转变发展观念。在高质量发展目标要求下，政府要把以规模、速度、产值为导向的经济发展观，真正转变为以技术、效益、品牌、竞争力为导向的经济发展观。因为前者必然会诱使代工企业继续追求产值，沉醉于产值巨大的"隐性冠军"而沾沾自喜，沉醉于"世界加工厂"式的"国际制造中心"，陷于粗放型增长方式而不能自拔。

第二，政府要大力发展各种现代服务业特别是生产性服务业，推动制造业服务化。制造业向价值链两端特别是向品牌营销端的转型升级，是制造业服务化的重要表现之一。现代服务业与制造业的融合，并以现代服务业为中心将价值链的各个环节串联起来，是先行工业化国家后期工业化的一个重要特点。在整个产品的价值链中，研究、设计、品牌营销、供应链管理等环节附加价值和盈利率高，中间的加工环节附加价值和盈利率则较低。然而，现在我国大部分出口企业安于做"粗加工"、卖"硬苦力"，有时还要搭上自己的不可再生资源和生态环境，而把高附加价值和高盈利率的机会让给别人。因而今后提升中国制造业在未来的全球分工中的地位的基础应当是以提供知识性服务为主。为此，中国产业转型升级的内涵，就是要将核心能力的建设重点放在知识管理与创新管理、市场分析与产品创新、信息科技与电子商务、品牌经营与客户服务、销售渠道开发与物流管理等领域，推动制造业服务化发展。而这一切的基础又在于人才，未来企业必须要思考如何发展人才、整合知识、管理创新。

第三，政府要积极培育和扶植本国品牌的市场基础。发达国家先进企业在知识产权和品牌上的优势，最初都是依靠国内市场的不断成长和不断打开别人的市场而慢慢培育出来的。同样地，中国政府也应当坚定地实施扩大内需战略，注重国内市场的培育。对于塑造有效的品牌需求条件而言，政府的大宗采购项目，应该对国内优秀的民营企业所生产的优秀的、具有自主知识产权的品牌产品，实行按国际惯例的倾斜政策。而且，政府要拆除一切针对中国企业的进入壁垒和制度障碍，努力建立国内统一大市场体系。此外，要创造中国企业著名品牌形成的市场基础和舆论条件，甚至不惜为中国优秀企业"做广告"，逐步培植起民族文化认同感和民族文化自信心，从而形成有利于本国自主品牌发展的市场基础。

迄今为止，学界尚且没有统一的理论框架来专门分析发展中国家国际代工模式演变以及产业升级的内在传导机制。就现有文献来看，一是经典的发展经济学理论主要从宏观层面提出发展中国家可以通过学习机制发挥后发性优势逐步追赶先进国家，但是对其微观机理并没有说清楚。二是近些年流行的国际经济学研究，从贸易、产业角度对国际外包或代工问题的研究，主要是侧重于对全球价值链分工程度的测度，以及分析全球价值链分工对生产率、出口、就业、工资不平等、能源环境等方面的影响，而较少涉及发展中国家如何超越已有分工模式的路径与机制的探讨。三是全球价值链理论虽然有从企业角度考察了发展中国家的国际代工升级问题，但主要是针对代工企业升级个案经验的总结，更多的是从管理学视角来研究企业战略和企业绩效，而缺乏对企业转型升级的路径及内在机理进行严谨和规范的经济学分析。因此，有必要深入剖析全球价值链中的复杂运行机制，并立足中国特殊背景和市场条件，注重从微观角度来研究国际代工模式演变和自主品牌建设问题，从而为中国制造业转型升级提供更为具体可行的路径选择和政策参考。

杜宇玮博士的这部著作是对上述研究不足的一个重要补充和改进。他试图运用规范的经济学分析方法，对国际代工模式演变、困境及其超越的路径与机理问题进行较为系统和深入的研究，以期为经济全球化条件下中国制造业转型升级提供科学的理论依据、路径选择和政策思路。综观全书，本项研究的主要特色体现在以下三个方面。

第一，在研究视角方面，将国际代工模式超越和国家自主品牌建设这个宏观问题，视为一个微观层面的企业行为与决策问题。考虑了全球价值链中的跨国公司与代工企业之间的关系，将产业组织理论很好地融合到国际贸易理论与企业战略管理理论中，拓展了国际外包、加工贸易以及价值链分工与升级的相关理论，为发展中国家制造业产业升级和品牌塑造提供了一个可靠的微观基础。

第二，在研究内容方面，立足全球价值链分工的基本背景，系统地描述和揭示了中国国际代工模式的形成、演变、困境及效应，阐释了中国制造业对国际代工模式路径依赖和锁定的成因机制，考察了中国制造业企业自创品牌和转型升级的实现路径及其影响因素，从而勾勒了一个国际代工模式下中国制造业转型升级的系统性分析框架。

第三，在研究方法方面，不仅运用数理模型、博弈论模型来定性阐释中国制造业代工锁定及其超越的路径机理，同时也引用多个企业案例来佐证上述理论模型；而且还采用国家和区域、产业和贸易、行业和企业等不同层面的统计资料数据和第一手调研数据，运用现代计量经济学方法进行实证分析，从而为中国制造业转型升级、超越国际代工的可行路径和实现机制提供了有力的经验证据。

30 多年来，我一直坚持以产业经济学为"据点"，向发展经济学、国际贸易学、区域经济学等其他学科领域"扩张"。我和我的团队也一直关注全球化条件下的中国产业发展问题，从开放视角来研究产业升级、自主创新、国际贸易、环境污染、区域发展等中国经济转型中的重大问题，不仅取得了较为丰硕的研究成果，而且培养了一批优秀的学术新星。基于对全球价值链下中国产业发展模式的长期观察和思考，近几年我提出未来中国经济转型升级要实施基于内需的全球化战略，即在扩大内需条件下实施深度全球化战略，利用本国的市场用足国外的高级生产要素，提高对创新要素的全球配置能力，加速发展我国的创新型经济。其中，一个主要内涵是要在过去制造业发展的基础上，主要依托制造业转型升级和战略性新兴产业发展，加速推进以现代服务业为核心的全球化发展；另一个主要内涵则是通过实施扩大内需战略，从加入全球价值链逐步全面地转向嵌入全球创新链，向研发设计和品牌营销等"非实体性活动"即现代服务业升级。①

───────────

① 具体参见：刘志彪. 基于内需的经济全球化：中国分享第二波全球化红利的战略选择[J]. 南京大学学报（哲学·人文科学·社会科学版），2012（2）：51 – 59 + 159；刘志彪. 从全球价值链转向全球创新链：新常态下中国产业发展新动力 [J]. 学术月刊，2015（2）：5 – 14.

　　本书是杜宇玮在他的博士论文基础上经过不断修改完善而成的。他近两年正主持国家社科基金项目"全球创新链视角下的中国生产性服务业内生性发展机制研究",因而可以顺势从另一个视角对上述理论假说进行拓展研究。作为他的博士生导师,我对他的研究成绩感到由衷的高兴和欣慰,也期待他能出更多更高质量的研究成果。在该书出版之际,我郑重地向大家推荐这部新作,希望能够对广大读者思考有所启发,对产业经济学理论创新有所贡献,对中国制造业转型升级实践有所启示,对他本人的成长与进步有所激励。

刘志彪

2019 年 7 月 12 日

于南京大学鼓楼校区丙丁楼

前　言

　　当今时代，经济全球化浪潮势不可挡。地球上的每一个国家、地区和城市，甚至每一个企业、家庭和个人，都不可避免地卷入这场气势如虹的滔天大浪中，充分享受着全球化带来的饕餮盛宴，同时也遭受着巨大的洗刷和冲击。改革开放后的中国，当然不会错过这次千载难逢的机遇，通过充分获取国际分工的利益来促进国民经济增长和社会结构转型。凭借廉价劳动力的"人口红利"和对外开放的"政策红利"，中国制造业企业纷纷以贴牌代工的方式加入全球价值链（global value chain，GVC），为持有世界著名品牌的跨国公司和国际大买家进行生产加工。从玩具到服装，从小家电到钢铁产品，"中国制造"已占据全球市场的半壁江山，中国企业几乎每小时就向全球输出价值 1 亿美元的中国代工产品。这种"两头在外"的国际代工模式同时吸纳了数以亿计的劳动力，并成为中国经济持续 30 多年高速增长的主要动力源泉。

　　然而，自全球金融危机以来，随着劳动力等要素成本不断上升，人民币升值和世界经济下行压力不断加大，贸易保护主义肆虐，国际代工模式日渐式微，中国制造业代工产品已经逐渐失去曾经"傲视群雄"的成本优势，并且凸显了技术短板和品牌缺失对本土制造业国际竞争力提升的巨大约束。特别是全球金融危机之后，以国际代工为主要特征的中国制造业面临发达国家"高端回流"和发展中国家"中低端分流"双重挤压的严峻形势。在这种国内外复杂环境下，超越国际代工，不仅成为中国制造业攀升全球价值链和实施内涵式发展的必由之路，而且也成为凝聚国家认同度的中国经济转型之焦点问题。

　　事实表明，中国是制造业大国，但不是制造业强国，根本原因之一在于自主品牌缺失。超越国际代工模式下的粗放式和低端化发展，走向依托自主品牌提升 GVC 地位与国际竞争力，已成为中国经济及制造业实现高质量发展的重要任务。显然，创建自主品牌是一个事关国民经济发展与产业升级的宏观问题。并且，对于代工企业而言，通过自创品牌实现企业升级无疑是其突破价值链"低端锁定"困境的重要路径，也是取得可持续市场竞争力的制胜法宝。然而，代工企业是否会积极响应国家和政府加强自主创新、创建自主品牌的政策号召，放弃熟悉的代工生产业务而闯入品牌运营领域"殊死一搏"，却不能一概而论。从这个意义上来说，超越国际代工根本上还是一个微观问题，其实施效果最终取决于微观层面的企业行为与决策。立足 GVC 分工的基本现实，分析不同条件、不同因素影响下的微观企业行为，可能是探讨国际代工模式下中国制造业转型升级问题更好的研究视角和思路。因此，除了要正确把握和认识国际代工模式的演变规律、经济效应等宏观事实之外，更重要的是要深刻剖析和揭示代工企业转型升级的路径选择、决策机制及影响因素等微观机理。现有研究更多的是强调嵌入 GVC 分工对中国制造业（企业）的正负面影响，而忽视了对中国制造业如何利用优势条件、超越现有分工模式之路径及微观机理的系统性剖析。本书就尝试运用现代经济学的分析方法对这个问题进行研究，试图得出一些科学的结论与有益的启示。

本书是在本人的博士论文基础上修改、完善和扩展而成。博士论文的选题正是在 2008 年全球金融危机刚刚爆发之后，外需衰退，出口锐减，中国经济遭受了巨大的冲击，并随之凸显了增长动力、产业结构、收入分配、地区差距、生态环境等多方面的矛盾，同时也昭示了以国际代工为主要特征的出口导向型经济发展模式不可持续。在这种基本背景下，最终以"国际代工的锁定效应及其超越"为题，聚焦中国制造业对国际代工模式的路径依赖和锁定效应的形成机理，进而探讨如何通过实施产品差异化、发挥本土市场优势来实现国际代工超越、促成经济发展方式转变的路径。2011 年以来，依托设于江苏省社会科学院的江苏省首批重点高端智库"江苏区域现代化研究院"和江苏省决策咨询研究基地"江苏转型升级研究基地"以及南京大学昆山现代化研究院等平台，在江苏省经济和信息化委员会（现为江苏省工业和信息化厅）、昆山市人民政府等有关部门的协调配合下,本人多次设计和参与了针对江苏、浙江等地制造业企业的访谈和问卷调研,从而对中国东部沿海地区的制造业企业发展有了更为直观的认识,相关问卷调查结果和调研素材也为研究的延伸和完善提供了更为充足的微观证据。为此,本人在博士论文已有内容的基础上,聚焦"超越国际代工"主题,重新构建了研究框架,并在研究内容、研究视角和研究方法上都有所拓展。一是在研究框架上,按照"特征事实—基本路径—实现机理"的总体逻辑,首先运用宏观层面的贸易、地区、行业数据,描述国际代工模式下中国制造业转型升级困境的一系列特征事实;其次从中观价值链层面,寻求和阐释超越国际代工模式的基本路径;最后着重从微观企业层面,分析中国制造业转型升级和超越国际代工的实现机理。二是在研究内容上,除了考察国际代工的锁定效应之外,还评价和检验了国际代工在产业关联方面所表现出来的阻滞效应,其他部分也用最新统计数据资料和案例作了更新。三是在研究视角和方法上,更加注重从微观视角对制造业转型升级机理进行深入考察。不仅运用严谨的数理模型阐释相关内在机制,而且还采用更为翔实的企业案例、企业一手问卷调查数据作为研究支撑,更加明确了制造业超越国际代工的实现路径及其条件。

首先,本书从中国"贸易悖论"现实出发,揭示了出口导向型战略下形成的国际代工模式,带来了贸易条件恶化、经济虚高增长、能源紧缺和环境污染、收入分配及地区差距拉大、产业升级困境以及国际贸易摩擦等诸多经济与社会问题。进一步地,基于宏观时序数据、企业行为表现以及行业面板数据的经验分析发现,国际代工对中国制造业转型升级产生了较为明显的锁定效应和阻滞效应。

其次,本书基于 GVC 与国内价值链(NVC)的比较视角,在揭示了GVC 下中国制造业代工"锁定"形成机理的基础上,进而提出借力本土市场需求效应构建 NVC 作为中国制造业超越国际代工的基本路径,并分析了其实现机制和现实条件。考虑了产品市场竞争因素,分别从同质产品竞争条件下的后发劣势和差异化产品竞争两个角度,通过构建微观博弈模型分析了 GVC 中跨国外包企业与本土代工企业之间的策略性行为,得出了代工企业自创品牌升级的条件、路径及其决定因素。结果发现:代工企业要实现自创品牌,需要增强与发包方的讨价还价能力来提升自身价值链地位,积极进行价值链学习积累品牌运作的知识经验，以及提高对本土市场的利用水平。如果 GVC 中上下游企业之间存在水平产品差异化，即代工企业选择区别于跨国公司在位品牌的细分市场中的特定消费者群体作为重点营销目标；那么，只要自创品牌所需追加投资足够小，消费市场规模越大，以及在代工企业自有品牌能垄断利基市场条件下，企业生产成本越低廉，将越有助于代工企业进行品牌升级。

再其次，本书着眼于品牌壁垒视角，更加突出了跨国公司的主动策略性行为，通过构建多个数理模型和动态博弈模型，并结合案例分析发现：基于品牌的市场势力是 GVC 治理的权力来源，进而导致了中国"代工微利"困境。而且，具有品牌优势的跨国公司必然构筑起强大的品牌壁垒来控制终端市场，使得中国陷入"代工锁定"困境。但是，当购买优惠力度足够大或消费者品牌转换成本足够小时，中国企业也有可能跨越 GVC 中的品牌壁垒然后逐步创建自主品牌。

最后，本书基于江苏制造业企业问卷调查数据的理论和实证研究发现：要素成本上升并未体现出对制造业转型升级的阻滞作用。产品升级、工艺流程升级以及技术升级是当前制造业企业转型升级的主要方式和路径，企业转型升级路径受到企业规模、企业盈利能力、人力资本水平、出口目标市场特征、企业所有制类型、企业生产率等内部因素，以及要素成本、贸易成本、政府补贴等外部因素的综合影响。相比较而言，民营制造业企业、规模越大和盈利能力越高的企业、以发达国家为主要出口市场的企业越倾向于进行品牌升级，而政府研发补贴却在一定程度上弱化了制造业企业自创品牌的激励。研究还表明，降低对外需市场的依赖有助于制造业企业转型升级，扩大企业规模却可能不利于制造业企业转型升级；提高创新能力有助于降低制造业企业对外需市场的依赖，但是对价值链升级的促进作用可能需要较长时间才能有效发挥。

如今，席卷全球的新工业革命已然爆发，中国制造业转型升级方兴未艾。本书旨在抛砖引玉，做了一些有益的尝试性探讨，尚有许多问题仍值得进一步研究。囿于本人学识和精力所限，难免存在不足之处，恳请学界同仁和广大读者批评指正。

杜宇玮

2019 年 7 月于南京

目　　录

第 *1* 章

绪　　论

1.1

研究背景

在全球化背景下，利用和发挥自身比较优势，通过参与国际专业化分工和开展国际贸易来积累资金、技术和知识要素，是一国经济增长与产业升级的必由之路。改革开放以来，在比较优势理论指导下，中国立足土地、资源、劳动力禀赋的比较优势，积极融入全球生产网络（global production network，GPN）和全球价值链（global value chain，GVC），承接了从发达国家及新兴工业化国家和地区转移出来的劳动密集型产业，或某些资本、技术密集型产业中的劳动密集型产品制造和加工环节，形成了以国际代工为基本特征的外向型经济发展模式，迅速确立了"世界加工厂"的地位，并缔造了国民经济连续 30 多年高速增长的"中国奇迹"。2007 年，170 多种中国制造的产品产量和出口量居世界第一位，如小家电的出口总量已占世界贸易量的 90% 以上，其产品出口到全世界 200 多个国家和地区。2009 年，中国更是超越德国成为全球最大的出口国。在出口这个巨大引擎的拉动下，中国 2010 年国内生产总值（国家统计局最终核实数据）达到 401513 亿元，按当年年末人民币汇率折算约合 60627 亿美元，经济总量首次超过日本，此后，历年都稳定地成为仅次于美国的世界第二大经济体。

　　然而，"贸易大国"和"经济大国"的耀眼光环并未给中国带来名副其实的国际分工地位以及相应的利益。一个不可回避的基本事实是，中国制造业出口量的持续超高速增长以及经济规模的不断扩大，并没有逻辑地带来比较优势演进、贸易利益提升和本土产业升级，反而出现了与传统工业化国家发展路径有所不同的所谓"贸易悖论"。具体来看，主要表现为以下三个方面。

　　第一，从出口商品的技术结构来看，多年来中国一直以劳动密集型产品出口为主。虽然高技术产业出口总额越来越多，但中国出口相对较低技术产品的格局并没有发生根本性变化（樊纲等，2006），出口贸易的技术结构高度和国内技术含量似乎并没有显著提高（杜修立和王维国，2007；姚洋和张晔，2008）。中国本土产业和企业仍然主要从事技术含量低、增值能力弱的加工生产制造与出口，处于 GVC 低端。也就是说，中国制造业出口商品结构的升级并未伴随着技术含量提升，从而也没有带来比较优势和贸易模式的根本性变化。

　　第二，从出口贸易利益来看，虽然中国技术密集型产品出口所占比重逐渐提高，中国制造业出口贸易的附加值绝对值也逐年增长，但附加值比重（出口国内增加值率）并没有明显提升反而呈现下降趋势（沈利生和王恒，2006；佘群芝和贾净雪，2015），且明显低于发达国家甚至一些发展中国家（Stehrer，2013；罗长远和张军，2014；苏杭等，2017）。以中美贸易为例，1997 年中国制造业对美贸易附加值总额为 105.037 亿美元，2006 年上升至 747.37 亿美元，但附加值比重仅仅从 33.3% 增长到 38.23%，十年间仅仅增长了 14.8%（曾铮和张路路，2008）。联合国贸易和发展组织《2013 年世界投资报告》的数据显示，2010 年，中国出口贸易总值中，国内附加值所占比重仅为 70%，而美国该比重达 89%、澳大利亚为 87%、日本为 82%、意大利为 73%、西班牙为 72%、瑞士和中国台湾均为 71%。相比之下，中国大陆出口贸易中的国内附加值含量偏低，从单位出口中获取的经济利益低于其他发达国家，甚至低于部分发展中国家或地区。不仅如此，中国工业制成品的价格贸易条件自 2001 年以来总体也呈恶化趋势（汪素芹和史俊超，2008；张曙霄和郭沛，2009）。

　　第三，从贸易结构与产业结构的关系来看，中国对外贸易的迅速增长以及贸易结构的表面升级，并没有促进产业结构的升级与优化。据中国海关总署数据显示，1990~2017 年，初级产品出口所占比重从 25.59% 下降至 5.2%；与此同时，工业制成品出口比重则从 74.41% 上升到 94.8%；在工业制成品出口中，2017 年机械及运输设备类产品出口占到 50.44%，比 1990 年上升了约38 个百分点。可以看出，中国出口商品结构呈现出向高级化演进的趋势。但是，2017 年机械类及运输设备制造业增加值占全部规模以上工业增加值比重仅为 32.7%。[①] 而且多年来，中国（出口）贸易结构的"镜像"与产业结构的"原像"之间也显示出背离特征，如图 1-1 所示，2005 年、2008 年的背离比率达到 35% 以上，2014~2017 年的背离比率也都维持在 25%~30% 之间。[②] 这说明，中国的出口贸易结构升级并未有效带动产业结构升级。

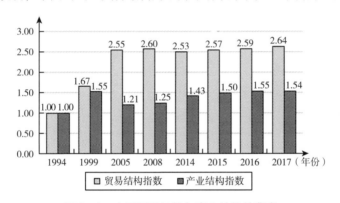

图 1-1　中国贸易结构与产业结构的背离

注：贸易结构指数 = 机械及运输设备产品出口额/全部产品出口额；产业结构指数 = 机械及运输设备产品工业增加值/规模以上工业增加值。囿于统计数据所限，2014~2017 年的产业结构指数用装备制造业增加值替代机械及运输设备产品工业增加值做近似计算。为方便比较，所有比值均按1994 年为基期做了指数化处理。

资料来源：根据历年中国海关总署、国家统计局公布数据以及《中国工业经济统计年鉴》的相关数据计算绘制。

---

① 机械及运输设备产品主要包括通用设备、专用设备、交通运输设备、电气机械及器材、通信设备、计算机及其他电子设备、仪器仪表及文化和办公用机械六大类。中国国民经济和社会发展统计公报上所指的装备制造业，包括金属制品业、通用设备制造业、专用设备制造业、汽车制造业、铁路、船舶、航空航天和其他运输设备制造业，电气机械和器材制造业，计算机、通信和其他电子设备制造业，仪器仪表制造业。因此，考虑到统计数据所限，这里的机械类及运输设备制造业增加值、比重值用 2017 年中国国民经济和社会发展统计公报上的装备制造业增加值数据来近似替代。

② 背离比率的计算公式为：|（贸易结构指数 - 产业结构指数）/（贸易结构指数 + 产业结构指数）| × 100%。该比率越大，说明背离程度越严重。

从宏观视角来看，"贸易悖论"的产生可能与中国加入全球化分工的方式密切相关。中国的大量加工贸易使得中国对外贸易结构呈现超前发展的虚幻性，但是并未与产业结构存在必然的内部联系（袁欣，2010）。这种基于时间维度的悖论，反映了中国长期以来仅仅依赖廉价劳动力等低级生产要素进行国际代工和加工贸易来获取国际分工利益的状况并未发生实质性改变，反而表现出对原有分工模式的路径依赖与锁定。这种分工模式所带来的出口贸易虚假繁荣，则使得表象性的贸易结构对产品技术结构、出口附加值、贸易条件和产业结构形成了扭曲性的反应。基于类似种种特征事实，我们需要担忧的是，在国际代工模式下，中国固然可以通过利用自身特有的比较优势获得一定的国际分工利益，但是制造业转型升级与经济结构高度化并不具有完全的内生性，其发展路径具有一定程度的路径依赖和锁定，从而可能陷入"贫困化增长"陷阱。

从微观视角来看，在中国代工制造业所嵌入的俘获型GVC中，拥有关键核心技术和国际知名品牌的发达国家跨国公司作为"链主"和系统集成者，通过强大的技术势力、市场势力和渠道势力牢牢控制了上游资源要素市场和下游终端产品市场，并形成了"瀑布效应"（cascade effect），导致代工企业只能处于"贵买贱卖"的尴尬境地。这意味着国际代工必然是低附加值与高消耗的经济模式，从而必将难以为继。如何从跨国公司的纵向压榨中突围，向GVC两端攀升特别是走自主品牌之路，已成为代工企业可持续发展的关键。最近两年来的"中兴事件""华为事件"等中美贸易摩擦不断，更是警示中国企业，只有加强拥有自主知识产权的核心技术和自主品牌的建设，方能在国际竞争中取得主动权。

综上所述，在全球化条件下，通过融入全球生产网络吸收跨国公司技术扩散与知识转移，同时立足国内市场条件与制度环境、超越国际代工模式、构建以中国自主知识产权和自主品牌为主导的产业链，应该是今后较长一段时间中国制造业所面临的重大课题。但需要认清的是，超越国际代工虽然是一个事关国民经济可持续发展的宏观问题，但其实际效果却取决于微观层面的企业行为与决策。因为理论上，企业并不一定会选择与社会福利目标相一致的组织形式，而是更多的基于策略性需要来进行选择（张其仔等，2007）。对于代工企业而言，是否积极响应国家和政府关于自主创新和产业升级的政策号召，放弃熟悉的代工生产业务而进入自主品牌营销领域，却是仁者见仁。在拥有自主创新能力和品牌营销能力的前提下，理性的代工企业是否选择自创品牌而超越国际代工角色，完全取决于其对收益与成本的权衡。故从逻辑上来说，宏观层面的中国制造业是否能够超越国际代工，取决于微观层面的中国代工企业是否具有足够的品牌升级能力、动机和意愿。因此，关于全球化条件下的中国产业升级问题，除了要客观认识和全面把握国际代工模式的演变特征及其产生的宏观经济效应之外（这是出发点）；还要寻求国际代工制造业转型升级的中观路径（这是核心点）；更重要的是要明晰 GVC 下代工企业的微观决策机理（这是关键点和落脚点）。这三个方面也构成了本书所要研究的主要内容。

1.2

研究主题、目标及意义

本书认为，超越国际代工，既不能脱离国家战略高度的宏观视野，又要注重企业个体行为的微观研究；既要坚持对外开放的视角探究制造业发展的困境成因，又要立足国内市场的现实寻求制造业转型升级的突破路径。本书的研究主题围绕"国际代工"和"全球价值链"这两个核心变量，以中国制造业为研究对象，客观揭示了 GVC 背景下中国国际代工模式的演变特征、发展困境及其衍生的经济效应；然后以超越国际代工为目标，重点探究中国制造业转型升级的实现路径及其微观机理。本书的两个核心概念界定如下。

1.2.1　国际代工（international subcontracting）

代工，英文为"subcontracting"，故又可译为"分包""转包"，其在国外文献中基本上与外包（outsourcing）通用。在波特（Porter，1985）、芬斯特拉（Feenstra，1998）及格里菲（Gereffi，1999）等对原始设备制造

(original equipment manufacturing，OEM）不同理解的基础上①，国内学者卢锋（2004）对"代工"作了如下定义：发达国家品牌商按照一定的设计要求向国外制造商下订单，后者依照产品设计要求自行生产，或者把生产过程进一步分解为不同环节，分包给不同企业，产品完成后加贴发包企业品牌出售。由于该定义已经涉及跨国界领域，因而实际上应看作"跨国代工"或"国际代工"。

与上述定义基本相同，本书所研究的"国际代工"是"国际外包"（international outsourcing）或"离岸外包"（offshoring）的一个相对概念，前者是对外包订单承接方而言的，而后两者则是从发包方立场考虑的。为此，我们将"国际代工"概念定义为，特定跨国公司或国际采购商作为发包企业与其他国家和地区的代工企业谈判协商后签订代工合同，发包企业提供一定的技术支持与相关服务，代工企业则按照合同规定的产品设计要求和产品质量标准生产中间产品，或者将从发包企业进口的零部件加工组装成最终产品，然后贴上外包企业的品牌，并由外包企业开展营销以推向终端消费市场。据此定义，从产业内容来看，国际代工主要是生产制造工序环节的外包，属于工业制造业；从组织形态来看，国际代工主要有 OEM 和原始设计制造（original design manufacturing，ODM）这两种基本形式②。

OEM，即原始设备制造，俗称"贴牌生产"。霍布德（Hobday，1995）认为 OEM 意指"后进厂商按照跨国公司精准的要求来生产最终产品"。更具体地说，在这种生产组织形态下，品牌商不自行生产产品，而是利用自己掌握的核心技术与销售渠道，只负责研发设计、品牌营销

---

① 波特（1985）把 OEM 厂商理解为"把某个产品组合引进自己的产品然后再转卖给其他企业"。芬斯特拉（1998）发现 20 世纪 80 年代快速兴起了一种生产安排，即进口国厂商把很多采购产品贴上自己品牌进行销售，外国 OEM 厂商承担生产制造过程并把产品销售给发达国家品牌商。齐思曼和施瓦茨（Zysman & Schwartz，1998）认为，OEM 是一种合同制造商，其由当地企业家或政府创立，用来实施生产一系列由跨国公司最终产品所定义的零部件和子系统。格里菲（1999）认为 OEM 具有如下特点：供应商根据买方设计制造加工产品，然后利用买方品牌销售；供应商和采购商是独立的企业；供应商对流通过程缺乏控制力。斯特金（Sturgeon，2002）将 OEM 合同看作"美国企业对产品规格失去控制后，仅把其品牌标签贴在日本企业定义和制造的产品上"。

② 随着国际分工形式的虚拟化和商业革命的兴起，企业资源规划（ERP）、供应链管理（SCM）、制造控制系统（MES）、品质管理（SPC）、计算机辅助制造（CAM）、产品数据管理（PDM）等新型管理信息系统逐渐被引入到跨国生产组织中，从而出现了包括 OEM、ODM、OPM（original planning manufacturing）、EMS（electronics manufacturing service）等多种国际代工形式。

和售后服务，而将具体的加工制造等环节剥离出去交给别的企业（OEM 厂商），并提供技术规范、产品规格、质量标准或者部分零部件，由后者完成产品生产、加工和组装后贴上品牌商的品牌出售。这种方式是伴随着电子信息产业大量发展而在世界范围内逐步产生的一种普遍现象，后来包括服装、鞋类、玩具等其他产业在内的跨国公司和零售巨头也都普遍采用这种方式。

ODM，即原始设计制造，又称"代工设计"。在生产商具备除生产加工能力之外的设计研发能力时，品牌商可能将全部或部分产品设计工序外包给生产商，并委托其生产加工，然后贴上自己品牌销售的生产组织形态即为 ODM。在这种组织形态下，生产商不是在非专有技术领域单纯地进行贴牌加工，而采取的是以研发设计带动生产制造的策略。但由于 ODM 厂商的研发设计和生产制造都需要根据品牌商的需求来进行，仍受品牌发包商控制，因而 ODM 仍然具有代工性质，充其量只是一种较高级的国际代工形式。因此，从 OEM 到 ODM 的演变，属于代工边界内的升级过程。在国际贸易中，OEM 和 ODM 的主要表现形式是加工贸易。

与国际代工相对的概念是自有品牌制造（own brand manufacturing，OBM）①，指的是生产商拥有自己的品牌，从而控制整个产品价值链，是制造业产业升级的最高阶段，也是企业所追求的终极目标。一旦进入 OBM，意味着代工者已超越国际代工模式，"蛹化成蝶"而转型为品牌商，其与原有发包者之间的代工契约关系终止，并有可能成为独立发包商。国际代工模式的特征及其演化如表 1 - 1 和图 1 - 2 所示。

表 1 - 1　　　　　　　　　　OEM、ODM 与 OBM 的比较

分工模式	分工特点	研发		生产		营销
		创新	开发	设计	加工/组装/制造	品牌运营/售后服务
OEM	初级代工	跨国品牌商掌控			后进企业自行承担	跨国品牌商掌控

---

① 对 OBM 还有另外一种解释——original brand manufacturing，即原始品牌制造。但两种解释的含义基本相同，都是指品牌商自行创建（或收购）产品品牌，设计、生产和销售拥有自主品牌的产品。

续表

分工模式	分工特点	研发		生产		营销
		创新	开发	设计	加工/组装/制造	品牌运营/售后服务
ODM	高级代工	跨国品牌商掌控	后进企业承担			跨国品牌商掌控
OBM	超越代工	后进企业自行承担			外移或外包	后进企业自行承担

资料来源：作者根据刘志彪（2005）、瞿宛文（2007）绘制。

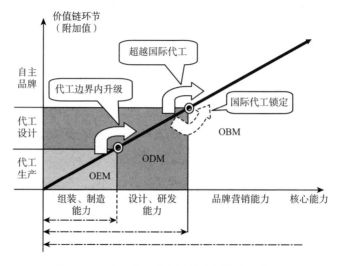

图 1 - 2 国际代工模式及其演化的微观表现

注：实线箭头表示跨越成功，虚线箭头表示跨越失败。

资料来源：作者绘制。

1.2.2 全球价值链

价值链概念是由波特（1985）首先提出的，他认为价值链是指"一种商品或服务在创造过程中所经历的从原材料到最终产品的各个阶段，或者是一些群体共同工作，不断地创造价值、为顾客服务的一系列工艺过程"。不仅一个公司内部存在价值链，而且一个公司的价值链与其他经济单位的价值链是相连的，任何公司的价值链都存在于一个由许多价值链组成的价值体系（value system）中，并且该体系中各价值链之间的联系对公司竞争优势有着关键的影响（Porter，1998）。科格特（Kogut，1985）则提出了附加价值链（value-added chain）的概念。他认为，附加价值链是厂商将技术、原材料和劳动融合在一起形成各种投入环节的过程，然后通过组装把这些环节结合起来形成最终商品，最后通过市场交易、消费等最终完成价值循环过程。国际商业战略实际上就是国家的比较优势和企业的竞争能力之间相互作用的结果，当国家比较优势决定了整个价值链条各个环节在国家或地区之间如何进行空间配置的时候，企业的竞争能力就决定了企业应该在价值链条上的哪个环节和技术层面上努力确保其竞争优势，而企业或厂商的各种活动与技术都会与其他企业或厂商相联系。与波特强调单个企业竞争优势的价值链观点相比，这一观点显然更能反映价值链的垂直分离和全球空间再配置之间的关系，从而更加接近了全球价值链的内涵。

20 世纪 90 年代中期以后，为了研究全球范围内企业之间的合作关系，格里菲等人在结合价值链概念和附加价值链概念的基础上，提出了全球商品链（global commodity chain，GCC）的概念（Gereffi & Korzeniewicz，1994）。其含义是全球不同的企业在由产品的设计、生产和营销等行为组成的价值链中开展合作。进而，格里菲（2001）提出了全球价值链（global value chain，GVC）概念，并将其定义为，产品在全球范围内，从概念设计到使用直到报废的整个生命周期中所有创造价值的活动范围，包括产品设计、生产、营销、分销以及对最终用户的支持与服务等。具体来讲，全球价值链是指为实现商品或服务价值而连接生产、销售、回收处理等过程的全球性跨企业网络组织，涉及从原料采集和运输、半成品和成品的生产和分销，直至最终消费和回收处理的整个过程，其涵盖了所有参与者和生产、销售等活动的组织及其价值与利润分配的过程（UNIDO，2002）。从公司角度来看，全球价值链是由跨国公司组织的在全球范围内布局的供应链；从国家角度来看，全球价值链解释了世界范围内贸易附加值的重复计算问题，因为一国的出口不仅包含本国创造的部分价值，同时也包括别国创造的部分价值（UNCTAD，2013）。

本书所应用的"全球价值链"，在概念上应是等同于上述基本含义。

但与全球价值链理论侧重于研究国际生产活动中的价值创造及分配有所不同的是，本书将全球价值链主要看作用来分析经济全球化中各种经济社会现象的一种视角与工具，试图基于全球价值链这种特殊的分工组织形式，来探讨中国在参与这种新型国际分工后可能出现的一系列问题与危机及其成因，并寻求摆脱这些困境的路径、机理与对策。

本书研究的理论目标在于构建一个国际代工模式的宏观事实、中观路径及其微观机理的解释性理论框架；实践目标在于客观揭示国际代工模式下中国制造业演变趋势与发展困境，并从企业微观视角寻求中国制造业超越国际代工的路径、条件及其决定因素。本书的研究意义和价值主要体现在以下三个方面。

第一，聚焦国际代工这种 GVC 分工模式的演变及其效应，以中国这个世界上最大的发展中国家为样本进行经验分析，不仅是对国际贸易与国际投资理论的一种补充、延伸和拓展，而且可为众多发展中国家更好地参与 GVC 分工提供有益的政策启示。第二，着眼于微观层面的代工企业，揭示 GVC 中代工企业转型升级决策的决定因素及其作用机理，不仅为理解 GVC 分工的经济效应提供了一个崭新的研究视角，而且为发展中国家攀升 GVC 中高端增加了一个重要的理论依据。第三，结合中国经济发展特征和典型企业实践，总结国际代工模式的演变规律、经济效应、突破路径、超越条件及其影响因素，得出一系列富有针对性的研究结论和政策启示，可为要素成本普遍上涨和外需不确定性背景下中国开放型经济战略转型和产业政策的制定提供决策参考，从而对于破解中国"贸易悖论"并最终促成经济发展方式转变具有重大的理论价值和实践意义。

1.3
研究思路、框架与方法

本书的核心逻辑是，如果能够从微观层面厘清代工企业转型升级特别是向自主品牌升级的实现条件及其影响因素等内在机理，也就找到了从宏观层面实现国际代工超越的具体路径，从而也就有望达到破解中国

"贸易悖论"、实现本土产业升级和经济发展方式转变的最终目标。基于此，本书沿着"背景基础—宏观事实—中观路径—微观机理—总结展望"的基本逻辑，以全球价值链理论、国际贸易理论和产业组织理论为指导，系统研究超越国际代工战略目标导向下的中国制造业转型升级路径及其微观机理。

第一，基于中国"贸易悖论"的若干特征事实提出本书研究的问题、主题及其意义，随后对相关研究文献进行梳理、归纳和总结，进而提出本书可能的创新点。第二，运用宏观统计数据描述了中国国际代工模式的形成、演变、效应及困境；并从 GVC 分工与产业关联视角，运用相关行业数据对国际代工模式下中国制造业转型升级的困境进行实证检验和分析，从而体现超越国际代工模式的重要宏观意义。第三，基于价值链的中观视角，从市场需求角度对 GVC 下中国制造业转型升级困境的形成机理做进一步阐释，进而探讨中国如何通过发挥本土市场需求效应，构建国内价值链（NVC）来超越国际代工的路径、机制与条件。第四，着眼于制造业代工企业的微观视角，从后发劣势、产品差异化、品牌壁垒、企业迁移等关键特征入手，对中国制造业转型升级和超越国际代工的可能路径、实现条件及其决定因素等内在机理进行多维研究。第五，对全书研究结论进行总结，并提出后续研究的可选议题。技术路线如图 1 - 3 所示。

按照上述研究思路，本书设计了研究框架，具体内容如下。

第 1 ~ 2 章分别是绪论和文献综述，构成了本书研究的现实背景和理论基础。其中，绪论部分的主要内容包括研究背景，研究主题、目标及意义，研究思路、框架与方法。在文献综述部分，主要沿着国际代工模式的成因与经济效应研究、基于加工贸易视角的国际代工模式转型升级研究以及基于价值链分工视角的国际代工模式转型升级研究这三条主线，对相关文献研究进行综述和评价，在此基础上引出本书的工作创新。

第 3 ~ 4 章主要从宏观层面考察国际代工模式对中国制造业转型升级的消极影响。其中，第 3 章研究主题是中国国际代工模式的演变、困境与锁定效应。主要描述中国国际代工模式的形成背景、演变特征、经济与社会效应，客观揭示中国国际代工模式面临的现实困境，实证检验国际代工模式对中国制造业锁定效应的表现形式、形成机制及其影响因素，进而从贸

易、产业和企业层面全面反映国际代工锁定效应的特征事实。第4章研究
国际代工模式下的生产性服务业发展与制造业转型升级。主要从产业关联
效率视角对生产性服务业促进制造业转型升级的作用及其影响因素进行评
判和考察，然后阐释和证明国际代工模式是制约生产性服务业促进制造业
转型升级作用发挥的重要因素，因而从产业关联效应角度体现了国际代工
对中国制造业转型升级的阻滞效应。

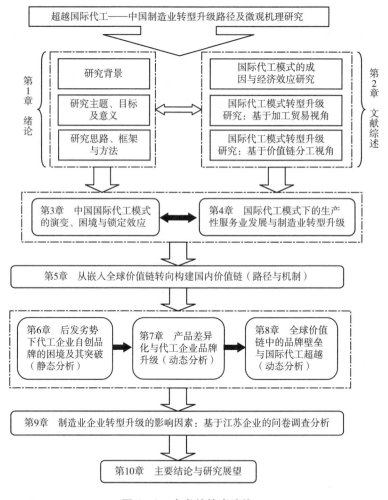

图 1-3　本书的技术路线

第5章聚焦价值链这个中观范畴，提出中国超越国际代工模式的基本

路径，应当是从嵌入 GVC 转向构建 NVC。主要从市场需求角度，在将 GVC 与 NVC 进行比较分析的基础上，对中国实现国际代工超越的必要性和可能性进行机制阐释和统计分析。

第6~9章是中国制造业转型升级、超越国际代工的微观机理部分，也是本书的核心内容。其中，第6章研究后发劣势下代工企业自创品牌的困境及其突破。哈佛大学著名战略管理学大师迈克尔·波特曾总结了两种通用的企业竞争战略，即成本领先战略和差异化战略。在同质产品条件下，基于成本领先的价格竞争无疑是最为简单而有效的战略。因此，这里考虑了代工企业的后发劣势特征，通过构建终端市场上同质产品竞争的数理模型进行静态分析，推演出代工企业自创品牌的实现条件及路径，并运用江苏的企业案例进行佐证，从而得出可供中国制造业超越国际代工借鉴的一般性启示与政策建议。

与第6章侧重静态分析不同，第7~8章则强调动态分析。其中，第7章将第6章的基于成本领先的同质产品价格竞争，拓展至差异化竞争，主题是产品差异化与代工企业品牌升级。考虑到产品差异化以及终端市场结构的不同类型，通过考察 GVC 中外包企业与代工企业的动态博弈机制及均衡结果，分析市场结构和产品差异化等因素对代工企业品牌升级的重要影响，并运用多个经典企业案例进行总结和比较分析来支持相关理论命题。第8章研究全球价值链中的品牌壁垒与国际代工超越。着眼于品牌壁垒视角，更加突出了跨国公司的主动策略性行为，通过构建多个动态博弈模型来探究发达国家跨国公司是如何充分利用其品牌势力与市场需求控制力来遏制发展中国家代工企业品牌升级的机理，同时也考察了代工企业跨越品牌壁垒、实现代工超越的条件和策略，并结合中国现实进行了案例分析。

第9章是对制造业企业转型升级的影响因素进行实证分析。基于针对江苏制造业企业的两个大样本问卷调查数据，揭示江苏制造业企业转型升级以及昆山市外向型经济转型升级的一系列特征事实。在此基础上，通过构建数理模型的最优规划分析，以及基于调查数据的结构分析和计量回归分析，从企业内部和外部环境等不同角度，较为全面地考察江苏制造业企业转型升级决策及其路径选择的影响因素，以及影响昆山代工企业转型升级的诸多因素。

第10章是主要结论与研究展望。总结前面各章的主要研究结论及其政策启示，并提出将来可进一步拓展和深入研究的方向及问题。

为了实现以上研究内容，本书采取的研究方法主要包括以下6点。

（1）辩证分析法。所谓辩证分析法，就是遵循马克思唯物辩证法的思维方式，坚持用联系的观点、发展的观点、全面的观点，按照客观事物自身的运动和发展规律来认识事物的一种分析方法。其主要包括矛盾分析法、个别与一般分析法、现象与本质分析法，其中矛盾分析法即对立统一分析方法是核心。国际代工作为全球化条件下的一种分工模式，自始至终隐含着多对矛盾。对于中国制造业而言，国际代工一方面有利于产业升级，另一方面又制约着产业升级。从微观角度看，代工企业是选择继续代工还是自创品牌，显然也是一对相互对立的矛盾。这些矛盾在一定条件下会相互转化，甚至在一定范围内矛盾双方还将同时存在。那么，中国制造业企业是如何在这些矛盾中进行选择和调整？作为政策制定者，又应该如何协调这对矛盾之间的关系？显然，我们必须采用辩证的思维方式来进行研究。因此，辩证分析法是贯穿本书的最基本方法。

（2）比较分析法。所谓比较分析法，就是用来描述和确定事物或对象之间的相同点和不同点的方法。本书不仅在阐释理论机制时采用比较分析，例如，对GVC与NVC对产业升级的影响进行比较、对垂直产品差异化和水平产品差异化条件下企业的不同策略进行比较；而且在案例研究中也对不同代工企业的决策及转型升级路径进行比较分析。

（3）博弈论方法。博弈论（game theory），又称对策论，是研究决策主体的行为发生直接相互作用时的决策及其均衡问题的一种理论与方法。目前，博弈论在经济学研究中已得到广泛的运用，并且逐渐被当成是经济学的一部分。新产业组织理论（NIO）引入了博弈论和信息经济学的研究方法，通过对寡头市场中竞争者的策略性行为的研究，将研究领域拓展到价格竞争、默契合谋、产品差异化、进入壁垒与进入阻止、阻止进入或掠夺性定价、技术创新与市场结构的动态演变等内容。该学派认为，市场结构不是外生的，企业不是被动地对给定的外部条件做出反应，而是试图以策略行为去改变市场环境、影响竞争对手的预期，从而排挤竞争对手或阻止新对手进入市场。市场结构和市场绩效都被看作企业间博弈的结果，其取决于企业博弈的类型（周茂荣等，2003）。GVC 的治理关系取决于作为发包方的跨国公司与作为接包方的代工企业之间的博弈，因而代工企业转型升级效果取决于 GVC 中企业的策略性行为。本书基于 GVC 中的纵向关系及权力地位特征，运用静态非合作博弈、动态非合作博弈、合作博弈、进入壁垒、进入阻止等博弈模型，来考察在跨国公司主导的 GVC 下中国代工企业转型升级的困境及其超越路径。

（4）最优规划分析法。主要用于推演出相关理论命题，包括构建最优化数理模型，分析在不同的市场结构、产品差异化条件下代工企业决策选择；基于垄断竞争分析框架，构建最优化数理模型分析劳动力成本上升背景下异质性代工企业的决策机制。

（5）案例分析法。案例分析法比较适合用于观察和研究企业发生的纵向（longitudinal）变革（Pettigrew，1990），其不仅能研究各种事件出现的频率和范围，而且能按时间顺序追溯相关联的各种事件之间的联系（Yin，2017）。因而，本书在实证分析时也将案例分析法作为主要研究方法之一，主要通过选取中国多个典型代工企业案例，总结代工企业品牌升级的成功经验及其模式、失败教训及其制约因素，用以提炼和支撑一般性的理论命题。

（6）多元回归分析法。本书分别运用区域、行业、企业等宏观、中观和微观层面的面板数据和截面数据检验相关命题。在宏观层面，运用中国省际面板数据，实证检验生产性服务业促进制造业升级作用效率的影响因素。在中观层面，运用中国制造业行业面板数据，实证检验国际代工的锁定效应。在微观层面，运用通过问卷调查搜集的江苏微观企业面板数据和截面数据，实证检验代工企业转型升级的影响因素。

除了以上主要方法之外，本书还广泛运用统计分析法，运用翔实的统计数据来反映中国国际代工模式下制造业产业和企业发展的特征事实；运用投入产出分析法，测算中国制造业参与产品内国际分工的程度；运用数据包络分析法（DEA），测算中国生产性服务业促进制造业升级的作用效率；等等。

第 **2** 章

文献综述

由于现实国际分工背景的限制，早期的国际贸易和国际投资理论并未对外包或代工问题进行分析。直到 20 世纪 90 年代，随着国际分工的日益细化，国际经济活动在空间上呈现出网络化、分割化或片段化（fragmentation）的趋势，跨国公司的组织边界也越来越模糊，从而西方学界才开始兴起了对所谓"价值链切片"（slicing the value chain）、"中间品贸易"（trade in intermediate goods）、"垂直专业化"（vertical specialization）、"外包"（outsourcing）、"代工"（subcontracting）等现象的普遍关注，从此催生了大量的相关理论与实证研究。根据本书研究需要，本章按照国际代工模式的成因与经济效应研究、基于加工贸易视角的国际代工模式转型升级研究、基于价值链分工视角的国际代工模式转型升级研究这三条主线，对相关文献进行回顾与评价。

2.1

国际代工模式的成因与经济效应研究

本书研究主题"国际代工"是从外包承接方视角来看的生产外包，故这里只综述国际生产外包相关文献，而不考虑国际服务外包。此外，考虑到本书强调国际外包的产业升级效应，故这里只分别从发包方和接包方视角来考察国际生产外包对产业产出、生产率和技术创新等影响，而不考虑就业效应（Feenstra & Hanson，1999；Hsieh & Woo，2005；陈仲常和马红旗，2010；唐东波，2012；卫瑞和庄宗明，2015）、环境效应（Levinson，2009；Michel，2013；李小平，2010；徐辉和苗菊英，2018）等其他经济效应。

2.1.1　国际生产外包的动因与生产率效应研究：发包方视角

关于企业对自制还是通过市场契约进行外包的决策理论最早可以追溯到科斯（Coase，1937）的企业理论。威廉姆森（Williamson，1979）的交易成本理论把交易特性（包括资产专用性、交易频率、不确定性）和人性（有限理性和机会主义）作为衡量交易成本属性的主要因素。当交易成本足够低时，企业可以从市场上购买其所需的产品时，就不需要一体化。麦克拉伦（Mclaren，2000）发展了威廉姆森的观点，提出了"市场厚度原理"（thickness of the market），即在交易双方需要进行专用性投资情况下，当市场中的非一体化企业越多时，其所决定的中间产品市场买卖者数量增加就会吸引更多的购买者。这表明，随着全球化、贸易一体化程度加深，越来越多的企业将生产环节转移出去，从而产生了"外包"和"生产非一体化"的组织形式。从组织效率来看，外包作为介于市场与一体化之间的一种特殊契约关系，具有某些市场及一体化所不能比拟的优点。外包会使产品成本降低，并提高产量水平，从而提高企业的生产率和利润率（Prahalad & Hamel，1990；Walsh，1991；Dilger et al.，1997；Hensher，1998；Quinn，1999）。米尔格罗姆和罗伯茨（Milgrom & Roberts，1990）也指出，现代制造业的生产方式已发生根本性变化，由大规模生产转向柔性多产品生产。使用高级生产设备和新型组织形式，强调质量及对市场的反应速度，生产过程中合同制造商的作用越来越突出。巴克利（Buckley，1988）则从分散风险的角度分析了品牌拥有者选择外包（代工）的原因：一是通过选择外包合作可以分散经营风险；二是可以分散因产品生命周期缩短所造成的研发风险。

随着产品内分工在全球范围的延伸，国际外包已经成为当今国际分工的一种重要的组织形式。相关研究开始拓展到国际贸易与国际投资研究领域，并成为 21 世纪国际经济学理论的前沿与热点之一。在国际外包的研究方面，具有开创性意义的要数格罗斯曼、赫尔普曼和安特拉斯等基于交易成本、产权及不完全契约思路的分析，其试图探究跨国公司边界调整与公司内贸易的形成机理，逐步将国际分工与贸易的研究重点转向企业运作方式、交易效率及权力配置等核心问题（Antràs & Helpman，2004；Grossman & Helpman，2005；Antràs et al.，2006）。格罗斯曼和赫尔普曼（Grossman & Helpman，2005）在运用一般均衡模型分析企业生产经营的内部化和外包的决策行为时发现，企业采取外包这种垂直专业化分工的经营模式，不但可以降低企业的经营管理成本，而且还可以获得专业化分工生产时的"干中学"效应所带来的利益。安特拉斯等（Antràs et al.，2006）则认为，如果离岸外包可以引致新企业的创建及旧企业的毁灭，那么外包可能形成总产业层面的生产率提升效应。

许多实证研究证实了国际生产外包可以给外包国家的产业或企业带来生产率提升效应。伊戈尔等（Egger et al.，2001）使用超对数生产函数估计奥地利制造业外包给东欧国家生产对于其生产率及工资的影响，实证结果表明，外包显著改善了奥地利的总要素生产率，这种现象在资本密集型产业中较为显著。吉尔马和戈格（Girma & Görg，2004）利用英国化学、机械、电子三个行业企业层面的数据也发现，劳动生产率和全要素生产率的增长均与外包的程度呈正相关关系。戈格和汉莱（Hanley，2005）则利用 1990～1995 年爱尔兰大型电子企业数据的实证研究也发现，国际生产外包对以 TFP 衡量的生产率具有显著的正向影响。戈格等（2008）进一步采用 1990～1998 年爱尔兰全部制造业数据的实证研究结果发现，生产外包的生产率效应显著为正，生产外包每增加 1%，劳动生产率就增加 1.2%；进一步研究还发现，外资或国有性质出口企业的生产外包对企业生产率具有相似影响，但非出口企业外包的生产率效应则不显著，这意味着只有国际市场导向的企业才可以从离岸生产外包中获益。阿米蒂和魏尚进（Amiti & Wei，2005）运用美国制造业行业水平的数据分析了国际外包对生产率和就业的影响，认为生产外包与服务外包对生产率的提高均有正面作用。富浦英一（Tomiura，2004）对 1998 年 118300 家各种规模的日本制造企业的研究发现，具有更高生产率的企业往往更积极进行外包，越是劳动密集型的企业，外包越多，而且计算机使用密集度、高技能员工及人均 R&D 支出均与外包呈正相关关系。这体现了企业外包决策源于节约劳动成本策略及对核心能力的专注，暗示了外包有利于企业生产率的提高。加拉布雷斯和尔贝塔（Calabrese & Erbetta，2004）分析了 1998~2001 年意大利汽车供应商部门中外包对企业绩效的影响，发现生产外包延缓了劳动生产率降低的速度，这也在一定程度上反映了生产外包对劳动生产率的积极影响。

然而，有些研究却发现国际外包不一定具有积极的生产率效应。戈格和汉莱（2003）利用 1990~1995 年爱尔兰大型电子企业的数据实证研究结果发现，离岸外包并不具有显著的生产率效应。阿米蒂和魏尚进（2005）基于美国制造业的研究也表明，生产外包对生产率的影响在有些情况下并不显著。富浦英一（2005）研究发现，与出口企业相比，从事离岸外包的企业并不具有更高的劳动生产率，但具有较高的 TFP。H. 伊戈尔和 P. 伊戈尔（H. Egger & P. Egger，2006）基于欧盟（EU）数据结果发现，在长期中国际外包对非熟练劳动力生产率的影响为正，但在短期中则为负，并认为这可能是由劳动力市场刚性所导致的。

总体而言，国外学界对国际外包的研究大多从发达国家立场出发，主要考察其制造业企业把自身不具优势的劳动密集型生产环节外包出去，进而对本国产业或企业生产率的影响，发展中国家企业通常是作为接包方。近些年来，中国等发展中国家企业越来越多地将自身的非核心生产工序外包给国内外其他企业，这种背景下也产生了一些以发展中国家或地区为本位的国际外包研究。例如，徐毅和张二震（2008）用中国 35 个工业行业面板数据的实证研究发现，外包会提高企业的劳动生产率，从而导致生产结构从劳动密集型向资本密集型转变，是产品结构升级的转换器。姚战琪（2010）根据 1997 年、2002 年中国投入产出表的分析也表明，中国工业外包对工业行业生产率有促进效应。刘和董（Liu & Tung，2004）基于中国台湾 1336 家出口制造企业数据的研究发现，从总体来看，出口外包对劳动生产率水平及其增长率的影响显著为正。蒋为和陈轩瑾（2015）则利用世界银行营商环境调查对中国企业的问卷调查发现，外包对中国制造业企业的研发创新具有显著影响。

2.1.2 国际代工的动因与经济效应研究：接包方视角

从现阶段中国等发展中国家参与国际分工的方式来看，基于接包方视角来研究国际生产外包即考察国际代工的动因与经济效应可能更具有现实意义。那么，发展中国家企业为什么要进行国际代工？日本学者渡边（Watanabe，1971）认为，代工有助于企业成长，是寻求工业化的发展中国家创造就业机会的有效途径；如果发展中国家国内市场狭小，且缺乏具有足够营销能力和技术实力的领导企业，那么可以通过代工方式与国外先进企业之间建立合作关系来发展。联合国工业发展组织的世界投资报告（UNIDO，2001）中指出，后进国家企业从事代工可以获得以下利益：（1）可以使厂商长期从事于某一特定零部件的生产组装活动，从而能够积累生产经验、提高生产效率；（2）可以使企业提高固定产能的利用效率，促进资本设备及劳动力生产效率提升；（3）可以集中于单一或有限数量的产品或零部件的生产，获取规模经济优势，降低单位生产成本；（4）可以通过知识转移促进企业生产知识、过程知识、组织管理知识的积累；（5）初级阶段的代工（OEM）仅限于生产制造环节，而不涉及研发和营销，因而不必承担技术淘汰的风险和市场开拓的风险。格里菲（1996）发现东南亚厂商参与制造合作的动因包括：（1）学习国外先进企业的专业技能，如技术、品质、行销及经营规划等；（2）成为国外客户产销体系成员，从而稳定业务来源，降低营运风险；（3）通过国外客户行销通路，将经营触角延伸至海外市场；（4）选择最适合的经营范围并持续于专精领域的发展，打造企业核心能力；（5）扩大产能，形成规模经济，从而降低产品单位成本。江霈和王述英（2005）还指出，外包生产模式对生产、销售环节所面临的市场风险的分离以及由此带来的成本节约，是诱导厂商选择外包（代工）生产模式的关键因素之一。

还有一种观点以资源基础观理论（resource-based view，RBV）为基础，认为企业选择代工策略，可能是由其内部所拥有的资源和能力特别是企业核心能力（core competences）所决定的（Barney，1986；Hamel & Pralahad，1994；Yen & Horng，2007）。陈宏辉和罗兴（2008）通过对316

份来自广东省制造型企业调查问卷的实证分析发现，贴牌战略是当前许多制造型企业基于其核心能力构成状况的理性选择。刘丹鹭和郑江淮（2012）基于苏州地区制造业和服务业的企业样本则发现，异质性企业的竞争力来源是影响其是否选择国际代工的主要因素。

诸多研究表明，承接国际外包进行国际代工有利于发展中国家企业的技术进步和生产率提升。芬斯特拉和汉森（Feenstra & Hanson，1996）利用要素投入连续统模型（the continuum of inputs model）分析表明，发达国家将低技术含量（熟练劳动相对需求小）的工序外包给发展中国家能促进发展中国家的技术进步与产业升级。马佐拉和布鲁尼（Mazzola & Bruni，2000）用销售额、雇员情况和生产率等作为企业绩效指标，总结了 1979～1992 年意大利 160 家小企业成功的经验，发现从事代工生产的企业更可能取得成功。帕克和萨基（Pack & Saggi，2001）通过建立数理模型证明了在国际外包条件下，发达国家企业有向发展中国家的企业进行垂直技术转移的动机，后者则可能因此提高了技术水平和生产率。阿米戈尼（Amighini，2005）对中国信息通信产业（ICT）的分析表明，中国在该产业的产品内国际分工中获取技术扩散的利益，从而对整个国家的产业升级都产生了积极影响。塔廖尼和温克勒（Taglioni & Winkler，2016）的研究也表明，发展中国家参与全球价值链可以促进本国技术进步，进而提升其自主创新能力。

国内许多文献也利用中国产业或企业层面的数据，验证了承接国际外包、参与生产分割或产品内国际分工对中国产业发展的积极影响。张小蒂和孙景蔚（2006）研究发现，1990 年以来，中国垂直专业化分工程度的提高有利于全员劳动生产率的增进，从而总体上有利于产业国际竞争力的提升。在我国工业各行业中，资本密集型行业与出口密集度高的行业表现出更快地参与到产品内国际分工中去的趋势，在这些行业产品内国际分工促进生产率提高的影响也更显著（胡昭玲，2007）。盛斌和牛蕊（2009）利用中国 31 个工业部门 1998～2006 年的面板数据检验结果也表明，外包和 FDI 显著促进了中国工业部门 TFP 与工资水平的提高，它们对后者在样本期内增长的贡献度分别达到约 42% 和 80%。戴魁早（2012）运用动态面板 GMM 方法的实证研究也发现，垂直专业化对我国高技术产业的 TFP、技术进步和技术效率产生了显著的促进作用。刘庆林等（2010）研究发现，中国参与生产分割有利于生产率的提高，非加工贸易形式的生产分割对生产率的提升作用要高于加工贸易形式的生产分割，生产分割提高生产率的效果在中低技术行业中最为明显，从发达国家承接的生产分割对生产率的提升作用要大于从非发达国家承接的生产分割。唐东波（2014）则利用中国工业企业微观数据，发现垂直专业分工确实有助于提升企业劳动生产率水平，特别是在国有部门、高新技术行业和低生产率企业中，以及对出口企业以及来自 OECD 等发达国家和一般贸易进口的中间品而言，这种全球纵向分工体系带来的生产率提升效应表现得更为显著。

当然，承接国际外包也可能带来一些消极影响。芬斯特拉和汉森（1995）认为，委托制造企业常把需求的不确定性转嫁给加工企业。张杰等（2008）根据江苏省微观企业大样本调查问卷的实证分析表明，完全依赖于国外市场的代工企业创新活动显著受到代工"俘获效应"和"锁定效应"的负面作用影响，说明过度依赖于代工与出口导向发展战略会严重制约我国制造企业自主创新能力的提升与培育。吕延方和王冬（2010）用 1998~2007 年中国 11 个主要制造业产业的面板数据分析结果则表明，至今为止中国主要制造业产业承接外包行为并没有带来全要素生产率的提高，尤其以简单加工制造为主的承接外包行为对全要素生产率存在显著负的影响。张明志和李敏（2011）基于中国投入产出表数据的测算也发现，随着中国制造业深度介入国际产品内分工，各行业增加值率出现了普遍下降，这意味着中国在向高端工业化进程的推进过程中，已经出现了被发达国家"俘获"在低附加值、低利润率的价值链低端制造环节的迹象。

另有研究还认为，国际外包对发展中国家的影响是不确定的，可能受到其他因素的影响。张杰等（2010）通过构建数理模型发现，在发展中国家为低模仿类型时，外包活动中发达国家对发展中国家的技术转移，有利于发达国家与发展中国家双方的福利增进；而在发展中国家为高模仿类型时，技术转移有利于发达国家、而不利于发展中国家可持续发展能力的培育。王俊（2014）在以杭州、宁波、湖州、温州 4 个地市 396 家企业调研数据为样本的实证研究中发现，跨国外包强度与生产率之间具有显著的

"倒 U 型"关系；随着跨国公司对当地企业控制程度的提高，不同治理方式的价值链下生产率有着不同程度的下降趋势。刘维刚等（2017）采用世界投入产出数据库（WIOD）和中国工业企业数据库数据研究则发现，国际生产分割对企业生产率效应呈"U 型"，国际生产分割对民营和外资企业效应显著为正，而对国有企业不显著。刘洪愧和谢谦（2017）研究还发现，参与 GVC 的生产率效应不仅取决于新兴经济体的发展程度及在 GVC 中的位置，而且还与国外增加值来源方（发包方）的国家发展水平以及国外增加值进入国界的次数有关；参与 GVC 只能显著提高中等发达新兴经济体和中国的 TFP，且只有与发达国家的 GVC 关联，以及深度参与型的 GVC 才能提高新兴经济体的 TFP。王高凤和郑玉（2017）以生产阶段数作为衡量制造业生产分割长度的指标，利用中国工业企业 1998～2011 年数据并构建联立方程模型发现，生产分割的长度增加并没有增加其 TFP，生产阶段数的增加对高技术行业的全要素生产率具有正向影响但并不明显，对低技术制造行业 TFP 的影响则显著为负。

2. 2

国际代工模式转型升级研究：基于加工贸易视角

加工贸易（processing trade）是国际代工在国际贸易中的重要表现形式。改革开放以来，加工贸易在中国出口增长、外资引进、就业扩大等方面发挥了重要作用，是中国持续 30 多年经济高速增长的重要力量源泉。然而自进入 21 世纪特别是全球金融危机以来，随着国内劳动力成本不断上升、国际市场竞争加剧等内外多重因素冲击下，加工贸易弊端的不断凸显。2003 年，党的十六届三中全会审议通过的《中共中央关于完善社会主义市场经济体制若干问题的决定》中明确提出要"引导加工贸易转型升级"，首次明确了"加工贸易转型升级"的战略方针。此后，我国政府多次出台了针对加工贸易转型升级的战略政策，如出口退税政策、加工贸易商品分类管理制度以及加工贸易企业分类管理制度等。党的十七大、十八大以及历年的中央经济工作会议和政府工作报告中也都多次重申和强调了这一战略任务。2011 年，中华人民共和国商务部等六部门联合发布了《关于促进加工贸易转型升级的指导意见》，提出了"五个转变"的加工贸易转型升级目标；2016 年，首项贸易政策《关于促进加工贸易创新发展的若干意见》更是聚焦了加工出口。

与政界对加工贸易的重视程度相当，最近十多年来学界也产生了许多关于加工贸易转型升级的研究。相关文献主要可以分为两类：一类是加工贸易转型升级的路径与策略研究，主要侧重于定性考察如何实施加工贸易转型升级问题，即加工贸易转型升级的一般路径选择以及相应配套的政策和措施；另一类则是关于加工贸易转型升级的衡量及其影响因素研究，主要通过对加工贸易转型升级进行测度和标准界定，进而实证分析哪些因素决定了加工贸易转型升级效果。

2.2.1 加工贸易转型升级的路径与策略研究

加工贸易是中国等发展中国家融入国际分工的重要形式，因而专门针对中国加工贸易的研究较多，且其中来自中国的学者占了较大比重。国内学者张蕴如（2001）提出要鼓励加工贸易向高科技产业突围，以此来提升开放式产业结构。潘悦（2002）提出促进加工贸易产业升级的政策建议：保证加工贸易政策的稳定性；鼓励技术进步，促进加工贸易的技术转移；促进内资企业发展配套生产，推动关联产业的发展；加速产业结构调整，促进高新技术产业发展；改革科研体制，促进科研成果的产业化；加强地区之间的分工与合作，促进加工贸易向内地转移。廖涵（2003）建议将加工贸易的中间品从境外改为从出口加工区外保税进口，致力于提高国产中间品的质量和技术含量，努力提高加工贸易中间品进口替代率。王子先等（2004）主张从产业和产品结构升级、产业链条升级、提高产业集聚水平、加快对传统产业和国有企业的改组改造、实现由投资型向贸易型转变五种途径来进行加工贸易升级转型。隆国强（2006）主张从提升全球生产价值链位置、促进企业技术创新、向服务环节延伸、延长国内深加工链条、促进更多本土企业参与加工贸易、发展本土跨国公司等方面促使加工贸易转型升级，并提出应从政策上促使加工贸易向中西部梯度转移。裴长洪

（2008）指出我国对加工贸易的政策着力点主要应围绕两个方面：一是促进 OEM 形态的继续拓展与完善；二是培育加工贸易高级形态的成长条件。

傅钧文（2008）提出了旨在实现可持续发展的"基于高级要素的加工贸易发展新战略"，强调以大量技能型员工、高层次的研发力量以及完善的基础设施等高级要素为支撑，注重加工贸易与一般贸易均衡发展、加工贸易上中下游产业链均衡发展、加工贸易中外资企业与国内企业均衡发展、加工贸易在沿海地区与在中西部地区均衡发展以及加工贸易与社会环境的均衡发展。冯晓玲和赵放（2010）指出，金融危机背景下的加工贸易转型升级，应该实施从注重加工制造环节向注重生产性服务方向升级的技术创新路径，以及从以出口导向为主向注重内外平衡转化的政策创新路径。罗建兵（2010）提出中国东南沿海地区的加工贸易产业升级转型路径可以有三种选择：产业升级策略、产业转移策略和关闭退出策略，并且以扩大内需为载体的国内价值链构建对于加工贸易产业升级具有重要意义。刘晴和徐蕾（2013）认为，应采取消除劳动力市场扭曲、缩小不同劳动力之间的收入差距等政策措施，推动中国加工贸易转型升级。

由于加工贸易企业的生产率通常低于一般贸易企业与非出口企业（李春顶，2010；Wang & Yu，2012；戴觅等，2014；Dai et al.，2016），因此，提升加工贸易企业能力被认为是加工贸易转型升级的微观目标。相关研究认为，加工贸易升级主要表现为加工企业作为一个整体在全球生产网络中地位及其所从事价值链环节的提升，其核心是企业能力的提高（刘德学等，2006）。加工贸易的转型升级是一个多层次、多领域、多阶段的动态发展过程，其包括产品升级、产业结构升级和价值链升级（许南和李建军，2010）。现阶段我国加工贸易政策调整应围绕自主品牌建设为核心，引导加工贸易从最基本形式 OEM 向高级形式 ODM、OBM 进行战略转型和升级（闫国庆等，2009）。还有研究则认为，加工贸易转型升级路径因不同贸易方式、不同所有制的加工贸易企业而异，是因为其生产效率存在差异。具有销售控制权的本土民营加工贸易企业是我国加工贸易增长方式转型的主体，而外商独资加工贸易企业不可能成为将来中国加工贸易转型升级的主体（孙楚仁和沈玉良，2012）。宣烨等（2011）基于江苏省本土加工配套企业的访谈问卷调查数据发现，企业的环境洞察能力、学习吸收能力、组织创新能力对企业转型升级的路径选择具有重要影响。杨震宁等（2014）通过对两组四家企业的案例研究，揭示了加工贸易企业"环境张力—动态能力—转型战略—升级效果"的动态演进路径模型；发现环境竞争张力强并具备抽象动态能力的企业可以通过"腾笼换鸟"策略实现升级，而环境竞争张力弱并具备具体战略和行为执行力的企业，则可以打造"隐形冠军"实现企业升级。

2.2.2 加工贸易转型升级的衡量及其影响因素研究

加工贸易作为垂直专业化分工下一种产品内贸易或价值链贸易，受整个全球生产网络或全球价值链循环体系的影响，所获贸易利益大小更是取决于其所处的价值链环节及位置。因此，加工贸易增值率是用于测度与衡量加工贸易转型升级的一个典型指标，通常用加工贸易净出口额与加工贸易进口额的比率来衡量。运用该测度指标，许多研究实证考察了加工贸易转型升级的影响因素。朱钟棣和李璐（2007）实证检验了经济发展水平、低成本人力资源供应、人力资源禀赋、运输成本、地区技术研发能力、规模经济和外商直接投资等多种因素对加工贸易增值率的影响。张明和胡兵（2010）利用1981~2007年的年度数据，基于协整理论和误差修正模型的实证研究发现，资本深化、研发投入、人力资本、加工贸易规模等因素对中国加工贸易增值率具有显著影响。随后，他们还基于2000~2009年中国省际面板数据、并运用动态面板系统 GMM 方法的研究发现，第三产业发展滞后已成为制约中国加工贸易增值率提升的重要影响因素（胡兵和张明，2011）。与之采用相同方法和类似数据，张庆霖和陈万灵（2011）也将加工贸易增值率作为加工贸易升级的度量指标，实证分析发现外资进入和内资研发都有助于加工贸易升级，且内资研发可以提升对外资先进技术的吸收能力，因此，我国加工贸易升级的关键因素在于提高研发强度和进行技术创新。翟士军和黄汉民（2015）用加工贸易出口额与加工贸易进口额之比来表征加工贸易增值强度，基于2003~2012年中国省际面板数据的实证研究发现，工资刚性对加工贸易增值强度都具有显著负效应，基础设施建设、市场化水平对加工贸易增值强度都具有显著正效应，但人口红利并未促进加工贸易增加值强度提升。因此，要促进加工贸易向中西部地区转移，并通过提升市场化水平、加强基础设施投入来促进加工贸易发展。

为了更精确地反映加工贸易的增值情况，近十年来一些研究基于垂直专业化分工的内涵及测度方法，测算了中国加工贸易的国内增加值率（DVAR）及其影响因素。李冀申和王慧娟（2011）基于胡梅尔斯等（Hummels et al.，2001）建立的垂直专业化指标（vertical specialization，VS），定义了加工贸易国内增值链（VSVA），用以反映进口中间品在国内生产流转过程中的深加工程度。进而，他们运用 OECD 提供的国家投入产出表进行测算，发现中国进口中间品在国内生产流转过程中的加工程度不断加深，加工贸易国内增值链稳步延长，从 1995 年的 8.4% 提高至 2005 年的 13.4%，无论是绝对数值还是增速均已高于美、日、德等发达国家，这主要与信息网络技术、产业技术和交通运输方式的不断进步以及贸易自由化引起的关税及壁垒放松有关。邓军（2014）基于 OECD 增加值贸易数据分析发现，中国各行业出口额中的国内增加值比例出持续上升，而国外增加值比例持续下降，这说明中国的出口结构正从国外增加值高的加工贸易转向国内增加值高的一般贸易。刘维林（2015）基于 1997 年、2002 年、2007 年中国投入产出表的测算发现，中国加工贸易的国外增加值率（FVAR）呈下降趋势（相对地，DVAR 则呈上升趋势），而间接国外增加值则一直处于上升。这说明中国对国外中间投入的利用正由简单的组装加工向深加工、精加工转变，进口产品在国内的价值链条不断延伸，加工贸易不断升级。马述忠等（2017）则侧重微观角度，采用纪晓蕊和邓希炜（Kee & Tang，2016）的企业出口国内增加值（DVA）算法，利用中国工业企业数据和海关数据研究发现，融资约束越小、生产率越高的加工贸易企业越有可能向高价值链环节攀升。

还有些研究强调了加工贸易转型升级应当表现为加工贸易中的要素含量或技术含量提升。邓军（2014）的研究发现，中国制造业出口中的服务增加值比例不断上升，表明中国制造业出口越来越依赖服务业投入。刘维林（2015）研究发现，中国加工贸易中的国外服务要素含量（SFVAR）远远低于国外产品要素含量（IFVAR）。程大中与程卓（2015）基于 OECD-

WTO 的跨国投入产出表（ICIO）与增加值贸易（trade in value-added，Ti-VA）数据的研究也发现，虽然中国出口的服务含量虽在不断增加，但是其背后却是国外要素对于国内要素的快速挤出，中国行业正在陷入价值链低端循环的陷阱。彭水军和袁凯华（2016）基于 OECD-ICIO 提供的投入产出数据库测算也发现，1995～2011 年的中国加工贸易出口利得实现了由22%到42%的快速攀升，这主要归功于国内服务含量的提升；但是受限于知识密集型服务嵌入不足，当前中国加工贸易的转型升级可能陷入"低端服务—低端制造"的恶性循环。毛其淋（2019）以"大学扩招"政策的实施作为准自然实验，采用倍差法的实证研究表明，人力资本扩张通过促使加工贸易企业加大研发投入和在职培训的力度，进口使用更多种类和更高质量的中间投入品，增加固定资产投资，结果显著提高了中国加工贸易企业的出口技术复杂度，有利于促进加工贸易企业升级。

从贸易结构和贸易方式角度来看，生产分割条件下的出口方式主要有三种，即一般贸易出口、进料加工贸易出口以及来料加工贸易出口（纯加工贸易），这三种方式的利润依次递减。因此，从来料加工向进料加工再向一般贸易的转型，也是加工贸易转型升级的表现之一。在宏观层面，裴长洪（2009）认为，2006～2008 年，中国加工贸易出口比重的下降和一般贸易出口比重的上升，并不意味着出口贸易政策调整所带来的贸易增长方式的转变，而只是由于本币升值造成的美元价值量计价变化下"价格转移"的结果。马光明（2014）则以加工贸易占总货物贸易比重、来料加工占总货物贸易比重作为衡量加工贸易转型升级的标准，运用多变量单方程协整和 VAR 方法对长三角、珠三角四省市进行对比分析发现，加工贸易转型升级在很大程度上是贸易方式发展的客观趋势性结果，人民币升值与劳动力成本快速上涨也对加工贸易转型起到明显的推动作用。

随着异质性企业贸易理论的兴起，出现了许多基于微观贸易数据的经验研究。芬斯特拉等（2013）利用中国国内外出口商、加工贸易和一般贸易之间的出口数据，说明制度质量是决定中国省级出口模式的一个重要因素。余淼杰（Yu，2015）将异质性企业贸易理论运用至贸易方式选择上，发现生产效率低下的企业倾向于选择加工贸易方式。马诺娃和余志宏（Manova & Yu，2016）利用来自中国的匹配的海关和资产负债表数据的研究发现，信贷融资约束或金融摩擦促使企业选择更多的加工贸易，特别是纯加工贸易，并阻碍了其追求附加值更高、利润更高的活动。布兰德和莫罗（Brandt & Morrow，2017）也利用2000~2006年中国海关数据，指出中间投入关税的下降是中国贸易形式由加工贸易转向一般贸易的主要原因。

国内学者刘晴和徐蕾（2013）通过构建一个以中国经济结构特征和出口贸易事实为依据的异质性企业理论模型，发现工资变动和外需变化会影响加工贸易企业的转型升级效果。逯宇铎和戴美虹（2014）的理论和实证分析表明，我国出口企业融资约束程度越大、生产率水平越低，越倾向于选择加工贸易。沈鸿和顾乃华（2017）基于大样本企业面板数据的实证研究发现，产业集聚并未促进企业由加工贸易向一般贸易转型，反而产业政策加剧了产业集聚对贸易方式升级的阻碍作用。铁瑛和何欢浪（2018）使用2000~2006年中国海关和工业企业数据以及城市数据的实证研究发现，城市服务业发展抑制了加工贸易出口。因此，需要推进制造业的服务化进程，促进服务业与加工贸易企业之间的联动，降低加工贸易企业升级的交易成本。胡浩然（2019）基于中国海关和工业企业数据的实证研究则发现，2003年以来的加工贸易转型升级政策促进了企业从加工贸易方式向一般贸易方式转化，优化了出口贸易结构。

还有研究从加工贸易产品层面来进行考察。黄建忠等（2017）从加工贸易出口增长的二元边际来衡量加工贸易转型升级状况，即体现为在原有出口产品市场上出口规模增加的集约边际（intensive margin），以及体现为原有产品出口到新市场、新产品出口到原有市场和新产品出口到新市场的扩展边际（extensive margin），进而利用2002~2013年HS6位编码微观贸易数据的实证检验发现，劳动力成本主要影响中国加工贸易出口增长的集约边际，对扩展边际虽有影响但其程度甚小，受劳动力成本影响较大的是中低技术出口产品。

不同于以上文献往往使用单一指标来测度与衡量加工贸易转型升级，有些研究考虑了多个维度、综合运用多个指标来全面衡量加工贸易转型升级的效果。刘德学和李晓姗（2010）基于全球生产网络视角，将高新技术产品出口比重、加工贸易增值率、加工活动技术含量和产品升级换代作为加工贸易升级的变量，利用广州市242家企业样本数据进行结构方程模型分析，发现企业技术创新能力、管理能力和国内产业配套能力是影响加工贸易升级的重要因素，但出口退税政策的影响却不显著。赵晓晨（2011）从加工贸易转型、升级（加工增值率提高）和区域转移三方面来衡量加工贸易转型升级效果，进而发现中国加工贸易转型升级政策促进了产业和产品结构升级，提高了加工贸易增值率，却没有促进加工贸易区域转移。汤碧和陈莉莉（2012）采用工业增值率、进口中间投入比率、生产环节变化和出口复杂度指数（EXPY）来研究中国加工贸易价值链升级情况。胡大立等（2018）从贸易结构升级、价值链升级、产业链延长、经营方式升级和产品结构升级 5 个维度，分别选取加工贸易占货物进出口的比率、加工贸易增值率、加工贸易国内配套率、来料加工装配贸易占比和进料加工贸易占比、机电产品出口占比和高新技术产品出口占比等变量，运用因子分析法，从全球价值链视角对加工贸易转型升级政策绩效进行评价，发现政策显著促进了产品结构升级，但对价值链升级的效果不佳，后期的政策甚至阻碍了价值链升级。

2.3

国际代工模式转型升级研究：基于价值链分工视角

关于国际代工模式转型升级的另一支文献是基于价值链分工视角的代工企业升级研究。这类研究起源于对东亚经济体在 20 世纪八九十年代经济快速发展经验的总结，并以 GVC 理论为基础，主要关注以代工方式融入全球价值链的发展中国家后进企业成长升级的一般路径与模式、升级困境及其突破路径、升级绩效及其影响因素等方面。与加工贸易转型升级文献侧重于贸易模式与贸易利益角度不同，代工企业升级研究文献强调价值链分工背景下特定产业中的企业组织演变、企业能力升级和企业绩效提升。

2.3.1 代工企业升级的一般路径与模式研究

对于嵌入 GVC 的代工企业而言，一般可以有哪些升级路径与模式？阿姆斯登（Amsden，1989）以韩国为例提出了"学习论"，认为代工企业可以通过学习来缩小与国际品牌客户的差距，同时指出新兴市场的企业实现升级和创新的最佳路径是由简单的委托代工制造到研发设计，并最终建立自主品牌。霍布德（Hobday，1995）根据对"亚洲四小龙"电子产业发展的考察发现，这些国家的企业通过为美国和日本等发达国家企业从事OEM/ODM，逐渐掌握了技术诀窍、产品和工艺技能，进而提出了后进企业升级遵循的一般路径：OEM→ODM→OBM。格里菲（1999）通过对服装市场的研究也发现，东亚国家的服装生产商在为美国的购买商生产的过程中，升级的轨迹是从贴牌生产（OEM），发展到自我设计、贴牌生产（ODM），最后进入自有品牌生产（OBM）。类似地，李吉仁和陈振祥（Lee & Chen，2000）提出了OEM企业基于核心竞争力的成长模型，描述了企业如何从OEM开始，通过竞争力构建和竞争力延伸这两类活动成长转型到ODM和OBM，以及成长中的企业各种业务类型之间如何进行动态协同。马修斯和曹（Mathews & Cho，2000）则在技术能力与市场开拓能力的二维框架内，绘制了东亚半导体企业崛起的两种典型成长路径：一条路径是从OEM出发，利用全球物流契约（global logistics contracting，GLC）进行市场扩张，最终到达OBM；另一条路径则从OEM出发，通过ODM完成技术能力跃迁，最终实现OBM。

在以上经验总结的基础上，汉弗莱和施密茨（2000，2002）明确提出了GVC升级的概念，并进行了系统的定义，提出了一种以企业为中心、由低级到高级的"四分法"：一是工艺流程升级，通过重组生产系统或是引入高级技术将投入转化为产出；二是产品升级，根据单位增加值转向更高端生产线；三是功能升级，即获得价值链上新的和更好的功能，如设计和营销，或放弃现有的低附加值功能而集中致力于附加值更高的环节；四是链条升级，即把从一个特定环节中获得的能力应用于新的领域或转向一个新的价值链。前三种是链条内部升级，分别作用于分工环节、单个产品和部门内层次，第四种是链条间或部门间升级。卡普林斯基和莫里斯（Kaplinsky & Morris，2003）也总结发现，很多产业在升级过程中表现出一种相似的阶梯式发展路线，即在一般情况下，企业升级是从工艺流程升级开始，然后逐步实现产品升级和功能升级，最终到链条升级。斯特金和李吉仁（Sturgeon & Lee，2001）则从价值链模块化的视角指出，随着合同制造商的能力不断强化，其逐渐从 OEM、ODM 向 DMS 和 EMS 等高级形态演进。

国内学者朱有为和张向阳（2005）根据 20 世纪 90 年代以来在计算机、电子、汽车以及通信设备等制造业出现的"价值链模块化"趋势，提出我国企业可以通过各种路径嵌入模块化价值链，有的从 OEM 向 ODM 以及 OBM 依次递进，有的从简单配套开始到 OEM 再到 ODM 等。汪建成等（2008）以格兰仕为例，总结出其"技术引进→消化吸收→自主开发"的自主创新路径以及"OEM→OEM/ODM 并存→OEM/ODM/OBM 并存"的国际化路径。杨桂菊（2010）对捷安特、格兰仕和万向 3 家本土 OEM 企业转型升级的演进路径进行了探索性研究，对 OEM 企业成长过程中"能力如何演进以及如何构建这种能力"进行了总结归纳，提供了代工企业转型升级路径的理论依据。代工企业可以通过网络关系构建、模仿学习、创新投入以及国际化行为来实现战略创业，进而推动企业转型升级（杨桂菊和刘善海，2013）。杨桂菊等（2017）以北京好利阀业、上海岱美、富士康 3 家企业的探索性案例比较，认为"OEM→ODM→OBM"并非连续且必要的升级路径，进而重新构建"U"型的代工企业转型升级新路径，即照单加工→产品和服务的问题解决方案升级→产品和服务的流程升级→产品和服务的职能升级。陶锋等（2011）以电子信息制造业为例，基于全球价值链代工联盟内知识溢出和学习过程归纳出代工企业的三类升级模式：向价值链高端环节攀升、与产业价值链一起实现整体性过程升级以及通过价值链的横向跨越实现产品集成创新。马海燕和李世祥（2015）认为，与国际客户构建战略性合作关系是本土代工企业的升级战略之一。裴秋蕊（2017）则提出了互联网经济时代我国出口型代工中小企业的价值链升级路径，包括技术进步协同品牌发展、集群化的产业链延伸、"互联网＋"实现市场多元化三大模式。

另一些研究则发现，对于不同类型的 GVC，可能具有不同的升级路径。汉弗莱和施密茨（2000）论述了 GVC 治理模式与企业升级的关系。巴赞和纳瓦斯·阿勒曼（Bazan & Navas-Alemán，2003）的研究也表明，产业集群中的企业往往加入几条不同的价值链，如品牌企业占主导地位的准层级制价值链、由国内市场形成的网络型或市场型价值链，而不同价值链治理对集群中企业的升级产生不同的影响。江心英等（2009）认为，隶属于生产者驱动型价值链的 OEM 企业应积极与业内领导型企业建立合作关系，提高自己的供货效率，不断地进行技术创新，同时在发展初期还要实施成本控制和低价营销策略；而隶属于消费者驱动型价值链的 OEM 企业应适时地由制造商转变为中间商，沿"OEM→ODM→OBM"的路径逐步升级，拓宽市场渠道，积极打造自主品牌等。许晖等（2014）基于三家加工贸易型企业和三家专业外贸公司进行的跨案例研究发现，分属生产者驱动和购买者驱动的两类外贸企业，分别采取 OBM 和 BPO 等多种嵌入路径，通过价值链上下游嵌入、原价值链环节深度嵌入和新价值链嵌入三种方式实现全球价值链升级，进而提出制造—服务一体化整合、低价值链高端嵌入两条创新路径。覃毅（2018）提出了我国品牌主导型产业全球价值链升级的可行路径：加快关键性前沿技术研发，推动技术进步；利用互联网和大数据技术推动模式创新，促进渠道转型；延长产品链以提高服务型制造和生产性服务业比重，实现价值增值向中高端延伸。张亚豪和李晓华（2018）则以大飞机产业为例，提出复杂产品系统产业的全球价值链升级，应实施技术研发能力升级、产品市场战略升级、组织运营网络升级、国际规则参与能力升级等路径。

还有些研究根据价值链升级方向不同，专门关注了代工企业向自主品牌升级的路径。哈梅尔和普拉哈拉德（Hamel & Prahalad，1989）认为，西方伙伴的分销能力让亚洲供应商集中其所有资源于建设绝对的产品优势上，然后 OEM 企业以自主品牌进入市场，并把制造份额转变成品牌份额。戴尔和辛格（Dyer & Singh，1998）认为代工企业可以通过购买品牌的方式涉足自主品牌领域。那些没有自主品牌而进行贴牌生产的公司或复杂产品供应商，可以通过品牌收购的方式获得品牌标识而进入价值链下端（Lechner et al.，2016）。李吉仁和陈振祥（2000）认为创建自有品牌策略可以采取渐进的方式，即采取 OEM、ODM 以及与自有品牌动态组合的方式进行，随着自身资源和能力的积累逐年调整两者的比例，可降低厂商自有品牌的风险。尤鲁克（Yoruk，2002）以一家波兰服装 OEM 企业为例，发现可以通过部分转型、品牌租赁（licensing）的方式和与别的企业合作建立渠道的方式进行了向自主品牌的转型。程等（Cheng et al.，2005）通过对来自韩国与中国台湾8家制造商的深度访谈，提出了一个国际品牌发展的阶段模型，并且指出在获得OEM生产的规模经济后，在国际品牌阶段应逐步减少OEM合同并更专注于国际品牌创建。借鉴该模型，孙红燕和张先锋（2012）在总结韩国、中国台湾国际代工企业升级模式和我国本土代工企业特征的基础上，也提出了国际代工企业基于产业升级的品牌阶段发展模式，即"立足国内市场—创立自有品牌—国际品牌—国内市场品牌的快速发展"。许基南（2007）认为，代工企业自主品牌战略的实施路径为OEM到ODM再到OBM；其中，在OEM阶段，代工企业品牌战略的要点是通过实施成本领先的战略，通过规模经济和不断提高效率，争取更多的外包业务和代工订单，建立和强化生产和制造流程中的优势；从OEM转向ODM阶段，要从成本领先战略逐步转向产品差异化战略；从ODM转向OBM阶段，实施产品差异化战略，企业通过组织学习，独立承担产品创新和品牌经营这两个环节。张京红和王生辉（2010）也认为，代工企业创建自主品牌的过程可以分为依次进行的三个阶段，即DOBM（domestic OBM）、ROBM（regional OBM）、GOBM（global OBM）。徐彪等（2012）则基于全球PC产业链，归纳了产业升级中代工企业五种品牌经营模式，包括关键零部件品牌模式、专业代工品牌模式、制造与消费兼具的共用品牌模式、OBM品牌模式、OB品牌模式。杨桂菊和李斌（2015）基于三星电子的探索性案例研究结果表明，代工企业可以通过非研发创新行为实现品牌升级。刘笑萍和杨立强（2017）则提出了代工厂商由代工生产向品牌运营转换的三种模式，即分拆模式、并购模式和自我发展模式。

2.3.2 代工企业升级困境及其突破路径研究

虽然诸多经验总结为发展中国家企业升级提供了一般的可行路径，但实际上，企业升级效果并不一定必然遵循上述理论路径，会受到诸多因素的影响从而导致陷入升级困境。汉弗莱和施密茨（2000）认为，进入准层级价值链治理模式，能为发展中国家的生产商提供快速的产品升级和过程升级渠道，但阻碍了功能升级。施密茨和诺林加（Knorringa，2000）也发现，当处于俘获型全球价值链中的发展中国家代工企业试图建立自己的核心技术设计研发能力、品牌和销售终端来进行功能升级或链的升级时，会侵占全球买家的核心能力，从而可能会受到后者的阻碍和控制。全球价值链的代工体系有助于发展中国家实现起飞或低端阶段的工业化进程，但是在进行到高端工业化进程中，却广泛地出现了被"俘获"现象（Schmitz，2004）。卡普林斯基和里德曼（Readman，2000）、久利安尼等（Giuliani et al.，2005）进一步将嵌入 GVC 的方式分为低端路径（the low road）和高端路径（the high road），其中，低端路径是一种"贫困式"增长路径，因为随着越来越多的发展中国家加入全球生产网络，专业化程度越来越高，企业面临愈加激烈的竞争，这使出口和产出水平增加的同时，经济收益也不断降低。斯特金和莱斯特（Sturgeon & Lester，2002）通过对新加坡、韩国和中国台湾的电子、交通工具、服装 OEM 企业转型的研究发现，有些向 OBM 转型失败的企业又回到了 OEM 和 ODM，其原因在于缺乏足够的资金实力投入到市场和品牌方面、不同于国内市场的国外市场的残酷竞争以及对 OEM 买家的依赖等。对于以上升级困境，拜尔和彼得斯（Bair & Peters，2006）指出，参与全球价值链并不能保证达到可持续的产业升级与发展，除非把当地供应商同全球链条联系起来的出口导向活动能够根植于区域并促进内生增长。

于明超等（2006）以中国台湾笔记本电脑在内地的封闭式生产网络为例，指出在外来资本主导代工生产模式下，国内当地企业由于技术能力弱、生产规模小、融资渠道有限等原因被边缘化从而限制了升级潜力。刘志彪和张杰（2007）也认为，在 GVC 中，一旦发展中国家代工生产体系进入功能或链的升级高端阶段，试图建立自己的核心技术研发能力、品牌和销售终端时，会侵占全球大买家或跨国公司的核心能力和买方垄断势力，后者就会利用各种手段来阻碍和控制发展中国家代工生产体系的升级进程，从而迫使发展中国家代工生产体系"锁定"于 GVC 中的低端环节。卢福财和胡平波（2008）基于企业间能力差距的低端锁定博弈模型也表明，跨国公司会无条件地对中国企业的价值升级路径实行封锁，但中国企业仅仅依靠自身能力却很难突破低端锁定状态。卓越和张珉（2008）则以中国纺织服装业为例，发现跨国采购商凭借对产品终端市场销售渠道、品牌和设计研发等价值链核心要素的控制而形成的俘获式 GVC，是国内代工企业在全球价值链中分配地位日趋恶化从而陷入"悲惨增长"的根源。俞荣建和文凯（2011）基于买供间治理理论框架，运用 12 个浙商代工关系的跨案例研究发现，GVC 治理对代工企业升级的影响具有结构性特征，代工能力的提升并不必然地带来关系租金份额的提升，格里菲等所言的"升级"是个悖论。洪联英和刘建江（2012）基于数理模型和中、韩、美三国的垂直生产体系的经验分析还表明，在不完全契约条件下，最终产品商通过价值链分解权控制和层次租金分配激励机制，有效构建并维护着高端链节国家设定的分工模式，导致我国参与国际分工的加工企业被低端专业化。

那么，发展中国家代工企业应如何突破 GVC 升级困境？一些学者结合中国等发展中国家的实践，提出了多元化的升级路径。施密茨（2004）通过总结一些发展中国家实践经验后发现，凭借国内市场发育而成，然后进入区域或全球市场的价值链分工生产体系中的本土企业或网络，表现出很强的功能升级与链条升级能力。这些基于国内价值链（national value chain，NVC）的发展中国家本土企业或网络首先专注于国内市场的开拓与竞争，在取得国内市场某个行业或产品价值链的高端环节竞争优势后，就建立起自己设计、品牌和全国销售渠道（刘志彪和张杰，2007）。基于此，张少军和刘志彪（2009）进而提出，应将 GVC 模式的产业转移内含的竞争方式与中国自身国情和优势相结合，通过产业内迁和区域一体化延伸产业链条，构建与发展以本土企业和本国市场为主体的 NVC。徐康宁和冯伟（2010）、张国胜（2010）则从技术创新角度，强调了本土市场规模对本土产业和企业升级的作用。刘志彪（2012，2015）进一步提出，中国要利用国内市场的巨大吸引力和规模效应的支持，发展自己作为发包方的逆向外包①，吸收外国高级要素为我所用，实施基于内需的经济全球化和基于全球创新链（global innovation

---

① 所谓逆向外包，又称"逆向离岸外包"或"反向外包"，其与由发达国家作为发包方的传统"外包"不同，是指由低劳动力成本的发展中国家作为离岸服务外包的发包方，为了开拓国外市场、降低成本、满足国内市场需求、创新产品等目的，采取直接雇佣他国专业技术人员、在他国建立子公司、离岸中心和并购他国企业的一种战略活动（张月友和刘丹鹭，2013）。从价值链角度来看，逆向外包不同于以往的价值链治理结构，发包商和接包商之间并没有绝对的"控制方"，其治理类型更接近模块型和关系型。

chain，GIC）的战略路径来实现 GVC 升级。这种战略的基础是由中国本土跨国公司主导构建的全球价值网络，本土企业和机构积极参与全球治理，与发达国家共享分工与贸易福利，因而是一种利益更加平衡的"主动型"全球化战略（杜宇玮，2018）。欠发达国家可以通过获取逆向外包"在位权"获取更大租金，转向链外新的合作渠道与模式，通过价值链功能升级实现纵向拓展，以及在纵向拓展基础上实现链间超越即主导一条更高端的价值链来实现 GVC 升级（陈羽等，2014）。

除了依托本土市场需求进行升级的思路之外，有些研究还从企业能力视角提出了多元化的升级路径。黄永明等（2006）则针对我国亚光纺织集团和雅戈尔集团的升级实践，提出了基于技术能力、市场扩张能力以及技术和市场相组合三种企业升级路径。刘维林（2012）认为，单纯基于功能视角的价值链延伸难以突破低端锁定，而基于产品分工和功能分工的双重嵌入，则可以通过知识扩散、动态能力建构、治理结构、租金创造与分配四重机制丰富 GVC 攀升的路径并加快升级进程。王海杰和李延朋（2013）认为，GVC 弱势企业可通过企业内外关键资源能力的重组和提升，在维持内部权力均衡的同时，借助实施策略性冲击实现价值链升级。尚涛和郑良海（2013）则从促进技术持续积累的角度提出了构建代工生产企业技术能力持续升级的替代补偿机制，帮助代工产业突破技术隔离与产业链锁定效应。项丽瑶等（2014）基于租金攫取视角的新升级观与网络竞合的新情境，提出升级能力概念并构建其"三矩"结构范式：升级动能矩阵、升级势能矩阵、升级效能矩阵。通过制度创新突破国际生产组织安排，提升微观企业的真实生产率水平和组织能力，是破解我国外贸发展模式困境的有效路径（洪联英和刘建江，2012）。

2.3.3 代工企业升级绩效及其影响因素研究

从 GVC 视角来看，产业升级就是一个企业或经济体迈向更具获利能力的资本和技术密集型经济领域的能力的过程（Gereffi，1999），或者制造商成功地从劳动密集型低价值产品生产者，向更高价值的资本或技术密集型产品生产者这样一种经济角色转变的过程（Poon，2004）。因此，产业或企业升级由低技术水平、低附加价值状态向高技术、高附加价值状态演变的过程。那么，代工企业升级绩效就主要体现在通过技术创新、品牌升级等价值链环节延伸，从而带来企业利润、附加值以及企业能力提升方面的效果。彼得罗贝利和热贝罗蒂（Pietrobelli & Rabellotti，2004）认为，升级是指通过创新来创造更多附加值的过程，创新不能仅指产品或工艺流程全新的突破，还应包括生产较高附加值的产品，进入有较高壁垒的市场以及从事新的产业或承担新的生产或服务功能等。刘林青等（2008）认为，从升级导向来看，全球价值链升级具体体现在三个方面：一是相对其他发展中国家代工企业的竞争优势，表现为订单量与订单价值份额的优势；二是相对于发达国家主导企业的竞争优势，表现为价值链租金份额的攫取；三是对未来持续发展和经济结构转型具有的潜在价值，表现为自主能力与知识的获取。

那么，代工企业升级绩效受到哪些因素影响？李吉仁和陈振祥（2000）强调，产品能力、设计能力、流程能力及模块化能力等反映企业技术水平的项目，企业对市场的熟悉程度、品牌运作经验等企业营销能力，是影响 OEM 企业转型途径的重要条件和影响因素。尤鲁克（2002）通过对波兰和罗马尼亚的服装 OEM 企业之间的对比，发现企业采用什么样的转型模式受到企业内部、外部因素的共同影响包括企业对买方的依赖程度、所处的网络环境、知识和技术的积累、企业的资源和能力等。卡普林斯基和莫里斯（2003）在探讨南美家具企业在价值链上的功能升级时，提到影响价值链功能升级的因素的一个很重要的因素就是要求企业能够适应由于功能升级而带来的不断增加的技术设计能力的要求。毛蕴诗等（2009）选择了东菱凯琴和佳士科技两家采用不同升级战略的 OEM 企业进行了比较案例分析后发现，市场环境、地方政策所形成的地区技术创新环境、OEM 企业与合作企业的良好关系等制度环境，以及基于"适应性学习"的企业能力对 OEM 企业升级战略选择具有重要影响。杨桂菊（2009）以捷安特自行车的品牌创建为例，发现知识获取、内化和创新能力决定着代工制造厂商能否顺利升级到代工设计厂商；能否突破对生产和设计能力的路径依赖，主导核心能力向品牌运营方向发展，决定着代工设计厂商向自主品牌厂商跨越的成败。程发新等（2012）对江苏省135家中小工业企业的调研发现，成本、质量、交货和柔性等代工模式下的竞争优先权对企业财务绩效和非财务绩效都有显著的正向影响。吴斯丹和毛蕴诗（2014）基于 99 家样本企业调研数据的实证研究发现，本土代工企业与国外品牌客户之间竞合关系对代工企业升级绩效具有重要影响。马海燕和熊英（2016）基于 161 家代工企业的问卷调查考察了战略联盟对企业升级绩效（价值攫取和知识获取）的影响；结果发现，利用性联盟对代工企业价值攫取具有正向促进作用，探索性联盟与价值攫取显著负相关；在强关系治理情境下，探索性联盟比利用性联盟更具有显著的价值攫取效果。谭云清等（2017）利用 217 个我国国际代工企业调查数据实证检验结果表明，来自跨国公司的技术锁定与市场锁定均负向影响我国国际代工企业创新绩效，国际代工企业的跨界技术搜索与跨界市场搜索对创新绩效均有直接的正向影响和间接的调节效应。

自创品牌是代工企业升级的重要战略选择之一。然而，代工企业是否选择自创品牌以及选择什么样的品牌升级战略，也受到多种因素的影响。波特（1985）指出，产业生命周期阶段会影响企业自创品牌，在主要活动领域具有竞争优势会更有利于发展自主的产品品牌。翁克维斯特和肖（Onkvisit & Shaw，1989）把组织内部的资源和能力以及外部合作伙伴的支持看作 OEM 企业发展自有品牌的基础，代工企业自创品牌的选择需要以强势的产品质量做后盾，而且必须掌握适当的时机。但是要从 OEM 转变成 OBM，也存在着设计、营销、零售与生产上的能力差距以及不菲的转换成本等诸多限制（Grunseven & Smakman，2005）。福布斯和维尔德（Forbes & Wield，2001）则指出，激烈竞争能促使 OEM 自主创新，提升核心竞争力，并最终拥有自主知识产权的 OBM。博纳哥利亚等（Bonaglia et al.，2008）以土耳其消费电子产品跨国公司阿塞里克（Arcelik）为例，指出了其从 OEM 成功转型为国际化 OBM 的四个因素，包括快速战略执行、投资于构建技术能力与组织适应性、国际营销能力和分销网络以及对商业团队资源的杠杆运用。

刘志彪（2005）认为，要实现从 OEM 向 ODM 和 OBM 的转化，不仅需要企业不断提高学习能力、创新能力和累积组织能力，而且需要社会和政府为某些有条件的中国企业创造品牌经营的市场基础和需求条件，培植品牌企业所需要的文化自信心和制度条件等。台湾地区学者瞿宛文（2007）研究发现，国家政策、代工模式成长空间及相关产业特性等结构性因素将影响自创品牌的可能性，其中产业的研发与营销强度越高，技术与规模差距越大，则后起者自创品牌面对的限制因素较大；后起者既有管理者对自创品牌企图心越强，自创品牌越有可能；如果政策及其他结构性因素不变，台湾地区企业多仍会显现代工模式的路径依赖。陈戈和徐宗玲（2011）以台湾地区宏达电子为例，发现代工企业应用动态能力实现OBM升级的基本过程，包括如何感知与理解机遇与威胁，决策把握机遇与转变组织资源基础等。陈柳（2011）通过建立数理模型分析后发现，代工企业品牌策略的成功还取决于企业自身效率、学习能力、资本和技术积累等多种因素，而外生冲击也在开拓市场、突破进入壁垒、获取营销渠道等方面给其自创品牌带来机遇。李桂华等（2013）、黄磊和李巍（2014）基于代工企业样本的实证研究，分别发现了企业关系专用性投资会通过影响客户关系价值和竞争优先权，进而影响企业自有品牌战略。杨桂菊和李斌（2015）基于三星电子的探索性案例研究，发现代工企业可以通过非研发创新行为实现品牌升级，企业家创业精神、危机意识、提升品质的决心以及自创国际品牌的耐心则是代工企业品牌升级的内在驱动力。

2.4

文献评价与本书的创新

不可否认，以国际外包或国际代工方式嵌入GVC，是经济全球化条件下一个国家或地区获取国际分工贸易利益，实现经济增长、产业提升和企业发展的必要途径。然而，无论是作为发包方还是接包方，国际外包对产业或企业的影响作用都不能一概而论，既可能具有显著的积极效应，也可能存在一定的负面作用。因此，需要辩证地看待并廓清相应的前提条件和决定因素。对于中国这样的发展中国家而言，如何正确衡量与客观评价国际代工引致的经济效应，以及如何在引导和促进其积极效应发挥的同时，主动寻求原有分工模式的演进与超越，是实现经济可持续和高质量发展所必须解决的重大课题。现有文献基于外包、贸易、价值链等不同视角，对 GVC 分工的形成机制、经济效应、演化路径及其影响因素等问题进行了解读和分析，为经济全球化条件下中国产业升级提供了一个很好的研究视角。然而，其至少还存在以下三个方面的不足。

第一，关于国际外包的产业效应研究文献已较为丰富，但是结论还存在较大的争议。西方主流文献对国际生产外包的研究大多从发达国家角度进行研究的，而基于发展中国家角度的研究显得不足。特别是关于发展中国家参与国际外包或国际代工所导致的其对国际分工模式本身的路径依赖特征，以及如何超越这种分工模式的路径与机理还缺乏深入研究。

第二，加工贸易转型升级相关文献，虽然侧重于发展中国家角度的研究，但是却普遍忽视了发达国家及其企业的策略性行为在其中的重要作用。而且，这些文献主要是从国际贸易模式转型与贸易利益提升角度来研究的，强调贸易边界内的转型升级，但是却忽略了这种贸易转型升级背后隐藏的微观演化机理。

第三，基于价值链分工视角的代工企业升级研究文献，注重从微观企业视角来总结和考察国际代工模式转型升级的一般路径、主要困境、绩效表现及其影响因素。但是，相关研究显得比较零散和孤立，而未将代工企业转型升级的困境形成及其突破路径和实现机制置于一个统一的理论框架内进行分析。特别是对于 GVC 下中国制造业企业如何突破跨国公司多元化的垂直控制和封锁，通过实施自创品牌决策来实现转型升级，进而超越国际代工的具体路径、条件因素及其影响机制等问题，还缺乏严谨和系统的经济分析以及有力的实证支撑。

本书将针对上述研究不足进行补充和拓展，可能的创新点主要体现在以下三个方面。

第一，从研究视角来看，既突破了国际外包和加工贸易文献关于国际分工与贸易边界内产业升级的局限，而强调对已有分工模式的根本性超越，且注重从微观视角考察这种分工模式超越的可行路径与内在机理；又有别于代工企业升级文献局限在对一般性升级路径的总结以及偏重对企业绩效的考察，而聚焦自创品牌升级这个关键问题，从代工企业决策行为视角深入剖析其困境形成及其实现机理。

第二，从研究内容来看，以中国这个世界上最大的发展中国家为样本，立足中国的转型背景与"大国条件"，较为系统地研究了国际代工模式的演变规律、经济效应、突破路径、超越条件及其影响因素。一是从事实描述上，不仅总结了国际代工模式的演变规律，而且还检验了国际代工模式的产业升级锁定效应和产业关联阻滞效应，从而更全面地体现了国际代工模式的困境；二是在理论阐释上，不仅揭示了 GVC 下代工企业品牌升级的困境成因，而且还指出了超越品牌困境的路径机制，从而将代工企业转型升级纳入一个统一的解释框架内；三是在经验分析上，不仅考察了制造业企业转型升级的可能影响因素，而且还剖析了某些因素对代工企业决策的作用机制，从而更加明确了相关影响因素的决定作用。

第三，从研究方法来看，立足价值链分工中的垂直（控制与依存）关系，广泛引入产品市场竞争、市场结构、产品差异化、市场势力、进入阻止、品牌壁垒等产业组织理论的相关概念，通过建立最优化数理模型和博弈论模型，从不同视角严谨而深入地分析了国际代工锁定的微观形成机制，进而推导出超越国际代工的实现条件，从而夯实了国际贸易实证文献的理论基础以及增强了 GVC 升级理论的说服力。而且，综合运用企业案例以及区域、行业、企业等宏观、中观和微观层面的面板数据和截面数据，为国际代工对发展中国家产业和企业的影响效应及作用机制提供了坚实的实证支撑。

第 **3** 章

中国国际代工模式的演变、困境与锁定效应

3.1

国际代工：嵌入全球价值链的"中国制造"

3.1.1　出口导向型经济：中国国际代工模式形成的基本背景

"出口导向"的概念是 20 世纪 60 年代中后期至 80 年代随着亚洲"四小龙"的崛起而流行起来的。出口导向型经济，是指在开放条件下，一国利用国外资源与开拓国际市场，采取了出口补贴、汇率调整、关税保护、外汇留成等多种方式鼓励企业出口，以生产出口商品带动本国经济的发展即主要以出口的增长来带动一国经济增长的战略模式，属于外向型经济。改革开放以来，国际代工作为中国东部地区出口导向型开放模式的重要特征，其形成是在经济全球化的快速发展、国际分工体系演变与中国国内的特殊环境耦合的必然结果。

首先，从国际环境来看，经济全球化与产品内国际分工下的产业转移促成了中国东部地区的出口导向型开放格局。20 世纪 80 年代，美、欧、日等发达国家和地区将产业结构重心向高技术化、信息化和服务化方向发展，而把劳动密集型产业和资本、技术密集型中的劳动密集型环节转

移到海外。同时，随着韩国、香港和台湾地区等企业品牌销量的不断扩大，这些品牌企业的利润越来越受到其产能短板和日益高涨的劳动力成本的约束，于是劳动密集型生产与制造环节的转移成为这些企业提升国际竞争力和持续发展的迫切要求。而刚刚改革开放的中国，正走在从计划经济逐步向市场经济转型过渡的道路上，从土地中解放出来的大量农业人口成为廉价产业工人的主要来源。再加上招商引资政策的鼓励，中国东部地区成为国际产业转移的最佳对象，从而逐渐演变成重要的国际代工基地。

其次，从国内环境来看，过度的投资与积累导致国内市场的消费需求不足，必须通过出口弥补国内市场的缺口。改革开放尤其是 20 世纪 90 年代以来，为了引进外国的先进技术和管理经验，中国特别是东部地区接受了大量的外国直接投资，从而成为承接国际产业转移的主要基地。同时，刚刚解决温饱问题的国人消费倾向较低，往往将有限的收入储蓄起来。这两种因素导致过度投资形成的产能过剩无法通过国内市场需求进行消化，从而转向国际市场来释放，以此来维持较高的经济增长速度。

最后，从区域环境来看，中国东部地区特有的区位优势与地方政府的政策导向形成了产业企业的"出口偏好"。1988 年，受"中国加入国际经济大循环"的政策引导，珠三角、长三角地区凭借特殊的地理区位优势，在竞争中走出了一条以吸收 FDI 进行加工贸易的国际化道路，吸引外商投资办厂或者将生产基地从母国转移到该地区，由此带来这些地区加工贸易的"爆炸式"增长和经济总量的迅速扩张。以江苏为例，作为中国东部最重要的开放型经济地区之一，外贸依存度很高，呈现出显著的出口导向和国际代工发展模式。"十一五"期间，江苏实现加工贸易进出口额 10675 亿美元，占全部进出口总额的 58%，占全国加工贸易进出口额的 22%，规模仅次于广东。2018 年，江苏省外贸进出口总值达到 43802.4 亿元，连续多年占到同期全国进出口总值的 1/7 左右，外贸规模连续 16 年居全国第二位；其中，出口 26657.7 亿元，增长占同期全国出口总值的 16.2%。

3.1.2 中国国际代工模式发展演变的特征事实

从国际分工角度来看，发展中国家对外开放模式的一般特征包括：一是在国际贸易方面，专业化生产并出口资源、劳动密集型商品，进口资本、技术密集型商品，比较优势主要在于劳动密集型的生产环节。二是在国际投资方面，主要是以廉价的土地和劳动力等低级生产要素吸引外部资本流入，引进外资的规模明显大于本国对外投资的规模，且在国际资本市场上，本国货币处于明显的弱势地位。三是在宏观管理方面，优惠政策偏向于鼓励出口（加工）贸易和外商直接投资等。

在全球化背景下，中国也不例外。为了引进外国的先进技术和管理经验，中国在 20 世纪 80 年代以来接受了大量的外国直接投资（FDI），从而成为承接国际产业转移的主要基地。通过参与国际产品内分工，我国各产业从起初的完全依赖进口，发展到很多产品可以在国内由国有企业、中外合资和外商独资企业提供。有些行业的技术水平已达到了 20 世纪 90 年代的先进水平，有的产品甚至可以与世界先进水平平起平坐，已经形成了一个比较完整的现代制造业体系。在这种外向型工业化战略带动下，对外贸易量迅猛增长，特别是加工贸易更是在中国出口增长奇迹中起着举足轻重的作用，并成为中国制造业参与国际分工和国际贸易的主要方式。从企业关系来看，加工贸易是委托方与加工方的交换关系，主要包括 OEM 和 ODM 两种组织形态，因而加工贸易的发展在较大程度上反映了中国国际代工模式发展的现实。纵观中国加工贸易的发展历程，其主要表现为以下三个特点。

第一，在贸易规模方面，加工贸易逐渐壮大，增值率稳步提升，是中国对外贸易特别是出口贸易增长的重要力量。加工贸易从无到有、从小到大，特别是在 20 世纪 80 年代到 21 世纪初这一段时期内，得益于 FDI 的大量流入，加工贸易得以快速发展，如表 3 - 1 所示。从总量规模上来看，中国加工贸易进出口总额从 1981 年的 26.35 亿美元增长至 2018 年的 12674.29 亿美元，增长了 481 倍。其中，出口从 1981 年的 11.31 亿美元增长至 2018 年的 7971.04 亿美元，增长了 704.8 倍；进口则从 1981 年的 15.04 亿美元增长至 2018 年的 4703.25 亿美元，增长了 312.7 倍。从增值情况来看，加工贸易的增值率则从 1981 年的 - 24.80% 提高至 2018 年的 69.48%，最高时达 82.1%。这说明，随着国际代工经验的日渐丰富和国内产业链不断完善，加工贸易链不断延长，由国内企业生产供给的零部件和材料比重不断增加，加工贸易出口的国内要素含量不断攀升，加工贸易正逐渐成为中国制造业获取国际分工与贸易利得的重要方式（彭水军和袁凯华，2016）。

表3-1 改革开放以来中国加工贸易发展情况

年份	加工贸易出口额（亿美元）	加工贸易进口额（亿美元）	加工贸易总额（亿美元）	加工贸易增值率（%）
1981	11.31	15.04	26.35	-24.80
1985	33.16	42.74	75.90	-22.41
1990	254.20	187.60	441.80	35.50
1995	737.00	583.70	1320.70	26.26
2000	1376.52	925.58	2302.10	48.72
2005	4164.67	2740.12	6904.79	51.99
2006	5103.55	3214.72	8318.27	58.76
2007	6175.60	3684.75	9860.35	67.60
2008	6751.14	3783.77	10534.91	78.42
2009	5869.80	3223.40	9093.20	82.10
2010	7402.67	4174.68	11577.35	77.32
2011	8347.02	4690.01	13037.03	77.97
2012	8626.32	4812.58	13438.90	79.25
2013	8607.86	4969.54	13577.39	73.21
2014	8844.35	5256.53	14100.88	68.25
2015	7989.19	4474.83	12464.02	78.54
2016	7167.87	3974.46	11142.33	80.35
2017	7601.84	4328.96	11930.80	75.60
2018	7971.04	4703.25	12674.29	69.48

注：加工贸易增值率＝（加工贸易出口额－加工贸易进口额）/加工贸易进口额。

资料来源：作者根据历年《中国统计年鉴》、国研网统计数据库相关数据整理而得。

从贸易贡献来看，加工贸易在中国对外贸易中的比重先是显著上升，然后呈下降趋势，如图3-1所示。20世纪八九十年代，加工贸易对中国对外贸易的发展起到了非常重要的作用，长期占据了中国对外贸易的半壁江山。在开放程度最高的长三角和珠三角地区，加工贸易在其外向型经济发展中更是起到了主导作用，其中，珠三角地区的加工贸易总额长期占到其全部贸易总额的60%以上。2008 年之后，受到全球金融危机以及中国国内要素成本和贸易政策的影响，加工贸易的地位逐渐下滑。但是，加工贸易仍然是中国出口的重要力量和主要方式之一，"十三五"以来加工贸易出口在出口总额中仍然占了三成多的比重。

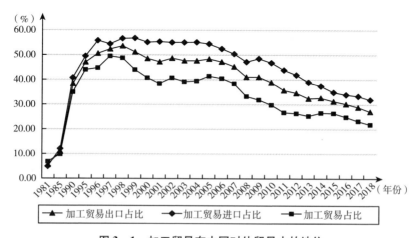

图 3 - 1　加工贸易在中国对外贸易中的地位

资料来源：作者根据海关统计数据整理而得。

　　第二，在贸易主体方面，廉价劳动力要素指向型的外商直接投资企业成为加工贸易的主力军。20 世纪 90 年代初期，占有国家大部分资源要素的国有企业由于机制僵化、管理效率低下以及市场适应性差，而中小民营企业则受制于资金缺乏以及较弱的技术水平和渠道能力，都无法成为加工贸易的主导力量。随着国际产业转移步伐的加快，外资大量进入中国，跨国公司在华设立的子公司以及中外合资、合作企业则依靠当地丰裕廉价的劳动力和税收优惠占据了对外贸易的先头阵地，进而成为加工贸易的主力军。如表 3 - 2 所示，1995 年，外商投资企业加工贸易进出口额为 791. 18亿美元，并首次超过全部加工贸易总额的一半份额。2004 年，外商投资企业加工贸易额已达 4500 亿美元，占全国加工贸易总额比重首次超过 80%，达 81. 87%；同时，外商投资企业加工贸易出口额的比重也超过了 80%。从此以后，外商投资企业加工贸易出口和进出口总额在全部加工贸易中的比重都基本维持在80%以上，在华外商投资企业已完全主导了中国的加工贸易。而且，如果考虑到内资企业的来料加工主要也是由外资经营，那么外资经营的加工贸易约占全国加工贸易进出口的90%左右。虽然近些年来，随着产业集群的遍地开花，以民营企业为代表的本土企业也大举进入代工市场，其加工贸易增长速度大大超过了外资企业和国有企业的增长速度，但是从在加工贸易中所处地位来看，要超越外资企业成为代工业务领域的霸主还尚待时日。

表 3 - 2　　　　　　　外商投资企业在中国加工贸易中的地位

年份	外资企业加工贸易进出口		外资企业加工贸易出口		外资企业加工贸易进口	
	金额（亿美元）	比重（%）	金额（亿美元）	比重（%）	金额（亿美元）	比重（%）
1990	127.02	28.75	66.81	26.28	60.21	32.09
1992	294.88	41.44	153.40	38.72	141.48	44.86
1995	791.18	59.91	420.47	57.05	370.71	63.51
2000	1657.71	72.01	972.18	70.63	685.43	74.05
2004	4500.16	81.87	2663.53	81.21	1836.63	82.85
2005	5778.75	83.69	3466.29	83.23	2312.46	84.39
2006	7055.50	84.82	4311.60	84.48	2743.90	85.35
2007	8311.27	84.29	5214.62	84.44	3096.65	84.04
2008	8906.40	84.54	5721.95	84.76	3184.09	84.15
2009	7645.04	84.07	4937.02	84.11	2708.02	84.01
2010	9709.39	83.86	6205.38	83.82	3504.01	83.94
2011	10842.78	83.07	6993.25	83.71	3849.52	81.94
2012	10984.15	81.73	7151.48	82.89	3832.66	79.65
2013	11005.65	81.05	7132.52	82.86	3873.13	77.93
2014	11171.76	79.30	7205.55	81.48	3966.21	75.64
2015	10298.38	82.78	6675.28	83.70	3623.10	81.12
2016	9150.80	82.31	5940.05	83.04	3210.75	80.99
2017	9831.51	82.61	6322.56	83.33	3508.95	81.36
2018	10308.35	81.32	6538.56	82.02	3769.78	80.14

资料来源：作者根据历年《中国商务年鉴》、海关统计数据整理而得。

从外商投资的行业结构来看，"九五"以来，外商投资企业在制造业的投资额连年持续增长，2017 年达到 21575.64 亿美元，剔除价格因素后的实际值是 1996 年的 3.77 倍，且在较长时期内制造业都是外商投资企业的主要目标领域，2013 年之前制造业都占了一半以上的份额，如图 3 – 2 所示。说明 FDI 主要追求的是中国的非熟练劳动力，从而将熟练劳动力相对需求较小的产业工序和生产环节转移至中国。这种廉价劳动力要素指向型的外商直接投资企业的战略目标，一是凭借其强大的技术和市场控制力企图占领中国潜力巨大的国内市场，二是依托在中国大陆生产的成本优势向国际市场出口。

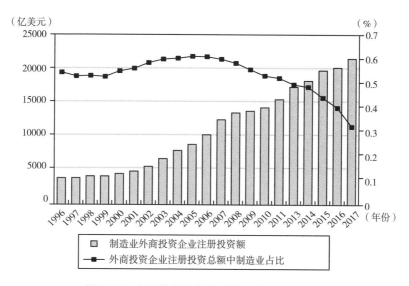

图 3 – 2　中国外商投资企业的制造业投资情况

资料来源：作者根据国研网统计数据整理而得。

第三，在贸易品结构方面，加工贸易出口的产品结构不断升级。1991 年以前，中国的加工贸易主要集中在服装、鞋帽、纺织、玩具等劳动密集型行业产品的"来料加工"和"进料加工"上。1992 年以后，随着 FDI 的大量进入，加工贸易产业结构发生了变化，技术含量和分工水平明显提高，加工贸易开始由劳动密集型行业为主逐步转向以资本、技术密集型行业过渡，电子通信、电器设备、办公用品、计算机、生物制药等高科技产业的中间产品生产及制成品的组装在东部沿海地区渐渐开展。加工贸易出口中劳动密集型产品所占的比重越来越低，而以机电产品、高新技术产品为代表的资本、技术密集型产品所占的比重大幅上升。据海关统计，机电产品加工贸易出口比重从 1992 年的 21.72% 上升到 2000 年的 43.22%，到 2008 年则达到 78.9%，2017 年进一步升至 80%；"十五"期间，高新技术产品加工贸易占加工贸易出口的 41.1%，2017 年则上升至 54.26%。

3.1.3 国际代工模式下中国的经济与社会转型①

不可否认，通过 40 年的改革开放，中国东部地区通过实施国际代工和出口导向的开放型经济发展模式，不仅使得本区域实现了经济社会的彻底转变，也促成了整个国家层面上经济体制、经济增长方式以及社会结构的根本转型，加速了中国现代化进程。在这种开放战略下，中国的现代化发展主要是以信息化和全球化为根本动力，以制度创新和城市化为主要手段，通过要素集聚实现经济现代化目标的发展模式。具体效应主要体现为以下三个方面。

第一，"倒逼"了中国从计划经济到社会主义市场经济体制的转型。中国经济改革的首要任务是完成经济体制从计划经济向社会主义市场经济的转型，而市场经济本质上是一种开放性的经济。在经济全球化背景下，对外开放可以激活生产要素和资源的自由流动，可以在世界范围内有效配置要素和资源，从而促进市场经济体系的形成和运转。对外开放为中国经济体制改革提供了适宜的外部环境，贯通了内外市场，释放和激活了被原有体制压抑的生产要素，而且使外部资金、技术、知识和信息源源不断流入中国。《中国统计摘要 – 2018》数据显示，1979～2017年，中国实际利用外资总额累计达 21031.7 亿美元，其中外商直接投资（FDI）为 18965.9 亿美元；而自 2002 年以后，中国就已经取代美国成为世界上引进外资最多的国家。与此同时，出口导向型开放战略逐步打破了计划经济下的外贸垄断体制，对外贸易特别是出口贸易取得了快速的发展，中国经济的外贸依存度也不断提高。1978 年，中国外贸依存度

---

① 本小节部分内容已发表：刘志彪，章寿荣，杜宇玮. 东部地区开放模式转型与区域现代化［J］. 学海，2013（4）：145 – 150.

仅为 9.8%，其中出口依存度仅为 4.6%；而到 2008 年，中国的外贸依存度高达 58.3%，出口依存度则达到 32.5%。2009 年，中国更是超越德国成为全球最大的出口国。在国际代工模式下出口导向战略实施的同时，经济特区及东部地区沿海开放区的建立则从横向上推动了中国的市场经济体制改革。这些开放区充分发挥了外引内联的功能，成为中国现代市场经济的试验场，其着力探索新的经济体制和管理制度，为全国性市场经济体制改革提供了有益的经验借鉴。2009 年以来，虽然受到世界经济下行、中美贸易争端以及内需市场振兴等多重因素影响，中国外贸依存度有所降低，2018 年外贸依存度下降至 33.89%，出口依存度为 18.24%；但不可否认的是，出口贸易仍然是当前中国经济增长的主要动力之一。

第二，加速了中国国内生产要素由低效率组合向高效率组合的转型。经济增长的源泉不仅来自生产要素（资源、劳动和资本）投入的增加，而且还依赖于全生产效率的提高，而生产效率的提高在很大程度上得益于要素集聚能力的增强。在开放条件下，要素国际流动会导致要素在某些国家和地区的集聚，要素集聚是全球化经济一种特有的资源配置方式，它构成了全球化经济的基础特征，也是生产要素在全球范围实现优化配置的具体体现（张幼文和梁军，2007）。一方面，东部地区的开放模式消除了国际要素向境内流入的政策障碍，创造了要素集聚的市场和体制条件，极大地鼓励了外国资本、技术和管理等要素的流入，构成了集聚国际生产要素的强大引力场；另一方面，改革推动的城市化使得大量原来低效利用的劳动力和土地资源得到更有效率的运用，成为吸引国外要素集聚的最重要的因素之一。其中，农村改革释放了近乎无限供给的廉价劳动力，更多的劳动者从低效率的农业等传统部门进入到高效率的制造业和服务业等现代部门，大大促进了中国参与国际要素合作的优势要素的形成。有研究测算发现，改革开放以来农村劳动力转移对劳动力生产率的贡献达 24.26%，21 世纪以来则增至 44.58%（李旭辉等，2018）；1978 ~ 2015 年，农村劳动力转移使其自身生产率提高约 4.49 倍（程名望等，2018）。此外，以完善使用权和收益权为核心的土地批租制度的改革，一方面，使土地开始作为生产要素投资，激发农民对土地的投资动力，并进行规模化和机械化经营，产生规模经济效应和集约利用效应；另一方面，农业土地的市场化和工业化使用，形成市场配置效应和结构重配效应，从而大大提高了土地的使用效率，使得土地资源配置得到了优化。最终，改革开放使得大量国际先进要素在中国的集聚，使得国内生产要素资源的使用实现了从低效率到高效率的转变，形成了要素投入和全要素生产率提高（包括要素配置效率提高和技术进步）双重驱动下的经济增长。据陆旸（2016）的测算，1980～2010年，全要素生产率提高对中国经济增长的贡献达29%。

第三，间接促成了中国公民从终身制的"单位人"向聘用制的"社会人"转型。"单位人"或"社会人"主要是指个体与单位、个体与社会之间的关系以及由此形成的相关意识。中国公民从"单位人"向"社会人"的角色转型、人格从传统社会依附型人格走向现代公民社会独立型人格转型是经济体制转型的必然要求。在计划经济体制下，每一个职工客观上都被围于"单位"这一狭小的空间，与"单位"之间存在着一种挣不脱、割不断的全方位联系（蒋云根，1999）。"单位"，作为国家与社会成员的中介物，其主要功能是依照既定的分配规则在全社会范围内进行资源分配。由于"单位"是国家这一唯一的资源分配主体的唯一代表，也就可以对"单位"中的社会成员实现全面的社会控制，同时也就形成了个人对"单位"的全面依附。"单位"在其成员中贯彻国家整合和控制的意志则主要是基于其成员对"单位"的全面依附性、通过"单位"自身的功能多元化来实现的（殷京生，2000）。在单一公有制和计划经济体制下，社会整合主要以纵向整合为主，城乡社会之间、各"单位"之间的联系基本被隔离。社会流动主要是政治性流动，缺乏以市场为传导的、以契约为意含的经济性流动。城市居民基本没有属于个人的财富，对自己所属的经济组织具有严重的依附性，个人致富的欲望被压抑和扭曲，个体之间收入差距与生活消费差距也不大。① 改革开放以来，出口导向型的开放型经济则将中国社会置于全球范围内，促成了市场经济体制的形成，而随之产生的非公有制经济则降低了国家行政力

---

① 何爱国. 从"单位人"到"社会人"：50年来中国社会整合的演进［EB/OL］. 社会学视野网，2007-05-21.

量控制的范围，使得政府对资源的控制出现了分散化的趋向。随着计划经济体制向社会主义市场经济体制的转型，政治体制改革也在循序推进，公民的自主性逐渐增加，"单位"的专业性、自主性、法团性日益增强，总体性组织的特征明显减少，整合功能不断弱化，"单位"与其成员之间原有关系的基础开始发生变化，社会中各个利益主体之间逐渐缺乏可以共同遵守的秩序和规则，转而由法律制度和各种新的社会规范来加强调节，人民的政治、经济和文化权益得到切实尊重和保障，较好的落实了"依法治国"的基本方略。

3.2

中国国际代工模式的现实困境

3.2.1　后金融危机时期中国国际代工模式的挑战与困境①

改革开放下中国国际代工模式直接促成了中国经济持续 30 多年的高速增长，同时给中国社会带来了翻天覆地的进步与变化。但是，也不可避免地产生了贸易条件恶化、经济虚高增长、能源紧缺和环境污染、收入分配及地区差距拉大以及贸易摩擦等诸多问题。2008 年国际金融危机的爆发给这种外向型经济发展模式"当头一棒"，加工贸易在全球经济衰退和需求下行的形势下增速趋缓甚至逆转为负增长，给中国经济带来了很大的冲击。这表面上是对经济增长速度的冲击，实质上是对经济发展方式的冲击。后金融危机时期各种现实清晰地表明，中国以国际代工为特征的出口导向型开放模式明显表现出不可持续性。

第一，以国际代工为特征的出口导向型开放模式在一定条件下会恶化贸易条件和贸易福利。根据传统国际贸易理论，一国参与国际贸易特别是出口贸易，会增加本国贸易福利。然而，"贫困化增长"理论则认为，尽

---

① 本小节部分内容已发表：刘志彪，章寿荣，杜宇玮. 东部地区开放模式转型与区域现代化 [J]. 学海，2013（4）：145 - 150；杜宇玮. 新经济地理格局下的区域协调发展之路 [J]. 国家治理，2019（1）：28 - 33.

管出口引致的经济增长所带来的财富会提高一国的福利水平，但如果过度出口导致了该国贸易条件的急剧恶化并造成本国出口商品国际购买力的降低，超过了增长所带来的财富，这种增长就有可能使该国净福利水平下降。目前中国的出口优势主要来源于附加值较低的劳动密集型产品，在国际市场上容易形成恶性价格竞争，而且金融危机导致的外需衰减可能会加剧这种恶性竞争。同时，中国所大量进口的技术、知识密集型产品则由于可替代性较低，价格较高且稳定。因此，中国价格贸易条件不容乐观。已有实证研究也表明，中国工业制成品的价格贸易条件自2001年以来总体上也呈恶化趋势（汪素芹和史俊超，2008；张曙霄和郭沛，2009）。从收入贸易条件来看，由于中国的出口是一种高投入、高能耗、高污染的粗放型发展模式，因此中国收入贸易条件非但没有因出口大量增加而改善，反而也有恶化的趋势，而且这种趋势也随着金融危机背景下危机国的进口保护而进一步强化。从要素贸易条件看，由于劳动密集型产品普遍缺乏价格弹性和收入弹性，因而使得价格贸易条件下降的比例超过本国出口部门要素生产率上升的比例，最终结果是要素贸易条件恶化，本国福利水平下降。

第二，依赖外需、粗放型的国际代工模式不利于中国经济的可持续发展。一方面，在国际代工模式下，中国制造业长期保持低工资水平从而抑制了国内消费，不利于居民福利水平提高和内需产业成长。在低成本竞争条件下，出口代工企业的用工压榨直接降低了工人的工资收入水平，降低了当地居民的消费能力，形成消费遏制效应，导致缺乏形成支撑内需产业发展和升级的有效市场规模。不仅如此，过于强调通过出口来拉动经济增长的"重外轻内"发展，在经济地理空间上表现为出口市场导向型产业过度集聚，而国内市场导向型产业则发展不足。这会导致经济结构中的外需产业过度膨胀而内需产业相对萎缩，使得经济增长过度倚重出口这一只"脚"，加大了潜在的经济风险。因此，这种依托国际代工制造的增长方式不仅不能给本土居民带来最大的福利，而且也阻碍了经济发展方式从投资驱动向消费驱动的转变。另一方面，国际代工模式的粗放式增长加剧了资源环境压力。以加工生产为基础、以产量规模增长为内涵的出口导向型开放发展模式，已经造成了大量的能源消耗和污染排放，能源资源和生态环境矛盾日益尖锐，经济发展不可持续。2000～2009 年，我国制造业出口隐含碳总量从 64990 万吨骤升至 178860 万吨（巩爱凌，2012）。

第三，国际代工模式在一定程度上拉大了中国国内地区差距。改革开放之初，我国经济发展的基本指导思路是主张"让一部分人、一部分地区先富起来"的"两个大局"战略构想，即第一步让沿海地区先发展，第二步沿海地区帮助内地发展，达到共同富裕。在这种以效率为导向的非均衡发展思想指导下，珠三角、长三角、环渤海等东部地区的经济核心区域和增长极凭借国际代工模式得以率先快速发展，成为中国经济奇迹的最大受益者。但与此同时，广大中西部地区则受区位条件和政策因素所限，经济规模、产业结构、基础设施、公共服务等各方面水平都严重滞后于东部地区。这是因为，一方面东部沿海地区出口导向型经济的发展是建立在中西部地区作为廉价劳动力和自然资源等低级要素供应者的基础之上；而另一方面，正是由于东部地区对"世界加工厂"的低端定位，割裂了产业在地区间的技术经济关联效应，使中西部地区沦为纯粹的原材料和劳动力等生产要素的供应地，抑制了中西部地区发展劳动密集型产业的空间和可能性，从而导致中西部地区的增长发生了普遍的"塌陷"。结果导致东、中、西三大地带之间的区域经济差距明显拉大，东部沿海地区与中西部内陆地区之间形成了一条分割界限明显的"胡焕庸线"。这种区域差异明显的经济地理格局，也引发了产业结构、资源配置、收入分配、生态环境和民族关系等方面的一系列经济社会矛盾，从而成为制约我国经济稳定和可持续发展的重要障碍。

第四，国际代工模式的"依赖性"和"依附性"特征可能阻碍了本土产业实现内生化的价值链升级。一方面，国际代工模式具有显著的依赖于劳动力和土地等低端生产要素的"依附性"特征。本土产业和企业的核心竞争力主要体现在加工生产和制造活动上，而缺乏足够的核心技术开发能力和品牌营销能力，这种"依赖性"不利于本土企业的技术创新与高新技术落后产业的发展。另一方面，在全球价值链分工中，发达国家的跨国公司通常在研发、设计、品牌、营销等一个或多个环节具有优势而占据价值链的高端位置；而发展中国家企业则一般处于具有生产能力优势的产业价值链低端。由于受制于作为全球价值链治理者的发达国家跨国公司，高级生产要素普遍外生化，本土产业和企业不仅无法有效实现价值链的功能升级和链条升级，而且随时面临着更具成本优势竞争者的进入替代。

第五，依赖出口市场的国际代工模式容易受到外部冲击引发贸易摩擦。中国国际代工产业的生产链处于末端，对国际市场需求较为敏感，外部冲击容易蔓延。并且，产生的巨额贸易顺差容易引发贸易伙伴的贸易保护，并引致贸易摩擦。在全球金融危机、欧洲债务危机等因素的影响下，欧美发达经济体重新审视并调整以往的信用消费模式，造成国际市场需求减少，出口增速放缓。同时，为了降低国内失业率和保持经济增长，危机国家和地区借机高举贸易保护主义大旗，并采取如绿色壁垒、技术性贸易壁垒等更为隐蔽的措施，进而引致更多的贸易摩擦，使得世界上的出口导向型国家和地区受到重创。以国际代工大省江苏为例，欧盟作为江苏的最大贸易伙伴和的最大出口市场，当年欧盟陷入债务危机所引致的需求下滑以及贸易保护的强化对江苏出口状况带来的冲击是巨大的。数据显示，2011 年 8 月，江苏对欧盟出口额同比下降 8.5%，9 月份更是同比下降 15.4%。据中华人民共和国商务部数据显示，截至 2016 年，中国已连续 21 年成为全球遭遇反倾销调查最多的国家，且连续 10 年成为遭遇反补贴调查最多的国家。欧盟委员会《2016 年贸易与投资壁垒报告》也显示，有 1/3 的贸易救济措施是直接针对中国的，中国已然成为全球最大的贸易保护主义受害国。2018 年以来，中美贸易争端愈演愈烈，随之带来的贸易不确定性和逆全球化态势使得国际代工模式下的中国制造业转型升级面临诸多挑战与困难。

3.2.2 国际代工模式下中国制造业发展困境的特征事实

3.2.2.1 宏观表现

随着跨国公司的组织演变及其生产网络的延伸，中国制造业向深度加工方向发展的趋势明显加快，从过去仅仅提供初级原材料和低加工度产品，向包含一定技术含量的、高加工度的产品演化和升级，产品层次明显提高，产品质量显著提升，从而出口商品结构似乎也在不断向高级化方向发展。然而，国际代工模式下中国制造业结构升级的表象下尚且存在许多问题与困境。

首先，从贸易方式上看，中国东部地区制造业加工贸易比重居高不下，呈现出对国际代工模式的路径依赖，如表 3-3 所示。以长三角和珠三角地区为代表的中国东部沿海地区的先发优势支撑了加工贸易的大规模扩张，进而促成了经济增长奇迹；同时，这种"特定产业在特定地区的集聚"的特征也导致该地区的制造业可能形成对国际代工模式的路径依赖。以制造业大省江苏和广东为例，20 世纪 90 年代以来，加工贸易在全部贸易中长期居于主导地位。虽然近年来，加工贸易所占比重总体呈现下降态势，但有些年份也会提升。无论是从加工贸易总额比重还是出口额比重来看，基本上保持在 40% 左右。这说明，中国东部地区的外向型经济发展短期内很难摆脱加工贸易的发展方式，中国制造业发展也在一定程度上可能形成了对国际代工模式的路径依赖。

表 3-3　　　　　　　　江苏省和广东省的加工贸易份额　　　　　　　单位：%

年份	加工贸易总额占全省贸易总额比重		加工贸易出口额占全省出口额比重		加工贸易进口额占全省进口额比重	
	江苏省	广东省	江苏省	广东省	江苏省	广东省
1995	44.23	71.82	39.35	74.70	51.58	68.37
2000	50.46	71.22	52.98	78.09	47.19	63.31
2005	64.46	68.25	66.72	73.51	61.81	61.66
2006	63.43	65.65	66.16	69.01	59.89	61.14
2007	61.55	63.62	64.09	66.67	58.01	59.38
2008	57.61	61.03	59.64	64.66	54.49	55.78
2009	57.06	58.24	61.54	62.16	50.67	52.67
2010	54.25	56.85	59.07	60.81	47.58	51.45
2011	49.37	55.59	55.08	58.58	41.52	51.43
2012	44.95	53.86	48.76	56.59	39.24	50.02
2013	42.42	48.24	45.63	50.82	37.66	44.64
2014	41.81	48.33	43.65	49.62	38.97	46.38
2015	42.09	43.05	43.69	43.70	39.49	41.95
2016	42.39	38.79	43.50	39.88	40.51	36.97
2017	41.17	37.07	41.65	38.27	40.39	35.13
2018	39.23	36.64	38.35	38.65	40.59	33.66

资料来源：作者根据历年《江苏统计年鉴》《广东统计年鉴》相关数据计算而得。

其次，从贸易结构上看，随着高新技术产品和机电产品出口的增加，纺织服装等传统劳动密集型行业产品在中国出口中的比重逐年下降，其中机电产品已成为中国最主要的出口产品，出口商品结构逐步升级，贸易结构不断优化。然而，高新技术产品和机电产品的加工贸易出口持续多年处于高位运行。海关统计数据显示，1993～2007 年，机电产品出口中加工贸易比重从 71.33% 上升至 75.67%，高新技术产品出口中加工贸易比重更是从 70.19% 上升至 91.12%。"十二五"以来，加工贸易比重虽然有所下降，但是从 2015～2017 年数值来看，这两种产品出口中加工贸易仍然占据了较大份额。其中，机电产品加工贸易出口比重为 45%～48%，高新技术产品加工贸易出口比重则仍达 61%～64%。这说明中国的比较优势并没有发生明显变化，出口优势依然仅限于资本、技术密集型产品中的劳动密集型环节。在国际产业链中，中国所拥有的世界级研发、投资和营销中心屈指可数，中国本土制造业企业仍然主要是凭借廉价的劳动力和高能耗的生产方式，采取国际代工的模式嵌入全球价值链低端。

最后，从劳动力市场来看，目前"蓝领"岗位需求旺盛而"白领"岗位需求相对不足。在珠三角和长三角地区，自 2004 年以来屡屡出现"用工荒"现象；但与之同时，大学生却面临"就业难""择业难"困境，甚至还普遍出现大学生工资不如农民工的"脑体倒挂"现象。另外，劳动力的产业分布也并未广泛出现"配第—克拉克"定理所预示的由第一、第二、第三产业向第三、第二、第一产业转移的趋势。种种劳动力需求结构上的奇怪现象也在一定程度上反映了当前中国国内产业结构失衡的困境。

综上可见，在资金缺乏、技术和管理水平落后的条件下，中国以国际代工方式参与跨国公司主导下的全球价值链分工，可能通过与领导企业的技术交流和分工合作，吸收全球生产网络中的技术扩散，从而带动国内相关产业的发展和贸易结构的升级。但是大量从事国际代工的中国制造业企业作为全球生产网络中的"外围"者，由于无法获得被"核心"企业所掌控的关键技术以及终端市场，可能并不能从真正意义上助力中国顺利获得贸易条件的改善和本土产业的升级，反而可能因锁定效应而陷入"贫困化增长"陷阱。

3.2.2.2　微观表现

由于依赖低级生产要素的国际代工模式处于全球价值链的底部,利润率和附加值较低,在国际竞争中处于弱势地位。在综合成本不断上涨的形势下,国际代工模式势必面临多种风险:其一,随着贸易自由化范围的日益扩大,越来越多的发展中国家企业不断加入全球代工体系,代工市场的竞争日趋激烈,利润空间越来越小,从而可能承担更多的产业风险;其二,代工客户对于代工企业的技术、设备、质量及流程所制定的工艺参数,使得代工企业只能进行专用性资产投资。根据交易成本理论,这种专用性投资面临的机会主义风险会使得代工企业对客户的产生依赖,并削弱代工企业的讨价还价能力,从而使其在关系租金分配中处于劣势;其三,由于没有形成植根于本地的产业结构和技术结构,一旦订单外移,很可能面临"产业空心化"风险(陶锋和李诗田,2008)。因此,对国际代工企业而言,不断提升竞争力,在维持与跨国品牌企业之间的合作关系同时寻求企业升级具有重要的意义。

相关理论与工业化国家的实践表明,代工企业提升竞争力的途径主要有二:一是通过寻求低成本的生产要素或者进行代工业务的延伸与拓展。显然,这种竞争力的提升目的是为增加代工企业在代工客户品牌产品价值链中的地位,从而与代工客户维持稳定而长期的战略合作伙伴关系,这表现为一种代工边界内的升级。二是利用代工客户的知识溢出效应进行学习,不断积累产品开发知识和增强技术创新能力,进而向拥有自主品牌的OBM升级。由于OBM意味着脱离原有代工关系而成为价值链的掌控者,在租金分配中具有绝对的发言权,因此从长远来看,这种途径更能有助于代工企业的长期发展。

从中国现实来看,中国加工贸易企业大都以OEM贴牌为主,且规模偏小,产业组织显得极为分散。据统计,自2003年以来,著名全球加工基地——广东省东莞市的民营企业以年均14%的增速发展,目前全市民营企业总数已超过48万户,但注册资本普遍偏少,且近九成出口企业还处于贴牌生产阶段。以东莞IT产业为例,作为索尼、英特尔、三洋等众多国际知名品牌的零部件生产基地,在经过长期的代工生产制造后,其大多数企业依然徘徊于贴牌代工，业内只有金立、佳禾、OPPO 等屈指可数的几个自主品牌。自主品牌的缺乏导致东莞制造业只能在竞争激烈的代工业务领域赚取微薄的加工费。在生产成本上升背景下，通过寻求新的生产成本优势来源来降低制造成本，往往是中国代工企业的首选策略，从而在整个制造业层面上表现为对国际代工模式的路径依赖。

首先，由于"中国制造"长期以来给世人留下的是"物美价廉"的印象，再加上定价权的缺失，致使中国制造企业在参与国际竞争的过程中不自觉地采取了"价格战"策略。例如，在富士康、伟创力、仁宝、比亚迪等"巨无霸"型的代工企业之间，不惜代价相互争夺订单是常态。又如，珠三角代工企业绝大多数利润率不超过 10%，电子制造服务业平均毛利率自 2006 年的 6.2% 骤降到如今不足 3%，而净利润则不到 1%。[1]

其次，在中国东部沿海地区综合成本不断高涨趋势下，通过将代工厂向中西部内陆地区以及越南、缅甸、老挝、印度尼西亚等其他劳动力成本更为廉价的东南亚地区转移来进一步压缩成本，也成为许多东部代工企业谋求生存的出路之一。亚洲鞋业协会的统计数据显示，在"世界鞋都"——东莞市的鞋企中，目前有 25% 左右到越南、印度、缅甸等其他亚洲国家设厂，有一半左右到中国内陆省份如湖南、河南等地设厂，只有 25% 左右的企业还处于观望状态。[2] 为耐克、阿迪达斯代工的裕元集团 2017 年上半年财报显示，按照产量计算，目前公司在越南、印度尼西亚生产的运动鞋数量均已远超在中国生产的产量，中国在三地产量中的份额已不足两成。[3]

另外，在传统比较优势逐渐减弱的形势下，一些代工企业并不依靠自创品牌和发展核心技术来提高自己的盈利能力，而是通过为品牌厂商提供更多更优的服务，同时承担具有更高附加值的生产环节来提升竞争力。这方面最具有代表性的要数享有"世界鞋王"美誉的台湾宝成集团。其主要通过上游资源的纵向整合、与品牌客户互动来不断提高研发能力、制定完

---

① 探秘珠三角代工企业现状，企业搬迁"雷声大雨点小"［EB/OL］. 世界工厂网，2010 - 07 - 08.

② 周人杰等. 珠三角上千工厂倒闭 成本上升致企业外迁［EB/OL］. 中国网，2007 - 12 - 11.

③ 井水明. 代工企业转型之路如何行稳致远［EB/OL］. 证券时报，2017 - 08 - 22.

善的物流解决方案、采用"品牌隔离生产模式"为多品牌进行专用性投资等策略来提升自己的代工竞争力，与耐克、锐步、阿迪达斯等国际品牌企业建立稳定的信任合作关系，从而成为代工产业的"常青树"。在东莞地区，也有许多 IT 代工企业，正设法从单纯的 OEM 向 ODM 转变，以寻求更大的代工利润空间和生存空间。

3.3

国际代工的锁定效应：基于制造业行业 面板数据的经验研究[①]

前文对贸易方式、贸易结构、劳动力市场以及企业组织和企业行为等角度阐述了国际代工模式下中国制造业面临的困境，从宏观层面和微观层面反映了国际代工锁定效应的特征事实。本节则试图从中观层面——运用制造业行业数据进行实证分析，以进一步揭示国际代工模式对中国制造业锁定效应的表现形式、形成机制及其影响因素。

3.3.1　引言

"锁定效应"概念是亚瑟（Arthur，1989）在研究后进国家的技术创新时正式提出的，其反映了这样一种现象：由于存在报酬递增和自我增强等机制，一国现有的技术条件容易导致技术水平停滞不前，从而不利于后进国家的工业化进程和产业结构升级。哥瑞波赫（Grabher，1993）通过对德国鲁尔（Ruhr）工业区的研究，认为工业区的初始力量——产业环境、高度发展和专业化分工的基础设施、紧密的企业间联系以及区域制度的强力政治支持等都会给创新带来严重障碍，从而形成锁定效应。其中，功能锁定（functional lock-ins）即层级制的企业间关系锁定，会削弱供应商的营销能力，从而将供应商的能力锁定在为核心企业提供产品

[①]　本节主要内容已发表：杜宇玮，周长富. 锁定效应与中国代工产业升级——基于制造业分行业面板数据的经验研究 [J]. 财贸经济，2012（12）：78 - 86；该文入选《中国经济年鉴 - 2013》。

的功能上。

实际上，锁定效应不仅局限于技术创新方面，而且对整个资源配置和经济发展有着普遍且重要的影响。在开放经济条件下，锁定效应可用来表示后进国家对初始专业化分工与贸易模式的路径依赖，最终可能不利于经济可持续发展与产业结构优化升级。以普雷维什（Prebisch）等为代表的"贸易条件恶化论"认为，如果发展中国家仅仅按照本国要素禀赋状况而片面强调比较优势战略，其专业化分工与贸易模式将会锁定在资源密集型和劳动密集型等低级产品上，从而可能导致"比较优势陷阱"中的"贫困化增长"。因为初始的分工格局、技术与人力资本积累以及地理、语言和文化等偶然和历史性因素会影响技术溢出速度和用于研发活动的资源分配，并最终影响到一国的分工和贸易模式与经济增长（Krugman，1987；Grossman & Helpman，1991；Redding，1999）。而在不完全竞争与规模收益递增条件下，比较优势战略也很可能存在锁定效应（黄兴年，2006）。

在实证研究方面，普劳德曼和雷丁（Proudman & Redding，2000）运用贸易模式流动性规范指数对英、美、法、德、日5个国家的制造业国际分工模式的演化进行测算后发现，国际贸易模式的时序演化是由相互贸易的两个经济体中各部门的技术进步率决定的，如果经济体中所有部门的外生技术变化率相同，且不存在国际知识溢出，那么初始国际分工模式将是持续性的，并随时间而不断被锁定。巴斯托斯和卡布拉尔（Bastos & Cabral，2007）则利用1980~2000年20个OECD国家的数据对贸易模式的变化进行了实证分析后发现，贸易自由化使得较大OECD经济体在规模报酬递增行业上的现有专业化分工模式得以强化。陈飞翔等（2007）运用中国改革开放前后经济增长相关数据分析了锁定效应对地区发展不平衡的决定作用，并指出从经济增长角度而言，资本要素的锁定导致我国在短期内难以摆脱产品加工贸易的国际分工地位。黎开颜和陈飞翔（2008）则从锁定效应的视角分析了对外开放对中国技术水平发展的影响，其以高技术产业为样本的研究发现，对国外要素资源的依赖明显影响到产业技术水平的提高，而人力资本和研发资本是开放中技术变化锁定的主要影响途径。

与以上文献侧重宏观层面的研究不同，全球价值链（GVC）理论从微观角度考察了国际分工下的锁定效应。该理论认为，准层级模式的 GVC 能为发展中国家的生产商提供快速的产品升级和工艺流程升级渠道，但一旦发展中国家代工生产体系进入功能或链的升级高端阶段，试图建立自己的核心技术研发能力、品牌和销售终端时，就会受到全球大买家或跨国公司各种手段的威胁、阻碍和控制，从而迫使发展中国家代工生产体系"锁定"于 GVC 的低端环节（Humphrey & Schmitz，2000；Schmitz & Knorringa，2000；Schmitz，2004）。刘志彪和张杰（2007）进一步分析了 GVC 代工体系下发展中国家本土企业被低端锁定的原因在于俘获型网络治理关系，而俘获型网络的产生源自发达国家的跨国公司所具有的技术势力和国际大购买商所具有的市场势力。卢福财和胡平波（2008）则从企业间能力差距角度，运用跨国公司与中国企业之间低端锁定博弈模型分析发现，跨国公司会无条件地对中国企业的价值升级路径实行封锁，中国企业仅仅依靠自身能力很难突破低端锁定状态。王雷（2008）则对广东东莞 IT 制造业集群的案例进行考察后发现，集群企业对外资企业的过度依赖，容易降低其自主创新能力，从而长期被锁定在全球价值链的低端。GVC 理论虽然为开放条件下的锁定效应提供了微观基础，但主要是从价值链治理角度进行的学理探讨或行业个案分析，而系统性经验研究略显不足。

本书认为，首先，锁定效应作为一种对旧模式的路径依赖现象，应包括要素偏好、市场取向、功能定位等多个维度的锁定；其次，产业锁定效应（升级）机制除了价值链治理因素外，还需要从产业特征、企业自身条件和外部环境因素方面进行多方位考察；最后，评价产业升级效果及其影响因素不能局限于代表性行业的案例分析，还需要考虑产业异质性。基于这三方面考虑，本节将立足中国制造业参与国际代工的现实，试图回答以下几个问题：国际代工锁定效应的形成机制是什么？国际代工模式下的中国制造业是否存在锁定效应？若存在，则其表现形式如何？对于不同要素密集型的制造业而言，其锁定效应的影响因素是否存在差异？

接下来的部分安排如下：首先，对国际代工的锁定效应进行分解，并对各类锁定效应的形成机制进行理论分析，进而提出待检验假说；其次，是变量的选取、计量模型构建以及样本数据来源说明；再其次，运用面板数据

模型对不同要素密集型产业的锁定效应进行实证检验和分析；最后，是结论与
启示。

3.3.2 理论机制与基本假说

在资金缺乏、技术和管理水平落后的条件下，中国以代工模式参与跨
国公司主导下的 GVC 分工，可能通过与领导企业的技术交流和分工合作，
吸收全球生产网络中的技术扩散，从而带动国内相关产业的发展和贸易结
构的升级。然而，作为全球生产网络中的"外围"者，由于无法获得被
"核心"企业所掌控的关键技术以及终端市场，可能并不能从真正意义上
获得贸易条件的改善和本土产业的升级，反而可能因锁定效应形成比较优
势和贸易模式的自我强化与路径依赖，从而陷入"贫困化增长"陷阱。下
面基于投入、需求与功能这三个维度，从微观层面上分析国际代工锁定效
应的形成机制。

3.3.2.1 投入维度：要素锁定效应

首先，从宏观层面来看，以加工贸易为主的进出口贸易扩张以及贴牌
代工指向的外资规模扩大使得国内制造业形成要素锁定效应。一方面，以
加工贸易为主的进出口贸易扩张主要有赖于廉价的土地、劳动力和环境成
本以及税收优惠，这直接导致我国经济增长过度依赖于普通劳动力等初级
要素的投入，导致本土产业的要素结构向低端的劳动密集型转移，阻碍了
产业结构的高级化进程；另一方面，进入我国的 FDI 对资源和劳动要素密
集的中低级加工工业的指向，成为瓦解计划经济条件下形成的重工业占主
导地位的产业结构的直接推动因素，加速了整个工业结构向低级要素的回
归（陈飞翔等，2010）。其次，从微观层面来看，代工企业自主创新能力
的缺乏及其对员工的用工压榨强化了廉价劳动力的比较优势。长期代工所
积累的生产制造能力使得代工企业形成了路径依赖，限制了设计研发能力
与品牌运营能力的培育与发展，这使得其只能以"窝里斗"的内耗式价格
战拼抢有限的代工市场，从而无法在供应链上获得足够的市场掌控能力，
也无法积累起自主创新所需要的大量资金，结果自然无法支持高级要素的

创造与使用。而且，代工企业对劳动力的压榨导致劳动力工资水平过低，导致企业工人没有足够的收入来接受培训和再教育等方式充实知识、提高技能，并且其下一代也无法接受现代教育，进而产生更多的低技能廉价劳动力，这最终又强化了原有的比较优势。最后，从制度层面来看，自主创新制度的缺失以及各种利益集团的存在迫使或激励本土企业只能通过低端要素上的比较优势来参与国际竞争。在普遍存在创新激励制度尤其是知识产权保护制度的缺失的国内环境下，创新成果无法得到充分保障直接影响甚至可能抑制了企业家的创新积极性，从而决定了中国制造企业无法在研发设计、品牌营销等方面与跨国公司进行正面较量。而且，由于国际代工模式对创税、创汇以及就业上的特殊贡献，嵌入政治晋升博弈格局中的地方政府会与本地企业及相关服务部门结成错综复杂的利益集团，其私人利益最大化追求下的"理性"决策可能激励甚至迫使本地企业偏向于通过使用各种低端要素来维持已有的比较优势，这种企业个体理性选择下的"合成谬误"最终促成了整个制造业要素结构的锁定效应。基于以上分析，我们提出以下假说：

H1：融入 GVC 分工程度越深，产业中所使用的劳动力比重就越高，则说明国际代工导致国内制造企业越倾向于使用劳动力要素，即要素锁定效应。

3.3.2.2　需求维度：市场锁定效应

在 GVC 分工条件下，除了供应链上游的要素供给结构上可能存在锁定效应之外，下游的销售环节也可能因国际市场势力的自然缺失以及国内市场条件的先天不足而存在市场结构上的锁定效应。从国际市场角度来看，国际代工模式的显著特征之一是出口导向。代工企业只需按照跨国公司和国际大买家的外包订单要求从事简单的生产加工，完全不用考虑价值链两端的设计和营销等环节，处于被动等待对方订单的"嗷嗷待哺"状态。在这种依附型格局下，只要有充足的订单，代工企业不会主动去开拓终端市场，而且在客观上也缺乏在国际市场上"另辟蹊径"的能力。跨国公司的全球外包战略则导致代工企业在全球产业链中的话语权越来越弱，从而加深了对跨国公司和国际大买家的依赖性，结果表现为对国际市场的依赖和偏好。对于中国国内市场，虽然目前已对外资高度开放，但对本土企业却依然存在着较高的进入壁垒，从而缺乏塑造培育和扶植本国品牌的市场基础。首先，囿于技术创新和人力资源水平的落后，国内产品无论在外观还是品质上都与外国同类产品存在着明显的差距，而"重洋货、轻国货"的消费观念也无法给国产品牌的创建和内需市场的开拓提供有力支持。其次，内需市场还长期存在许多行政性的进入障碍。例如，在地方政府各自为政、市场分割条件下，国内各类产品市场上都充斥着地方保护主义，使得"庞大"的国内市场容量和"巨大"的市场潜力仅仅具有地理或人口上的意义，而并没有为自主品牌的创建提供应有的市场基础。最后，在地方政府的出口导向型政策以及金融体系和社会信用体系的不完善等制度因素的影响下，本土企业特别是民营企业会忽略对国内市场的开拓而偏好于出口到国外市场（张杰等，2008）。基于以上分析，我们提出以下假说：

H2：融入 GVC 分工程度越深，产业中出口比重就越高，则说明国际代工导致国内制造企业越偏向于出口，即市场锁定效应。

3.3.2.3 功能维度：价值链锁定效应

在俘获型 GVC 中，作为价值链高端环节控制者的跨国公司和国际大买家不允许代工企业进行节点突破和产业升级，而且代工企业自身能力的缺失也并不具备这种向产业价值链高端攀升的内源性升级所需的条件。更重要的是，全球价值链分工条件下规模经济效应和学习效应可能在很大程度上导致了代工企业的价值链低端锁定。一方面，产业层面的规模报酬递增还可能使得原有分工模式得以不断自我增强而形成路径依赖。随着经济全球化的不断深入，国际产品内分工不断细化，跨国公司通过全球生产布局培养大量代工企业，这种趋势下加工贸易的迅速扩张逐渐产生了产业层面的规模报酬递增，这种外部规模经济效应使得代工产业不断自我增强并形成路径依赖。另一方面，学习效应和网络效应会使经济系统内部已经被采用的低效率制度被大量模仿和广泛采用，形成强烈的路径依赖效应（张晖，2011）。劳动密集型环节较低的市场进入壁垒迅速吸引了大批企业的蜂拥而入，代工市场竞争日益激烈，结果导致代工制造业领域的租金迅速耗散，代工企业无法形成有效的内部规模经济。内部规模经济效应的缺失导致代工企业议价能力微弱，"代工微利"使得代工企业无法积累足够的资金，自主品牌建设心有余而力不足，最终只能锁定在代工环节。就以代工方式加入全球价值链的中国制造业而言，行业层面加工贸易生产规模的扩张，一方面让众多制造企业享受了参与国际分工和外部规模经济所带来巨大收益；另一方面也由于外部规模经济而形成的路径依赖以及内部规模经济不足而导致的升级机制缺失，从而可能强化了在低附加值产品生产环节上的比较优势，以致国内制造企业最终被锁定在价值链低端。基于以上分析，我们提出以下假说：

H3：融入 GVC 分工程度越深，产业附加值就越低，则说明国际代工导致国内制造企业越容易被锁定在价值链低端，即价值链锁定效应。

3.3.3 变量选取、模型设定与数据说明

为进一步揭示以上锁定效应的具体表现及其影响因素，本书将通过构建计量模型并运用制造业产业层面的面板数据进行实证检验，试图找出不同类型制造业锁定效应的决定因素。与 GVC 文献强调作为链主的跨国公司和国际大买家的价值链治理对发展中国家产业企业升级起着决定性意义不同，本书认为，发展中国家本土产业和企业以及外部环境因素对产业升级也有着重要影响。国际产品内分工对于价值链提升具有显著的推动作用，但这一作用的发挥要以人力资本、服务质量以及制度环境等支持性条件的满足为前提（唐海燕和张会清，2009）。因此，除了考虑全球价值链分工因素，建模时还附加了要素禀赋因素、规模经济因素以及制度因素。

3.3.3.1 被解释变量

根据前文理论分析，我们用劳动力偏好程度、出口倾向和附加值水平分别反映投入维度、需求维度和功能维度的锁定效应。

（1）劳动力偏好程度（l）。劳动力偏好程度越高，说明越倾向于使用低端要素，要素锁定效应越明显，产业升级效果越差。用制造业各行业规模以上企业的普通劳动力占总就业人数的比重来表示。考虑数据可获得

性，实证时采用"1 - 科技活动人员占从业人员比重"来代替。

（2）出口倾向（ex）。从国际市场角度来看，国际代工模式的一个显著的基本特征是出口导向。出口倾向越大，表明对国际市场越为依赖和偏好，从而对跨国公司和国际大买家的依赖性更强。在跨国公司和国际大买家的"瀑布效应"下，代工企业只能赚取低廉的"手工费"和微薄的附加值和利润。因此，出口倾向大小可以在一定程度上反映产业转型升级的效果；该比值越低，说明企业的国际代工倾向越低，对外需市场依赖越小，市场锁定效应越小，产业升级越效果越好。由于工业统计年鉴与对外贸易数据库中关于制造业行业的划分存在差异，为了统一口径，选用各行业的出口交货值与销售产值的比值表示。

（3）附加值（va）。附加值是衡量产业价值链地位的关键变量，附加值越高，在价值链分工中所获租金越多。显然，附加值提升是产业升级的重要标志。衡量附加值的直接指标通常包括工业增加值率和利润率。工业增加值率是指在一定时期内工业增加值占工业总产值的比重，反映降低中间消耗的经济效益。工业增加值率的大小直接反映企业降低中间消耗的经济效益，反映投入产出的效果。工业增加值率越高，企业的附加值越高、盈利水平越高，投入产出的效果越佳。因此，采用各行业的工业增加值率来反映该行业的附加值状况。

3.3.3.2 解释变量

（1）国际产品内分工程度（vs）。现有文献对垂直专业化和产品内分工的测算主要使用价值增值法（Adelman，1955）和投入产出法（Hummels et al.，2001）。其中价值增值法是用中间投入相对总产出的比例来衡量的，该比值越大，表明产品内分工程度越高。这种方法虽然数据获取比较容易，但由于其会受到如行业成长阶段等因素的干扰，因此只能比较粗略地测量产品内分工程度。相比之下，后者基于投入产出表的算法反映了某个行业出口中所含有的进口中间品比例，从而能对国际产品内分工程度进行较为精确的测度。根据胡梅尔斯等（Hummels et al.，2001）的扩展，国际产品内分工指数的计算公式为：

$$vs = (1/X)A^M (1 - A^D)^{-1} X^V \qquad (3-1)$$

式（3-1）中，X 为行业的出口值，X^V 为出口列向量，A^M 和 A^D 分别表示进口消耗系数矩阵和国内消耗系数矩阵。这里也用这种方法来衡量制造业参与全球价值链分工的程度。

（2）FDI 比重（fdi）。从中国制造业现实来看，引进 FDI 的一个显著特点是以加工贸易产业为主。因此，FDI 比重也能在较大程度上反映了中国加工贸易产业的重要地位，从而也体现了中国制造业加入全球价值链分工的程度。选用外商资本和中国港澳台资本占全部实收资本的比重来反映各行业中的 FDI 引进规模。

3.3.3.3　控制变量

（1）工资水平（$wage$）。首先，作为劳动力要素的价格，工资水平无疑是决定劳动力使用的首要因素。其次，从出口贡献方面看，中国制造企业出口的竞争优势主要是基于廉价的劳动力成本而获得的，因而必须考虑工资水平对制造业出口倾向的作用。因此，模型（3-2）和模型（3-3）中均考虑了该变量。用城镇单位平均劳动报酬来表示各行业的工资水平，从而反映劳动力要素禀赋条件。

（2）创新研发强度（$r\&d$）。创新要素是一种重要的高级生产要素，其可获得性与精致程度决定了竞争优势的质量及持续升级的可能性。因此，从理论上讲，创新研发强度的增强表明企业重视高级生产要素的培育与使用，从而有利于企业脱离低端要素锁定陷阱。同时，自主创新能力的增强使得制造企业有能力从低端的 OEM 向高端的 ODM 甚至 OBM 转型升级，从而有利于脱离对跨国公司和国际大买家的依赖，同时附加值也得以提升。基于此，模型（3-2）至模型（3-4）均将创新研发强度作为重要的解释变量之一。考虑数据可获得性，用各行业大中型企业的 R&D 经费占产品销售收入的比重作为创新研发强度的测度指标。

（3）内部规模经济（$size$）。如前所述，内部规模经济是技术进步和产业升级的重要影响因素之一。根据市场结构理论，规模较大的企业往往具有较强的定价权和市场势力，因此企业规模在一定程度上决定着企业的利润和附加值。此外，从中国现实来看，规模更大的企业可能越容易获得具有 GDP 增长、财政税收和就业偏好的地方政府的关注和支持，从而影响着其出口绩效。使用企业平均生产规模（各行业的增加值/企业数）作为内部规模经济和市场势力的衡量指标。

（4）外部规模经济（*scale*）。有些研究使用资本存量和劳动投入来反映外部规模经济。但我们认为，外部规模经济作为一种收益结果，从产出而非投入层面的指标可能更为恰当，故而选用实际工业总产出来度量行业的外部规模经济。而且，工业总产出指标也能够从一定程度上反映出地方政府相关的制度因素，即由于代工制造业低附加值、高产出的生产模式能在短期内带来 GDP 的快速膨胀，因此"短视"的地方政府更乐意维持这种生产现状，从而可能将当地制造业锁定在低附加值的价值链环节。

（5）产业资金流动性和管理水平（*cash*）。按照张杰等（2010）的做法，选用总资产周转率来反映该变量。总资产周转率＝（主营业务收入/平均资产总额）×100%。① 资产周转率越高，说明企业资产运营效率越高，企业市场势力也越大。资产周转率的提高，一方面，可能会因为管理质量和利用效率的提高而提升了国际竞争力，从而增加出口倾向；另一方面，企业市场势力越大，从而企业货款被拖欠的概率越小，销售能力越强，在国际贸易风险和不确定性都较高情况下，企业可能转向国内贸易，因此该变量在一定程度上反映了国内金融和社会信用制度环境。

3.3.3.4 模型设定和样本数据说明

根据上述变量选取，考虑到计量分析的可行性和数据的可获得性，建立如下模型：

$$l_{i,t} = \alpha_0 + \alpha_1 vs_{i,t} + \alpha_2 fdi_{i,t} + \alpha_3 wage_{i,t} + \alpha_4 r\&d_{i,t} + \phi_i + \delta_t + \varepsilon_{i,t} \quad (3-2)$$

$$ex_{i,t} = \alpha_0 + \alpha_1 vs_{i,t} + \alpha_2 fdi_{i,t} + \alpha_3 wage_{i,t} + \alpha_4 size_{i,t} +$$
$$\alpha_5 r\&d_{i,t} + \alpha_6 cash_{i,t} + \phi_i + \delta_t + \varepsilon_{i,t} \quad (3-3)$$

$$va_{i,t} = \alpha_0 + \alpha_1 vs_{i,t} + \alpha_2 fdi_{i,t} + \alpha_3 size_{i,t} + \alpha_4 scale_{i,t} +$$
$$\alpha_5 r\&d_{i,t} + \phi_i + \delta_t + \varepsilon_{i,t} \quad (3-4)$$

其中，下标 i 表示行业，t 表示年份；各模型右边的 ϕ_i 和 δ_t 分别表示

---

① 公式中的"平均资产总额"是指企业资产总额年初数与年末数的平均值。由于数据所限，本书用年末资产总额进行替代。

行业固定效应和时期固定效应，$\varepsilon_{i,t}$ 为误差项。最后，为了消除量纲，将所有绝对数变量取自然对数进行分析。

我们借鉴陈飞翔等（2010）的分类方法，以 2002 年中国工业统计数据使用的产业分类为参照，按资本劳动比、科技活动人员数占总从业人员数比重来区分相应的劳动密集型、资本密集型以及技术密集型行业，并选取了 27 个制造业行业（劳动密集型行业 13 个、资本密集型行业 8 个、技术密集型行业 6 个）作为样本，时间区间为 2001～2008 年。国际产品内分工指数根据 2002 年和 2007 年的中国投入产出表以及联合国贸易和发展会议（UNCATD）的商品贸易统计数据库（COMTRADE）中 2001～2008 年的贸易数据计算而得。科技活动人员占从业人员比重、R&D 经费和产品销售收入数据来源于各年份《中国科技统计年鉴》，城镇单位平均劳动报酬数据取自《中国劳动统计年鉴》，其他数据均根据各年《中国工业经济统计年鉴》和国研网工业统计数据库整理计算获得。同时，为剔除价格因素，我们在处理工业总产出和企业平均生产规模数据时将原始的总产出和增加值数据均按 2001 年不变价格进行了折算，工业品出厂价格指数来源于国研网价格指数统计数据库，其中食品加工和制造业的价格指数用食品制造业价格指数来近似替代。需要指出的是，由于 2004 年工业增加值数据缺失，我们用 2003 年和 2005 年增加值的平均值加以补缺。另外，鉴于劳动力需求对名义工资更为敏感，我们对城镇单位平均劳动报酬数据进行剔除价格因素的处理。

3.3.4　实证检验及结果分析

在面板数据模型中，为了避免变量之间的伪回归，首先，需要对模型的稳定性进行检验。我们通过对变量单位根检验的基础上，进行约翰森（Johansen）协整检验。检验结果表明，各变量均为一阶单整序列，即 I(1) 序列，为进行协整检验提供了必要条件。通过对主要变量之间的协整关系进行检验表明，各变量之间存在协整的长期关系（检验结果略）。其次，在模型稳定性检验的基础上，需要先确定具体模型形式。根据截距项向量和系数向量中各分量的不同限制要求，可以分为无个体影响的不变系数模型（混合回归模型）、变截距模型和变系数模型。① 如果选择变截距模型，则需要进一步判断是采用固定效应模型还是随机效应模型。通过豪斯曼（Hausman）检验和 F 检验，如表 3 - 4 所示，给出了以上两种检验的结果。然后，考虑到特定行业可能存在的异方差性和序列的同期相关性，避免回归结果的失真，根据模型检验的有效性，我们采用横截面数据加权（cross-section weights）的广义最小二乘（GLS）方法和似乎不相关回归（SUR）方法进行估计。根据以上检验步骤，分别得到劳动密集型、资本密集型和技术密集型制造业锁定效应的检验估计结果，见表 3 - 5 至表 3 - 7，各模型均在统计意义上显著。

表 3 - 4　　各行业锁定效应模型选择的协方差分析检验和豪斯曼检验

行业样本	锁定类型	F_2统计量	F_1统计量	χ^2统计量	p 值	模型类型
劳动密集型	要素锁定	6.4701	2.7852	19.3179	0.0007	固定效应
	市场锁定	18.0887	3.9011	11.4412	0.0757	固定效应
	价值链锁定	7.2016	1.9442	8.2866	0.1411	固定效应
资本密集型	要素锁定	1.3938	0.6985	—	—	混合效应
	市场锁定	3.2589	1.5749	—	—	混合效应
	价值链锁定	37.7148	0.8141	48.6090	0.0000	固定效应
技术密集型	要素锁定	4.3633	0.5331	—	—	混合效应
	市场锁定	2.2187	0.5910	—	—	混合效应
	价值链锁定	3.7786	1.8654	—	—	混合效应

注：虽然劳动密集型行业的价值链锁定效应的豪斯曼检验并未拒绝随机效应适用的原假设，但随机效应模型估计并不能通过 D-W 检验，而固定效应的似然比检验在 1% 的水平上显著，故仍采用固定效应模型。

表 3 - 5 中模型 1 的结果表明，对于劳动密集型制造业来说，外资比重

① H₁：混合回归模型；H₂：变截距模型。协方差分析法是检验假设 H₁ 和 H₂ 是否成立。$F_2 = \frac{(S_3 - S_1)/[(N-1)(K+1)]}{S_1/[NT-N(K+1)]}$，$F_1 = \frac{(S_2 - S_1)/[(N-1)K]}{S_1/[NT-N(K+1)]}$，其中 S₁、S₂ 和 S₃ 分别为混合回归模型、变截距模型和变系数模型的残差平方和。F₁ 和 F₂ 服从特定自由度的 F 分布。如果统计量 F₂ 大（等）于某置信水平（如 95%）下的 F 分布临界值，则拒绝假设 H₁，反之则选用混合回归模型进行分析；当拒绝 H₁ 后，如果 F₁ 大（等）于某置信水平下特定自由度的 F 的分布临界值，则拒绝 H₂，选用变系数模型进行分析，反之则选用变截距模型进行分析。

与产业中所使用的劳动力比重呈正相关关系，外资比重越高，越偏向于使用劳动力要素。该变量在 1% 的水平上显著，说明外资的进入主要是利用我国的廉价劳动力，通过外资代工模式形成了较强的要素锁定效应。同时，工资水平和创新研发强度也具有较高的显著性水平，特别是后者表现出较强的负面影响，这表明较低的工资水平抑制了工人技能水平提升的投入，从而形成低工资水平的循环状态。自主创新能力不足使得劳动密集型代工企业长期处于价值链的低端，而形成对低端劳动力要素过度依赖的生产模式。

表 3 – 5　　　　　　　　中国劳动密集型制造业锁定效应的检验

变量	模型 1	模型 2	模型 3
	l	ex	va
c	1.0321 ***	1.6549 ***	0.9700 **
	(44.3456)	(4.6190)	(2.3569)
vs	− 0.0113	0.0444	− 0.0101
	(− 1.5440)	(0.7552)	(− 0.9935)
fdi	0.0521 ***	0.3484 ***	0.0299
	(3.2805)	(3.5548)	(0.5604)
$wage$	− 0.0074 ***	− 0.1449 ***	
	(− 3.0517)	(− 4.1257)	
$size$		18.2414	66.5907 ***
		(1.3848)	(12.3306)
$scale$			− 0.1111 ***
			(− 4.9757)
$r\&d$	− 0.9031 **	− 1.2578	− 0.4183
	(− 2.6128)	(− 1.0831)	(− 0.6204)
$cash$		− 0.0902 *	
		(− 1.7233)	
ar (1)	0.4888 ***	0.8138	0.9614 ***
	(5.2756)	(12.9981)	(35.6570)
R^2 值	0.9419	0.9910	0.9396
AD-R^2 值	0.9284	0.9886	0.9245
D-W 值	2.3390	1.8324	2.1651
F 统计量	69.6511	412.8313	62.1964

注：括号内为 t 值，其中 *** 表示通过 1% 的显著性水平检验、** 表示通过 5% 的显著性水平检验、* 表示通过 10% 的显著性水平检验，未带 * 表示未通过 10% 的显著性水平检验。

模型 2 显示，外资比重越高，出口倾向越大。这说明劳动密集型产业的外资主要是出口导向的，我国加工贸易主要是通过外资企业的出口或者国内企业为外资企业从事代工行为等，而且外资比重过高可能会导致对国外市场的依赖。工资水平与出口比重呈显著的负相关关系，表明工资水平越高，我国劳动力优势会不断弱化，从而降低我国产品的出口。廉价劳动力作为劳动密集型制造业的重要特征，是促成其出口增长和出口依赖的重要因素所在。此外，资产周转率对出口比重也存在的负面影响，这说明长期以来金融体系的不完备和社会信用制度缺失等外部因素可能将缺乏资金的众多本土民营企业挤入出口市场的关键变量之一。

在模型 3 中，国际产品内分工程度、FDI 比重与附加值之间并无显著相关，说明全球价值链分工并未直接影响劳动密集型制造业的价值链升级。企业规模和产业规模与附加值之间分别显示出 1% 水平上的正向和负向关系，则表明企业层面的内部规模经济不足与产业层面规模过大导致租金耗散可能是造成劳动密集型价值链低端锁定的关键原因所在。需要指出的是，虽然 FDI 比重表现出了显著的要素锁定效应和市场锁定效应，但模型 1 至模型 3 中国际产品内分工程度变量均未表现出显著的影响。这说明对于劳动密集型制造业来说，融入全球价值链分工并不必然产生锁定效应，只是外资代工模式导致了锁定效应的产生。

从表 3－6 中可以发现，在资本密集型制造业中，国际产品内分工程度越高，劳动力要素使用程度越低，而出口倾向却越大。说明资本密集型制造企业融入全球价值链分工，吸收了先进的技术水平和管理理念，有利于代工制造企业的要素升级，同时可能带动了中间产品的出口。接着，产业的外资比重越高，劳动力比重就越高，同时出口倾向越低，而且附加值越高。这可能是由于资本密集型制造业中的外资企业主要是市场导向型的，更加注重中国国内市场的开拓，并在一定程度上促进了产业附加值的提升，但是这种国内市场导向型的 FDI 依旧是依托国内廉价劳动力来取得竞争优势的。这也在一定程度上说明，在资本密集型行业中，价值增值能力的提升主要是由外资企业进口中间投入驱动的，这也揭示了中国缺乏具有较高知名度和较强竞争力的自主品牌。其现实就是，由于过度依赖中间进口投入品并缺乏自主创新能力以及营销和物流方面的渠道优势，致使国内制造企业即便在国内市场上也没有任何市场势力，而只能为跨国公司品牌产品"做嫁衣"。

表 3 - 6 中国资本密集型制造业锁定效应的检验

变量	模型 1	模型 2	模型 3
	l	ex	va
c	1.0286 ***	0.2622 ***	0.3237 ***
	(100.5079)	(14.2662)	(14.5273)
vs	- 0.0666 ***	0.2159 ***	0.1840
	(- 10.6738)	(18.0454)	(1.6074)
fdi	0.0303 ***	- 0.0339 ***	0.2001 **
	(5.4617)	(- 7.0293)	(2.2838)
wage	- 0.0064 ***	- 0.0278 ***	
	(- 6.5154)	(- 13.1847)	
size		0.0796 ***	0.7082 ***
		(5.2086)	(5.3252)
scale			- 0.0233 ***
			(- 3.6354)
r&d	- 2.9863 ***	6.4881 ***	4.7420 ***
	(- 19.1698)	(35.0724)	(3.0368)
cash		0.0189 ***	
		(8.1620)	
R^2 值	0.8730	0.9976	0.9899
AD-R^2 值	0.8644	0.9974	0.9876
D-W 值	1.9112	1.9385	1.8733
F 统计量	101.3855	3975.4790	417.4367

注：括号内为 t 值，其中 *** 表示通过 1% 的显著性水平检验、** 表示通过 5% 的显著性水平检验、* 表示通过 10% 的显著性水平检验，未带 * 表示未通过 10% 的显著性水平检验。

从规模经济方面看，企业规模越大，出口倾向越大，附加值越高。这一方面说明了政府对大企业的"特殊照顾"可能提升了企业的出口竞争力；另一方面也暗示着企业内部规模经济缺失可能会导致附加值的低端锁定。同样，外部规模经济引致的路径依赖和租金耗散也可能将国内制造企业锁定在价值链低端。从创新因素方面看，R&D占销售收入的比重越高，普通劳动力比重就越低，而且出口比重越高，附加值越高，且都在较高的显著水平上显示出与各解释变量之间的较大相关性。这表明，自主创新能力的增强表明企业重视高级生产要素的培育与使用将有利于企业摆脱低级要素锁定；而且，对于资本密集型制造业的出口企业来说，一定强度的自主创新能力可以使企业具有技术引进与模仿后的二次创新能力，从而有能力由OEM向ODM升级，在提升附加值同时也提高了出口竞争力。资本密集型制造企业的资产周转率越高，产业出口比重越高，表明劳动密集型行业中普遍存在的制度扭曲效应在资本密集型行业中并不显著，而从另一角度也说明了企业资产利用效率提升了其国际市场势力和竞争力。

总体而言，国际代工并未给资本密集型产业造成必然的锁定效应，反而表现出一定的要素升级和价值链升级效应，因而具有明显的"双刃剑"特点；行业工资水平、产业自身的规模经济和创新强度因素是锁定效应的主要成因。值得注意的是，FDI虽然有利于国内市场的开拓和附加值的提升，但由于依然偏向于劳动力要素的使用，因而从长期来看可能无法有效促产业升级，反而可能进一步陷入低端陷阱。

表3-7显示了国际代工模式下中国技术密集型制造业锁定效应的表现及其来源。国际产品内分工程度越高，外资比重越高，劳动力要素使用程度就越高，出口倾向也越大；外资比重还与附加值呈显著的负相关关系，体现了全球价值链分工因素具有显著的锁定效应。其中，价值链锁定效应主要来源于外资。这表明，对于技术密集型制造业来说，国际代工模式特别是外资代工不仅无法获得国际分工与贸易收益，反而可能在很大程度上限制了自身产业升级。同时，创新强度的不足以及信贷渠道不畅和社会信用制度的不完善也可能使该行业的企业陷入低级要素锁定与外部市场依赖的困境。此外，企业规模对附加值具有负向影响的结果表明，技术密集型大企业并不一定能带来较高的附加值，反而可能由于组织结构臃肿、管理效率低下等因素而陷入"X非效率"状态。

表 3 - 7　　　　　　　　　中国技术密集型制造业锁定效应的检验

变量	模型 1	模型 2	模型 3
	l	ex	va
c	1.0520 ***	0.1872	0.2885 ***
	(13.4563)	(1.5250)	(19.5797)
vs	0.0159 **	0.0785 ***	0.0125
	(2.1358)	(3.2234)	(1.2811)
fdi	0.0721 ***	1.4831 ***	- 0.0529 **
	(5.5254)	(22.0412)	(- 2.5712)
$wage$	- 0.0129	- 0.0170	
	(- 1.6266)	(- 1.1861)	
$size$		- 1.1785	- 5.2612 ***
		(- 0.3164)	(- 3.5156)
$scale$			- 0.0004
			(- 0.1353)
$r\&d$	- 1.9848 ***	- 9.4614 ***	- 0.1532
	(- 4.8223)	(- 8.7419)	(- 0.2897)
$cash$		- 0.1730 ***	
		(- 8.0272)	
ar (1)	0.7340 ***		
	(10.2162)		
R^2 值	0.9120	0.9935	0.9747
AD-R^2 值	0.8998	0.9925	0.9717
D-W 值	1.8483	1.9121	1.7692
F 统计量	74.6560	1039.0340	324.0689

注：括号内为 t 值，其中 *** 表示通过 1% 的显著性水平检验、** 表示通过 5% 的显著性水平检验、* 表示通过 10% 的显著性水平检验，未带 * 表示未通过 10% 的显著性水平检验。

3.3.5　结论与启示

在以国际代工为基本特征的外向型经济发展模式下，中国制造业可能由于受制于价值链治理因素、产业发展特征、企业自身条件和外部环境因素，非但不能快速地实现产业升级，反而可能被锁定在全球价值链的低端环节。本节首先基于投入、需求与功能三个维度，对代工产业的锁定效应进行了分解，认为单纯依托资源禀赋决定的外生比较优势的分工模式并不必然能促进产业升级与经济转型，反而可能通过要素锁定效应、市场锁定效应和价值链锁定效应形成比较优势和贸易模式的自我强化与路径依赖；然后运用 2001～2008 年中国制造业 27 个行业面板数据对按要素密集度分类的不同产业锁定效应进行了系统的测度、验证和比较，主要结论包括以下四点。

第一，在国际代工模式下，中国劳动密集型制造业的锁定效应表现为要素锁定效应和市场锁定效应，资本密集型、技术密集型制造业则兼具要素锁定效应、市场锁定效应和价值链锁定效应。

第二，劳动密集型制造业锁定效应主要来源于外资代工模式，行业工资水平和创新研发强度对要素锁定效应具有显著影响，规模经济因素是价值链锁定效应的决定性因素，而工资水平还与外部制度因素显著影响了市场锁定效应。

第三，资本密集型制造业的锁定效应与工资水平、规模经济和创新强度显著相关，但制度扭曲效应并不显著。全球价值链分工因素对资本密集型制造业则表现出一定的要素升级和价值链升级效应。

第四，技术密集型制造业的全球价值链分工因素则具有显著的锁定效应，外资进入成为价值链锁定效应的主要来源。技术密集型制造业的锁定效应还受到创新强度和外部制度因素的显著影响，企业规模扩大反而会导致价值链低端锁定。

上述结论表明，定位于国际代工模式的中国外向型经济战略是一把"双刃剑"：在推动经济规模快速成长和产业结构优化升级的同时，也存在着锁定效应的现实可能性。并且，这种锁定效应存在着产业差异性，具有不同资源禀赋的制造业行业其锁定效应的表现渠道与结果并不相同。结论意味着，中国代工制造业转型升级在很大程度上取决于跨国公司战略、产业（企业）规模、对生产要素的利用方式以及外部制度环境等因素，针对不同类型的产业升级应当采取差异化的政策措施。对于劳动密集型制造业，关键是要推动 FDI 结构升级，促进代工企业的本土化，鼓励本土企业从事专业化代工；同时切实提高工人工资水平和技术创新能力，并通过兼并重组等方式来扩大企业规模。对于资本密集型制造业，应当积极融入全球价值链，同时要提高行业工资水平和企业规模水平；更要注重价值链学习，充分发挥"干中学"效应，加大研发投入，增强技术创新能力。对于技术密集型制造业来说，过早融入全球价值链则可能并非理想之策，而应当依托高速增长的内需市场规模培育自主创新能力和市场势力，同时要给予有创新潜力的中小民营企业更多的政策扶持。对于各级政府而言，还应当积极规范劳动力市场和完善社会保障体系，切实提高制造业工人工资水平，从而摆脱以压榨劳动力取胜的"触底竞赛"（race to the bottom）竞争方式；健全金融信贷体系和完善社会信用制度，为本土企业自主研发、自创品牌提供资金支持，从而为本土制造业突破低端锁定、实现国际代工超越创造良好的外部环境。

第 *4* 章

国际代工模式下的生产性服务业
发展与制造业转型升级^①

4.1
引　言

　　随着信息通信技术的快速发展和产业分工的不断细化，生产性服务业作为独立的产业部门，凭其强大的支撑功能成为制造业增长的牵引力和推进器，是制造业"起飞的翅膀"和"聪明的脑袋"（刘志彪，2008）。生产性服务业与制造业关系的"供给主导论"认为，服务业特别是生产性服务业是制造业生产率得以提高的前提和基础，没有发达的生产性服务业，就不可能形成较强竞争力的制造业（Karaomerlioglu & Carlsson，1999；Eswaran & Kotwal，2002）。生产性服务业可以通过专业化分工降低生产经营和交易成本（Markusen，1989）、提供创新信息和知识（Teece，1986）、带来价值增值（Vandermerwe & Rada，1989；Porter，1998）等途径促进和支撑制造业升级。世界发达经济体的实践经验也已表明，生产性服务业产业链的形成，不仅能

　　① 本章主要内容已发表：杜宇玮. 中国生产性服务业对制造业升级的促进作用研究——基于效率视角的评价［J］. 当代经济管理，2017（5）：65 - 72；杜宇玮. 中国生产性服务业促进制造业升级影响因素研究——基于超效率 DEA 和 Tobit 模型的实证分析［J］. 商业研究，2017（6）：145 - 153.

够为企业提供从产品生产到商品销售与服务的全方位支撑，而且有利于企业在明确自身核心能力的基础上确定适用于其发展的产业链环节，从而促进制造业结构优化和转型升级。

全球金融危机爆发之后，中国制造业正面临着要素成本上升和出口需求下行的内外冲击，以及发达国家"高端回流"和发展中国家"中低端分流"的双重挤压，以国际代工为主要特征的"中国制造"根基开始松动，经济增长动力面临衰竭，制造业转型升级已势在必行（杜宇玮和刘东皇，2016）。在这种严峻形势下，通过大力发展生产性服务业来促进制造业转型升级，已成为经济新常态下"中国制造"突破发展困境、增强国际竞争力的重要选项。那么，中国生产性服务业是否以及如何促进制造业转型升级？现有相关实证研究大致可以分为三类：第一类文献主要检验了生产性服务业对制造业的直接影响。江静等（2007）、刘纯彬和杨仁发（2013）、孙晓华（2014）等较多学者运用中国地区或行业面板数据做计量回归检验，发现生产性服务业发展对制造业生产率和效率的提升具有显著作用，且表现出了行业差异和区域差异。宣烨（2012）、张振刚等（2014）、盛丰（2014）运用中国城市面板数据和空间计量模型，验证了生产性服务业及其集聚对制造业具有明显的效率提升作用和空间外溢效应。刘书瀚等（2010）、乔均等（2012）则分别利用中国和江苏省的投入产出表计算了消耗系数、感应度系数和影响力系数等表征产业间联系的指标，发现生产性服务业对制造业的支撑作用较弱。第二类文献关注生产性服务业促进制造业发展的作用渠道机制，即通过某个中介变量如交易成本（冯泰文，2009）、企业技术创新和经济发展（孔婷等，2010）、成本费用和生产规模（黄莉芳等，2012）以及贸易成本缩减和创新收益提升（詹浩勇和冯金丽，2014）对制造业产生的间接影响。第三类文献则构建不同计量回归模型发现，生产性服务业促进制造业升级的作用，会受到地理距离、政策环境和工业企业整合价值链能力（顾乃华，2010）、对外开放程度（姚星等，2012）、契约制度（李筱乐，2015）等因素的影响。

总体来看，中国生产性服务业发展对制造业转型升级体现出较为显著的积极作用。以此为依据，中央及各级政府都非常重视生产性服务业的发展。"十一五""十二五""十三五"规划纲要都明确提出了要大力发展生产性服务业，而且还专门制定了现代物流业、金融业、商务服务业等生产性服务业细分行业的发展规划。2014 年，国务院还专门出台了《关于加快发展生产性服务业促进产业结构调整升级的指导意见》，提出以产业转型升级需求为导向，进一步加快生产性服务业发展，促进产业逐步由生产制造型向生产服务型转变。然而，中国生产性服务业并未如政策目标所预期的那样迅速增长（高传胜等，2008），与发达国家、新兴经济体及其他同等发展水平国家相比仍然较为滞后（程大中，2008；李江帆和朱胜勇，2008；谭洪波和郑江淮，2012；Daniels，2013；江波和李江帆，2016）。基于开放经济视角的观点认为，中国生产性服务业发展滞后在很大程度上与全球化和国际代工模式下的制造业需求不足相关。中国依托劳动力要素等外生性比较优势和外需导向的国际代工模式，割裂了制造业与生产性服务业的内在关联，抑制了制造业对生产性服务业的有效需求（江静和刘志彪，2010；肖文和樊文静，2011；段国蕊和方慧，2012），并导致国外生产性服务业投入对国内投入产生替代（袁志刚和饶璨，2014），从而抑制了本土生产性服务业发展。

上述研究揭示了全球价值链分工下的国际代工模式是中国生产性服务业发展滞后的根源，从而对于理解和破解生产性服务业"中国悖论"提供了一个很好的视角。值得注意的是，这些观点隐含着一个逻辑，即生产性服务业发展滞后主要表现为产业规模不足（多数以生产性服务业增加值占 GDP 比重衡量），因而政策目标就是要千方百计扩大生产性服务业规模。而实际上，从作用效率角度来看，生产性服务业不是规模越大越好，生产性服务业规模过大或过小都会影响到其拉动作用的发挥，关键是要与制造业发展相匹配（徐春华和刘力，2014）。因此，本书认为，要充分发挥生产性服务业的高级要素投入作用，关键在于提高产业关联效率，使得生产性服务业发展规模符合制造业转型升级的实际需求，从而形成生产性服务业与制造业协调发展。从现有研究文献来看，几乎都没有从产业关联效率视角来评判和考察生产性服务业促进制造业转型升级的作用及其影响因素，这也是本章的考察重点和主要贡献所在。进一步地，既然国际代工模式可能是阻碍中国生产性服务业规模扩大的重要原因，那么是否也是制约生产性服务业促进制造业转型升级作用发挥的重要因素？本章也将对此进行验证和解释。

本章的实证研究结果发现：其一，中国生产性服务业促进制造业转型升级的作用效率总体上尚不够高；无论是纯技术效率还是规模效率都有待提升，其中纯技术效率在较大程度上制约了综合作用效率的发挥，且存在较为显著的规模报酬递减现象。其二，生产性服务业对制造业转型升级的促进作用主要表现为经济效益提升方面，但是在创新能力提升和结构高度提升上的作用却还有很大的改进空间。其三，东部地区生产性服务业在促进制造业经济效益提升和创新能力提升方面的作用要劣于中西部地区；并且，国际代工特征最为显著的长三角和珠三角地区，其生产性服务业在促进制造业创新能力提升方面的作用显著低于全国平均水平以及其他地区。其四，从全国来看，地区信息化水平或生产性服务业与制造业的协同集聚水平越高，生产性服务业促进制造业转型升级的作用效率越高，而生产性服务业规模对生产性服务业促进制造业转型升级的作用效率则体现出显著的负向影响。其五，从不同经济发展水平的区域来看，发达地区生产性服务业促进制造业转型升级的作用效率受到信息化水平和地方财政支出的显著正向影响，反映了国际代工状况的外资水平则并未呈现出显著的促进效应；欠发达地区的作用效率则受到产业协同集聚水平和外资水平的显著正向影响；并且，无论是发达地区还是欠发达地区，生产性服务业规模对其作用效率均起到显著的抵消效应，且前者的效应更大。

本章其余部分安排如下：第 2 节从理论上阐释生产性服务业促进制造业转型升级的传导机制，以及生产性服务业促进制造业转型升级的主要影响因素，进而提出待检验假说；第 3 节对 2005～2014 年中国及各省区生产性服务业促进制造业转型升级的作用效率进行测度、评价和比较；第 4 节根据前文的理论假说和效率测度结果，对其影响因素进行参数估计和比较分析；第 5 节是讨论、结论及政策启示。

4.2

理论机制与基本假说

4.2.1　生产性服务业促进制造业转型升级的传导机制

根据格里菲（1999）、蓬（Poon，2004）对产业升级的概念界定，所谓产业升级是指产业由低技术、低附加价值状态向高技术、高附加价值状态演变的过程，既包括产业结构的优化，也包括产业价值链的攀升。产业升级的结果主要表现为三个方面：一是在产业效益上，表现为劳动生产率、企业利润和附加值的提升；二是在产业功能上，表现为创新能力的提升；三是在产业结构上，表现为产业的要素密集度知识化、技术化和产业高度的提升。基于此，生产性服务业对制造业转型升级的促进作用，具体可以分解为以下三种传导机制。

4.2.1.1　生产性服务业可以促进制造业经济效益的提升

首先，生产性服务的专业化不仅使得制造业企业能够将有限的资源高效地集中到生产制造环节，降低了生产和经营成本，有利于制造业企业的生产运营效率的提高和核心竞争力的培育。其次，按照斯密的分工思想，生产性服务的专业化水平提升能扩大制造业对外部专业服务的需求，制造业的需求引致对生产性服务的规模化发展，降低了单位服务的使用成本，进而使得作为主要需求者的制造业可以获取规模经济效益。最后，随着全球制造业竞争加剧和生产制造的日益复杂化、精细化和灵活化，基于产品创新和产品质量的非价格竞争愈显重要。生产性服务的专业化可以催生新技术和新组织模式，为制造业的多样化需求提供高质量的服务，如供应链管理、结算方式创新以及各类商务服务等，减少制造业企业的交易成本，从而帮助制造业企业提升生产和组织效率和企业竞争力。

4.2.1.2　生产性服务业可以促进制造业创新能力的提升

生产性服务业特别是知识密集型服务业（knowledge intensive business service，KIBS），其本身包含着丰富的人力资本和知识资本，既是创新的源泉，也是创新的"桥梁"，是企业创新的"催化剂"。在整个创新系统中，生产性服务业主要起到知识的生产和传播作用，其提高了制造业创新能力并得到自身创新的激励（Muller & Zenker，2001）。具有高知识度和高技术度的生产性服务业企业通过与制造业企业客户的交流互动，不断进行知识创新，创造出适合制造业升级所需的技术和知识应用模式，提供解决各种新问题的知识服务，为制造业企业创新提供平台和支撑。而且，生产性服务业对制造业企业创新的影响不仅表现在技术方面，而且在两者良性互动的过程中也会对制造业企业的管理组织创新和市场创新产生重要影响。发达的生产性服务业，通过提供专业性知识、最新的信息、先进和周到的技术性支持等多方面内容，提高制造业企业在技术开发、产品设计以及管理等多方面的创新能力（高传胜和刘志彪，2005）。因此，知识、技术密集型生产性服务业的发展，可以提升制造业企业的技术创新、管理创新和市场创新能力，从而使发展中国家实现从 OEM 到 ODM 再到 OBM 的升级。

4.2.1.3　生产性服务业可以促进制造业结构高度的提升

在信息技术支持下，原来从制造业中分离出来的生产性服务业，在产业关联和市场需求因素的作用下，通过功能互补和产业链延伸重新嵌入到制造业的相应环节中，与制造业价值链动态匹配和融合进行价值链重构，形成了新型产业。具体来讲，生产性服务业在与制造业价值链融合的过程中，向制造业注入知识、技术等高级要素，一方面，通过信息技术和模块化组织方式，提升了制造业的生产效率和管理效率，带来了"1 + 1 > 2"的价值链整合效应，重构为具有更高附加值的新产业价值链（白清，2015）。另一方面，通过产业链的传导机制，引发生产要素在不同产业部门之间的相对收益变化，进而导致生产要素在产业部门间转移，有利于那些具有较高附加值的技术、知识密集型制造业发展，从而实现产业高度提升。

4.2.2　生产性服务业促进制造业转型升级的影响因素

理论上，生产性服务业与制造业融合的实现需要有两个基本条件：一是以技术进步特别是信息技术发展为载体和支撑。在知识经济时代，最重要的生产要素是知识和信息。信息技术进步和信息化水平的提高不仅可以促使知识密集型生产性服务业的增长；更重要的是，还可以促进生产性服务企业通过与制造业企业客户的交流互动，不断进行知识创新，创造出适合制造业升级所需的技术和知识应用模式，提供解决各种新问题的知识服务，为制造业企业创新提供平台和支撑。二是融合产业之间的关联度高。生产性服务业作为中间投入要素，其与制造业的互动更多地表现在产业链的延伸与融合上，这就要求生产性服务业必须与制造业有着较强的前向关联或后向关联关系（路红艳，2009）。从空间视角来看，生产性服务业与制造业的协同定位与集聚，有利于促进两者之间的有效互动与融合，从而提升区域产业效率与产业竞争力，推动产业结构调整与升级。产业协同集聚可以通过知识外溢效应推动制造业生产边界的移动，从而促进制造业的优化与升级（刘叶和刘伯凡，2016）。

从效率类别来看，以上两个条件是一种产业融合效率，从而可以看作一种决定纯技术效率的因素，即反映产业部门技术、管理等因素影响下的生产效率。另外，生产性服务业规模效率也是生产性服务业促进制造业转型升级作用效率的重要内涵。若生产性服务业规模越大、规模效率越高，则为规模经济；若扩大生产性服务业规模则会降低规模效率，则为规模不经济。基于以上分析，可以得到关于生产性服务业促进制造业转型升级之影响因素的待检验假说：

假说4-1（纯技术效率假说1）：信息化水平越高，产业链融合和产业创新越容易，生产性服务业促进制造业转型升级的作用效率就越高。

假说4-2（纯技术效率假说2）：生产性服务业与制造业的协同集聚水平越高，互补效应越强，产业关联越紧密，生产性服务业促进制造业转型升级的作用效率就越高。

假说4-3（规模效率假说）：随着生产性服务业规模扩大，生产性服务业促进制造业转型升级的作用效率变动方向是不确定的，可能提高也可能降低。

4.3

中国生产性服务业促进制造业转型升级作用效率评价

4.3.1 评价模型

如前所述，评价生产性服务业对制造业的影响，不仅要考察其相互关联程度，更重要的是认清生产性服务业发展规模和水平是否符合本地制造业转型升级的实际需求，生产性服务业发展是否有效发挥以及怎样发挥其对制造

业转型升级的促进作用，即作用效率如何。在统计学上，效率评价方法主要
分为参数法和非参数法，其中，参数法主要是以随机前沿生产函数分析法
（stochastic frontier analysis，SFA）为代表，非参数法则以美国著名运筹学家
查恩斯（Charnes）和库珀（Cooper）提出的数据包络分析法（data envelop-
ment analysis，DEA）为典型。DEA 作为一种非参数统计分析方法，通常被
用于测度和评价多指标投入和多指标产出系统有效性或效率程度。其优点主
要在于，无须任何权重假设，也无须知道生产函数表达式及参数的分布形
式，而只需通过对实际投入产出数据的分析，就可以求出相同类型决策单元
的效率数值，且不受不同量纲的影响。生产性服务业与制造业分别处于产业
链的不同环节，可以看作一个投入产出系统，但其相互关联作用机制比较复
杂，且受多种因素的影响，导致其具体的函数关系很难确定。因此，我们选
用 DEA 来衡量和评价生产性服务业促进制造业转型升级的作用效率。

　　DEA 模型的基本原理如下：假设有 n 个部门或单位（决策单元，DMU），
每个 DMU 都有 m 种投入要素和 s 种产出，其中，第 j 个决策单元 DMUj 的投入
和产出向量分别为 $x_j = (x_{1j}, x_{2j}, \cdots, x_{mj})^T > 0$ 和 $y_j = (y_{1j}, y_{2j}, \cdots, y_{sj})^T > 0$，$j = 1$，
2，$\cdots$，n，$m \geq s$。那么，DMUj 的效率评价指数为：

$$h_j = \frac{\sum_{r=1}^{s} u_r y_{rj}}{\sum_{i=1}^{m} v_i x_{ij}}, i = 1, 2, \cdots, m; r = 1, 2, \cdots, s \qquad (4-1)$$

　　其中，$u_r \geq 0$ 和 $v_i \geq 0$ 分别为第 r 种产出和第 i 种投入的权系数。那么，
以第 j_0 个 DMU 的效率指数为优化目标，以所有 DMU 的效率指数 ≤ 1 为约
束条件，可构建规模报酬不变的 CCR-DEA 模型：

$$\begin{cases} \max \dfrac{\sum_{r=1}^{s} u_r y_{rj_0}}{\sum_{i=1}^{m} v_i x_{ij_0}} = h_{j_0} \\ \\ s.t. \ \dfrac{\sum_{r=1}^{s} u_r y_{rj}}{\sum_{i=1}^{m} v_i x_{ij}} \leq 1 \end{cases} \qquad (4-2)$$

然后，利用查恩斯－库珀变换对式（4－2）进行转化，取对偶形式，并进一步引入松弛变量 s^+、剩余变量 s^- 以及非阿基米德无穷小量 ε，将不等式约束化为等式约束，可得规模报酬可变假设下的 BCC-DEA 模型：

$$
\begin{cases}
\min\left[\theta - \varepsilon(\hat{e}^T s^- + \hat{e}^T s^+)\right] \\
s.t. \sum\limits_{j}^{n} \lambda_j x_j + s^- = \theta x_0 \\
\sum\limits_{j}^{n} \lambda_j y_j - s^+ = y_0 \\
\sum\limits_{j}^{n} \lambda_j = 1 \\
\lambda_j \geq 0, s^+ \geq 0, s^- \geq 0
\end{cases}
\qquad (4-3)
$$

其中，$\hat{e} = (1,1,\cdots,1)^T \in R^m, e = (1,1,\cdots,1)^T \in R^s$；$\lambda_j$ 为第 j 个 DMU 的权重；s^-、s^+ 分别为投入和产出的松弛变量。若式（4－3）的最优解 θ^*（相对效率值）满足 $\theta^* = 1, s^{-*} = s^{+*} = 0$，则 DMU$j_0$ 为 DEA 有效，表明该 DMU 所有生产要素的投入达到了最优组合，资源得到充分利用，可获得最大产出；若 $\theta^* < 1$，则 DMUj_0 为 DEA 无效，意味着该 DMU 的投入产出结构不合理，技术效率未达到 100%，需要调整投入或产出结构。在 BCC-DEA 模型中，最优效率解 θ^{**} 为纯技术效率，再除 CCR 模型得到的综合效率 θ^*，则可得到规模效率 k，即 $k - \theta^*/\theta^{**}$。纯技术效率是反映技术、管理等因素影响下的效率，可以看作一种产业融合效率；规模效率则表示与规模有效点相比规模经济发挥的程度，反映要素投入规模影响下的效率。

然而，传统 DEA 模型仅仅可以区分出有效和非有效的 DMU，但无法对多个有效 DMU 进一步排序和评价。为弥补这一缺陷，安德森和彼得森（Andersen & Petersen，1993）提出了超效率（super-efficiency）DEA 模型，将被评价的 DMU 排除在所有 DMU 的集合之外，替代为其他所有 DMU 投入产出的线性组合。对于 DEA 非有效的 DMU，其生产前沿面不会发生变化，效率值与传统 DEA 模型相同；但是对于 DEA 有效的 DMU，可以使其投入按比例增加或者产出按比例减少从而保持技术效率不变，最终得到一个大于 1 的超效率值，其值越大，效率越高。例如，效率值为 1.58，则表示该 DMU 即使等比例地增加 58% 的投入或减少 58% 的产出，其在整个 DMU 集合中仍能保持相对有效，即效率值仍维持在 1 以上。为了便于对中国各省份生产性服务业促进制造业转型升级作用效率进行排序和比较，以及对作用效率的影响因素做面板数据回归分析，我们也将进一步采用超效率 DEA 模型进行测算。

4.3.2　变量选取与数据来源

根据上述生产性服务业促进制造业转型升级的传导机制，在借鉴以往研究的指标设计基础上，考虑到模型的适用性、指标的可操作性和数据的可获得性，构建生产性服务业促进制造业转型升级作用的投入产出指标体系，如表 4 - 1 所示。

表 4 - 1　　　　生产性服务业促进制造业升级的投入产出指标体系

指标类型	指标内涵	具体指标	单位
投入指标	生产性服务业规模与水平	交通运输、仓储和邮政业增加值（X_1）	亿元
		批发和零售业增加值（X_2）	亿元
		金融业增加值（X_3）	亿元
产出指标	制造业经济效益	制造业利税总额（Y_1）	亿元
	制造业创新能力	工业 R&D 强度（Y_2）	%
	制造业结构高度	高技术产业主营业务收入（Y_3）	亿元

资料来源：作者整理。

投入指标——生产性服务业发展指标。生产性服务业的内涵比较宽泛，涉及交通运输业、现代物流业、信息服务业、金融服务业、房地产业、商务服务业、科技服务业等。但是考虑到在较长一段时期内，中国典型的生产性服务业在统计年鉴上表现为交通运输、仓储和邮政业，批发和零售业以及金融业。这三个行业也是对制造业中间投入最多的三个行业，分别占 2002 年和 2007 年生产性服务业总投入的 79.1% 和 72.75%（赵伟和郑雯雯，2011）。因此，考虑到统计口径一致性以及与制造业的关联程度，选取这三个行业的增加值来反映生产性服务业发展的规模与水平。

产出指标——制造业转型升级指标。（1）制造业经济效益指标。主要选取制造业年利税总额来反映制造业经济效益。利税总额，即利润和税金的加总，反映了产业（企业）在一定时期内实现的全部利润额和对社会承担义务的量化，是反映中国工业企业一定时期内全部纯收入的重要指标，能体现出工业制造业经济效益提升的效果。（2）制造业创新能力指标。R&D 强度反映了企业自主研究与开发新产品或新工艺的投入力度，是衡量创新能力的重要指标，通常可以用企业 R&D 内部经费支出占主营业务收入的比重来表示。（3）制造业结构高度指标。高技术产业是知识经济发展的核心力量，这里选取高技术产业主营业务收入来反映制造业内部结构的高度化水平。高技术产业主营业务收入越高，说明制造业结构越优化。

按照葛拉尼和罗尔（Golany & Roll, 1989）提出的经验法则，运用 DEA 模型测算效率时要求 DMU 的样本数至少是投入产出指标数之和的两倍。我们首先运用 BCC-DEA 模型对 2012～2014 年中国大陆 30 个省区市（西藏除外）的相关指标数据进行静态分析，样本符合 DEA 模型的使用条件。然后，再运用超效率 DEA 模型方法对 2005～2014 年的相关数据进行动态评价和分析，样本数量同样符合 DEA 模型测算效率的要求。

具体变量的处理如下：制造业利税总额，在统计年鉴上具体是指企业主营业务税金及附加、利润总额与本年应交增值税之和。具体数据是由规模以上全部工业企业减去煤炭开采和洗选业、石油和天然气开采业、黑色金属矿采选业、有色金属矿采选业、非金属矿采选业以及电力、热力的生产和供应业这 6 个行业的相关数据而得。由于统计年鉴中缺少制造业层面的 R&D 连续数据，故用工业 R&D 强度来体现制造业创新能力水平。2005～2006 年口径为全部国有及规模以上非国有工业企业，2007 年及以后年份口径为规模以上工业企业。为了剔除价格变动因素，除了 R&D 强度之外的其他指标，都以 2005 年为基期进行了消胀处理。其中，生产性服务业增加值指标用第三产业增加值指数进行折算，制造业利税总额和高技术产业主营业务收入指标则用生产者价格指数（PPI）进行平减。各省份的生产性服务业增加值数据来自历年《中国统计年鉴》，制造业相关数据则主要来自历年《中国统计年鉴》《中国工业（经济）统计年鉴》《中国科技年鉴》和《中国高技术产业统计年鉴》。

4.3.3　测度结果及评价

4.3.3.1　基于 BCC-DEA 模型的静态测度与评价

根据上述评价模型和指标体系，利用 DEAP 2.1 软件运行投入导向型 BCC-DEA 模型，对中国生产性服务业促进制造业转型升级的作用效率进行测度和评价。过程可以分为两个基本步骤：第一步，将生产性服务业发展的三个指标作为投入，将反映制造业升级的三个指标作为产出，即运行"3 投入 – 3 产出"BCC-DEA 模型，可以测算出生产性服务业促进制造业转型升级的综合作用效率（E_0）、纯技术效率和规模效率；第二步，分别将制造业利税总额、工业 R&D 强度、高技术产业主营业务收入单独作为产出，即运行"3 投入 – 1 产出"DEA 模型，则可以测算出生产性服务业促进制造业转型升级传导机制的作用效率，包括经济效益提升作用效率（E_1）、创新能力提升作用效率（E_2）和结构高度提升作用效率（E_3）。

我们取 2012 ~ 2014 年 30 个省区市各指标的平均值作为截面数据，对生产性服务业促进制造业转型升级效率进行静态分析。如表 4 – 2 所示，中国生产性服务业促进制造业转型升级的综合作用效率平均值仅为 0.804，纯技术效率仅为 0.879，规模效率略高，为 0.910。这说明，中国生产性服务业促进制造业转型升级的作用效率总体上尚不够高，无论是纯技术效率还是规模效率都还有待进一步提升；各数值的标准差较小则说明各省区市之间并无明显差异，普遍存在作用效率不足状况。在全国 30 个省区市中，生产性服务业促进制造业转型升级的综合作用达到 DEA 有效的省区市有吉林、江苏等 10 个，相对有效率为 1/3。在规模收益方面，除了新疆表现出规模报酬递增，其他 DEA 无效省区市都处于规模报酬递减阶段。这表明中国生产性服务业发展规模不适应制造业升级的需求，且普遍存在规模不经济现象。当前的生产性服务业规模相比制造业需求而言有些过大，若保持适当的生产性服务业发展规模，可以更有效地促进制造业转型升级。

表 4 – 2　　　　　　　中国 30 个省区市生产性服务业促进制造业
转型升级的作用效率分解

省区市	综合效率（E_0）	纯技术效率	规模效率	规模报酬	省区市	综合效率（E_0）	纯技术效率	规模效率	规模报酬
北　京	0.595	1.000	0.595	递减	河　南	1.000	1.000	1.000	不变
天　津	0.835	1.000	0.835	递减	湖　北	0.833	0.973	0.857	递减
河　北	0.556	0.583	0.955	递减	湖　南	0.873	1.000	0.873	递减
山　西	0.342	0.548	0.624	递减	广　东	1.000	1.000	1.000	不变
内蒙古	0.421	0.439	0.958	递减	广　西	0.646	0.649	0.994	递减
辽　宁	0.699	0.747	0.935	递减	海　南	0.993	1.000	0.993	递减
吉　林	1.000	1.000	1.000	不变	重　庆	0.854	1.000	0.854	递减
黑龙江	0.489	0.790	0.619	递减	四　川	1.000	1.000	1.000	不变
上　海	0.932	1.000	0.932	递减	贵　州	0.705	0.729	0.967	递减
江　苏	1.000	1.000	1.000	不变	云　南	1.000	1.000	1.000	不变
浙　江	0.759	0.886	0.857	递减	陕　西	0.652	0.858	0.760	递减
安　徽	0.998	1.000	0.998	递减	甘　肃	0.653	0.697	0.937	递减
福　建	0.761	0.914	0.832	递减	青　海	1.000	1.000	1.000	不变
江　西	1.000	1.000	1.000	不变	宁　夏	1.000	1.000	1.000	不变
山　东	1.000	1.000	1.000	不变	新　疆	1.000	1.000	1.000	递增
全国平均	0.804	0.879	0.910	—	全国标准差	0.205	0.174	0.121	—

资料来源：根据 DEAP 2.1 软件测算结果整理，未含西藏、香港、澳门和台湾地区的数据。

如表 4 – 3 所示，中国各省区市生产性服务业促进制造业转型升级传导机制的效率情况。可以发现，生产性服务业促进制造业经济效益提升、创新能力提升、结构高度提升的作用效率分别为 0.638、0.294、0.375，表明中国生产性服务业对创新能力和结构高度提升的促进作用较为有限，并未很好地促进制造业迈向价值链高端的功能升级和链条升级。生产性服务业对制造业经济效益提升的促进作用达到 DEA 有效的是吉林、江苏、山东、河南和云南，有效率为 16.7%；创新能力提升作用达到 DEA 有效的是青海和宁夏，结构高度提升作用 DEA 有效的则只有江苏和广东，有效率均仅有 3.3%。这也表明中国各省区市在生产性服务业的制造业升级作用上还有较大的改进空间，且经济效益提升作用要显著优于创新能力提升作用和结构高度提升作用。

表 4 – 3　　　　　中国 30 个省区市生产性服务业促进制造业
转型升级传导机制的效率

省区市	E_0	E_1	E_2	E_3	省区市	E_0	E_1	E_2	E_3
北　京	0.595	0.333	0.232	0.417	河　南	1.000	1.000	0.108	0.520
天　津	0.835	0.666	0.275	0.550	湖　北	0.833	0.766	0.207	0.327
河　北	0.556	0.545	0.125	0.171	湖　南	0.873	0.789	0.318	0.447
山　西	0.342	0.121	0.236	0.174	广　东	1.000	0.718	0.084	1.000
内蒙古	0.421	0.296	0.235	0.075	广　西	0.646	0.579	0.179	0.263
辽　宁	0.699	0.677	0.145	0.265	海　南	0.993	0.273	0.920	0.113
吉　林	1.000	1.000	0.259	0.575	重　庆	0.854	0.593	0.264	0.651
黑龙江	0.489	0.294	0.334	0.139	四　川	1.000	0.908	0.101	0.833
上　海	0.932	0.787	0.216	0.675	贵　州	0.705	0.561	0.317	0.187
江　苏	1.000	1.000	0.066	1.000	云　南	1.000	1.000	0.303	0.096
浙　江	0.759	0.737	0.141	0.294	陕　西	0.652	0.522	0.294	0.279
安　徽	0.998	0.905	0.255	0.360	甘　肃	0.653	0.352	0.491	0.079
福　建	0.761	0.642	0.189	0.482	青　海	1.000	0.261	1.000	0.095
江　西	1.000	0.992	0.205	0.564	宁　夏	1.000	0.420	1.000	0.064
山　东	1.000	1.000	0.094	0.534	新　疆	0.522	0.404	0.230	0.011
全国 平均	0.804	0.638	0.294	0.375	长三角 珠三角	0.909	0.814	0.132	0.664

资料来源：根据 DEAP 2.1 软件测算结果整理，未含西藏、香港、澳门和台湾地区的数据。

值得注意的是，江苏、广东、山东等东部发达省份虽然在 R&D 经费支出和 R&D 强度上均居全国前列，而且在生产性服务业发展总规模上也名列前茅，但其生产性服务业的创新能力提升效率却是全国最低的。长三角和珠三角地区生产性服务业在促进制造业创新能力提升方面的作用显著低于全国平均水平以及其他地区。而西部地区的青海、宁夏两地的效率则高居全国之首。这可能与其生产性服务业结构有关，即制造业发达的东部省份，其生产性服务业的高级化程度与其经济发展水平并不相称。有数据佐证，2012~2014年，在我们所选取的三个生产性服务业中，广东、江苏和山东在总体规模上分列全国前三，但其金融业所占比重则分列全国第15、第11和第27位。然而，生产性服务业发展规模排名最后的青海和宁夏，其金融业占比却高居全国第6和第5位。我们猜测，这种现象可能与这些省区市以国际代工制造和加工贸易为主要特征的外向型经济有关：代工模式中的本土低端制造业只需要低端服务投入，从而对高端生产性服务的需求极为有限（江静和刘志彪，2010）。

东、中、西部三大地区的比较如表4-4所示，在生产性服务业对制造业升级总体促进作用方面，东部地区效率最高（0.830），中部地区效率次之（0.817），西部地区最低（0.768），而且三大区域内部差异较小，这也符合中国产业空间分异的实际情况。可能是，由于东部地区市场化程度较高，制造业外购、分包生产性服务会相对普遍，生产性服务业更能促进制造业竞争力的提高（顾乃华等，2006）。在经济效益提升作用方面，中部地区效率最高、东部其次、西部最低；在创新能力提升作用方面，西部地区则明显优于东部和中部地区。可能的解释是，东部地区得益于多年的对外开放，虽然服务业和制造业都相对发达，但是嵌入全球价值链低端分工的国际代工模式在一定程度上割裂了生产性服务业与制造业的关联作用，从而阻滞了产业效益、附加值和创新能力的提升；而拥有一定产业基础、主要依托国内市场的中西部地区，在经济效益和创新能力提升方面的表现更优。

表4-4 中国三大区域生产性服务业促进制造业转型升级的作用效率比较

分类	E_0	E_1	E_2	E_3
东部平均值	0.830	0.671	0.226	0.500
东部标准差	0.168	0.229	0.239	0.300
东部变异系数	0.202	0.342	1.058	0.599

分类	E_0	E_1	E_2	E_3
中部平均值	0.817	0.733	0.240	0.388
中部标准差	0.259	0.340	0.071	0.169
中部变异系数	0.317	0.464	0.295	0.434
西部平均值	0.768	0.536	0.401	0.239
西部标准差	0.212	0.236	0.311	0.265
西部变异系数	0.276	0.441	0.776	1.108
效率高低排序	东部>中部>西部	中部>东部>西部	西部>中部>东部	东部>中部>西部

注：东部地区包括北京、天津、河北、辽宁、上海、江苏、浙江、福建、山东、广东、海南共 11 个省区市；中部地区包括山西、吉林、黑龙江、安徽、江西、河南、湖北、湖南共 8 个省份；西部地区包括内蒙古、广西、重庆、四川、贵州、云南、陕西、甘肃、青海、宁夏、新疆共 11 个省区市。变异系数 = 标准差/平均值。变异系数用来比较两组或两组以上数据的离散程度，可以消除因单位以及平均值不同而产生的影响。

4.3.3.2　基于 BCC-DEA 模型和超效率 DEA 模型的动态测度与评价

为了刻画中国生产性服务业促进制造业升级作用的动态特征，我们仍然采用 BCC-DEA 模型，分别对 2005～2014 年各年份的作用效率进行测算。如表 4 - 5 所示，样本期各年份的 DEA 有效省份比重基本上处于 20% ～ 30% 之间，绝大部分省份的效率都处于 DEA 无效状态，结果导致了长期以来全国层面的低效率状态。DEA 有效省份比重最高的年份是 2006 年，也仅为 36.7%。这十年间，中国生产性服务业促进制造业升级作用的综合效率的平均值仅为 0.783，说明还有 21.7% 的提升空间；最高也只有 0.804，促进作用效率还不够高。从效率分解来看，纯技术效率均值为 0.844，规模效率为 0.926，说明纯技术效率相对较低是制约中国生产性服务业促进制造业升级作用发挥的主要因素。如图 4 - 1 所示，从这十年间的演变趋势来看，综合效率曲线形状与纯技术效率曲线形状较为相似，而与规模效率曲线则不太一致，也说明了纯技术效率对综合促进作用效率的制约作用要强于规模效率。

表4-5　　　　　2005~2014年中国生产性服务业促进制造业升级
作用的 DEA 有效省份及其比重

年份	DEA 有效的省区市	DEA 有效省份占比（%）	综合效率均值
2005	天津、黑龙江、上海、江苏、浙江、山东、广东、云南、青海	30.0	0.804
2006	天津、上海、江苏、浙江、山东、广东、江西、河南、云南、青海、宁夏	36.7	0.802
2007	天津、上海、江苏、广东、江西、河南、云南、青海、宁夏	30.0	0.796
2008	上海、江苏、广东、江西、河南、青海、宁夏	23.3	0.730
2009	吉林、上海、江苏、山东、广东、江西、河南、云南、青海、宁夏	33.3	0.780
2010	吉林、江苏、广东、河南、云南、青海	20.0	0.784
2011	吉林、上海、江苏、广东、河南、云南、青海	23.3	0.755
2012	吉林、江苏、广东、河南、四川、云南、青海	23.3	0.783
2013	天津、吉林、江苏、广东、海南、河南、云南、青海、宁夏	30.0	0.804
2014	天津、吉林、江苏、山东、广东、海南、河南、青海、宁夏	30.0	0.787
2005~2014	江苏、广东、青海	10.0	0.783

资料来源：根据 DEAP 2.1 软件测算结果整理。

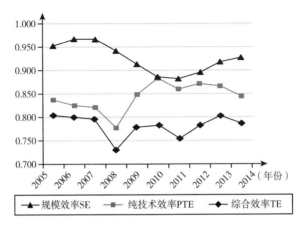

图4-1　中国历年生产性服务业促进制造业转型升级的作用效率演变

　　进一步地，为了对不同年份的多个有效 DMU 进行进一步排序和评价，我们以 30 个省区市为决策单元，运用 EMS 1.3 软件进行测算，得到历年各省区市生产性服务业促进制造业转型升级作用的超效率得分如表 4 - 6 所示。从全国来看，2005 ~ 2014 年，生产性服务业促进制造业转型升级作用效率指数的平均值仅为 0.8623，最高的 2007 年也只有 0.8843，促进作用效率还有待提高。

表 4 - 6　　　　　2005 ~ 2014 年中国 30 个省区市生产性服务业
促进制造业转型升级作用的超效率得分

省区市	2005 年	2006 年	2007 年	2008 年	2009 年	2010 年	2011 年	2012 年	2013 年	2014 年
北　京	0.7250	0.7746	0.7787	0.7237	0.6750	0.5770	0.5568	0.6305	0.6030	0.5916
天　津	1.0507	1.0884	1.0654	0.9332	0.8377	0.8293	0.8099	0.9439	1.0530	1.0827
河　北	0.7235	0.7658	0.6720	0.6145	0.6216	0.6032	0.6065	0.5866	0.5761	0.5643
山　西	0.5389	0.6167	0.6001	0.4231	0.2497	0.2525	0.2401	0.2506	0.2776	0.3918
内蒙古	0.6412	0.5781	0.5870	0.4780	0.4240	0.4896	0.4253	0.3585	0.3980	0.3792
辽　宁	0.6144	0.6065	0.7870	0.5899	0.7876	0.8449	0.7218	0.7306	0.7452	0.5085
吉　林	0.6044	0.6419	0.8320	0.6244	1.1132	1.3479	1.4939	1.5696	1.4945	1.3859
黑龙江	1.3925	0.6709	0.4656	0.4962	0.5973	0.5806	0.4391	0.3978	0.3833	0.3977
上　海	1.2966	1.2687	1.2284	1.1084	1.1103	0.9586	1.0010	0.9807	0.9362	0.8788
江　苏	1.0934	1.0793	1.2081	1.5865	1.2743	1.2123	1.2444	1.3276	1.3142	1.3816
浙　江	1.0636	1.0045	0.9253	0.6722	0.8496	0.8326	0.8172	0.7677	0.7696	0.7063
安　徽	0.7188	0.6995	0.6556	0.6865	0.7466	0.8885	0.8013	0.8774	0.9233	0.8166
福　建	0.8218	0.8878	0.8197	0.6932	0.8143	0.8479	0.9079	0.9228	0.9191	0.8624
江　西	0.9505	1.1835	1.3907	1.7220	1.2229	0.7684	0.7204	0.8258	0.8749	0.9009
山　东	1.2562	1.0940	0.9990	0.8464	1.0779	0.9689	0.8695	0.9071	0.8769	1.0309
河　南	0.8954	1.1408	1.4264	1.3812	1.2909	1.3904	1.2042	1.0709	1.0698	1.0109
湖　北	0.8291	0.7443	0.6107	0.7157	0.7754	0.8079	0.7754	0.8314	0.9175	0.7922
湖　南	0.8302	0.6628	0.7851	0.9946	0.7464	0.8588	0.8254	0.8016	0.8274	0.8217
广　东	1.2914	1.2375	1.2510	1.1814	1.1170	1.1858	1.1676	1.0220	1.0147	1.1160
广　西	0.6388	0.5884	0.5357	0.4211	0.2999	0.5681	0.5552	0.6043	0.6080	0.6109
海　南	0.9046	0.9446	0.7393	0.5552	0.7668	0.7522	0.8486	0.9269	1.0556	1.5841
重　庆	0.7544	0.7367	0.8499	0.6459	0.6387	0.6799	0.7033	0.7651	0.8995	0.8958

续表

省区市	2005 年	2006 年	2007 年	2008 年	2009 年	2010 年	2011 年	2012 年	2013 年	2014 年
四　川	0.6113	0.6724	0.7001	0.7757	0.8301	0.8663	0.9991	1.0415	0.9952	0.8538
贵　州	0.8324	0.9288	0.8244	0.7737	0.6686	0.6635	0.6977	0.8578	0.9228	0.9043
云　南	1.2564	1.2307	1.0973	0.7382	1.0566	1.1181	1.1952	1.1794	1.0790	0.9770
陕　西	0.6525	0.6862	0.6579	0.6183	0.5806	0.6270	0.6058	0.6405	0.6335	0.6608
甘　肃	0.6655	0.6457	0.7544	0.6725	0.9279	0.7449	0.5364	0.5501	0.5738	0.6463
青　海	1.6515	1.2802	1.2146	1.3160	1.7567	2.3586	2.2827	1.9153	1.5704	1.3850
宁　夏	0.9655	1.4396	1.7543	1.8344	1.2626	0.9353	0.8190	0.8816	1.1013	1.3432
新　疆	0.2168	0.2213	0.3141	0.2156	0.5685	0.5817	0.3724	0.4597	0.4640	0.4597
均　值	0.8829	0.8707	0.8843	0.8346	0.8563	0.8714	0.8414	0.8542	0.8626	0.8647

资料来源：根据 DEAP 2.1 软件测算结果整理，未含西藏、香港、澳门和台湾地区的数据。

如表4-7所示，考察期内，青海和宁夏两省份历年促进作用效率表现较为突出，其中青海在多数年份均位居效率榜首，在2010年、2011年效率值甚至超过2，体现其生产性服务业发展对制造业转型升级的促进作用效果较好。然而根据2014年数据，这两个省区的生产性服务业发展规模却位居全国最末位；相比之下，北京、河北、辽宁这些生产性服务业发展规模较大的省市却效率不佳。而内蒙古生产性服务业虽然规模位列中游，但是其对制造业转型升级的促进作用效率却最低。这在一定程度上说明，中国生产性服务业虽然在行业规模方面具有一定的区域空间合理性，但其发展规模未能与本地制造业需求形成适度匹配（徐春华和刘力，2014）。一味地简单扩大生产性服务业规模，并不必然有利于制造业转型升级，反而可能因为资源配置不合理而降低产业关联效率。

表4-7　　历年各省份生产性服务业促进制造业转型升级作用的超效率排序

年份	效率第一	效率第二	效率第三	效率最低
2005	青海（1.6515）	黑龙江（1.3925）	上海（1.2966）	新疆（0.2168）
2006	宁夏（1.4396）	青海（1.2802）	上海（1.2687）	新疆（0.2213）
2007	宁夏（1.7543）	河南（1.4264）	江西（1.3907）	新疆（0.3141）
2008	宁夏（1.8344）	江西（1.7220）	江苏（1.5865）	新疆（0.2156）
2009	青海（1.7567）	河南（1.2909）	江苏（1.2743）	山西（0.2497）

续表

年份	效率第一	效率第二	效率第三	效率最低
2010	青海（2.3586）	河南（1.3904）	吉林（1.3479）	山西（0.2525）
2011	青海（2.2827）	吉林（1.4939）	江苏（1.2444）	山西（0.2401）
2012	青海（1.9153）	吉林（1.5696）	江苏（1.3276）	山西（0.2506）
2013	青海（1.5704）	吉林（1.4945）	江苏（1.3142）	山西（0.2776）
2014	海南（1.5841）	吉林（1.3859）	青海（1.3850）	内蒙古（0.3792）
平均值	青海（1.6731）	江苏（1.2722）	宁夏（1.2337）	山西（0.3841）

注：括号内为超效率得分。

资料来源：根据 DEAP 2.1 软件测算结果整理。

效率得分较高的其次有东部地区的江苏、上海以及中部地区的吉林、河南等省份，反映了这些省份的生产性服务业与制造业发展水平较为匹配，互动机制较为顺畅。而新疆、山西这两个省份的超效率则一直处于较低水平，说明相对其他省区市而言，其长期以来生产性服务业发展促进制造业转型升级的作用效率较低。而通过计算作用效率的变异系数进一步发现，中国生产性服务业促进制造业转型升级的省际差异趋于缩小，变异系数从 2005 年的 0.3452 上升至 2008 年的 0.4735，再下降至 2014 年的 0.3753。

4.4

生产性服务业促进制造业转型升级的影响因素：实证分析

4.4.1　计量模型与变量设定

被解释变量选取前文所测算的生产性服务业促进制造业转型升级作用的超效率值（pse）。由于超效率是一个离散分布变量，且有一个最低界限值 0，数据因此而被截断，直接用 OLS 无法得到一致的估计。因此，我们采用截取回归的 Tobit 模型，用极大似然法检验中国生产性服务业促进制造业转型升级的影响因素。结合前文的理论假说，分别选取信息化水平

（*tech*）、协同集聚水平（*cgi*）、生产性服务业规模（*scale*）作为核心解释变量。另外，考虑到中国经济产业发展中地方政府行为和对外开放的重要作用，采用政府干预程度（*gov*）和外资水平（*fdi*）作为控制变量。各影响因素变量的选取如表 4 – 8 所示。

基于此，建立以下基本回归模型：

$$pse_{i,t} = \beta_0 + \beta_1 tech_{i,t} + \beta_2 cgi_{i,t} + \beta_3 scale_{i,t} + \beta_4 gov_{i,t} + \beta_5 fdi_{i,t} + \mu_{i,t}$$

$$(4-4)$$

表 4 – 8   Tobit 模型各影响因素变量说明

影响因素	变量说明	数据来源	预期方向
tech	每平方公里长途光缆线路长度，即长途光缆线路长度/土地面积（km/km²），反映地区信息化水平和信息技术发展水平	《中国统计年鉴》（2006～2015）	正相关
cgi	基于区位熵的协同集聚指数，反映生产性服务业与制造业协同集聚水平	《中国统计年鉴》（2006～2015）	正相关
scale	三个典型生产性服务业行业增加值占 GDP 的比重，反映生产性服务业规模	《中国统计年鉴》（2006～2015）	不确定
gov	地方公共财政支出占 GDP 的比重，反映政府干预程度	中经网数据库	不确定
fdi	外商及中国港澳台地区投资占 GDP 的比重，反映对外开放水平和要素市场化水平	国研网宏观经济数据库	正相关

资料来源：作者整理。

（1）信息化水平（*tech*）。信息基础硬件设施的发展是决定一个地区信息化水平的重要变量，参考国家信息化测评指标体系，选取每平方公里长途光缆线路长度来衡量信息基础设施水平。

（2）协同集聚水平（*cgi*）。借鉴前人研究，根据哈格特（Haggett）提出的区位熵指数（entropy index）来构建产业协同集聚指数，计算公式如下：

$$cgi_{i,t} = 1 - \frac{|R_{mj} - R_{pj}|}{R_{mj} + R_{pj}} \qquad (4-5)$$

其中 R_{mj}、R_{pj} 分别为制造业与生产性服务业的区位熵，满足 $R_{mj} + R_{pj} \geqslant 1$；

区位熵 $R_{ij} = S_{ij}/S_i$，S_{ij} 表示 j 地区 i 产业就业人数占整个地区就业总人数的比重，S_i 表示 i 产业就业人数占全国就业人数的比重。

（3）生产性服务业规模（$scale$）。考虑到生产性服务业规模的适度性，选取生产性服务业增加值占 GDP 的比重来反映生产性服务业规模。按照前文对生产性服务业范畴的界定，选取地区交通运输、仓储和邮政业，批发和零售业以及金融业三个行业增加值之和占地区 GDP 的比重来衡量。

（4）政府干预程度（gov）。选取地方公共财政支出占 GDP 的比重来反映政府对经济的干预程度。一方面，政府在基础设施方面的公共投资可以降低交易成本，在科教文卫、能源环保等方面的公共服务支出则可以有效改善企业经营环境，促进产业集聚，从而有助于产业互动与增长；另一方面，公共投资也会产生一定的"挤出效应"，而且"审批经济"下的行政壁垒、市场准入门槛等不仅增加企业经营成本，而且会导致资源错配而扭曲产业结构。因此，政府支出对产业效率的影响是不确定的。

（5）外资水平（fdi）。理论上，对外开放和外资水平越高，说明市场环境越优越；而且外资进入所带来的溢出效应和"鲶鱼效应"都有助于促使企业优化资源配置来提高竞争力。我们选用各地外商及中国港澳台地区投资与 GDP 之比来反映对外开放水平和市场环境的完善程度。

与前文相对应，研究样本为 2005～2014 年中国 30 个省区市（未含西藏及港澳台地区），数据主要来源于 2006～2015 年的《中国统计年鉴》以及国研网、中经网数据库。借用 Stata 13.0 软件，各变量的统计性描述如表 4－9 所示。

表 4－9　　　　　　　　　　　各变量的统计性描述

变量	观测数	均值	标准差	最小值	最大值
pse	300	0.8624	0.3346	0.2160	2.3590
$tech$	300	0.1595	0.0966	0.0182	0.6188
cgi	300	0.8006	0.1284	0.3584	0.9972
$scale$	300	0.1822	0.0410	0.1222	0.3434
gov	300	0.2048	0.0896	0.0798	0.6121
fdi	300	0.0337	0.0222	0.0028	0.0934

资料来源：作者根据 Stata 13.0 软件处理结果整理。

4.4.2 实证检验结果分析

表4-10展示了2005～2014年中国生产性服务业促进制造业转型升级影响因素的 Tobit 回归结果。模型1至模型3检验了模型核心解释变量单独对作用效率的影响，可以看出，信息化水平、生产性服务业与制造业的协同集聚水平对作用效率具有显著的正向影响，说明由技术进步、产业链关联因素决定的纯技术效率是提升生产性服务业促进制造业转型升级作用的重要变量。相反地，较低的信息化水平和产业协同集聚水平则会显著制约生产性服务业与制造业的互动。这种显著性影响在加入政府干预程度和外资水平两个控制变量后仍然稳健存在。

表4-10　　　中国生产性服务业促进制造业转型升级影响因素的回归结果

影响因素	模型1	模型2	模型3	模型4	模型5	模型6
$tech$	1.1628 ***		1.0759 ***	1.0751 ***		0.9534 **
	(0.3843)		(0.3855)	(0.3801)		(0.3782)
cgi		0.4433 **	0.3825 *		0.4918 **	0.4301 **
		(0.2009)	(0.2002)		(0.1953)	(0.1943)
$scale$	−3.6727 ***	−2.3944 ***	−3.2325 ***	−4.0224 ***	−2.7836 ***	−3.4929 ***
	(0.6019)	(0.5734)	(0.6411)	(0.6156)	(0.6095)	(0.6568)
gov				0.9015 ***	0.9461 ***	0.9105 ***
				(0.2453)	(0.2499)	(0.2442)
fdi				2.2163 **	2.6157 **	2.4786 **
				(1.1325)	(1.1725)	(1.1323)
β_0	1.3457 ***	0.9436 ***	0.9732 ***	1.1641 ***	0.6938 ***	0.7320 ***
	(0.1085)	(0.2268)	(0.2230)	(0.1211)	(0.2357)	(0.2290)
Wald 检验	37.2400 ***	32.6000 ***	41.1000 ***	56.0200 ***	54.1300 ***	61.8500 ***
对数似然值	48.6044	46.6651	50.4259	56.7225	56.1326	59.1643

注：括号内数值为标准误，***、** 和 * 分别表示通过1%、5%和10%的显著性检验。

资料来源：作者根据 Stata 13.0 软件处理结果整理。

　　值得注意的是，无论是否加入控制变量，生产性服务业规模与作用效率都呈负相关关系，显著性水平很高，均通过了 1% 的显著性检验。这与前文对作用效率的测度结果相符合，进一步说明中国生产性服务业发展普遍处于规模不经济状态。这在某种程度上体现了中国生产性服务业结构较为低端化，而低端生产性服务业规模扩大不足以为制造业提供支撑。这进一步支撑了前文的分析结论，即促进制造业转型升级并不能依靠简单地扩大生产性服务业规模，生产性服务业的发展必须与制造业转型升级的需要相匹配，盲目追求产业规模可能会陷入资源配置的非效率境地。

　　表 4 - 10 中的模型 4 至模型 6 还表明，政府干预程度和外资水平均显示出其对生产性服务业促进作用效率的显著正向影响。政府对经济活动的干预程度越大，越有利于生产性服务业对制造业转型升级的促进。这似乎与学界一致主张的市场化改革相悖，但这在某种程度上恰恰印证了当前我国服务业市场垄断的现实——地方政府支出力度越大，具有垄断性的生产性服务业（如交通运输业、邮电通信业、金融业）发展越好。同时也说明，我国地方政府在基础设施建设、公共服务投入方面的支出增加，对区域产业升级起到了一定的促进作用。外资水平的影响系数显著为正，说明对外开放带来的先进技术和管理经验，总体上为产业结构优化升级带来了有利的影响。

　　进一步地，为了提取各省区市效率的共性因素，更直观地体现不同经济发展水平地区其生产性服务业促进制造转型业升级作用的影响因素差异，我们以 2014 年全国人均 GDP 作为参照标准，将全国分为发达地区（超过全国平均水平）和欠发达地区（低于全国平均水平）。按照此标准，发达地区包括北京、天津、内蒙古、辽宁、吉林、上海、江苏、浙江、福建、山东、湖北、广东、重庆、陕西共 14 个省区市；欠发达地区则包括河北、山西、黑龙江、安徽、江西、河南、湖南、海南、广西、四川、贵州、云南、甘肃、青海、宁夏、新疆共 16 个省区市。如图 4 - 2 所示，除了受全球金融危机冲击较大的 2008 年之外，其余年份发达地区生产性服务业促进制造业转型升级的作用效率均高于欠发达地区。这也符合经济发展阶段理论的论点，即经济发展水平越高的地区，其产业实现互动的可能性就越大。从时序层面看，中国生产性服务业发展促进制造业转型升级的作用效率呈现不断波动的态势,"十二五"期间效率虽然逐步提升,但与2005年相比反而有所下降。另外,发达地区与欠发达地区的促进作用效率趋于收敛,发达地区生产性服务业发展促进制造业转型升级的作用效率趋于下降,而欠发达地区的效率则逐步上升。这在一定程度上表明,经济发展水平在生产性服务业促进制造业转型升级上的影响作用越来越小。那么,决定不同经济发展水平地区生产性服务业促进制造业转型升级作用效率变化的因素到底分别是什么呢? 分组的回归分析给出了答案,回归结果如表4-11所示。

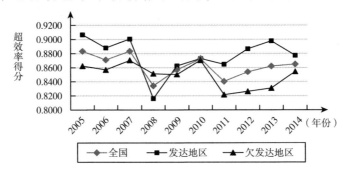

图4-2   中国不同经济发展水平地区生产性服务业促进制造业转型升级的作用效率演变

表4-11   不同经济发展水平地区生产性服务业促进制造业
转型升级影响因素的回归结果

影响因素	发达地区			欠发达地区		
	模型1	模型2	模型3	模型4	模型5	模型6
tech	1.1658 ***		1.1366 ***	-0.0137		-0.3470
	(0.4287)		(0.4244)	(0.7817)		(0.7752)
cgi		0.1478	0.1246		0.7691 **	0.7956 **
		(0.1991)	(0.1964)		(0.3305)	(0.3348)
scale	-4.4043 ***	-4.0144 ***	-4.2673 ***	-4.9682 ***	-4.0160 ***	-3.8377 ***
	(0.7319)	(0.7656)	(0.7640)	(1.0941)	(1.1049)	(1.1724)
gov	1.7450 ***	2.1935 ***	1.7601 ***	1.1163 ***	1.0997 ***	1.1313 ***
	(0.6803)	(0.6372)	(0.6790)	(0.3342)	(0.3290)	(0.3337)
fdi	0.7032	-0.0369	0.7879	4.1621 **	4.6806 **	4.7991 **
	(1.3307)	(1.3497)	(1.3310)	(2.0921)	(2.0588)	(2.0743)

续表

影响因素	发达地区			欠发达地区		
	模型 1	模型 2	模型 3	模型 4	模型 5	模型 6
β_0	1. 2275 *** (0. 1793)	1. 2289 *** (0. 2860)	1. 0997 *** (0. 2694)	1. 2959 *** (0. 1770)	0. 5134 (0. 3775)	0. 4951 (0. 3790)
Wald 检验	46. 7700 ***	40. 4400 ***	47. 1600 ***	30. 3600 ***	36. 8100 ***	37. 1000 ***
对数似然值	67. 7437	64. 5976	67. 9449	7. 7326	10. 4161	10. 5162

注：括号内数值为标准误，*** 、** 和 * 分别表示通过 1% 、5% 和 10% 的显著性检验。

资料来源：作者根据 Stata 13.0 软件处理结果整理。

从表 4 - 11 中的模型 1 至模型 3 中可以看出，发达地区信息化水平对生产性服务业促进制造业转型升级具有显著的正向影响，但协同集聚水平与生产性服务业的促进作用效率之间并不存在显著的正向关系。这表明，对发达地区而言，影响生产性服务业促进制造业转型升级作用的纯技术效率因素主要来自技术方面而非产业链管理方面。这可能与发达地区产业结构中资本、技术密集型产业比重相对较高有关，对知识密集、信息密集的高级生产性服务业需求较大，从而其产业效率更多地依赖信息基础设施的建设与完善。在规模效率方面，与全国一样，发达地区生产性服务业规模表现出显著的负向影响，且其影响系数和显著性均高于欠发达地区（对比模型 3 与模型 6）。这说明，相对于欠发达地区，发达地区省区市规模不经济现象更严重，生产性服务业规模扩大更加不利于其对制造业转型升级的促进。在外部环境变量上，地方财政支出与作用效率之间的关系也呈现显著正相关，且其影响系数大于全国层面，但外资水平对作用效率的影响并未通过显著性检验。财政支出比重每增加 1%，生产性服务业促进制造业转型升级的作用效率就提高 1.7601%。这说明对于发达地区来说，地方政府在产业结构升级过程中的作用更加显著，而外资水平的产业升级效应却相对没那么重要。可能的解释是，在经济发达地区，地方财政除满足政权建设和一般支出需要外，还有较富余的财力进行建设性支出，从而可以较好地支撑产业发展。而发达地区虽然外资比重较高，但以"两头在外"的国际代工为主，产业链较短，从而无法有效促进生产性服务业与制造业的价值链融合。

　　从表4–11中的模型4至模型6中可以看出，欠发达地区生产性服务业促进制造业转型升级的影响因素。首先，信息化水平与作用效率呈负相关关系，但并未通过显著性检验，说明地区信息化水平提高并未表现出对产业融合的支撑作用。而协同集聚水平则显著体现出其对作用效率的正向影响，说明企业区位的空间临近有助于生产性服务业与制造业的互动。这意味着，与发达地区不同，影响欠发达地区生产性服务业促进制造业转型升级作用的纯技术效率因素，主要来自基于空间关联的产业链管理方面，而技术方面的影响有限。造成这种现象的原因，可能是欠发达地区的产业结构以劳动和资源密集型产业为主，其更多的需求是面向诸如交通运输之类的传统生产性服务业，从而较少受到技术因素制约。其次，生产性服务业占经济规模比重越大，其促进制造业转型升级作用效率越低。说明欠发达地区的生产性服务业规模总体上也存在规模不经济。最后，地方财政支出规模越大，生产性服务业越有效促进制造业转型升级，但影响系数显著低于发达地区。与发达地区不同，外资水平呈现出显著的正向效应，可能是由于欠发达地区对外开放程度较低，国内外技术差距也更大，致使外资的外溢效应更为显著。

4. 5

讨论、结论与启示

　　诸多研究已证明，在全球化条件下，以国际代工嵌入全球价值链的制造业发展模式割裂了制造业与生产性服务业的内在关联，抑制了来自制造业的中间需求，从而阻碍了生产性服务业的增长，从而可能不利于制造业转型升级。然而本章的特色主要体现为两个方面：第一，不同于这些研究普遍偏重于生产性服务业发展的规模效应，我们强调，生产性服务业作为制造业的重要中间投入要素，其对促进制造业转型升级的功能发挥取决于相互之间的产业关联效率或投入产出效率，而且生产性服务业规模应当与制造业发展需求相匹配。第二，不同于现有研究直接考察国际代工对生产性服务业规模之影响的研究，我们试图揭示国际代工也可能是制约生产性服务业促进制造业转型升级作用发挥的重要因素。

　　首先，运用 BCC-DEA 和超效率 DEA 模型方法，结合中国及各省区市2012～2014 年三年平均的截面数据，以及 2005～2014 年中国省际面板数据，测度了中国生产性服务业促进制造业转型升级的作用效率。结果发现：（1）从全国总体效应来看，生产性服务业促进制造业转型升级的作用效率总体尚不够高。无论是纯技术效率还是规模效率都有待提升，特别是纯技术效率相对较低是制约中国生产性服务业促进制造业转型升级作用发挥的主要因素，且存在较为显著的规模报酬递减现象。（2）从全国效应的传导机制来看，生产性服务业对制造业转型升级的促进作用主要表现为经济效益提升方面，但在创新能力提升和结构高度提升上的作用却还有很大的改进空间。（3）从区域来看，东部地区生产性服务业在促进制造业结构高度提升方面的作用要优于中西部地区，但是在制造业经济效益提升和创新能力提升方面的作用却要劣于中西部地区。值得注意的是，在国际代工特征最为显著的长三角和珠三角地区，生产性服务业在促进制造业创新能力提升方面的作用表现较弱。

　　其次，利用 2005～2014 年省际面板数据，采用 Tobit 模型考察了中国生产性服务业促进制造业转型升级的影响因素。结果显示：（1）从全国来看，决定纯技术效率的地区信息化水平、生产性服务业与制造业的协同集聚水平对作用效率具有显著的正向影响，而决定规模效率的生产性服务业规模则体现出显著的负向影响。在控制了政府干预程度和外资水平等因素后，上述结论依然稳健。（2）从不同经济发展水平的区域来看，信息化水平对发达地区生产性服务业的促进作用效率具有显著的正向影响，但对欠发达地区的影响却并不显著；恰恰相反，产业协同集聚水平则仅对欠发达地区的作用效率存在显著的正向影响。无论是发达地区还是欠发达地区，生产性服务业规模对其生产性服务业促进制造业的作用效率均起到显著的抵消效应，且前者的效应更大。与欠发达地区相比，发达地区地方财政支出对作用效率的积极影响更大，但反映国际代工状况的外资水平仅对欠发达地区呈现出显著的正向影响。

　　以上结论意味着，要有效发挥生产性服务业对制造业转型升级的促进作用，应当注重产业关联效率，以要素投入产出效率的改善为着眼点。一方面，必须摒弃注重先进产业和高端产业规模的"数量化"思维，转向强调产业链融合和价值链升级的"效率化"理念；保持适度的生产性服务业规模，优化调整生产性服务业内部结构，积极提高知识、技术密集型生产性服务业的比重，鼓励人力资本投入和知识创新，充分发挥生产性服务业对制造业结构升级特别是制造业创新的促进作用。另一方面，需要重视技术进步特别是信息技术的支撑作用，不断完善信息基础设施，降低生产性服务交易成本；同时，积极营造有利于产业共生的经济环境和制度环境，促进生产性服务业与制造业在空间上的协同集聚。

本章的研究启示还包括：积极推进服务业市场化改革，打破市场垄断，但并不是要完全放弃政府干预，而是在简政放权、尊重市场规律的基础上，要求政府在某些市场失灵的领域发挥积极作用，例如，加大对基础设施和公共服务等方面的投入。另外，继续扩大对外开放特别是服务业开放进程。对于东部沿海发达地区，应当以提升制造业经济效益和创新能力作为生产性服务业发展的目标，致力于提高引资质量，促成 FDI 结构从劳动密集型低端代工制造业为主，向技术、知识密集型的现代服务业为主转变；同时，加强对内需市场的开拓与利用，加快经济发展方式从出口导向和外资依赖向内外需并重转变。对于内陆欠发达地区，应当优化营商环境，积极有效承接制造业和服务业的国际、区际产业转移，充分获取外资的技术溢出效应。具体到省份层面，也应当以提高要素使用效率为目标来发展生产性服务业，根据各自省情，通过适度调整生产性服务业的发展规模、产业结构和空间结构，来推动制造业经济效益、创新能力和产业高度的不断升级。

第5章

从嵌入全球价值链转向
构建国内价值链[①]

5.1

引 言

    攀升全球价值链（GVC）中高端、超越国际代工模式，是未来中国东部沿海制造业转换增长方式、实现高质量发展的重要现实问题。自进入21世纪特别是2008年全球金融危机以来，在面临外需规模缩减和国内要素成本不断上涨等多重压力下，政府开始积极鼓励以国际代工出口为主的加工贸易向以自主品牌商品出口为主的一般贸易转型升级，中国制造业加工贸易出口在出口贸易中的份额有所下降。但是，这并不意味着一般贸易已经替代加工贸易成为中国制造业出口的主要方式。而实际上，受国内市场需求、产业技术条件、本土企业能力、产品质量和声誉等因素的限制，中国短期内很难摆脱以加工贸易为主要特征的出口导向型发展方式。正如第3章所述的一系列特征事实表明，中国东部地区的外向型经济发展在一定程度上可能形成了对国际代工模式的路径依赖。

    从微观机制来看，依靠自主创新创建自主知识产权和自主品牌无疑是超

---

① 本章部分内容已发表：杜宇玮，熊宇. 市场需求与中国制造业代工超越——基于 GVC 与 NVC 的比较分析 [J]. 产业经济研究，2011（2）：36 - 42。

越国际代工的必由之路。一方面，自主创新并未成为中国企业的内生选择。自 2006 年国家首次提出建设创新型国家目标以来，政府已经制定和出台了多项关于激励自主创新的政策措施，不断加大科技创新投入，但是创新政策绩效却不够显著，企业创新动力仍未能得到充分释放。在长三角地区企业的抽样调查中，发现有 70%～80% 的企业存在向政府寻求财税支持，却没有将政府财政补贴或税收优惠完全投入到研发创新中去（魏江等，2015）。另一方面，中国的自主品牌特别是国际知名品牌仍然稀缺，与制造业大国地位并不相称，自主品牌建设仍然任重而道远。虽然拥有国际知名的自主品牌应该是每一个企业的梦想，但是中国许多本土制造业企业仍"甘愿"依附于外国跨国公司和国际大买家，热衷于为其进行国际代工，而不愿向创立自主品牌跨越。这种现象意味着，中国制造业发展也已在较大程度上形成了对国际代工模式的路径依赖。

对于上述"路径依赖（path dependence）"现象，国内外学术界给予了各种不同的解释。传统的比较优势理论认为，发展中国家丰裕而廉价的劳动力禀赋决定了其在劳动密集型产品及加工装配生产环节上具有比较优势，而在研发、设计、营销所需的资本、技术、知识等高级要素禀赋方面，发展中国家企业则处于明显的比较劣势地位。因此，依托劳动力成本优势、以代工方式参与国际分工依旧是大多数国内制造企业的客观选择。GVC 理论及其相关研究则认为，一旦发展中国家代工生产体系进入功能或链的升级高端阶段，试图建立自己的核心技术研发能力、品牌和销售终端时，会侵占全球大买家或跨国公司的核心能力和买方垄断势力，后者就会利用各种手段来阻碍和控制发展中国家代工生产体系的升级进程，从而迫使发展中国家代工生产体系"锁定"于 GVC 中的低端环节（Schmitz & Knorringa，2000；刘志彪和张杰，2007）。另有研究认为企业自身因素，例如企业核心能力决定了企业的战略选择（Pralahad & Hamel，1990；毛蕴诗等，2009；杨桂菊，2007，2010），而贴牌是当前我国许多制造型企业基于其核心能力构成状况的理性选择（陈宏辉和罗兴，2008）。刘丹鹭和郑江淮（2012）基于苏州地区企业样本则发现，对于绝大多数企业，企业家的海外背景即社会关系网络是企业从事国际代工的主要决定因素；而对于异质性企业来说，企业的竞争力来源是影响其是否选择国际代工的主要因素。这些研究分别从宏观层面、中观层面、微观层面解释了中国制造业代工偏好与锁定的形成原因，但都偏重于供给视角的分析。

与以上文献不同，张杰和刘志彪（2007）从"需求所引致的创新"[①]概念出发，指出需求动因不仅已成为诱导发达国家所主导的全球价值链分工体系产生的一个内在原因，而且为决定一国（地区）依赖于自主创新能力形成和产业持续升级动力的国家竞争力形成的关键内生要素；而发达国家对全球需求市场终端通道的掌控与垄断所内含的市场势力正是其对发展中国家实施"结构封锁"的决定性因素。张国胜（2010）则从企业技术能力演化的角度，探讨了本土市场规模对产业升级的作用。徐康宁和冯伟（2010）提出了技术创新的第三条道路——基于本土市场规模的内生化合作创新，即借助于本土市场规模所能产生的收益，基于"干中学"的知识获取路径，通过与掌握国际先进技术的外国公司的合作，本土企业可以在一个较短的时间内形成自身的创新能力，实现技术创新的目标。这些研究强调需求因素的规模特征与技术创新激励功能，但忽略了市场需求的其他特征与功能，从而未能充分揭示跨国公司是如何凭借巨大的市场势力来"锁定"发展中国家的代工地位，而且也未考察后者发挥本土市场需求效应实现代工模式超越的机制和条件。

在第 3 章，我们已经分析了国际代工模式下中国制造业发展面临的困境及锁定效应；第 4 章则分析了国际代工模式可能阻滞了通过发展生产性服务业来促进制造业转型升级的路径。进一步地，本章将基于 GVC 与国内价值链（NVC）的比较视角，借用中国的统计数据与现实案例，从市场需求角度深入剖析国际代工模式下制造业转型升级困境的形成机理，以及探讨如何通过发挥本土市场需求效应来实现超越国际代工模式的路径及机制。本章其余部分安排如下：第 2 节从市场需求角度考察 GVC 的形成以及融入俘获型 GVC 对中国制造业代工模式锁定的影响；第 3 节引入 NVC 概念，揭示本土市场需求因素对中国制造业实现代工模式超越的作用，提出理论命题，然后讨论在类似金融危机的外生冲击下，中国本土市场需求效应发挥的现实条件；第 4 节是总结及政策建议。

[①] 兹威穆勒和布伦纳（Zweimüller & Brunner, 2005）认为，对于一个高速成长的市场需求空间来说，可以通过本土市场需求容量所蕴含的创新引致功能的发挥，内生地培育出其本土企业的高级要素发展能力，即所谓"需求引致的创新（demand - induced innovation）"。

5.2

市场需求与 GVC 下的中国制造业转型升级困境

5.2.1 市场需求与 GVC 形成

全球经济中的相当一部分国际贸易是以跨国公司各子公司之间交易的形式来展开的，这种说法早已为学术界所广泛认可。随着经济全球化的不断深入，一些学者则认为贸易是由众多独立企业通过不同的交易关系形成的网络来组织的，并由此催生了全球商品链（GCC）和全球价值链的概念。全球价值链在全球范围内组织最佳的价值创造过程，这个巨大的跨国界链条连接研发、设计、制造、销售及售后服务等各种价值增值活动，是跨国公司主导的价值工程在国际经济关系中的体现。那么，全球价值链是如何形成并得以顺利运转的呢？我们认为，市场需求是驱动全球价值链并使其稳定运行的力量源泉所在。

首先，从商品价值实现来看，市场需求在整个价值创造与实现过程中处于支配性地位。自亚当·斯密以来，消费一直被认为是所有生产活动的最终目的，其决定了价值的实现。生产者生产什么、生产多少以及如何生产等决策最终都要取决于消费者的支付能力、支付意愿和偏好。扩展到宏观层面，市场需求空间尤其是高速增长的市场需求空间就成为决定任何生产要素投入的价值增值能否最终得以实现的关键因素。

其次，从价值链地位来看，销售环节成为价值链的主导环节。在价值链中，利润已从价值链的中间环节分别向上游、下游环节转移；特别是销售环节已经代替制造环节，成为高额利润的主要源泉。因此，销售商成为价值链的链主，销售企业整合制造型企业，销售环节处于决定性的地位，而生产环节处于被决定的状态（李海舰和原磊，2005）。这种关系在购买者驱动的价值链中更为明显。例如，国际零售巨头沃尔玛，作为连接供应商与消费者的交易平台，其利润不仅来源于产品销售环节，更重要的是利用其对销售渠道的控制力，对产品设计、加工制造等价值链的其他环节实施逆向控制，进而获取较高的租金。

最后，从创新激励功能来看，市场的需求规模扩大和需求水平提升为企业技术创新提供巨大的收益回报补偿空间，从而可能形成一个良性循环的内生激励机制。厄特巴克（Utterback，1999）的实证研究表明，60%～80%的重要创新都是受需求拉动而产生与扩张的。发达国家通过科技革命与工业化，促成新兴产业不断涌现的同时，提高了人民生活水平，从而激发了对各种产品的巨大需求，消费层次不断得以提升。其结果便是生产企业获取丰厚的利润回报，促使其不断进行研发投入和技术创新，从而形成"企业创新→消费者购买创新产品→企业获取创新回报与租金→企业再次创新→消费者收入水平提高、需求提升→对创新产品的更大更高需求→企业获取更高利润"这样的正反馈互动循环机制。发达国家企业如果仅仅具有产品价值链核心技术环节的控制力，而不具有产品终端需求市场的控制力，就不能实现其全球价值链高端环节高研发投入活动的补偿与收益，以及对其背后所隐含地更为关键的利益分配的控制力和主导权（张杰和刘志彪，2007）。

另外，在开放条件下，分工的不断细化和全球新兴市场的开放为全球价值链的形成客观上提供了有利条件。随着现代信息技术的快速发展、贸易成本的不断降低以及发展中国家的逐步开放，贸易自由化范围的日益扩大，为发达国家跨国公司的外包提供了多样化的选择，全球范围内的分工也让跨国公司得以获取更大的规模经济效应。更重要的是，经济全球化为发达国家企业商品的输出创造了巨大的市场需求，拓展了发达国家的市场势力范围，从而为发达国家经济的平稳运行和垄断地位的维持注入源源不断的血液，最终有利于全球价值链分工体系的形成与维持。

5.2.2　嵌入俘获型 GVC 与中国制造业代工模式锁定

改革开放40多年来，中国已在工业基础设施、本土市场空间和大规模制造能力上建立起关键"在位优势"，从而成为世界上最有竞争力的全球制造代工服务平台。然而，在发达国家与部分新兴国家和地区所控制的俘获型 GVC 中，中国的代工企业普遍面临"结构封锁"现象，无法实现向自主研发设计、自创品牌与构建自主销售终端等高级要素活动迈进的功能升级，而形成了类似"温水煮青蛙效应"的代工模式锁定。对此，汉弗莱和施密茨（2000）认为，进入准层级价值链治理模式，能为发展中国家的生产商提供快速的产品升级和过程升级渠道，但阻碍了功能升级。当处于俘获型 GVC 中的本土代工企业试图建立自己的核心技术设计研发能力、品牌和销售终端来进行功能升级或链的升级时，会侵占作为 GVC 治理者的全球买家的核心能力，从而可能会受到后者的阻碍和控制（Schmitz & Knorringa，2000）。施密茨（2004）还发现，GVC 的代工体系有助于发展中国家实现起飞或低端阶段的工业化进程，但是在进行到高端工业化进程中，却广泛地出现了被"俘获"现象。

实际上，功能升级不仅取决于价值链治理模式、供应商自身的能力及其与领导厂商的博弈，而且还受到供应商的意愿、努力程度以及如制度环境、政府支持、国内市场容量等许多外部因素的影响。我们认为，中国制造业代工模式锁定的根本原因在于，作为发包方的发达国家跨国公司充分利用其在销售终端渠道的品牌势力与市场需求控制力，通过规模经济效应、俘获效应、用工压榨效应、消费遏制效应以及制度效应，降低并压制了中国代工企业超越代工的主动性与可能性，如图 5 - 1 所示。

5.2.2.1 规模经济效应

劳动分工增加所带来的规模经济取决于世界市场规模，并由内部、外部规模经济的交互作用所控制（Ethier，1982）。随着经济全球化的不断深入，产品内分工不断细化，跨国公司通过全球生产布局培养大量代工企业。在这种趋势下，一方面，中国各地区凭借劳动力要素禀赋优势纷纷建立加工贸易产业，加工贸易成为中国贸易增长的重要驱动力量。1990 年，加工贸易为全国贸易总额的 38.27%，加工贸易出口则占了出口总额的 40.94%；而同期作为改革开放前沿阵地的珠三角地区，其加工贸易比重则已达到 68.66%，加工贸易出口更是占到出口总额的 72.04%。进入 21 世纪前些年，无论是从加工贸易总额还是加工贸易出口额的比重来看，加工贸易都基本占据着对外贸易的半壁江山。即使在金融危机的冲击下，2008 年全国的加工贸易依然占了 40% 以上份额，珠三角的加工贸易总额与加工贸易出口额则分别占总贸易额和总出口额的 61.03% 和 64.66%。在后金融危机时代，受到国际市场需求萎缩、国内要素成本的不断上升以及贸易政策调整等多重因素影响下，加工贸易比重逐年下降，2018 年下降至27.42%，但加工贸易出口比重仍占到 32.05%，而且同比增幅仍然不小。由此可见，加工贸易的迅速扩张逐渐产生了产业层面的规模报酬递增，这种外部规模经济效应使得代工产业不断自我增强并形成路径依赖。

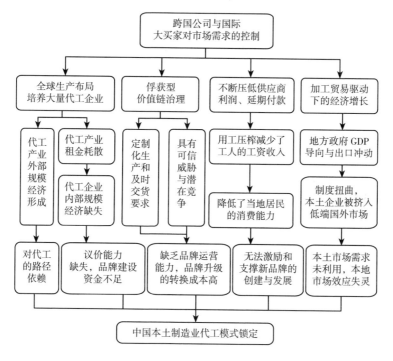

图 5-1　GVC 条件下中国制造业代工模式锁定的形成机理

资料来源：作者绘制。

另一方面，劳动密集型环节较低的市场进入壁垒迅速吸引了大批企业的蜂拥而至，代工市场竞争日益激烈，结果导致代工制造业领域的租金迅速耗散，代工企业无法形成有效的内部规模经济。以代工特征显著的玩具产业为例，中国作为全球最大的玩具生产国和出口国，拥有各类玩具企业2 万余家，但是 2016 年规模以上玩具企业只有 1313 家，且绝大部分都是民营出口企业。据海关统计，在 9659 家出口企业中，民营玩具企业出口占全玩具出口总额的 53.42%；在民营企业出口总额中，私人企业出口占了

96.6%。虽然国内玩具企业数量众多，但企业普遍规模小而散，缺乏规模大的玩具生产商，单个企业的市场占有率较低，行业集中度不高。如表5-1所示，内部规模经济效应的缺失导致代工企业议价能力微弱，而这种局面下产生的"代工微利"使得代工企业无法积累足够的资金，自主品牌建设心有余而力不足，最终只能锁定在代工环节。公开资料显示，由于中国玩具行业主要以OEM/ODM为主，2013~2015年，中国玩具行业利润率仅为5%左右，行业整体利润水平较低。[①]

表5-1　　　　中国玩具行业上市公司主营业务收入占行业比重情况　　　单位:%

上市公司名称	2015 年	2014 年	2013 年	2012 年
奥飞娱乐	1.22	1.23	0.93	0.94
高乐股份	0.20	0.21	0.26	0.29
骅威文化	0.28	0.24	0.27	0.33
群兴玩具	0.15	0.21	0.30	0.37
星辉娱乐	0.78	1.27	1.33	0.81

资料来源:《2017 年我国玩具市场概况及行业发展趋势分析》，中国产业信息网。

5.2.2.2　俘获效应

在俘获型GVC中，本土企业在由低附加值环节向高附加值环节攀升过程中，会遇到发达国家跨国公司和国际大买家的双重阻击和控制，形成了俘获效应。一方面，代工企业不仅被要求严格按照发包方的产品规格、流程技术规范、产品品质进行定制化生产，而且还要有快速的反应能力和准时发货，使得零售商能每6~8周或者更频繁地变换其商品搭配（Rosen，2002）。在发包方极为严格的生产标准限制下，代工企业很少有时间和精力来参与品牌运营，同时也形成了较高的转换成本。另一方面，一旦代工企业试图进行品牌建设，必然会招致发包方的强烈抵制，在其可信威胁与潜在竞争下，代工企业不敢"越雷池"进行品牌经营。例如，纳入日本企业主导的全球价值链的浙江模具业，在生产过程中吸收了一定的来自日本企业的技术转移，但是当临海模具业决定进军高端市场时，却遭到日本企

---

① 2017 年我国玩具市场概况及行业发展趋势分析［EB/OL］，中国产业信息网，2017-06-16.

业的"围追堵截",对其进行设计封锁、技术封锁,甚至市场封锁。类似地,上海、江苏等地的 IT 制造业在全球价值链中遭遇的创新遏制也颇为明显和严厉,例如,中芯国际在芯片核心技术上的研发,就遭遇全面的知识产权封锁。

5.2.2.3　用工压榨效应与消费遏制效应

作为全球外包体系中来自发达国家的跨国公司日益增长的市场势力或技术势力,会挤压作为代工方的发展中国家企业利润和企业员工的收入空间(Kaplinsky,2001)。在不对称权力关系条件下,跨国公司通过 GVC 治理来达到推广品牌和占有东道国市场的目的,提高了消费者认可度,同时也通过庞大的销售渠道网络形成了强大的买方势力。跨国公司通过施展买方势力造成中国制造业代工模式锁定的机制主要包括以下两个方面。

第一,通过不断压低供应商利润、延期付款影响代工企业的资金周转,不仅制约了代工企业的追加投资和扩大再生产,更导致代工企业只能通过压榨劳动力来降低生产成本以求得生存。据统计,1990 年内地玩具行业的利润高达 30%,2000 年可达 20%;此后,在国际买家不断压低价格与严格产品标准的影响下,玩具行业的利润连续下滑,到 2006 年基本没有利润可言。再加上在农村剩余劳动力大规模存在及用工制度不完善的条件下,中国代工企业往往缺乏向自主品牌升级的动力。

第二,在低成本竞争条件下,对代工企业的用工压榨直接降低了工人的工资收入水平,降低了当地居民的消费能力,形成消费遏制效应。这导致国内市场需求水平受限,无法支撑新品牌的创建与发展,使得代工企业不得不徘徊在生产与制造环节。张杰和黄泰岩(2010)根据 1999～2007 年相关数据的研究发现,中国企业人均真实工资收入虽然呈现出增长的态势;但从企业所有制类型来看,外商独资企业的人均真实工资稳定地高于所有其他类型企业,港澳台地区企业的人均真实工资也稳定地高于民营和国有企业,其中民营企业与港澳台地区、外商独资企业人均真实工资之间的差距并没有呈现出一种收敛态势。这反映了以代工为主的中国本土制造业企业长期以来受到外资企业的控制与挤压,导致其工人工资水平难以有质的提升。特别是大量中小民营代工企业，只能在"代工微利"的陷阱中苦苦挣扎。这种低工资水平现象映射到宏观层面，则体现了中国内需市场的萎缩低迷——最终消费占 GDP 比重从 20 世纪 80 年代的62%下降到 2008 年的48.6%，居民消费水平的增长率也一直低于 GDP 增长率，特别在 2000 年后，年平均差距达 2~3 个百分点（杜宇玮和刘东皇，2011）。

5.2.2.4　制度扭曲效应

中国本土制造业企业凭借廉价的劳动力和高能耗的生产方式，通过以代工方式嵌入全球价值链分工体系中的低端环节，促成了中国出口增长奇迹与经济连年高速增长。而在以 GDP、失业率等宏观经济指标为标准的政绩考核及晋升制度下，中国地方政府通过实施"以邻为壑"的市场分割政策以及对出口企业（特别是外资企业）的各种隐形补贴来促进本地区经济的短期增长。这迫使能力较强的中国本土企业被挤入到低端的国外市场，而让出中国本土市场中的高端需求空间，结果在让外资企业获得利用中国本土市场发展企业竞争力的同时，中国本土企业无法借力"本地市场效应"（home market effect），从而无法利用本土市场中逐步成长扩大的高端需求空间来实现自主创新能力的提升和产业升级的完成（张杰等，2010）。

5.3

本土市场需求与基于 NVC 的国际代工超越

以上分析表明，市场需求是 GVC 形成的基础条件与关键因素。更重要的是，中国本土制造企业仅仅是嵌入跨国公司与国际大买家主导与控制的俘获型 GVC，在技术势力与市场势力双重缺失情况下，必然受到发达国家跨国公司的"结构封锁"，进而形成代工模式锁定。因此，基于 GVC 的内源性升级无法实现代工模式超越的目标，而能否发挥本土市场需求效应，实现外源性升级，则成为中国制造业超越国际代工、实现品牌升级的关键所在。

施密茨（2004）通过总结一些发展中国家实践经验后发现，凭借国内市场发育而成，然后进入区域或全球市场的价值链分工生产体系中的本土企业或网络，表现出很强的功能升级与链条升级能力。这些基于国内价值链（NVC）的发展中国家本土企业或网络首先专注于国内市场的开拓与竞争，在取得国内市场某个行业或产品价值链的高端环节竞争优势后，就建立起自己设计、品牌和全国销售渠道（刘志彪和张杰，2007）。这方面比较典型的成功例子是亚洲"四小龙"的制造业国际品牌的创建过程：起初定位于 GVC 低端后来却转型为并行地构建根植于 NVC 的后进国家和地区的企业，最终实现了品牌升级并形成了相当的国际竞争力。基于此，张少军和刘志彪（2009）进而提出应将 GVC 模式的产业转移内含的竞争方式与中国自身国情和优势相结合，通过产业内迁和区域一体化延伸产业链条，构建与发展以本土企业和本国市场为主体的 NVC，认为这是超越国际代工角色和区域经济协调发展的关键。

5.3.1　NVC 的内涵及构建模式

刘志彪和张杰（2009）指出，NVC 是基于国内本土市场需求发育而成，由本土企业掌握产品价值链的核心环节，在本土市场获得品牌和销售终端渠道以及自主研发创新能力的产品链高端竞争力，然后进入区域或全球市场的价值链分工生产体系。罗建兵（2010）认为，国内价值链是指从产品的研发、金融服务、设计、关键零部件的制造、一般零部件的制造、加工组装、物流、分销渠道、品牌等整个价值链全部或者大部分由国内企业分工完成。总体来看，国内价值链的构建主要包括两种模式，如图 5 - 2 所示。

（1）双边交易平台载体模式，即专业化市场模式。这种模式最显著的特征就是具有"双边市场效应"（double market effect），同时为供应商与采购销售商提供买卖的市场交易平台。在这种平台模式下，多条价值链可以交叉并行，为企业向价值链高端环节提升提供了多样化的市场空间。由于专业化市场兼具卖方市场的"可选择性"和"可切换性"特征，可以同时满足多个采购商的需求。而对于生产供应商企业来说，不会局限于一家或少数几家具有强大市场势力的国际大买家，从而使其不仅可以规避风险、积累充足的资金与技术；而且可将在某条价值链中所学到的知识，运用到另一条价值链的某种升级活动中，从而以较低的代价实现升级。在这种模式下，即使是从事低端制造的代工企业也可能通过实现规模经济、范围经济与专业化分工经济的优势融合，向具有自主设计能力与自主品牌的高端产品供应商升级。

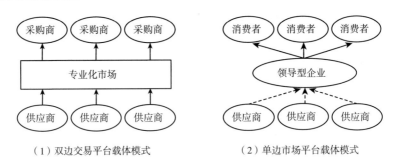

（1）双边交易平台载体模式　　　　（2）单边市场平台载体模式

图 5 - 2　构建 NVC 的两种主要模式

注：实线箭头表示市场交易关系。虚线箭头表示非市场（契约关系）交易关系。

（2）单边市场平台载体模式，或称领导型市场模式。在这种市场模式中，掌握品牌和销售终端渠道且具有研发设计核心能力的领导型企业，主导与控制了整条产品价值链的运行。与专业化市场模式不同，零配件供应商企业与领导型企业之间并不是一种单纯的市场交易关系，而是融入了要素关系型（权威服从关系）交易的商品交易契约。越是接近领导型企业且处于紧密协作层的外包协作企业，就越能与领导型企业进行技术交流和缄默知识交流，从而越有可能培养出较强研发设计与自主创新能力。而作为自主创新和自主品牌的载体，领导型企业特别是本土跨国公司的建立，将决定着本土制造业转型升级的效果。

因此，构建与 GVC 并行的、相对独立的 NVC，并促进两者平衡与协调发展，可能是发展中国家破解"增长与升级"的两难问题、实现产业升级并最终获取国际竞争优势的必要途径。如表 5 - 2 所示，我们认为，对于拥有巨大本土市场以及消费结构不断高级化的中国来说，从嵌入 GVC 转向构建 NVC，由外需依赖转化为以内外需并重，依托本土市场需求创建自主品牌，应该是全球化背景下突破结构封锁、实现制造业转型升级的重要战略选择。

表 5-2　　　　　　　　　　GVC 与 NVC 的比较

因素	GVC	NVC
所涵盖的区域范围	全球性、跨国性	一国国界内
价值链核心环节的掌控者和主导者	跨国公司和国际大买家	本土企业
本土企业参与的价值链环节	加工、组装、制造等价值链的中低端环节	研发设计、加工制造、品牌营销等价值链的全部或大部分环节
本土企业对销售终端渠道控制力	无	有
本土企业自主创新能力和品牌创建能力	弱	强
可实现的升级类型	工艺流程升级、产品升级	工艺流程升级、产品升级、功能升级、链条升级
产业转移机制	一般是国际转移循环	一般是国内转移循环

资料来源：作者整理。

5.3.2　本土市场需求与 NVC 构建

那么，本土市场需求如何有助于 NVC 的构建？迈克尔·波特（1990）认为，本土市场需求对产业竞争力的影响可以从本土市场的性质、本土市场的容量及其成长速度、本土市场需求转化为国际市场需求的能力等方面来考察。我们认为，本土市场需求不仅可以通过规模经济效应提高创新活动的预期利润，而且还可能通过由需求水平的横向差异所引致的分工效应降低了生产与创新成本，从而提升了产业效率。因此，本土市场需求的规模和容量、市场需求水平以及市场需求的区域不平衡等方面可能构成了企业创新与产业升级的动力。

首先，本土市场需求的规模和容量是构建 NVC 的决定因素。市场需求规模的增加，对一国技术创新在短期内具有需求拉动效应，在长期则有供给推动效应，一国市场需求规模在很大程度上决定了一国的研发投入水平和自主创新能力（范红忠，2007）。这是因为，一方面，巨大且快速成长的国内市场规模可以容纳更多条不同的价值链，为专业化市场的形成提供了有利条件；另一方面，根据垄断竞争模型的特点，市场容量的扩张为企业创建自主品牌提供了基础，使得本土企业可以在更广阔的产品空间内避免与跨国公司的强势品牌进行直接竞争，从而有利于本土领导型企业的形成与发展。因而有以下命题：

命题 5 - 1：本土市场需求规模越大，越有利于 NVC 构建，从而越能摆脱对国际代工模式的依赖。

其次，本土市场需求的水平是影响 NVC 构建的关键因素。有效需求规模的扩大，离不开较大规模中高端本土市场需求的支撑，中高端市场的容量是决定一国的产业或企业自主创新能力提升的关键因素。迈克尔·波特的"钻石模型"表明，具有挑剔客户的市场需求（主要指本土市场需求）是产业国际竞争力的重要因素之一。当一国的本土消费者对某产业的产品和服务十分挑剔，且比其他国家客户的要求更高时，该国企业就会尽力生产出技术水平较高、质量较好的产品，因而企业就有更多的改进和创新产品的压力，从而提升整个产业的国际竞争力。这种"挑剔效应"在市场竞争比较激烈时更为明显，而这取决于消费者的收入水平或该国的经济发展水平。因此，具有自主知识产权与自主品牌的 NVC 的构建，离不开较大规模中高端本土市场需求的支撑，中高端市场的容量是决定一国产业或企业自主创新能力与自主品牌能否培育成功的关键因素。培育中高端本土消费市场，关键在于一个具有相当规模的中等收入群体的支持。这是因为，中等收入群体具有较好的经济能力和较高的消费倾向，是引导社会消费的主要群体，是内需成长的生力军。因而有以下命题：

命题 5 - 2：本土市场需求水平越高，高端市场需求容量越大，越能促进 NVC 的形成，从而越能摆脱对国际代工模式的依赖。

最后，本土市场需求的区域不平衡是构建 NVC 的重要条件。20 世纪 90 年代以来，随着信息技术的发展和各国开放程度的日益加深，经济全球化趋势不断深化，使得大多数国家都逐渐融入统一的世界市场中，为国际产业转移的大规模兴起提供了机遇。以韩国为代表的亚洲"四小龙"正是在这种背景下，通过对外直接投资，将劳动密集型加工制造环节转移到中国大陆等发展中国家和地区，自己专注于研发设计、品牌营销等高端环节，从而完成了国际代工超越。与 GVC 类似，一条完整的 NVC 必然由包含不同附加值、不同要素密集度的各个价值链环节构成，这需要由具有不同要素禀赋与发展水平的地区和产业来共同构建。因而有以下命题：

命题 5 - 3：本土市场需求的区域不平衡程度越明显，地区差距越大，NVC 越容易构建，从而越能摆脱对国际代工模式的依赖。

5.3.3　外部冲击下中国本土市场效应发挥与 NVC 构建

在产业受到外部环境的巨大冲击时，外源性因素的介入可能有效地帮助弥补产业内源性升级所需的资源和条件，帮助构建产业升级的动力机制，从而成为解决代工产业升级的有效通道（苏启林和张庆霖，2009）。在席卷全球的金融危机影响下，外部需求不足、国际贸易保护主义抬头、人民币汇率波动、国际市场竞争日趋激烈、原材料价格上涨、跨国公司战略调整等外部冲击已显著影响了中国的出口贸易发展。从另一个角度看，这些外部冲击也对中国代工制造业产生了"倒逼效应"，迫使众多本土代工企业将目光转移到国内市场，从而有利于 NVC 的构建。

5.3.3.1　外部因素：金融危机、贸易摩擦与产业升级

从金融危机的积极效应来看，至少体现为三个方面：第一，金融危机使得全球的消费储蓄结构发生重大调整，消费率趋于下降，储蓄率日益提高，有限的需求必然导致市场竞争更加激烈。出口市场的低迷促使一些代工企业调整战略，开始转向开拓国内市场，再加上政府扩大内需与产业振兴政策的倡导与支持，国内市场潜力巨大。第二，面对生产成本优势逐步削弱，利润空间不断被压缩，东部代工企业开始考虑向中、西部转移，通过进一步压缩生产成本来抵消金融危机所带来的需求冲击。第三，金融危机的冲击使得西方发达国家经济在短期内难以起色，中国经济的迅速恢复有助于引进产业升级所需的高端技术与人才。此外，金融危机为淘汰落后产能、企业转型提供了最佳时机，使得代工制造业可以在较小的机会成本下完成转型升级。

自 2018 年 4 月的"中兴事件"以来，美国政府数次单方面对中国输美产品加征关税，导致中美贸易摩擦不断升级。应该坦然的是，随着中

国在世界经济中的作用越来越重要以及在全球价值链中的地位也日益提升，中美贸易摩擦的加剧升级有其内在的必然性，而且将呈现常态化、长期化、复杂化的趋势。中美贸易摩擦不仅对美出口企业带来直接的负面冲击，而且关税提升也使得那些依赖美国零部件、生产装备的中间品进口企业的生产成本上升，同时也使得中国面临国内代工企业整体外移的潜在风险，从而不可避免地对中国出口导向型经济的持续发展和产业升级带来不利影响。

但也应该看到，贸易摩擦也会在一定程度上带来积极的"倒逼效应"。外部市场的不确定性让国人更加清醒地认识到国内市场的重要性；特别是对于那些对美国技术和市场高度依赖的企业，认识到应该更加重视国内市场的开拓，以及依托国内市场发展提升自主创新能力和自主品牌。从这个意义上来说，贸易摩擦可能迫使本土企业从依赖国际代工转向注重国内市场开拓，从而进一步延伸和构建 NVC。特别地，可以促使一部分具有雄厚资金、技术实力和渠道营销能力的国内龙头企业加强自主研发、产品创新、提升产品质量以满足国内消费者的需求，进而趁机创建自主品牌，从而实现从 GVC 参与者向 GVC、NVC 主导者的角色转变。

5.3.3.2 内部因素：本土市场效应与 NVC 构建

从国内条件来看，中国客观上确实存在通过发挥本土市场效应来构建 NVC 的现实条件。首先，中国消费规模不断成长，国内市场的发展潜力巨大。作为拥有世界上人口最多的发展中大国，到 2017 年末，中国人口总数达到 139008 万人，其中，城镇人口为 81347 万，农村人口为 57661 万。从消费规模来看，2017 年，全国居民人均消费支出为 18322.1 元，其中，城镇和农村人均消费性支出分别达到 24445 元和 10954.5 元；与 1985 年相比，分别增长了 3051.41 元和 1970.01 元，年均增长率分别达 6.3% 和 6.4%。[①] 据麦肯锡全球研究所（Mckinsey Global Institute，MGI）分析，随着中国扩大内需政策的实施和经济增长动力结构的改善，消费占 GDP 的比重从 2006 年的 37%

---

① 居民人均消费支出的增长是按可比价折算后的实际值来计算的。其中，城镇居民人均消费支出是以 1978 年为基期进行折算，农村居民人均消费支出则以 1985 为基期进行折算。初始数据来源于历年《中国统计年鉴》。

上升至 2015 年的 41%，到 2025 年则将达到 45%。① 另外，随着互联网发展迅速，中国网购消费急剧增长。据天猫"双十一"实时监测数据显示，从 2009～2018 年，阿里巴巴的"双十一"成交额从 5200 万元增至 2135 亿元，首次突破了 2000 亿元大关，9 年间增长了 4106 倍。另据网购数据统计平台星图数据显示，天猫、京东、苏宁易购、亚马逊、唯品会、拼多多等电商平台的销售额，2018 年"双十一"期间，全网最终销售额达 3143.2 亿元，同比增长 23.8%。从具体产业消费来看，以玩具市场为例，据中国社会调查事务所（SSIC）的调查显示，城市儿童玩具和成年人玩具人均年消费分别只有 35 元和 12 元；农村儿童玩具人均消费不足 10 元，成年人玩具人均年消费则基本上为零。总体消费的高增长速度与具体产业消费水平之间的巨大偏差也能在一定程度上反映出中国消费市场具有难以估量的发展潜力。

其次，中等收入群体不断壮大，高端市场需求容量可观。中国东部沿海地区凭借其优越的经济和地理环境，成为改革开放的最先获益者，成为中国经济最为发达的地区。国家和地区统计数据显示，2017 年长三角地区（上海、江苏、浙江）的 GDP 总量达到 168271 亿元，占全国的 20.3%；珠三角地区（广东省）GDP 总量约为 89705.2 亿元，占 10.8%。作为长三角地区的龙头，上海市以 126634.2 元（按 2017 年人民币年平均汇率折算约为 18756 美元）的人均 GDP 居全国第二，江苏省和浙江省则分别以 107150 元和 92057 元（分别约为 15870 美元和 13634 美元）分别位列全国第五、第六；珠三角地区的人均 GDP 则达到 80932 元（约为 11987 美元）。按照世界银行 2017 年的最新分类，长三角地区两省一市的人均 GDP 均已超越了 12235 美元，达到高收入国家水平，珠三角则正处于中等偏上收入国家水平，但也接近高收入国家水平。此外，其余省份的人均 GDP 均已超过 4000 美元，最低的甘肃也已达 4221 美元，表明我国各地区均已达到中等发达国家水平。2018 年年末，中国常住人口城镇化率达 59.58%，户籍人口城镇化率为 43.37%。城镇化人口是中等收入群体的重要来源，因而随着城镇化水平的不断提高，中国的中等收入群体还会不断壮大。另据全

----

① Farrell D, Beinhocker E, Gersch D, et al. From "Made in China" to "Sold in China": the Rise of the Chinese Urban Consumer. Report of Mckinsey Global Institute. November, 2006.

球知名管理咨询公司贝恩公司与意大利奢侈品行业协会联合发布的《2018年全球奢侈品行业研究报告》显示，中国消费者正在引领全球奢侈品市场的增长趋势，中国消费者的奢侈品花费总支出占全球总额的比重不断增加，2018年约为33%；中国消费者在内地市场的奢侈品销售总额达230亿欧元，其占全球奢侈品总额的比重达9%；预计到2025年，中国消费者奢侈品消费占全球总额的比重有望进一步提升至45%以上，其中，本土奢侈品消费预计将达五成左右。① 可以说，中国已基本具备了构建NVC所需的高端市场需求容量。

最后，中国国内各区域间客观存在的要素禀赋差异以及发展水平的不平衡，为NVC的构建与延伸创造了有利条件。根据国家统计局数据，2017年，北京市人均GDP为128994.11元，而同期甘肃省的人均GDP仅有28496.5元，后者仅为前者的22%。进一步地，我们采用基于GDP指标测算的泰尔指数来反映中国地区差距。② 结果发现，自1992年以来，中国地区差距的总泰尔指数总体上以2003年为拐点，呈现出先上升后下降的趋势，但总体上仍处于较高的水平。③ 从其结构分解来看，区域间（东部沿海与内陆地区之间）泰尔指数对总体泰尔指数的贡献率较高，年平均达65.6%，说明区域间差距在中国地区差距中占有重要地位，如图5-3所示。张红梅等（2019）的最新研究也发现，四大经济区域（东部、中部、西部和东北）地区间差距虽然从2004年之后逐渐缩小，但是自2015年以

---

① 郑建玲.2018年全球个人奢侈品销售额达2600亿欧元［N］.中国质量报，2018-12-04.

② 泰尔指数最早由荷兰著名经济学家泰尔（H. Theil, 1967）提出，是衡量个人或地区之间收入差距或不平等程度的重要指标。泰尔指数的基本计算公式如下：$Theil_t = \sum_i \sum_j \left(\frac{Y_{ij}}{Y}\right)\ln\left(\frac{Y_{ij}/Y}{P_{ij}/P}\right)$；其中，$i$代表经济区，$j$代表省份，$Y$为GDP，$P$为人口数。进一步地，可分解为区域间泰尔指数$Theil_{inter}$和区域内泰尔指数$Theil_{intra}$。其中，$Theil_{inter}$为不同经济区域之间的收入差距，$Theil_{inter} = \sum_i \left(\frac{Y_i}{Y}\right)\ln\left(\frac{Y_i/Y}{P_i/P}\right)$；$Theil_{intra}$为同一经济区域内的收入差距，$Theil_{intra} = \sum_i \left(\frac{Y_i}{Y}\right) \times \sum_j \left(\frac{Y_{ij}}{Y_i}\right)\ln\left(\frac{Y_{ij}/Y_i}{P_{ij}/P_i}\right)$。利用泰尔指数法进行收入差距分解，可以衡量区域间差距和区域内差距对总区域差距的贡献，该数值越小说明区域发展不平衡程度越小，数值越大说明区域发展不平衡程度越大。

③ 泰尔指数有个缺点，即分组的结构不同，测出的数值可能不同，且分组越细，得出的数值越大。因此，本书所测算出泰尔指数可能与其他研究的结果有所差异，但这并不妨碍基于时间维度的纵向对比。

来又开始扩大，再次成为区域差距扩大的主要原因，贡献率达 32.69%。我国客观存在的经济发展水平差距使得发达地区与欠发达地区之间实现资源共享和优势互补成为可能，从而为构建 NVC 进而促进区域间产业互补、协调发展提供了空间。

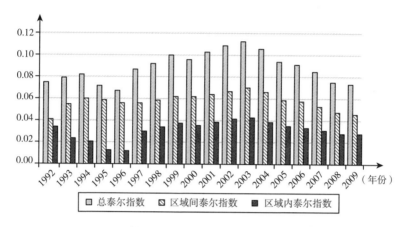

图 5 - 3　基于泰尔指数测算的中国地区差距演变
资料来源：作者根据中经网数据计算整理。

此外，"一带一路"倡议、长江经济带战略、长三角区域一体化发展等国家战略的相继实施，为扩大内需提供了有力的政策支撑。首先，"一带一路"和长江经济带分别横跨了东、中、西三大空间区域，形成了高、中、低三个不同经济发展水平的区域协调发展新体系。其中，"一带一路"倡议实际上就是通过对内、对外区域经济合作来参与经济全球化，是扩大对外开放的重要举措；而且其旨在使广袤的中西部地区形成一批类似长三角、珠三角的区域经济增长极，有助于实现沿海与内陆的协调发展。长江经济带发展规划则注重挖掘长江中上游广阔腹地所蕴含的巨大内需潜力，有利于扩大消费需求，优化投资结构，是扩大内需的有力之举；而且其注重加强沿江东中西部的产业互动合作，有助于实现发达地区与欠发达地区协调发展。其次，长三角区域一体化发展有利于长三角地区成为 NVC 的链主，带动其他地区的协调发展。建立我国长三角地区本土企业控制的NVC，以产业转移来带动长江中上游地区关联产业的发展，是缩小地区发展差异、实现区域协调发展，最终完成现代产业体系建设的重要途径和对策之一。① 以长三角地区为代表的东部沿海地区加入 GVC，是推动改革开放以来中国东、中、西三大地带经济发展差距日益扩大的主要原因之一。在新一轮的对内开放和扩大内需战略下，长三角地区可以着力发展总部经济和先进制造业基地，按照价值链分工或产品内分工原则，把某些已逐渐缺失比较优势的劳动密集型产业和生产环节，逐步转移向长江中上游地区和内陆地区转移。

5.4

总结与政策建议

超越国际代工，不仅是提高制造业附加值和实施内涵化发展的必由之路，而且是凝聚国家认同度的焦点问题之一。本章从市场需求因素出发，阐释了 GVC 下中国制造业转型升级困境的形成机理，同时也阐明了 NVC 构建的模式、机制与条件，因而提出了从嵌入 GVC 转向构建 NVC 的国际代工超越路径。

首先，论述了市场需求如何驱动 GVC 并使其稳定运行的内在机理。进而，结合中国的统计数据与现实案例分析后发现，GVC 中作为发包方的发达国家跨国公司充分利用其在销售终端渠道的品牌势力与市场需求控制力，通过规模经济效应、俘获效应、用工压榨效应、消费遏制效应以及制度扭曲效应，降低并压制了中国本土企业超越国际代工的主动性与可能性。这意味着，基于 GVC 的内源性升级必然会导致代工模式锁定，而能否立足本土市场需求规模，充分发挥本土市场效应，实现外源性升级，则成为中国制造业超越国际代工、实现转型升级的关键所在。

其次，引入 NVC 概念范畴，在阐述其内涵和模式的基础上，提出中国应当从嵌入 GVC 转向构建 NVC，由外需依赖转化为以内外需并重，依托本土市场创建自主品牌，从而突破 GVC "结构封锁"实现制造业转型升级。与 GVC 一样，NVC 的构建离不开市场需求的支撑。但与 GVC 不同的

---

① 刘志彪. 构建长江经济带协调发展的国内价值链［N］. 新华日报，2019－04－30.

是，NVC 是基于国内本土市场需求发育而成，本土市场需求不仅可以通过规模经济效应提高创新活动的预期利润，而且还可能通过由需求水平的横向差异所引致的分工效应降低了生产与创新成本，从而提升了产业效率。本章理论分析表明，本土市场需求规模、水平及空间结构是影响 NVC 构建的重要决定因素。具体地，本土市场需求规模越大、本土高端市场需求容量越大，以及本土市场需求的区域不平衡程度越明显，越有利于 NVC 构建，从而越能摆脱对国际代工模式的依赖。当然，这些命题还有待将来做进一步实证检验。

最后，结合世界经济形势，以及中国相关统计数据分析表明，外部市场冲击虽然给中国经济带来了挑战，但同时也提供了转型升级的契机；而且，客观上中国已经具备了构建 NVC 所需的国内市场需求条件。因此，如何充分发挥本土市场需求效应、构建 NVC，逻辑地成为未来中国制造业超越国际代工的可行路径。当然，从 GVC 转向 NVC，还可能受到多种因素的影响①，这些问题也有待将来做进一步研究。

基于以上分析，我们提出以下政策建议。

第一，加大对代工企业创新的财政金融扶持力度，降低代工企业的转型成本。对于缺乏资金的代工企业来说，无法承担技术创新和品牌建设所需巨大的资金投入。因此，需要政府在给予一定的财政基金补贴、税收优惠和金融信贷支持，激励代工企业向自主研发和自创品牌转型升级。当然，还需要健全完善知识产权保护制度，为企业自主研发和创新提供优良的制度环境。

第二，规范用工制度，进一步完善劳动力市场，使之发挥其调节收入分配差距和不平等、规范市场竞争的重要作用。要规范用人单位的招工用工行为，加大监管力度，保障劳动者的合法权益；例如，签订劳动合同、同工同酬、缴纳社会保险、不无偿超时加班，禁止"血汗工厂"式压榨工人劳动者。特别是对于劳务派遣用工，要加大劳动监督检查力度，严格禁止侵害劳务派遣工的经济权益和社会保障权利；通过建立健全集体协商制度和工会制度，完善适合劳务派遣工的工作机制和维权机制，提高劳务派遣工的权益保障水平。同时，也要完善劳动力市场工资指导价位制度，充分发挥其劳动力

---

① 例如，徐宁等（2014）通过构建了代工企业在 GVC 和 NVC 链条下的博弈模型发现，国内市场规模、代工生产经验和固定投入决定了企业是选择 GVC 还是 NVC。

市场的价格信号作用。此外，还要制定完善企业社会责任标准，鼓励和倡导用人机构和企业积极履行社会责任、维护员工合法权益。

第三，加大扩大内需的政策扶持力度，积极培育国内中高端需求。培育中高端本土消费市场，既需要促进消费规模扩大，也需要推动消费结构升级，还需要加强消费环境优化。在消费规模方面，要扩大居民增收渠道，不断提高居民的收入水平，提升城乡居民的消费能力，解决居民"钱不够花"的问题。同时，要降低城乡居民过高的预防性储蓄动机，提高居民实际可支配收入和消费倾向，解决居民"钱不敢花"的问题。在消费结构方面，积极培育新的消费产品、消费业态、消费模式，激发潜在市场需求，形成新的市场空间，解决居民"钱怎么花"的问题。在消费环境方面，通过消费基础设施和放心消费平台建设，维护消费者的合法权益，提供良好的消费环境，解决居民"钱不便花"的问题。①

第四，深化宏观体制改革，规范地方政府竞争秩序，消除国内市场分割，建立国内统一大市场，促进商品和要素资源在区域间充分自由流动。党的十八届三中全会决议提出"要建设统一开放、竞争有序的市场体系"，党的十九大报告则提出"全面实施市场准入负面清单制度，清理废除妨碍统一市场和公平竞争的各种规定和做法"，这就要求促成国内市场一体化发展。市场一体化发展意味着各区域之间要互相协调，共同清理阻碍商品和要素合理流动的地方性政策法规，打破区域性市场壁垒，实施统一的市场准入制度和标准，加强区域间市场服务功能的完善与合作。在商品流动方面，需要通过加快国内各类专业市场体系的整合与提升，构建现代化、国际化、规范化、高端化的专业大市场。同时，统筹规划和优化整合机场、港口和轨道交通，构建和扩张各区域和各城市之间的高铁、高速公路、信息通信等基建网络，打破地理边界，推动基础设施一体化。在要素流动方面，需要通过土地制度、户籍制度、融资体制、能源供给等方面深化要素市场化配置改革。同时，通过构建更加有效的区域协调发展制度网络，打破行政边界，实施教育、医疗、就业和社会保障等方面的公共服务一体化。②

---

① 杜宇玮.中国何以跨越"中等收入陷阱"——基于创新驱动视角的考察［J］.江海学刊，2018（4）：78－84＋238.

② 杜宇玮.新经济地理格局下的区域协调发展之路［J］.国家治理，2019（1）：28－33.

第 **6** 章

后发劣势下代工企业自创品牌的困境及其突破^①

① 本章主要内容已经发表：杜宇玮，陈柳. 代工企业自创品牌的困境与突破路径——理论、案例及对长三角制造业的启示 [J]. 南京财经大学学报，2013（2）：11–20。

6. 1

问题的提出：代工企业自创品牌的困境

拥有自主品牌特别是国际著名品牌是每一个企业的愿望与梦想。然而，对于代工企业来说，从代工转型为自创品牌，并不是其成长的固定轨迹。相反地，在经过长时间为跨国公司代工与组织学习后，大部分本土代工企业并不热衷于转型做自主品牌，而形成了类似"OEM→ODM···OBM"特征，仍然依附于外国跨国公司和国际大买家。实际上，代工企业自创品牌并非"不愿"，而是其在超越代工过程中面临着种种制约，从而使"代工模式"成为包括纺织服装、玩具等传统产业以及电子信息等高新技术产业在内的中国（主要是以长三角和珠三角为代表的东部沿海地区）制造业企业所存在的常态。

对于上述现象的产生原因，主要包括以下三类观点。第一类是传统的比较优势理论及其相关研究，认为发展中国家丰裕而廉价的劳动力禀赋决定其在劳动密集型产品及加工装配生产环节上具有比较优势，而在研发、设计、营销所需的资本、技术、知识等高级要素禀赋方面，发展中国家企业则处于明显的比较劣势地位。因此，依托劳动力成本优势、以代工方式参与国际分工依旧是大多数国内制造企业的客观选择。第二类兴起于 20 世纪末的全球价值链（GVC）理论及其相关研究，认为在 GVC 中，一旦发展中国家代工生产体系进入品牌和销售终端等功能或链的升级高端阶段，就会受到全球大买家或跨国公司的阻碍和控制，从而迫使发展中国家代工生产体系"锁定"于低端环节（Schmitz & Knorringa，2000；刘志彪和张杰，2007）。第三类研究认为，组织因素和企业家精神（汪涛，2006）、企业家的海外背景（刘丹鹭和郑江淮，2012）、市场竞争状况和"干中学效应"（原长弘等，2008）、企业核心能力（Pralahad & Hamel，1990；瞿宛文，2007；毛蕴诗等，2009；杨桂菊，2010）等因素决定了代工企业的战略选择。贴牌代工是当前我国许多制造型企业基于其核心能力构成状况的理性选择（陈宏辉和罗兴，2008）。

本书认为，从价值链关系来看，代工企业自创品牌，意味着其要取代发包者的地位，并将与先进企业在全球市场进行面对面的竞争较量；然而与先进企业相比，代工企业普遍具有明显的后发劣势[①]，这种基于时间维度的比较劣势可能在较大程度上限制了其自创品牌决策。国内学者石奇（2007）曾经从比较劣势的角度分析了中国企业自主品牌战略的选择问题，认为中国自主品牌的建立具有内生性的比较劣势，表现为第三国的消费者不偏好价格较低的新品牌，而偏好于传统品牌，因此来自先进国家的传统优质品牌商品的需求量会大于来自后发国家新优质品牌商品的需求量。但我们认为，在消费者偏好多样化及后发国国内市场需求存在的条件下，对来自后发国的新品牌需求量的相对较少并不意味着新品牌不能建立；而且对于完全替代商品品牌之间的竞争，价格无疑仍将是决定性的竞争因素。基于此，不同于该研究注重基于消费者偏好的内生

---

① 格申克龙（Gerschenkron，1962）的"后发优势（advantage of backwardness）理论"认为，后发国家可以通过不断技术模仿与制度模仿，追赶甚至超越先进国家，从而使其成为长期以来许多后发国家制定其赶超战略的理论依据。后发优势的发挥要求后发国家与先发国家之间的发展差距只是程度上的差异，而不存在本质上的差别，且两者发展所面临的内外条件应基本相同。然而实际上，由于内部条件与外部环境的差异与变化，后发劣势（disadvantage of backwardness）更是成为后发国家发展所面临的常态，绝大多数欠发达国家并没有能够缩小与发达国家的人均收入差距（Romer，1994）。

性比较劣势，我们强调基于供给角度的后发劣势可能是切合中国代工企业实际、更具解释力的影响因素。在这种后发劣势下，代工企业自创品牌的过程必然面临着多种困境。

困境之一：本土代工企业大部分是一些规模偏小的OEM企业，主要吸纳跨国公司发出的国际订单，在一些技术水平较低的劳动密集型产品与环节上从事代工生产。这类企业处在全球外包体系中的最低位次，甚至往往还没有切入主流GVC，国际竞争力相当脆弱，容易被处在GVC高端的发达国家"俘获"，而且随时面临着更具生产成本优势竞争者的进入替代。

困境之二：在长期的代工生产过程中，代工企业积累了丰富的生产与制造经验，在拥有生产能力的相对优势的同时，缺乏产品开发与品牌运营能力的培养与积累。相比之下，发包商在不断剥离非核心环节的过程中，高级要素与品牌营销知识经验积累越来越丰富，形成稳定的、不可替代的绝对优势。这两方面的作用导致代工企业进入品牌经营的壁垒越来越高，同时对拥有先进技术和强势品牌的跨国企业更加依赖。

困境之三：处于"微笑曲线"中游的代工企业只能赚取低廉的"手工费"和微薄的利润，而大部分利润被拥有国际品牌的国外企业所获得。这种天然的资本劣势使得代工企业不足以支持品牌建设巨大的成本支出，也无法同高强度营销投入的跨国企业进行竞争。在国际市场上，品牌空间也基本上已被发达国家的先进企业占满，后起品牌要挤入有限的品牌空间甚至挤出旧品牌，需要付出长时间的巨大成本和努力，所以代工企业具有内生性的品牌劣势。而且，代工微利通过减少发包商品牌中间投入的成本，间接强化了发包商品牌的市场势力，导致代工企业自创品牌难上加难。

那么，代工企业的后发劣势到底是如何影响其自创品牌决策的？其具体机制表现如何？代工企业克服后发劣势、实现自创品牌的条件及路径是什么？为了更好地解释这些问题，本章首先将从发包企业与代工企业之间的关系出发，通过构建一个企业决策模型，从理论上推出代工企业自创品牌的实现条件及路径，说明代工企业自创品牌困境形成及其突破的微观机理。其次，以来自江苏的好孩子集团和雅伦玩具公司这两大玩具企业为案例，总结代工企业自创品牌可能的不同路径与策略。最后，结合玩具产业的经验事实，寻求中国制造业超越国际代工的政策建议。

6.2

代工企业自创品牌的实现机制：理论模型

安特拉斯（Antràs，2005）等学者曾运用企业边界理论，分析了不完全合约对跨国公司组织方式选择的影响，从而揭示了北方国家与南方国家之间形成国际分工的条件。本章基于其企业边界理论框架，并借鉴木村治一郎（Koichiro Kimura，2007）的分析思路①，结合 GVC 中企业特征及其相互关系，通过引入上述可能存在的后发劣势变量，构建一个简单的理论模型，以寻求代工企业自创品牌的实现条件及其影响因素。

6.2.1　基本假设

首先，在一个国际外包市场中，存在一家作为发包商的发达国家企业 M 和 n 家作为代工商的本土企业 S_i，其中 $i = 1, 2, \cdots, n$。其中发达国家企业 M 处在价值链下游，同时运用一种高级要素投入 x_m（要素贡献率为 $1 - z$），包括研发设计、营销服务等，以及一种外包的中间投入品 x_s 来生产一种最终产品 y，x_s 对 y 的贡献率为 z，反映代工企业的价值链地位。本土企业 S_i 承接 M 的订单进行代工生产，运用劳动力要素 x_l，生产同质的中间投入品 x_s。

其次，当本土企业进入价值链下游，从代工转型为自主品牌经营时，生产并销售与发包方同质的最终产品 y，成为垂直一体化的企业。② 此时，

---

① 木村治一郎（2007）基于中国手机产业的案例建立了一个模型，提出了存在产品开发与设计上的经验差距情况下后发企业的成长条件，但未能充分体现代工企业自创品牌时所面临的后发劣势，而且该模型的推导结果也有待商榷。

② 代工企业也可以采用"代工 + 自主品牌"并行模式，例如，在国内市场以自主品牌为主，在国外市场以代工为主或者在发展中国家市场以自主品牌为主，在发达国家市场以代工为主。本章重点在于分析本土企业是否进入最终产品市场实现自主品牌经营，至于采用这种并行模式还是自主品牌的单一模式，并不会影响模型结果。

代工企业将与原先的发包商 M 形成竞争关系，假设其为同质产品的伯川德（Betrand）竞争。

再其次，本土企业在经过一段时间的代工活动后，通过垂直技术转移与知识交流学习，从发包商那里学到了一些高级要素投入技能与管理经验，从而获得并掌握与前者相同的高级要素投入知识与生产效率。基于此，我们假设当本土企业准备从代工转型为 OBM 时，其已具备了与发包商相同的生产率。因此，无论是发包商还是代工企业，在其他条件不变的情况下，投入等量的高级要素 x_m 能带来同样多的产出，即 x_m 的要素贡献率相同，均为 $1-z$。

最后，囿于内生性的后发劣势，代工企业与跨国公司相比在研发设计、品牌运营方面明显缺乏经验。因此，代工企业在获取研发设计和品牌运营知识等高级要素时，必须付出更多的努力以弥补经验的缺失。这表现为代工企业投入 x_m 的边际成本要大于原先的发包商，假设其为后者的 g 倍（$g>1$）。g 越大，表明两个企业之间经验差距越大。

6.2.2　消费者需求、企业行为与最优价格的决定

参照安特拉斯（2005）的一般均衡模型框架，假设消费者偏好具有固定需求价格弹性 α，因此，最终产品满足一个等弹性需求函数（iso-elastic demand function）：

$$y = \lambda p^{-1/(1-\alpha)}, 0 < \alpha < 1 \tag{6-1}$$

其中，p 代表最终产品 y 的价格，λ 是外生的参数。

在将非核心环节外包后，发包商 M 关于最终产品 y 的生产函数为：

$$y^M = \tau_z x_m^{1-z} x_s^z, 0 \leqslant z \leqslant 1 \tag{6-2}$$

其中，$\tau_z = z^{-z}(1-z)^{-(1-z)}$，$\tau_z$ 为相关系数。由式（6-1）和式（6-2），我们可以求得发包商 M 的收益函数为：

$$R^M = py^M = \tau_z^\alpha \lambda^{1-\alpha} x_m^{(1-z)\alpha} x_s^{z\alpha} \tag{6-3}$$

进而假设发包商用于研发设计、营销服务等高级要素上的投入 x_m 的固

定边际成本为 c_m，代工产品价格为 q，那么其利润函数为：

$$\pi^M = R^M - C^M = \tau_z^\alpha \lambda^{1-\alpha} x_m^{(1-z)\alpha} x_s^{z\alpha} - c_m x_m - q x_s \quad (6-4)$$

在利润最大化条件下，可以得到发包商 M 生产最终产品的最优价格为：

$$p^M = \frac{q^z c_m^{1-z}}{\alpha} \quad (6-5)$$

从式（6-5）可以看出，跨国公司最终产品的最优价格取决于代工产品的价格（q）及贡献率（z）、高级要素投入的边际成本（c_m）以及需求价格弹性（α）。

下面来分析代工企业的行为。从产品价值链来看，品牌营销处于价值链的高端环节，比代工具有更高的附加值。而随着生产技术的扩散，越来越多的发展中国家有能力生产高质量、低价格的产品，代工制造环节的进入壁垒在不断下降，租金越来越集中于设计、研发和品牌营销等价值链的无形环节（卓越和张珉，2008）。因此，从市场结构角度看，处于 GVC 最低端的 OEM 市场近似于一个完全竞争市场，而当代工企业进入最终产品的销售阶段后，与原有发包商形成寡头垄断的市场结构，甚至有可能替代原有发包商成为最终产品市场的垄断者，显然其利润将高于代工利润。那么在内外条件允许的情况下，代工企业必然会选择自创品牌。基于此，与陈柳和刘志彪（2006）的研究考虑代工与自主品牌之间的利润权衡不同，本书侧重从企业进入与竞争角度来寻求代工企业边界扩张进入销售环节的可能性条件。

当第 i 家代工企业 S_i 进入自主品牌阶段后，其生产函数为：

$$y_B^S = \tau_z x_m^{1-z} x_u^z, 0 \leq z \leq 1 \quad (6-6)$$

其中，x_u 为本土企业所特有的异质性资源投入，例如，对本土消费者偏好、人文风俗、商业习惯等较为熟悉所形成的制度性投入，是本土企业的竞争力来源之一[①]。那么，我们可以求得代工企业 S_i 实施自主品牌经营

---

① 这里假设本土异质性投入 x_u 与代工产品 x_s 具有同样的贡献率 z，可以这样进行解释：来自发达国家的跨国公司进行国际外包的动因，除了考虑要素成本节约外，另一个重要的动机就是利用代工企业在语言、文化与信息上的优势，开拓发展中国家巨大的市场。故认为，外包在一定程度上是间接利用了代工方的本土优势。另外，还假设本土企业在进行这些异质性投资时不需要搜寻成本。

后的收益函数为：

$$R_B^S = p y_B^S = \tau_z^\alpha \lambda^{1-\alpha} x_m^{(1-z)\alpha} x_u^{z\alpha} \qquad (6-7)$$

进一步地，假设异质性要素投资的边际成本为 c_u，c_u 越小，说明获取本土异质性资源越容易，从而本土市场优势效应越大，得到利润函数为：

$$\pi_B^S = R_B^S - C_B^S = \tau_z^\alpha \lambda^{1-\alpha} x_m^{(1-z)\alpha} x_u^{z\alpha} - g c_m x_m - c_u x_u \qquad (6-8)$$

由此，可得满足利润最大化条件的本土企业 S_i 的最优价格 p^S 为：

$$p^S = \frac{c_u^z (g c_m)^{1-z}}{\alpha} \qquad (6-9)$$

6.2.3　代工企业自创品牌的实现条件及其影响因素

通过以上对发包商与代工企业行为的分析，再根据两者的竞争关系，我们可以得出代工企业实现自创品牌的条件。考虑需求因素，显然，理性的消费者必然不会选择价格较高的同质产品。因此，本土企业要成功进入价值链下游，实现自主品牌经营并得以维持，其最优价格必然不得高于原有品牌发包商的最优价格，即 $p^S/p^M \leqslant 1$ [①]。由式（6-5）和式（6-9）可得：

$$g^{\frac{1-z}{z}} \leqslant \frac{q}{c_u} \qquad (6-10)$$

式（6-10）即为代工企业自创品牌的实现条件。故有命题 6-1。

命题 6-1：代工企业从代工制造走向自主品牌的路径，受制于其跟发包商之间的经验差距（g）、代工产品价格（q）、要素贡献率（z）以及本土异质性要素投资成本（c_u）。

若令 $F(g,z) = g^{\frac{1-z}{z}}$，$\omega = \frac{q}{c_u}$，则式（6-10）就变为 $F(g,z) \leqslant \omega$。将该条件表示为一个二维坐标图，如图 6-1 和图 6-2 所示，当代工产品的贡

---

① 这里忽略了产品从工厂到消费者手中所需花费的运输、营销等方面的流通成本。

献率 z 为 $\bar{z}$ 时，企业只有在满足 $\omega \geq \bar{\omega}$ 的条件下才有可能实现自创品牌。表明代工企业只有处于 $F(g,z)$ 曲线右侧时才会进入最终产品市场自创品牌；否则企业将不会进行品牌转型，而继续锁定在代工环节。

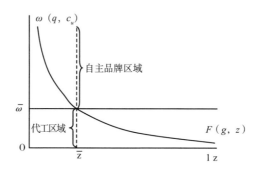

图 6-1 代工企业自创品牌的实现条件

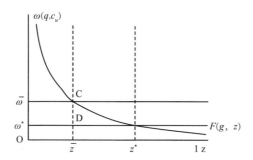

图 6-2 代工产品价格和本土优势对代工企业自创品牌的影响

该条件的现实意义是，只有那些具有较高议价能力或代工生产较高附加值产品（q 较大）的企业，或那些较容易获取本土优势（c_u 较小）的代工企业，才有可能转型做自主品牌。中国现实是，OEM 模式下普遍存在"代工微利"（q 较小），而国内市场分割、内需不足、制度缺失等因素（表现为 c_u 较大）则弱化了代工企业的本土优势，从而阻碍了代工企业实现自创品牌升级。因此，代工企业要实现自创品牌升级，必须努力提高代工产品附加值，同时还必须充分利用本土资源和市场优势，利用国内市场来支持技术创新和品牌建设，坚持走本土化、差异化的道路。

当在其他条件不变的前提下，z 越小，价值链地位越低，对本土资源和市场优势把握能力越差，进而 $\bar{\omega}$ 越大，则代工企业自创品牌升级的难度越大；反之，z 越大，$\bar{\omega}$ 越小，品牌升级的难度越小，如图 6 - 3 所示。其现实解释是，一方面，代工企业处于 GVC 的低端，特别是 OEM 企业的价值链地位很低（z 很小），从而很难跃升至自主品牌经营环节；另一方面，代工企业对本土市场优势把握能力的缺失（表现为 z 较小），例如，品牌运营资金的缺乏、专业人才的严重不足，限制了本土市场优势的发挥，从而无法建立起自主品牌。综上，故有命题 6 - 2 和命题 6 - 3。

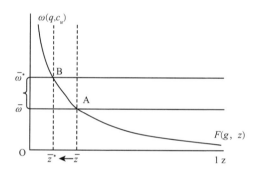

图 6 - 3　价值链地位对代工企业自创品牌的影响

命题 6 - 2：代工企业需要增强与发包方的讨价还价能力，逐步提升自身价值链地位，先进入代工的高级阶段如 ODM，才能够有机会进入自创品牌阶段。

命题 6 - 3：从代工转向自主品牌，企业必须熟悉本土市场环境，积极创造开发本土市场的有利条件，充分发挥"本地市场效应"。

类似地，当其他变量既定时，g 越大，发包商与代工企业之间的经验差距越大，核心能力劣势越大，那么超越代工的必要条件越高，代工企业越难以实现自创品牌升级；反之则越容易，如图 6 - 4 所示。这实际上反映了代工企业面临的现实困境：随着国际分工程度的加深，发包商的品牌运营经验积累越来越丰富，品牌势力将越来越高。相对而言，代工企业由于长期积累的生产制造的核心能力，形成路径依赖，导致品牌运营知识经验越来越少，因此，其进行品牌升级的难度越来越大，形成"马太效应"，很可能陷入"贫困化增长"的境地。同时这也表明，对于处于后发劣势的本土代工企业来说，关键是要有长远目光，不能仅满足于为跨国公司代工，而要从代工经验中积极进行价值链学习，积累品牌运营的资金、技术和知识。故有命题6-4。

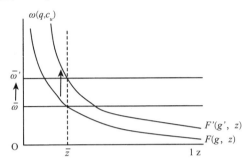

图6-4　企业核心能力对代工企业自创品牌的影响

命题6-4：代工企业的价值链学习不能局限于代工竞争力的提升，而需要利用代工客户的知识溢出效应，不断积累产品开发和品牌运作的知识经验，努力增强技术创新能力，才有可能转型做自主品牌。

根据式（6-10）还可以推知，给定 g，q 变小将导致 ω 降低；同时，z 变小会使得 $F(g,z)$ 不断增大，ω 越来越偏离 $F(g,z)$，甚至可能出现 $F(g,z) \gg \omega = q/c_u$ 的情形。如图6-5所示，当 $\bar{z}$ 减小到 $\bar{z}^{**}$ 时，代工超越的门槛值 $\bar{\omega}$ 增大至 $F(g,\bar{z}^{**}) = \bar{\omega}^{**}$，而此时代工企业只处在 ω 水平上，远远低于 $\bar{\omega}^{**}$。

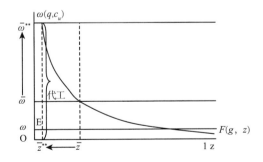

图6-5　全球化程度对代工企业自创品牌的影响

这表明，随着现代信息技术的快速发展和发展中国家的逐步开放，贸易自由化范围的日益扩大，产品内分工不断细化，跨国公司得以在全球范围内进行外包，培养大量代工企业，加剧了代工市场的竞争。这一方面使得每个代工企业的可替代性变大，导致其在价值链分工中的地位下降（z 变小）；另一方面，在近似完全竞争的市场中，代工企业无法形成有效的规模经济，从而议价能力无法提高，只能获取微薄的代工利润和附加值（q 变小）。这两个方面的因素可能使得代工企业被牢牢锁定在代工环节的"死胡同"中。故有命题 6 - 5。

命题 6 - 5：随着全球化程度不断加深，代工市场的竞争日益加剧，代工企业后发劣势愈发明显，这种同质化竞争可能使代工企业深陷"代工泥潭"。

6.3

从国际代工走向自主品牌：来自江苏玩具企业的案例

玩具产业是典型的劳动密集型行业，绝大部分中国玩具企业是以为跨国公司贴牌生产、代工制造的形式存在的。尽管如此，仍有部分企业通过实施正确的发展战略，实现了从国际代工向自主品牌的蜕变，如表 6 - 1 所示。例如，位于江苏昆山市的好孩子集团是中国最大的儿童用品分销商和零售商，也是全球最大的婴儿车供应商，"好孩子"已成为中国最大、最知名的儿童用品品牌。再如，扬州市雅伦玩具有限公司是"中国毛绒玩具礼品之都"——扬州的龙头企业，长期从事代工生产，其产值的 90% 都是出口，同时还拥有"雅伦""艾米""虹猫蓝兔"等自主品牌，是江苏省玩具行业具有重要影响的企业。因此，江苏玩具产业的发展现状具有一定的代表性，总结其中若干企业品牌运营的成功经验，能从一定程度上反映代工企业自创品牌的实现条件与路径。结合第 2 节的理论命题，从上述江苏两大玩具企业自创品牌的实践特点来看，主要体现为技术创新手段、商业模式、产品市场定位与营销方略、对本土资源与市场优势的利用方式等方面的路径与策略。

表 6 - 1　　　　　　江苏两大玩具企业自创品牌的路径与策略比较

路径与策略	好孩子集团	雅伦玩具公司	作用和意义
技术创新手段	从 OEM 升级到 ODM；研发投入大，在多国设立研发中心；以工业设计作为创新的主要手段，以市场为导向，设计符合市场要求的新产品；积极申请专利	从 OEM 升级到 ODM；成立样品开发中心，进行自主开发；根据国内外客户的要求，参与设计、制造一些具有专利权的产品	提高了代工产品附加值；提升了价值链地位
商业模式	代工与自主品牌并行，但以自主品牌为主，国际代工为辅；多元化经营	代工与自主品牌并行，但以跨国公司代工为主、自主品牌为辅	规避风险；积累了充足的资金与技术；通过学习提高了专业化生产水平和管理技能，巩固了自主品牌；提高了获利空间与议价能力；降低了转型升级成本
产品市场定位与营销方略	先立足国内市场，国内市场与国外市场并重，推出联合品牌进而将自主品牌打入国外市场，在国内市场销售自主品牌；以北美、欧洲和中国为主要市场，产品同时还进入日本、东南亚、中东、东欧、南美、南非等70多个国家和地区	以国外市场为主、国内市场为辅，在国外市场上主要是代工生产国外品牌，而在国内市场则以自主品牌产品进行销售；其产品主要销往欧美、中东、日本等国家及地区	有助于开拓新的市场份额，提高产品的知名度；降低了市场进入成本；提高了获利空间与议价能力
对本土资源与市场优势的利用方式	投入巨额资金构建了遍布全国的国内销售系统，建成了基于开放式互联网的 DRP 分销资源计划系统的信息平台	实行产业链纵向延伸，与现代动漫产业结合形成优势互补的战略联盟；积极拓展多样化的销售渠道，通过进入当地批发市场、开设直营专卖店、电子商务、参加展会、与零售商和渠道商合作等方式打入国内各地市场	形成了强大的销售壁垒与不可复制的企业竞争优势；利用巨大的国内市场来支持技术创新和自主品牌建设

资料来源：作者根据相关资料整理。

6.3.1 技术创新手段

即使是在代工阶段，仍然积极开展技术创新，从 OEM 升级到 ODM，提升附加值与价值链地位。从 OEM 向 ODM 升级最关键的就是自身的研发能力，通过技术创新、自主研发设计，提高代工产品附加值，进而增强代工企业在生产经营中的话语权与主动权。随着企业价值链地位的不断提升，企业可以向 OBM 发展，而 ODM 的自有知识产权恰恰为自主品牌的发展提供了必要的支撑。

好孩子集团目前已拥有一个300多人的具有合理年龄构成的研发团队，并在我国昆山市、日本、美国和荷兰分别设立了不同的研发中心，以此为基础，建立起在全球行业中处于领导地位的产品研发能力。好孩子集团选择工业设计作为创新的主要手段，四大研发中心分工协作，以市场为导向，设计出符合市场要求的新产品；其用在研发上的投入，约占销售额的4%，目前共拥有专利2300多项，其中直接在美国注册的就有40多项。强大的研发能力使"好孩子"从一家濒临倒闭的小作坊发展成为中国最大、全球领先的从事儿童用品研发、制造与销售的品牌企业，并且近十多年来没有受到一起反倾销指控。在与国外跨国公司合作过程中，好孩子集团因为拥有产品的研发设计能力和专利，始终掌握着主动权。雅伦玩具公司则拥有一个由13名专业资深设计师组成的样品开发中心，自主开发包括传统毛绒玩具、家居类玩具、声光电动毛绒玩具、动漫类毛绒玩具在内的各类毛绒玩具，同时还根据国内外客户的要求，参与设计、制造一些具有专利权的标志性产品、商业促销品以及各类吉祥物，如可口可乐系列产品、迪士尼产品等。

6.3.2 商业模式与市场策略

许多以代工起家、后来转型为品牌制造商的企业，起初普遍采取代工与自主品牌并行的商业模式，以代工业务带动自主品牌建设，获取独立的品牌运作经验。对目前不具备完全竞争优势的品牌厂商而言,早期策略的选择可采取 ODM 和自主品牌共存的运营模式,以 ODM 业务带动自主品牌的建设。李吉仁和陈振祥(2000)研究也发现,自有品牌业务与代工业务并不互相排斥,在厂商转型的过程中,可以同时采取这两种不同的业务形态,以求得其中的互补功能。创建自有品牌策略可以采取渐进的方式,即采取 OEM、ODM 以及与自有品牌动态组合的方式进行。

1996 年,好孩子集团为了打开美国市场,就与美国 COSCO 公司合作推出"COSCO – Geoby"这个联合品牌,由自己负责生产,而 COSCO 公司负责在美国市场的销售。借助 COSCO 公司的销售渠道,将"爸爸摇、妈妈摇"等自主品牌直接打进了 2800 多家沃尔玛连锁店,进而挤进了凯马、西尔斯、反斗城等所有主流销售网络。到 2008 年,"好孩子"童车已连续 10 年位居美国市场份额第一。可以说,好孩子集团在美国市场的成功在于其在成长时期以自主品牌的形式为跨国公司进行代工生产,依靠跨国公司的销售渠道销售自主研发的产品。这种代工与自主品牌并行的发展模式,一方面有助于开拓新的市场份额,提高产品的知名度;另一方面,通过代工解决了资金困难,同时通过学习、消化和吸收国际先进的管理理念与生产、质量管理等方面的知识,提高了专业化生产水平和管理技能,从而巩固了自主品牌。此外,这种通过建立联合品牌方式的合作,将企业特有优势与国外公司优势相结合,发挥自己特长,也提高了代工企业的获利空间与议价能力。雅伦玩具公司则采取以国外市场为主、国内市场为辅的策略,其产品主要销往欧美、中东、日本等国家及地区。在国外市场上主要是代工生产国外品牌,而在国内市场则以自主品牌产品进行销售。早在 2008 年,公司的战略计划就是在优秀的动漫卡通平台的基础上,全面拓展国内市场,这意味着雅伦玩具开始走上从以国际代工为主逐渐转向以国内自主品牌为主的升级道路。

在企业发展到一定阶段时,多元化经营往往成为企业战略中的重要步骤之一。开展多元化经营,可以积累自创品牌所需的资金、技术与知识。从价值链角度来看,多元化经营意味着企业将同时加入几条不同类型和性质的价值链,嵌入一个多样化的市场体系中。通过这种方式,企业不仅可以规避风险、积累充足的资金与技术，而且可以将在某条价值链中所学到的知识，运用到另一条价值链的某种升级活动中，从而以较低的代价实现升级。

好孩子集团在积极开拓国内外市场的同时，更注重在产品设计和开发上实施多元化战略。早在 20 世纪 90 年代初期，好孩子集团的童车和自行车经营就已经走上了规模化的发展道路，并将自行车系列产品打入美国市场。除此之外，好孩子集团还在国内市场推出了一次性尿布、童装系列产品，并准备通过与美国著名品牌制造商 Oshkosh 和耐克公司商洽推出联合品牌的童装系列产品。当 "COSCO – Geoby" 这个联合品牌在美国市场取得成功后，好孩子集团还将这一营销方式克隆到集团的儿童自行车及童装等其他儿童产品上，都与美国、欧洲等发达国家当地最强势的品牌结成了战略联盟。到 21 世纪初，好孩子集团就已经成为世界第三大儿童自行车制造商，占据了美国 1/3 的手推童车市场以及一半以上的儿童自行车、可移动小座位、婴儿摇篮等其他童用产品市场。

6.3.3　对本土资源与市场优势的利用方式

充分利本土资源与市场优势，发展国内自主品牌，是中国这样具有巨大国内市场规模的发展中国家超越国际代工的可行路径。本土市场规模效应既为代工企业避免 "市场隔层陷阱"，获取市场能力提供了可能，也为代工企业的技术创新与研发能力提升提供了规模效应的诱因，并引致了本土代工企业与 OBM 厂商间 "参与式合作"（张国胜，2010）。中国庞大的市场需求规模和多元化的消费结构为本土企业提供了难得的市场机会和创新活动的收益回报空间，从根本上为 "需求引致的创新" 创造出一个良性循环机制和内生激励机制，这就为技术创新和创建自主品牌提供了一个优越的平台。

与其他玩具企业不同，好孩子集团自成立之初就立足国内市场，创建国内自主品牌，然后再进入国际市场成为代工企业。好孩子集团目前已拥有庞大的国内销售网络，形成了遍布全国各省、自治区的 35 家分公司、2636 个专柜、32 个专卖店、1533 个经销商、236 个服务保障中心以及 4200 多名员工组成的销售系统，建成了基于开放式互联网的 DRP 分销资源计划系统的信息平台。建立销售网络的成本支出已占到集团年销售额的 30% 以上，形成了强大的销售壁垒与不可复制的企业竞争优势。凭借这种终端优势，耐克、迪斯尼、飞利浦新安怡、"Mothercare"等20多个国际品牌，纷纷与好孩子集团结成合作伙伴关系，将好孩子作为它们在中国的总代理。好孩子集团正是凭借其天时、地利、人和的本土优势，成为全球玩具行业的佼佼者。

类似地，雅伦玩具结合自身的技术能力和产品特点，立足国内产业与市场优势，向玩具产业上下游关联产业与环节进行纵向延伸。动漫产业属于玩具产业的上游，是前景广阔的朝阳产业。把传统的毛绒玩具产业与现代动漫产业有机结合，形成优势互补的战略联盟，将有助于促进自主品牌的建设。例如，雅伦玩具所拥有的"虹猫蓝兔"品牌，一上市就受到消费者的欢迎。从下游来看，雅伦玩具在进行代工生产出口的同时，积极拓展多样化的销售渠道，通过进入当地批发市场、开设直营专卖店、电子商务、参加展会、与零售商和渠道商合作等方式打入国内各地市场。目前，"雅伦""虹猫蓝兔"等自主品牌均已在大润发、家乐福等大型连锁超市上柜，且已开始在西部地区崭露头角。在外需市场的萎靡不振的背景下，雅伦玩具正逐渐从国外市场转战至国内市场，走上自主品牌之路。

6.4

结论与启示

6.4.1　主要结论

首先，本章从代工企业自创品牌面临的现实困境出发，将先进企业与后进企业之间的市场竞争假设为基于成本优势的同质产品价格竞争。其次，基于企业边界理论框架，引入后发劣势变量，构建一个简单的企业决策模型，推导出了若干命题，指出了代工企业自创品牌的实现条件、可行路径及其影响因素。理论命题包括：（1）代工企业需要增强与发包方的讨价还价能力，逐步提升自身价值链地位，先进入代工的高级阶段（如ODM），才能够有机会进入自创品牌阶段。（2）代工企业必须熟悉本土市场环境，积极创造开发本土市场的有利条件，充分发挥"本地市场效应"，才能逐渐自创品牌。（3）代工企业的价值链学习不能局限于代工竞争力的提升，而需要利用代工客户的知识溢出效应，不断积累产品开发和品牌运作的知识经验，努力增强技术创新能力，才有可能转型做自主品牌。（4）随着全球化程度不断加深，代工市场的竞争日益加剧，代工企业后发劣势越发明显，这种同质化竞争可能使代工企业深陷"代工泥潭"。最后，借用江苏省昆山市好孩子集团和扬州市雅伦玩具有限公司这两大玩具企业作为案例，总结了其从国际代工走向自主品牌的实践经验，主要体现为技术创新手段、商业模式、产品市场定位与营销方略、对本土资源与市场优势的利用方式等方面的路径与策略。

6.4.2　对中国制造业的一般性借鉴与启示

江苏省的玩具产业是中国东部地区众多制造业一个缩影和代表。长期以来，中国制造业面临的是与玩具产业相似的困境。第一，中国东部地区制造业属于典型的对熟练劳动力要求较高、产业集聚化显著的行业，一直专注于劳动密集型产品与工序的加工制造与出口。以玩具产业为例，据海关统计，2009 年中国玩具出口额为 198.3 亿美元，约占世界玩具总产量的 2/3 以上。然而，只有 20% 的中国玩具企业拥有自主知识产权，大部分企业是纯加工型代工企业。同样地，中国东部地区的加工贸易比重多年来也同样高居不下，加工贸易出口额占全部出口总额比重自 2000 年以来长期保持在 40% 以上，加工贸易进出口在其外向型经济发展中仍起着主导作用。

第二，从企业获利能力来看，制造业企业利润微薄，且呈下降趋势。从玩具产业来看，虽然全球 75% 的玩具都由中国生产，但中国玩具企业的"微利"已是不争的事实。[①]　相比之下，在全球高端玩具市场，"美泰"

---

①　较为著名的案例是，一个售价在 9.99 美元的芭比娃娃，扣除 0.65 美元的原材料成本后共增值 9.34 美元。"中国制造"在这块大蛋糕中只分得 0.35 美元，还不到 4%，大部分被美国的玩具厂商、经销商和零售商所瓜分（资料来源：汪维钢."中国制造"面临三大困局 [N]. 中国质量报，2004 - 11 - 19）。又如，2010 年南非世界杯期间，浙江宁海西店吉盈塑料制品厂生产的"呜呜祖啦"（vuvuzela）销量超过 100 万只，售价为人民币 17 元 ~ 54 元不等，但它的出厂价却只有 0.6 元 ~ 2.5 元，生产商只有 5% 的利润（资料来源：杨安琪."呜呜祖啦"商机上亿中间商暴利达 2000% [N]. 北京商报，2010 - 06 - 30）。

"孩之宝""跳蛙"等来自美、德、日等发达国家的著名品牌玩具企业具有很强的行业整合能力，且与动漫产业结合紧密，附加值高。而且自 2004 年以来，随着中国玩具行业规模逐年扩大，利润率呈下降趋势。特别是在2007 年欧美关于玩具生产新标准及中国玩具强制性认证相继实施之后，企业生产成本提高了 8% 左右，国内玩具行业利润已几乎被国际买家榨干。资金不足成为玩具代工企业自创品牌的主要障碍之一。与玩具行业一样，受金融危机之后深受外部需求衰退的影响，中国东部地区制造业"代工微利"形势日益严峻。据统计，自国际金融危机以来，在原材料上涨和人民币升值等多种因素作用下，长三角制造业的平均利润已不足 5%。

第三，从企业价值链地位来看，中国东部地区制造业企业以劳动密集型的中小 OEM 企业为主，处于产业价值链的最低端。从玩具产业来看，一方面，企业小而散，集中化和组织化程度较低。2006 年，出口超过 1000万美元以上的玩具企业为 111 家，仅占企业总数的 1%，而 90% 以上的企业年出口额少于 100 万美元。另一方面，生产方式以 OEM 为主，产业分工层次较低。在全国 8000 家玩具生产企业中，虽然有 3000 家已获得出口许可证，但其出口的七成以上均属来样或来料加工，而产品设计、关键生产原料和加工设备大多是依靠进口，企业缺乏技术创新能力以及产品设计和研发优势，这从根本上削弱了企业升级的能力。

第四，从企业核心能力来看，中国东部地区制造企业生产制造能力强而设计营销能力弱。在 OEM 模式下，企业的生产制造能力已颇具优势，但由于缺少相对独立畅通的经销渠道，信息来源和销售渠道很大程度上依赖海外供应商和进口商，致使其对市场需求并不敏感，市场开拓处于被动的从属地位。而且，许多民营企业采用家族式管理，经管理念和管理手段比较落后，缺乏现代设计理念以及与国外同行的合作交流，研发与营销服务投入不足，而沉溺于简单的贴牌代工生产。

第五，从本土市场环境因素来看，缺乏品牌成长与技术创新的良好环境。目前，国内普遍存在的知识产权保护制度不完善使得玩具产品仿制和抄袭现象比较严重，假冒伪劣产品充斥市场，以至于技术创新和自主品牌的收益得不到良好的保障。而缺乏统一协调和有效的竞争规则导致业内企业间竞相压价接单，市场竞争无序。另外，适合本土的、科学的品牌和商标价值评价体系的尚未形成，以及品牌融资制度缺失和品牌传播成本居高不下等因素，都在不同程度上制约了"本地市场效应"的发挥，从而严重弱化了代工企业的自创品牌激励。

从上述五个方面来看，好孩子集团和雅伦玩具公司从代工走向自创品牌的经验值得中国东部地区的制造业代工企业借鉴。虽然通过大规模地自创品牌需要依赖一国的科技、经济乃至软实力的提升，但这并不排斥某些先进企业可以在代工经验积累与知识学习的基础上，通过积极开展技术创新，采取代工与自主品牌并行的商业模式，提升讨价还价能力和价值链地位，扩大自身的获利空间，同时借力"本地市场效应"，逐步创建自主品牌。据此，提出以下政策建议。

第一，利用信贷、税收等杠杆，积极支持正在实施品牌建设的企业。对代工企业来说，超越国际代工是其富有勇气却又面临烦恼和困难的成长阶段。特别是在代工微利与金融危机的冲击下，运营资金匮乏已成为代工企业面临的最为紧迫的难题，一些中小企业则由于资金链断裂甚至面临生存危机，更别谈自主创新与自创品牌了。因此，政府应从信贷、税收政策方面给予技术创新和品牌建设以较大力度的倾斜和扶持，切实解决代工企业融资难问题。

第二，利用倒逼机制，迫使企业放弃走低端同质竞争的道路。特别是以长三角、珠三角为代表的东部沿海地区作为中国制造业最发达的地区，竞争策略不能与欠发达地区一样，必须以"链主"思维来发展本地企业。然而在过去几十年中，东部地区代工企业的核心竞争力体现在廉价劳动力和土地等低级生产要素，在一定程度上已形成了一种低端模式的路径依赖。突破这种"锁定"需要发挥外需衰退、原材料价格不断上涨以及国际大买家在质量、交货、生态、环境、安全等方面的严苛标准下的倒逼机制，提高粗放型经济发展模式的成本。具体来讲，需要加大环保、劳资等方面的管制执行尺度，强化对高耗能、高污染等产业和工序的限制，促进企业自主创新与品牌升级。

第三，利用制度建设，为企业营造有利于自主品牌发展的良好市场环境。首先，要完善收入分配制度，扩大中等收入群体，积极培育国内中高端需求。其次，要加强商业信用体系的建设和知识产权保护制度的完善，提高企业的创新与创牌激励。最后，要规范地方政府竞争秩序，消除国内市场分割，建立国内统一大市场。此外，要加快推进行业协会的建设与发展，建立起一套完备可行的监管体系，规范企业出口行为，防止恶性竞争。同时主动加强与海外企业、消费者以及政府部门的沟通交流，并为企业与消费者之间搭建良好的信息沟通平台，引导企业有序开展自主品牌建设。

第 **7** 章

产品差异化与代工
企业品牌升级①

7.1

引　言

20 世纪八九十年代以来，以贴牌生产或国际代工的方式加入全球价值链（GVC），为持有世界著名品牌的跨国公司和国际大买家生产加工，这已成为中国本土制造业企业基于廉价劳动力、土地等要素比较优势的必然选择。进入 21 世纪特别是 2004 年以来，随着中国人口红利衰减、劳动力成本上升以及土地、原材料等要素成本的快速攀升，原有的低级要素比较优势不断弱化，议价能力低下的国内代工企业利润空间被严重压缩，逐渐陷入微利困境。例如，作为中国大陆十大代工企业之一的东莞慧达手袋厂，代工的世界知名品牌多达七八家，每年生产约 160 万 ~ 170 万个名牌包；其代工生产的一个售价人民币 3000 元的世界知名品牌包，出厂价仅为人民币 120 元，扣掉生产成本后可获利润仅有人民币 20 元甚至更低。② 这

---

① 本章内容入选《经济研究》编辑部、北京大学光华管理学院、武汉大学经济与管理学院主办的"第十九届中国青年经济学者论坛"，作者在会议上作了宣讲。

② 杨宁昱. 台媒：大陆工厂代工上万元名牌包利润仅 5 元［EB/OL］. 参考消息网，2013 – 05 – 17.

种需要看品牌客户"脸色"以及依赖于人力资源战略上严苛的成本调控来获利的代工模式，在当今跨国公司全球整合战略所引致的"瀑布效应"（cascade effect）和倡导人性化管理的时代已步履蹒跚。再加上全球金融危机以来，国际贸易摩擦争端频繁、外部市场需求不振等贸易环境不确定性因素增多，来自跨国公司外包和外贸订单缩减，缺乏自主品牌产品的本土代工企业已面临生存危机。从专注加工组装、设计生产的 OEM、ODM 向拥有自主品牌的 OBM 转型升级，已成为代工企业突破发展瓶颈的重要战略选择，而且也是中国制造业提升附加值和国际竞争力的必要微观基础。

　　然而从中国现实来看，并不是所有代工企业都能成功实现品牌升级而成为自主品牌商。例如，作为连续多年中国的出口冠军及世界最大的电子产品合同生产商，"代工大王"富士康却依然凭借独一无二的生产反应速度和垂直整合商业模式，为苹果、戴尔、惠普等国际巨头做"嫁衣裳"。即便是在遭遇了员工跳楼风波、股价急挫、订单大幅削减等诸多不良事件之后，富士康仍然专注于代工领域，仅仅考虑给代工厂员工加薪以及将其设立在东部沿海的代工厂向中西部内陆地区转移。2001 年从中国台湾宏碁"单飞"的明基电通（BenQ），一度成为涉及显示器、投影仪、MP3、手机、数码相机、笔记本电脑等多种电子产品的知名品牌商。其在遭遇收购西门子手机部门整合失败和大客户订单流失后，2007 年宣布将明基品牌和代工分离，母公司改名为"佳达电通"，保留 ODM 业务，专注代工。无独有偶，另一家以代工起家的中国台湾手机巨头宏达电（HTC），在经历了成为全球智能手机品牌"榜眼"的昙花一现后，于 2017 年将手机业务出售给谷歌，回归代工。全球前三的笔记本电脑代工厂广达、仁宝、纬创也都在推出自有品牌不久，受制于代工品牌客户的压力，放弃了大规模宣传自主品牌的计划。类似地，很多代工起家的 MP3 厂商，例如，曾为华旗做过代工的台均，曾为 MPIO、优百特等品牌做过代工的歌美，都曾自立门户，但现在都已重回代工了。① 固然如此，在代工困境的"倒逼"下，也不乏有一些本土企业成功突围，实现了从国际代工到自有品牌的华丽转身。例如，著名微波炉品牌格兰仕，曾经以 OEM 方式进入国际市场，其后顺利转型走品牌之路。如今格兰仕自有

---

① 黄瑛. 中国 MP3 行业面临全面品牌溃退 回到代工原起点 [N]. 财经时报，2006 – 11 – 04.

品牌出口占到其出口总额的 50% 左右，且"格兰仕"品牌的微波炉占据了一半以上的全球市场份额，成为微波炉行业中的"全球老大"。

那么，同样是代工起家的中国本土企业，在向自主品牌升级的道路上，为什么有的成功而有的失败呢？最具代表性的观点是基于巴内（Barney，1986）的资源基础观和梯斯等（Teece et al.，1997）的动态能力理论的研究，其认为企业核心能力决定了企业的战略选择（Pralahad & Hamel，1990；Yen & Horng，2007；毛蕴诗等，2009；杨桂菊，2009；陈戈和徐宗玲，2011；王朝辉等，2013）。翁克维斯特和肖（Onkvisit & Shaw，1989）把组织内部的资源和能力以及外部合作伙伴的支持看作 OEM 企业发展自有品牌的基础。但是要从 OEM 转变成 OBM，也存在着设计、营销、零售与生产上的能力差距以及不菲的转换成本等诸多限制（Grunseven & Smakman，2005）。一些基于中国制造业企业数据的实证研究也发现，贴牌是当前许多制造型企业基于其核心能力构成状况的理性选择（陈宏辉和罗兴，2008），而营销能力、技术能力和先进制造能力在企业自主品牌升级中则发挥了重要作用（覃大嘉等，2017；宋耘和王婕，2017）。

有别于上述文献孤立地强调代工企业自身能力，基于 GVC 理论的观点则考虑了不同企业之间的关系，特别强调了 GVC 中企业之间的策略性行为，包括跨国公司与代工企业之间的博弈（Schmitz & Knorringa，2000；刘志彪和张杰，2007；刘笑萍和杨立强，2017）以及不同代工企业之间的博弈（原长弘等，2008）。这些研究有一个共同点，基本上都假设企业之间不存在产品或品牌差异，故而认为代工企业进入终端市场必将与在位品牌企业进行同质产品竞争。实际上，任何著名品牌的形成非一日之功，需要经历很长时间的积累与磨炼方成大器。因此，与来自先进企业的已有品牌特别是国际名牌相比，后发企业的新建品牌无论在质量、性能、销售服务上都会略逊一筹，且要获得众多挑剔消费者的认可与信赖必然需要付出更大的努力。这种天然的品牌劣势与产品差异让后起品牌不可能具有与在位品牌同等的市场发言权。[①]

---

　　① 事实上，这种品牌劣势也在一定程度上即体现为垂直产品差异。因此，在经验直觉上，垂直产品差异可能会阻碍代工企业的品牌升级。本章试图从理性代工企业决策角度对该命题进行验证，除此之外，还将进一步提出并验证另一个重要命题，即在满足一定条件时，水平产品差异化将激励代工企业进入终端市场而成为自主品牌商。

经典产业组织理论认为，产品差异化也可以塑造产品个性，激发消费者偏好，从而获取市场需求，而且还可以通过减少销售的中间层环节，为消费者节省渠道费用。因此，产品差异化策略被看作企业创建品牌和取得竞争优势的重要战略。产品差异一般包括垂直差异和水平差异。其中，垂直差异描述的是产品空间中所有消费者对差异性品牌具有一致的偏好次序，最典型的是产品质量差异，所以垂直差异主要研究厂商关于产品质量的选择问题。水平差异则反映了不同消费者对同一种产品品牌的不同偏好，这种差异可能来源于产品的颜色、款式、销售地点、个人收入水平、文化等水平因素或空间因素。显然，不同的产品差异化类型在很大程度上影响着消费者的选择；在买方市场条件下，企业的产品差异化策略选择很可能在一定程度上决定着品牌升级的效果。在后金融危机时代，如果代工企业提高产品质量、提升企业效率、发挥产品差异化优势，在一定阶段进入终端市场参与竞争，那么也可能将由危机引致的需求衰退转化为发展自主品牌的契机（陈柳，2011）。据此本书认为，实施正确的产品差异化策略，可能是中国制造业企业在寻求突破代工困境和自主品牌升级的重要路径选项。那么，产品差异化条件下 GVC 中会出现什么样的市场均衡结果？什么样的产品差异化战略有助于促进代工企业品牌升级？在产品差异化条件下，代工企业品牌升级的战略决策还会受到哪些因素的影响？本章试图对这些问题做进一步探讨。

除了上述文献之外，本章的研究可能还与三类文献相关。第一类文献是外包决策理论研究。国际主流外包文献主要基于交易成本、产权及不完全契约思路来探究跨国公司边界调整、公司内贸易的形成机理以及企业运作方式、交易效率与权利配置等问题（Antràs，2003，2005；Antràs & Helpman，2004；Grossman & Helpman，2005；刘文革等，2016）。而很少涉及作为代工方的发展中国家企业在跨国公司的一系列组织行为下，如何通过技术学习和自创品牌进行转型升级的研究。

第二类文献是代工企业品牌升级的路径与模式研究。一些学者通过对亚洲"四小龙"企业的研究，提出了后进企业品牌升级的一般路径为从 OEM 到 ODM 再到 OBM（Hobday，1995，Gereffi，1999；Cheng et al.，2005）。莱希纳等（Lechner et al.，2016）指出，那些没有自主品牌而进行贴牌生产的公司或复杂产品供应商，可以通过品牌收购的方式获得品牌标识而进入价值链下端。张京红和王生辉（2010）认为代工企业创建自主品牌的过程可以分为依次进行的三个阶段，即 DOBM（Domestic OBM）、ROBM（Regional OBM）、GOBM（Global OBM）。徐彪等（2012）基于全球 PC 产业链，归纳了产业升级中代工企业五种品牌经营模式，即关键零部件品牌模式、专业代工品牌模式、制造与消费兼具的共用品牌模式、OBM 品牌模式、OB 品牌模式。

第三类文献是代工企业品牌升级的影响因素研究。博纳哥利亚等（Bonaglia et al.，2008）以土耳其消费电子产品跨国公司阿赛里克（Arce-lik）为例，指出其从 OEM 成功转型为国际化 OBM 的四个因素，即快速战略执行、投资于构建技术能力与组织适应性、国际营销能力和分销网络以及对商业团队资源的杠杆运用。杨桂菊和李斌（2015）基于三星电子的探索性案例研究，发现代工企业可以通过非研发创新行为实现品牌升级，企业家创业精神、危机意识、提升品质的决心以及自创国际品牌的耐心则是代工企业品牌升级的内在驱动力。刘志彪（2005）则指出，要实现从 OEM 向 ODM 和 OBM 的转化，不仅需要企业不断提高学习能力、创新能力和累积组织能力，而且需要社会和政府为某些有条件的中国企业创造品牌经营的市场基础和需求条件，培植品牌企业所需要的文化自信心和制度条件等。还有研究认为代工企业自创品牌的战略决策会受到其所处的外部产业环境和制度环境（Forbes & Wield，2001；陈柳和刘志彪，2006；瞿宛文，2007）、企业关系专用性投资（李桂华等，2013；黄磊和李巍，2014）、企业进入中间品市场的固定成本及其讨价还价能力（葛和平和吴福象，2017）等因素的影响。综上对现有文献的梳理来看，还尚未发现有专门研究考察市场结构、产品差异化特征对代工企业品牌升级的影响。

基于现有文献研究的不足，本章针对目前中国制造业代工企业的现实情况，基于理性企业能动性的微观视角，试图通过探讨在不同的终端市场结构和产品（品牌）差异化条件下，GVC 中跨国外包企业与本土代工企业的策略性行为，来寻求本土制造业企业实现品牌升级的可行路径及相关因素。与第 6 章相比，本章不仅将产品市场竞争的范畴从同质竞争延伸到差异化竞争，而且还考虑了终端市场结构的不同情形，同时也将分析视角和方法从静态分析拓展至动态分析。本章研究发现，产品差异化是代工企业是否以及能否成功实施品牌升级战略决策的决定性因素；代工企业实施品牌升级的战略决策，不仅与终端市场结构和产品差异化类型相关，而且与其品牌产品的水平产品差异化程度、品牌运营的追加投资、终端市场需求规模、企业生产成本等因素相关。

本章其余部分安排如下：第2节通过构建一个具有产品品牌差异扩展的豪泰林（Hotelling）模型，结合博弈论分析终端市场结构的可能情形、代工关系的维持条件以及 GVC 中上下游企业的策略均衡；第3节探讨不同产品差异化条件下代工企业决策及其影响因素，从而揭示代工企业品牌升级的可能性；第4节引用"代工大王"富士康、智能手机厂商 HTC 以及著名微波炉品牌格兰仕等本土代工企业的经典案例，总结其形成代工依赖的原因或者实现自主品牌升级的经验，以佐证前面的理论命题；第5节是结论与启示。

7.2

全球价值链中外包企业与代工企业的博弈机制

受陈彦恒（Chen，2011）分析思路的启发，我们创新性地引入包含企业区位或选址决策的水平产品差异化因素，并将其作为内生的企业选择变量，扩展构建了一个具有产品品牌差异的豪泰林模型，然后运用非合作、合作博弈理论，分析不同终端市场结构下 GVC 中跨国外包企业与本土代工企业的博弈行为及其均衡结果。

7.2.1 基本模型

模型的基本假设如下：首先，市场上存在生产同一产品的两家企业，来自发展中国家（如中国）的本土代工企业（企业1）和来自发达国家的跨国外包企业（企业2）。企业2位于 $1-b$，若企业1也进入终端市场，则将在 a 处选址，且满足 $a \geq 0, b \geq 0, a+b \leq 1$。作为市场中的在位者，跨国外包企业2的决策包括维持品牌商角色或退出终端市场，其中，维持品牌商角色策略又包括继续发包给代工企业，或将生产制造过程内部化而成为自制品牌商。

本土代工企业 1 则可以选择进入或不进入终端市场，进入终端市场意味着不与外包企业合作从而脱离代工关系，此时跨国外包企业即成为自制品牌商；不进入终端市场则意味着继续为跨国外包企业代工或者退出原有行业。

其次，企业生产产品的品牌价值为 B，B 越大，表明产品质量越高，且具有越高的品牌评价与声誉，从而是垂直差异化的一种表现。特别地，企业 2 的品牌价值为 B_2，而代工企业 1 若自创品牌，则其品牌价值为 B_1，且有 $B_2 > B_1 > 0$。两家企业在终端市场上进行价格竞争，企业 i 的产品销售价格为 p_i，平均生产成本为 $c_i(i = 1, 2)$，且满足 $c_2 > c_1 > 0$。

最后，消费者均匀分布于长度为 1 的"线性城市"中。市场规模为 N，交通成本为距离的线性函数，单位交通成本为 τ。消费者所处位置 x 与其偏好 θ 相互独立且均服从 $[0, 1]$ 的均匀分布。每个消费者均具有单位需求，即最多消费一个单位的产品。假设消费者的保留价格为 U_0，U_0 足够大，使得 $\exists U_i(\theta, x) > 0$，这意味着消费者必然会购买企业 1 或企业 2 的产品。那么，消费者效用函数可以用一个兼具产品品牌的垂直差异和水平差异的豪泰林模型来表示：

$$U_i(\theta, x) = \begin{cases} U_0 + \theta B_1 - p_1 - |x - a|\tau, i = 1 \\ U_0 + \theta B_2 - p_2 - |1 - b - x|\tau, i = 2 \end{cases} \qquad (7-1)$$

7.2.2　第一阶段非合作博弈：终端市场结构的可能情形

在第一阶段，两家企业在终端市场上进行非合作博弈，从而形成不同的市场竞争均衡结果。根据消费者行为理论，完全理性的消费者将选择具有正效用的商品，即 $U_i(\theta, x) > 0$。当商品效用不满足该条件时，该商品的市场需求为 0。据此，可以得到各企业所占市场需求的临界条件及不同情形。在既定的市场空间内，两家企业在市场上竞争的结果无非是一家独占或两家共存，因而终端市场结构可以分为三种基本情形：一是企业 1 独占市场，成为整个市场的垄断者（情形 1）；二是企业 2 独占市场，成为整个市场的垄断者（情形 2）；三是企业 1 和企业 2 共享整个市场。其中，第三种情形又可以分为三种：一是两家企业分别成为不同类型市场的垄断者（情形 3）；二是只有一家企业成为市场的垄断者，另一家企业则占有剩余需求市场（情形4）；三是两家企业进行价格竞争，并都成为市场的寡头（情形5和情形6）。

7.2.2.1 情形1：企业1独占市场，成为唯一的垄断品牌商

当企业1成为终端市场上唯一留存的企业时，其生产垄断产量 q_1^m，获得垄断价格 p_1^m。根据均匀分布的累计分布函数可得：

$$q_1^m = \begin{cases} N, \dfrac{p_1^m - \alpha}{B_1} \leqslant 0 \\[2mm] \left(1 - \dfrac{p_1^m - \alpha}{B_1}\right)N, \dfrac{p_1^m - \alpha}{B_1} \in (0,1) \\[2mm] 0, \dfrac{p_1^m - \alpha}{B_1} \geqslant 1 \end{cases} \qquad (7-2)$$

式（7-2）中，$\alpha \equiv U_0 - (x-a)\tau$，$\alpha$ 越大，意味着获取企业1产品的交通成本越小。当 $\dfrac{p_1^m - \alpha}{B_1} \leqslant 0$ 时，必有 $\theta \geqslant \dfrac{p_1^m - \alpha}{B_1}$，故恒有 $U_1 \geqslant 0$，说明企业1的产品完全占满市场；当 $\dfrac{p_1^m - \alpha}{B_1} \in (0,1)$ 时，$\exists p_1^m, B_1, \alpha$ 满足 $\theta \geqslant \dfrac{p_1^m - \alpha}{B_1}$，使得 $U_1 \geqslant 0$，说明市场未被企业1的产品完全占满；当 $\dfrac{p_1^m - \alpha}{B_1} \geqslant 1$ 时，必有 $\theta < \dfrac{p_1^m - \alpha}{B_1}$，$U_1 < 0$，所以对企业1产品的市场需求为0。进一步，假设当代工企业1进入终端市场时，需要进行一定的追加投资 $K_1 \geqslant 0$（进入成本），那么企业1的利润最大化问题为：

$$\pi_1^m = \begin{cases} \max\limits_{p_1^m}(p_1^m - c_1)N - K_1, \dfrac{p_1^m - \alpha}{B_1} \leqslant 0 \\[2mm] \max\limits_{p_1^m}(p_1^m - c_1)\left(1 - \dfrac{p_1^m - \alpha}{B_1}\right)N - K_1, \dfrac{p_1^m - \alpha}{B_1} \in (0,1) \\[2mm] -K_1, \dfrac{p_1^m - \alpha}{B_1} \geqslant 1 \end{cases} \qquad (7-3)$$

可以求得均衡价格与均衡利润如下：

$$p_1^m = \begin{cases} \alpha, \dfrac{p_1^m - \alpha}{B_1} \leqslant 0 \\[3mm] \dfrac{1}{2}(B_1 + \alpha + c_1), \dfrac{p_1^m - \alpha}{B_1} \in (0,1) \\[3mm] B_1 + \alpha, \dfrac{p_1^m - \alpha}{B_1} \geqslant 1 \end{cases} \qquad (7-4)$$

$$\pi_1^m = \begin{cases} (\alpha - c_1)N - K_1, \dfrac{p_1^m - \alpha}{B_1} \leqslant 0 \\[3mm] \dfrac{N}{4B_1}(B_1 + \alpha - c_1)^2 - K_1, \dfrac{p_1^m - \alpha}{B_1} \in (0,1) \\[3mm] -K_1, \dfrac{p_1^m - \alpha}{B_1} \geqslant 1 \end{cases} \qquad (7-5)$$

7.2.2.2　情形 2：企业 2 独占市场，成为唯一的垄断品牌商[①]

当跨国外包企业 2 独占市场，成为唯一的品牌销售商时，其垄断产量和垄断价格分别为 q_2^m、p_2^m，于是得出式（7-6）。式（7-6）中，$\beta \equiv U_0 - (1-b-x)\tau$，$\beta$ 越大，意味着获取企业 2 产品的交通成本越小。同上理，当 $\dfrac{p_2^m - \beta}{B_2} \leqslant 0$ 时，市场被企业 2 的产品完全占满；当 $\dfrac{p_2^m - \beta}{B_2} \in (0,1)$ 时，市场未被企业 2 的产品完全占满；当 $\dfrac{p_2^m - \beta}{B_2} \geqslant 1$ 时，企业 2 的产品无市场需求。其利润最大化问题如式（7-7）所示。

$$q_2^m = \begin{cases} N, \dfrac{p_2^m - \beta}{B_2} \leqslant 0 \\[3mm] \left(1 - \dfrac{p_2^m - \beta}{B_2}\right)N, \dfrac{p_2^m - \beta}{B_2} \in (0,1) \\[3mm] 0, \dfrac{p_2^m - \beta}{B_2} \geqslant 1 \end{cases} \qquad (7-6)$$

---

① 这里仅仅考虑了当企业 2 为自制品牌商时的情形。当其成为发包者时，产品价格函数和利润函数就成为式（7-35）至式（7-38）所示的形式。

$$\pi_2^m = \begin{cases} \max\limits_{p_2^m}(p_2^m - c_2)N, \dfrac{p_2^m - \beta}{B_2} \leqslant 0 \\[3mm] \max\limits_{p_2^m}(p_2^m - c_2)\left(1 - \dfrac{p_2^m - \beta}{B_2}\right)N, \dfrac{p_2^m - \beta}{B_2} \in (0,1) \quad (7-7) \\[3mm] 0, \dfrac{p_2^m - \beta}{B_2} \geqslant 1 \end{cases}$$

求其均衡价格与均衡利润得：

$$p_2^m = \begin{cases} \beta, \dfrac{p_2^m - \beta}{B_2} \leqslant 0 \\[3mm] \dfrac{1}{2}(B_2 + \beta + c_2), \dfrac{p_2^m - \beta}{B_2} \in (0,1) \quad (7-8) \\[3mm] B_2 + \beta, \dfrac{p_2^m - \beta}{B_2} \geqslant 1 \end{cases}$$

$$\pi_2^m = \begin{cases} (\beta - c_2)N, \dfrac{p_2^m - \beta}{B_2} \leqslant 0 \\[3mm] \dfrac{N}{4B_2}(B_2 + \beta - c_2)^2, \dfrac{p_2^m - \beta}{B_2} \in (0,1) \quad (7-9) \\[3mm] 0, \dfrac{p_2^m - \beta}{B_2} \geqslant 1 \end{cases}$$

7.2.2.3 情形3：两家企业同时成为不同类型市场的垄断品牌商[①]

在两家企业分别进入不同类型市场的情况下，其价格策略并不会给对手造成影响。此时由于企业分别获取垄断利润，因此两者的产品并未占满整个市场，其市场需求曲线由其品牌产品的消费者效用函数来决定。根据式（7-1），当 $U_1(\theta, x) = U_2(\theta, x)$ 时，消费者对两家企业产品品牌的偏好是无差异的，当且仅当其偏好系数与效用分别满足式（7-10）和式

[①] 这里的不同类型市场，是指市场中存在不同的消费者群体，这些群体对同一种产品的评价是不同的，这种差异可能来源于颜色、款式、性别、地点、个人收入等水平或空间因素。那么对整个市场而言，可以当作存在水平产品（品牌）差异化的市场。

（7-11）时，即不存在一个具有正效用的无差异偏好的消费者，也即市场中的消费者必然偏好于某家企业的产品，两家企业才能分别成为各自市场的垄断者。两家企业的垄断价格和垄断利润分别见式（7-4）、式（7-5）和式（7-8）、式（7-9）。

$$\theta^* = \frac{\Delta p^m + m}{\Delta B} \in [0,1] \qquad (7-10)$$

$$U^* = U_0 + \frac{(\Delta p^m + m)B_1}{\Delta B} - p_1^m - |x - a|\tau$$

$$= \frac{(\Delta p^m + m)B_1}{\Delta B} + \alpha - p_1^m = \frac{(\Delta p^m + m)B_2}{\Delta B} + \beta - p_2^m \leqslant 0$$

$$\qquad (7-11)$$

其中，$m \equiv |1 - b - x|\tau - |x - a|\tau = \alpha - \beta$，$\Delta B = B_2 - B_1$，$\Delta p^m = p_2^m - p_1^m$。

7.2.2.4 情形4：两家企业都进入市场，但仅有企业2是垄断品牌商

当对两家企业品牌选择无差异的消费者其偏好系数与效用不满足式（7-10）和式（7-11）时，市场不允许同时垄断。此时若企业2已占据整个市场，那么企业1的进入必然引发寡头价格竞争（即情形5）。而若企业2未占满市场，则企业1可以凭高于垄断价格的定价来占有剩余市场需求①；这一方面可以避免与企业2进行价格战，使得企业2仍然可以获得垄断利润 π_2^m，同时自己也能在有限的剩余市场内获得较高的利润 π_1^r。最终，两家企业恰好分享了整个市场。于是两家企业的利润最大化问题为：

$$\pi_2^m = \max_{p_2^m}(p_2^m - c_2)\left(1 - \frac{p_2^m - \beta}{B_2}\right)N, \frac{p_2^m - \beta}{B_2} \in (0,1) \quad (7-12)$$

$$\pi_1^r = \max_{p_1^r}(p_1^r - c_1)q_1^r - K_1 \qquad (7-13)$$

$$s.t.\ p_1^r > p_1^m, q_1^r = N - q_2^m$$

故，满足利润最大化的价格函数与利润函数分别为：

---

① 若企业1定价等于或低于垄断价格，具有无差异偏好的消费者可能被企业1吸引，从而引发价格竞争。

$$p_2^m = \frac{1}{2}(B_2 + \beta + c_2), \frac{p_2^m - \beta}{B_2} \in (0,1) \qquad (7-14)$$

$$\pi_2^m = \frac{N}{4B_2}(B_2 + \beta - c_2)^2, \frac{p_2^m - \beta}{B_2} \in (0,1) \qquad (7-15)$$

$$p_1^r = B_1\left(1 + \frac{\alpha}{B_1} + \frac{\beta}{B_2} - \frac{p_2^m}{B_2}\right) = \frac{B_1}{2B_2}(B_2 + \beta - c_2) + \alpha \qquad (7-16)$$

$$\pi_1^r = \frac{B_1 N}{4B_2^2}\left[B_2 + \beta - c_2 + \frac{2B_2}{B_1}(\alpha - c_1)\right][B_2 - \beta + c_2] - K_1$$

$$(7-17)$$

7.2.2.5　情形 5：两家企业都进入市场并进行价格竞争

由于企业 2 是市场上的在位者，且已占据整个市场，而企业 1 则是进入者，具有进入市场的先后顺序，因此，当两家企业在市场上共存时，将进行斯塔克伯格（Stackelberg）意义上的价格竞争，其各自所占市场份额也将由其品牌产品的消费者效用曲线的交点来决定。但与式（7-10）、式（7-11）不同的是，两家企业恰好分享了整个市场，因而消费者无差异偏好（偏好系数为 θ^{**}）的效用 $U^{**} \geq 0$，即有：

$$\theta^{**} = \frac{\Delta p^d + m}{\Delta B} \in [0,1] \qquad (7-18)$$

$$U^{**} = U_0 + \frac{(\Delta p^d + m)B_1}{\Delta B} - p_1^d - |x - a|\tau$$

$$= \frac{(\Delta p^d + m)B_1}{\Delta B} + \alpha - p_1^d = \frac{(\Delta p^d + m)B_2}{\Delta B} + \beta - p_2^d \geq 0$$

$$(7-19)$$

其中，$\Delta p^d = p_2^d - p_1^d$。然后根据两家企业在市场上所处位置可以得出寡占条件下的销售量和最大化利润函数：

$$q_1^d = \theta^{**} N = \frac{\Delta p^d + m}{\Delta B}N \qquad (7-20)$$

$$q_2^d = (1 - \theta^{**})N = \left[1 - \frac{\Delta p^d + m}{\Delta B}\right]N \qquad (7-21)$$

$$\pi_1^d = \max_{p_1^d}(p_1^d - c_1)\frac{\Delta p^d + m}{\Delta B}N - K_1 \qquad (7-22)$$

$$\pi_2^d = \max_{p_2^d}(p_2^d - c_2)\left[1 - \frac{\Delta p^d + m}{\Delta B}\right]N \qquad (7-23)$$

在这个斯塔克伯格寡头价格竞争模型中，跨国外包企业 2 是领导者，本土代工企业 1 是跟随者。运用逆向归纳法，先根据企业 1 的利润最大化函数式（7-22）来求得其对企业 2 的反应函数：

$$p_1^d = \frac{1}{2}(p_2^d + m + c_1) \qquad (7-24)$$

再代入式（7-23）并求最优解得：

$$p_2^d = \frac{1}{2}(c_1 + c_2 - m + 2\Delta B) \qquad (7-25)$$

再由式（7-25）代入式（7-24）得到最优的 p_1^d：

$$p_1^d = \frac{1}{4}(3c_1 + c_2 + m + 2\Delta B) \qquad (7-26)$$

然后将式（7-25）、式（7-26）分别代入式（7-23）和式（7-22）得到寡头均衡利润：

$$\pi_1^d = \frac{N}{16\Delta B}\left[c_2 - c_1 + m + 2\Delta B\right]^2 - K_1 \qquad (7-27)$$

$$\pi_2^d = \frac{N}{8\Delta B}\left[c_1 - c_2 - m + 2\Delta B\right]^2 \qquad (7-28)$$

7.2.2.6　情形 6：两家企业都进入市场并进行价格竞争，但两家企业的品牌产品之间只有垂直差异化而不存在水平差异化

实际上，情形 5 中包含了垂直产品差异化与水平产品差异化两种假设，情形 6 则是情形 5 的特例。由于这里不考虑水平产品差异化，也就是说，在线性城市中两家企业选址相同，那么式（7-18）、式（7-19）就变为：

$$\theta^{**} = \frac{\Delta p^d}{\Delta B} \in [0,1] \qquad (7-29)$$

$$U^{**} = \frac{\Delta p^d B_1}{\Delta B} + \alpha - p_1^d = \frac{\Delta p^d B_2}{\Delta B} + \beta - p_2^d \geqslant 0 \qquad (7-30)$$

再按情形 5 的思路可求得两家企业的均衡价格 p_i^{dv} 和均衡利润 π_i^{dv}：

$$p_1^{dv} = \frac{1}{4}(3c_1 + c_2 + 2\Delta B) \tag{7-31}$$

$$p_2^{dv} = \frac{1}{2}(c_1 + c_2 + 2\Delta B) \tag{7-32}$$

$$\pi_1^{dv} = \frac{N}{16\Delta B}(c_2 - c_1 + 2\Delta B)^2 - K_1 \tag{7-33}$$

$$\pi_2^{dv} = \frac{N}{8\Delta B}(c_1 - c_2 + 2\Delta B)^2 \tag{7-34}$$

7.2.3 第二阶段合作博弈：代工关系的维持条件

根据代工的基本含义，本土代工企业 1 承接跨国外包企业 2 对价值链中间环节的外包，进行加工生产和装配，最终贴上跨国企业 2 的品牌进入终端市场，即终端市场上只有跨国外包企业 2。因此，最终产品的产量（销售量）Q^o 可表示为：

$$Q^o = q_2^o = \begin{cases} N, \dfrac{p_2^o - \beta}{B_2} \leqslant 0 \\[2mm] \left(1 - \dfrac{p_2^o - \beta}{B_2}\right)N, \dfrac{p_2^o - \beta}{B_2} \in (0,1) \\[2mm] 0, \dfrac{p_2^o - \beta}{B_2} \geqslant 1 \end{cases} \tag{7-35}$$

式（7-35）中，q_2^o、p_2^o 分别代表代工关系形成时跨国外包企业 2 的产量与产品价格。因而，外包（代工）合作利润最大化问题为：

$$\pi^o = \begin{cases} \max\limits_{p_2^o}(p_2^o - c_1)N, \dfrac{p_2^o - \beta}{B_2} \leqslant 0 \\[2mm] \max\limits_{p_2^o}(p_2^o - c_1)\left(1 - \dfrac{p_2^o - \beta}{B_2}\right)N, \dfrac{p_2^o - \beta}{B_2} \in (0,1) \\[2mm] 0, \dfrac{p_2^o - \beta}{B_2} \geqslant 1 \end{cases} \tag{7-36}$$

根据利润最大化条件可以推知代工关系形成时的均衡价格与均衡
利润：

$$
p^o = \begin{cases} \beta, \dfrac{p_2^o - \beta}{B_2} \leqslant 0 \\[2mm] \dfrac{1}{2}(B_2 + \beta + c_1), \dfrac{p_2^o - \beta}{B_2} \in (0,1) \\[2mm] B_2 + \beta, \dfrac{p_2^o - \beta}{B_2} \geqslant 1 \end{cases} \qquad (7-37)
$$

$$
\pi^o = \begin{cases} (\beta - c_1)N, \dfrac{p_2^o - \beta}{B_2} \leqslant 0 \\[2mm] \dfrac{N}{4B_2}(B_2 + \beta - c_1)^2, \dfrac{p_2^o - \beta}{B_2} \in (0,1) \\[2mm] 0, \dfrac{p_2^o - \beta}{B_2} \geqslant 1 \end{cases} \qquad (7-38)
$$

进一步，假设 $\pi^o = \pi_1^o + \pi_2^o$，其中 π_1^o 代表本土代工企业 1 所获得的代
工报酬，π_2^o 则表示跨国企业 2 在将产品销售利润扣除代工报酬后所得的净
利润。若合作失败，代工关系破裂，则两家企业分别获得非合作博弈收益
π_1^n 和 π_2^n。为了说明两家企业最终是否维持现有的合作关系，我们参照纳什
（Nash，1953）的思路，给出以下最优化问题：

$$
\max (\pi_2^o - \pi_2^n)^\gamma (\pi_1^o - \pi_1^n)^{1-\gamma}
$$
$$
s.t.\ \pi^o = \pi_1^o + \pi_2^o \qquad (7-39)
$$

式（7-39）中，$1 - \gamma$ 和 $\gamma(\gamma \in (0,1))$ 分别代表企业 1 和企业 2 的
讨价还价能力，其值越大，表示讨价还价能力越强。进而可以求得其最大
化条件均衡解：

$$
\pi_2^o = \gamma(\pi^o - \pi_1^n) + (1 - \gamma)\pi_2^n
$$
$$
\pi_1^o = (1 - \gamma)(\pi^o - \pi_2^n) + \gamma\pi_1^n \qquad (7-40)
$$

对于理性的企业来说，总是选择能获得较高利润的策略。因而，在两
家企业都有可能进入终端市场的条件下，当且仅当 $\pi_1^o \geqslant \pi_1^n$、$\pi_2^o \geqslant \pi_2^n$ 时，

双方才可能选择合作。根据式（7-40）可知，当且仅当满足 $\pi^o \geq \pi_1^n + \pi_2^n$ 时，才有：

$$\pi_2^o - \pi_2^n = \gamma(\pi^o - \pi_1^n - \pi_2^n) \geq 0$$
$$\pi_1^o - \pi_1^n = (1-\gamma)(\pi^o - \pi_2^n - \pi_1^n) \geq 0 \qquad (7-41)$$

引理 7-1：在 GVC 中，当且仅当满足 $\pi^o \geq \pi_1^n + \pi_2^n$，即上下游企业双方合作利润不低于其非合作博弈收益之和时，原有的"外包—代工"关系才能得以维持。

该引理表明，对于代工企业来说，是否向自主品牌升级，固然取决于其对合作时发包方支付的代工报酬与非合作博弈收益之间的权衡，但这从根本上取决于外包产业价值链整体的利润大小。当"外包—代工"条件下可以取得比不合作收益更高的产业利润时，本土企业会选择继续代工。

然而，在只有跨国企业 2 才可能进入终端市场，即企业 2 选择维持其品牌商角色而本土企业 1 选择不进入终端市场的条件下，两家企业进行合作并不需要具备式（7-41）所示的条件。根据假设，跨国企业 2 其品牌产品的平均生产成本要大于企业 1（$c_2 > c_1 > 0$），说明本土企业 1 具有生产成本优势。所以对于企业 2 来说，通过外包生产环节来利用企业 1 的成本优势显然可以获取更高的利润；而对于企业 1 而言，为企业 2 代工获取一定的代工报酬显然比"无所事事"（收益为 0）要好。由此可得引理 7-2。

引理 7-2：当终端市场中只有跨国企业时，其与本土企业之间的"外包—代工"关系必能得以维持。

7.2.4 模型的均衡分析

引理 7-1 仅仅考虑了合作与非合作时的利润权衡，而并未考虑非合作时终端市场结构不同情形下"外包—代工"关系的维持或破裂所需满足的条件。为此，我们结合前面所述的六种终端市场结构情形，进一步分析不同市场结构下 GVC 中的企业博弈。为了直观地反映两家企业的博弈过程及均衡市场结构，下面就用博弈树来进行描述，如图 7-1 所示，其中博弈树的末端显示了跨国外包企业 2（支付矩阵左侧）与本土代工企业 1（支付矩阵右侧）在博弈后的支付情况。根据假设，跨国外包企业 2 的可选策略包括维持现有品牌商角色或退出终端市场，本土代工企业 1 的策略集则包括进入或退出终端市场。而由引理 7 – 2 可知，当两家企业的策略矩阵为（维持，不进入）时，其分享合作收益，所得支付为 (π_2^o, π_1^o)。[①] 根据逆向归纳法，可以求得四种博弈的均衡解。

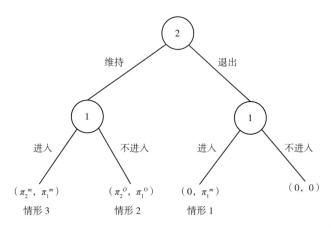

**图 7 – 1　两家企业市场势力有限和双重产品差异化条件下
GVC 中的终端市场博弈**

首先，图 7 – 1 表示的是在不同类型市场即水平产品差异化市场中，当两家企业可能具备的市场势力不足以占满整个消费者需求空间时，双方博弈所可能出现的情形。可以看出，本土代工企业 1 的最优策略永远是"维持"（因为 $\pi_2^m > 0$），所以博弈均衡为（维持，进入）或（维持，不进入），这取决于本土代工企业 1 品牌投资成本 K_1 的大小。给定 K_1 使得 $\pi_1^m > \pi_1^o$，即成为品牌商的垄断利润大于代工报酬，本土代工企业 1 的最优策略是"进入"，故而均衡策略为（维持，进入），即两家企业"自立山头"，同时成为不同类型市场中的垄断品牌商；而当 $\pi_1^m \leqslant \pi_1^o$ 时，本土代工企业 1 的最优选择是"不进入"，那么纯策略纳什均衡为（维持，不进入），即跨国外包企业 2 是市场上唯一的垄断品牌商，而本土代工企业 1

---

① 陈彦恒（2011）假设当代工企业选择不进入时，其所获收益为 0。但根据引理 7 – 2，如果代工企业不进入终端市场，那么原有"外包—代工"关系得以维持，从而代工企业可以获得一定的代工收益 π_1^o。

继续扮演代工者角色。故有引理 7-3。

引理 7-3：在存在水平产品差异化市场中，两家竞争企业的潜在垄断势力不足以占满整个消费者需求空间的条件下，当且仅当满足 $\pi_1^m > \pi_1^i$，即进入终端市场能让本土企业获得高于代工报酬的垄断利润时，本土代工企业才会进入终端市场，并将与跨国外包企业"各霸一方"；否则，跨国外包企业将垄断整个市场。

其次，与图 7-1 有所不同的是，图 7-2 体现了市场中仅有跨国外包企业 2 是垄断品牌商条件下两家企业开展的博弈过程。如前所述，由于本土代工企业 1 的进入并不会产生与跨国企业 2 之间的竞争，因此可以看作两家企业分别占据了不同类型的市场，但跨国外包企业 2 获得垄断利润，本土代工企业 1 则在剩余市场需求内追求利润最大化。如图 7-2 所示，从博弈树中可以发现，对跨国外包企业 2 来说，"维持"是占优策略；但对本土代工企业 1 而言，存在两种可能的选择："进入"（当 $\pi_1^r > \pi_1^o$ 时）或"不进入"（当 $\pi_1^r \leqslant \pi_1^o$ 时）。因此，当 $\pi_1^r > \pi_1^o$ 和 $\pi_1^r \leqslant \pi_1^o$ 时，博弈的最终均衡策略集分别为（维持，进入）和（维持，不进入），故而有引理 7-4。

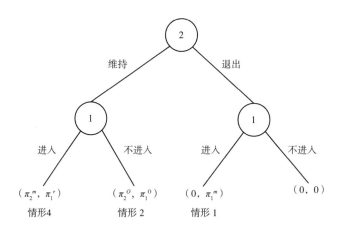

图 7-2　仅有跨国公司垄断和双重产品差异化条件下
GVC 中的终端市场博弈

引理 7-4：在市场仅允许在位者实施垄断的条件下，代工企业若进入市场则可获得剩余市场需求；当且仅当满足 $\pi_1^r > \pi_1^o$，即进入剩余终端市场能让本土代工企业获得比代工报酬更高的利润时，本土代工企业才会进入终端市场，但并不影响跨国外包企业的垄断地位；否则，跨国外包企业将垄断整个市场。

最后，如图7-3和图7-4所示，给出了两家企业都进入市场并进行价格竞争时的博弈情形。图7-3所体现的寡头竞争是基于两家企业的品牌产品之间具有双重产品差异化（兼具垂直和水平差异化）的前提之上的，而图7-4则说明了两家企业的品牌产品之间只有垂直差异化而不存在水平差异化时的情形。与图7-1、图7-2所示的情形类似，跨国外包企业2的占优策略是"维持"（$\pi_2^d>0$，$\pi_2^{dv}>0$），但本土代工企业1选择是否进入市场则取决于在两种产品差异化假设之下所能获得的利润。当其寡头竞争利润分别满足 $\pi_1^d>\pi_1^o$ 和 $\pi_1^{dv}>\pi_1^o$ 时，企业1会选择进入，得到图7-3、图7-4的纯策略纳什均衡解为（维持，进入）；而若 $\pi_1^d \leqslant \pi_1^o$，$\pi_1^{dv} \leqslant \pi_1^o$，则企业1选择不进入，此时两个博弈的均衡策略均为（维持，不进入）。由此可得引理7-5和引理7-6。

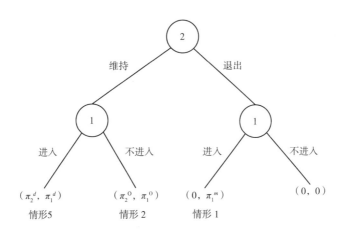

图7-3 寡头竞争和双重产品差异化条件下 GVC 中的终端市场博弈

引理7-5：若市场上相互竞争的两家企业品牌产品之间兼具垂直和水平差异化，那么当且仅当满足 $\pi_1^d>\pi_1^o$，即寡头利润高于代工报酬，本土代工企业才会进入终端市场，并与跨国外包企业形成寡头；否则，跨国外包企业将垄断整个市场。

引理7-6：若市场上相互竞争的两家企业品牌产品之间只有垂直差异化而不存在水平差异化，那么当且仅当满足 $\pi_1^{dv}>\pi_1^o$，即寡头利润高于代工报酬，本土代工企业才会进入终端市场，并与跨国外包企业形成寡头；否则，跨国外包企业将垄断整个市场。

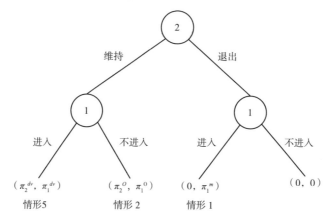

图 7 - 4　寡头竞争和仅有垂直产品差异化条件下
GVC 中的终端市场博弈

引理 7 - 3 至引理 7 - 6 揭示了在不同情形的终端市场结构以及不同类型的产品差异化条件下，GVC 中跨国外包企业与本土代工企业的博弈均衡及其实现条件。博弈均衡结果意味着，代工企业是否进入终端市场实施品牌升级，取决于其自创品牌后的利润与代工利润之间的比较和权衡；而自创品牌可获得的利润不仅取决于最终产品的市场结构，而且还与产品差异化类型有关。

7.3

产品差异化条件下的代工企业决策及其影响因素

如前所述，终端市场结构和产品差异化类型都是决定代工企业是否实施品牌升级决策的重要因素。那么，这两种因素对于代工企业品牌升级而言是否同样重要？若不是，哪个因素更具有决定性？这个决定性因素是如何影响代工企业品牌升级可能性的？在既定的终端市场结构和产品差异化类型条件下，代工企业品牌升级决策还会受到哪些关键因素的影响？一方面，考虑到相对于市场结构的多样性，产品差异化类型比较简单，仅仅分为垂直产品差异化和水平产品差异化。另一方面，无论是在品牌声誉、产品质量、产品设计等方面，与先进国家的传统优质品牌相比，发展中国家的品牌具有内生性的比较劣势（石奇，2007）。因而，我们有理由假定跨国外包企业与本土代工企业的品牌产品之间普遍存在垂直产品差异化。但是，发展中国家企业的品牌可以通过不同的市场定位（如企业选址、消费者性别、消费者收入水平）来实施水平产品差异化。基于此，我们将考虑两种产品差异化条件下的代工企业决策及其引致的均衡结果：一是跨国外包企业与本土代工企业的品牌产品之间仅存垂直产品差异化；二是跨国外包企业与本土代工企业的品牌产品之间不仅存在垂直产品差异化，而且还存在水平产品差异化。

7.3.1 仅存垂直产品差异化条件下的代工企业决策

若市场上相互竞争的两家企业品牌产品之间只有垂直差异化而不存在水平差异化，即满足 $m = |1 - b - x| \tau - |x - a| \tau = \alpha - \beta = 0$，故有 $\alpha = \beta$。根据引理7-6，当且仅当满足 $\pi_1^{dv} > \pi_1^o$ 时，代工企业才会选择进入终端市场自创品牌。为了证明该条件的可能性，我们首先假设每家企业都拥有对方的优势，即 $B_1 = B_2$，$c_2 = c_1$。那么由式（7-5）、式（7-9）可得两家企业的各自垄断利润函数为：

$$\pi_1^m = \frac{N}{4B_1} (B_1 + \alpha - c_1)^2 - K_1 = \frac{N}{4B_2} (B_2 + \beta - c_1)^2 - K_1$$

$$(7 - 42)$$

$$\pi_2^m = \frac{N}{4B_2} (B_2 + \beta - c_2)^2 = \frac{N}{4B_2} (B_2 + \beta - c_1)^2 \quad (7 - 43)$$

若两家企业合谋，则可以获得最高产业利润。再假设 $K_1 = 0$，则两家企业分别所获利润为其垄断利润的一半，即 $\pi_1^c = \pi_2^c = \frac{1}{2} \pi_i^m = \frac{N}{8B_2} (B_2 + \beta - c_2)^2$，从而可得：

$$\pi_1^c + \pi_2^c = \pi_i^m = \frac{N}{4B_2} (B_2 + \beta - c_1)^2 = \pi^o \quad (7 - 44)$$

式（7-44）说明两家企业合谋利润等于合作利润。若 $B_2 > B_1 > 0$，$c_2 > c_1 > 0$，$K_1 \geqslant 0$，则两家企业必须进行相互竞争，从而获得利润 π_i^{dv}（见情形 6 和图 7-4）。根据经典产业组织理论可知，$\pi_1^{dv} < \pi_1^c$，$\pi_2^{dv} < \pi_2^c$，故而有 $\pi_1^n + \pi_2^n = \pi_1^{dv} + \pi_2^{dv} < \pi_1^c + \pi_2^c = \pi^o$，显然满足引理 7-1。因此，理性的代工企业将甘于继续为跨国外包企业代工而不会选择向自主品牌升级，从而可得命题 7-1。

命题 7-1：在跨国外包企业与本土代工企业的品牌产品之间仅存垂直产品差异化条件下，具有品牌劣势与生产成本优势的代工企业不会选择品牌升级，从而原有"外包—代工"关系得以维持。

7.3.2 兼具垂直和水平产品差异化条件下的代工企业决策

当市场上相互竞争的两家企业品牌产品之间存在水平差异化时，则意味着两家企业可以通过企业区位差异定位不同的消费者群体等途径进入不同类型的市场。图 7-1 至图 7-3 中的博弈反映了存在水平产品差异化时的情形。通过分析可以得到命题 7-2。

命题 7-2：在跨国外包企业与本土代工企业的品牌产品之间兼存垂直和水平产品差异化条件下，只要代工企业实现品牌升级所需追加投资足够小，"外包—代工"关系就可能破裂，代工企业选择进入终端市场从而转型为自主品牌商。

证明：首先，当两家企业可能具备的市场势力不足以占满整个消费者需求空间时，其可能分别成为不同类型市场中的垄断者，只要满足 $\pi_1^m > \pi_1^o$。根据引理 7-1 和引理 7-2，可以发现 $\pi_1^m > \pi_1^o$ 的充要条件是 $\pi^o < \pi_1^n + \pi_2^n = \pi_1^m + \pi_2^m$。为证明满足该条件的可能性，我们首先假设 $B_1 = B_2 - \varepsilon_1$，$c_2 = c_1 + \varepsilon_2$，其中 ε_1、ε_2 为很小的正数，故而有：

$$\pi_1^m + \pi_2^m = \frac{N}{4B_1}(B_1 + \alpha - c_1)^2 - K_1 + \frac{N}{4B_2}(B_2 + \beta - c_2)^2$$

$$\overset{\varepsilon_1 = 0}{\underset{\varepsilon_2 = 0}{=}} \underbrace{\frac{N}{4B_2}(B_2 + \alpha - c_1)^2 - K_1}_{\phi^m} + \underbrace{\frac{N}{4B_2}(B_2 + \beta - c_1)^2}_{\pi^o}$$

$$(7-45)$$

从式（7-45）可知，若 $K_1 < \phi^m$，则必有 $\pi_1^m + \pi_2^m > \pi^o$。而当 $\varepsilon_1 > 0$，$\varepsilon_2 > 0$ 但 $\varepsilon_1 \to 0$，$\varepsilon_2 \to 0$ 时，有 $\pi_1^m \to \phi^m - K_1$，$\pi_2^m \to \pi^o$；但 $\pi_1^m < \phi^m - K_1$，$\pi_2^m < \pi^o$。根据函数的连续性，$\exists K_1 \in [0, \phi^m)$，使得 $\pi_1^m + \pi_2^m > \pi^o$。这意味着，只要代工企业实现品牌升级所需追加的投资足够小，"外包—代工"关系就可能破裂，代工企业选择进入终端市场并成为某一市场的垄断品牌商。

进而可以发现，$\dfrac{\partial \phi^m}{\partial N} > 0$，$\dfrac{\partial \phi^m}{\partial \alpha} = \dfrac{N}{2B_2}(B_2 + \alpha - c_1) > \dfrac{N}{2B_2}(B_1 + \alpha - c_1) > 0$ [1]，$\dfrac{\partial \phi^m}{\partial c_1} = -\dfrac{N}{2B_2}(B_2 + \alpha - c_1) < 0$，$\dfrac{\partial \pi^m}{\partial B_1} = \dfrac{N}{4B_1{}^2}(B_1 + \alpha - c_1)(B_1 - \alpha + c_1) > 0$，表明 α 越大 [2]，或 N 越大，或 c_1 越小，或 B_1 越大（π^m 越趋近于 $\phi^m - K_1$），能够满足条件的 K_1 就越多，说明代工企业 1 实现品牌升级的可能性就越大，从而可得推论 7-2-1。

推论 7-2-1：在存在垂直和水平产品差异化的市场中，如果两家竞争企业的潜在垄断势力不足以占满整个消费者需求空间，那么市场需求规模越大，或代工企业的选址越靠近消费者（或越接近某一特定消费者群体），或生产成本越小，或自主品牌的预期价值越大，代工企业就越有可能进入终端市场而超越代工角色。

其次，在终端市场仅允许在位者实施垄断且市场空间尚未被其占满的条件下，代工企业 1 可以进入剩余市场，只要满足 $\pi_1^r > \pi_1^n$ 或 $\pi^o < \pi_1^n + \pi_2^n = \pi_1^r + \pi_2^m$。根据式（7-15）和式（7-17）可得：

$$\pi_1^r + \pi_2^m = \frac{B_1 N}{4B_2{}^2}\Big[B_2 - c_2 + \beta + \frac{2B_2}{B_1}(\alpha - c_1) \Big](B_2 - \beta + c_2) -$$

$$K_1 + \frac{N}{4B_2}(B_2 + \beta - c_2)^2$$

---

① 根据式（7-2）和式（7-4）可得 $q_1^m = \Big(1 - \dfrac{p_1^m - \alpha}{B_1} \Big)N = \dfrac{N}{B_1}\Big[B_1 - \dfrac{1}{2}(B_1 + \alpha + c_1) + \alpha \Big] = \dfrac{N}{2B_1}(B_1 + \alpha - c_1) > 0$。

② 表示消费者消费本土企业 1 品牌产品所需的交通成本越低，也可以看作因其他水平差异化因素而引致的消费者选择成本越低，从而其产品越接近消费者偏好。

$$
\begin{aligned}
\overset{\varepsilon_1 = 0}{\underset{\varepsilon_2 = 0}{=}} \;& \underbrace{\frac{N}{4B_2}(B_2 + \beta + 2\alpha - 3c_1)(B_2 - \beta + c_1)}_{\phi^r} - K_1 + \\
& \underbrace{\frac{N}{4B_2}(B_2 + \beta - c_1)^2}_{\pi^o}
\end{aligned} \tag{7-46}
$$

从式（7-46）可知，若 $K_1 < \phi^r$，则必有 $\pi_1^r + \pi_2^m > \pi^o$。而当 $\varepsilon_1 > 0$，$\varepsilon_2 > 0$ 但 $\varepsilon_1 \to 0$，$\varepsilon_2 \to 0$ 时，有 $\pi_1^r \to \phi^r - K_1$，$\pi_2^m \to \pi^o$。根据函数的连续性，$\exists K^* \in (\phi^r - \delta, \phi^r + \delta)$，其中 $\delta \to 0^+$，当代工企业进入终端市场所需投资 $K_1 < K^*$ 时，必有 $\pi_1^r + \pi_2^m > \pi^o$，满足代工超越条件。这意味着，只要代工企业实现品牌升级所需追加的投资足够小，"外包—代工"关系就可能破裂，代工企业选择进入剩余品牌空间而转型为品牌商。

同样也可以发现，$\frac{\partial \phi^r}{\partial N} > 0$，$\frac{\partial \phi^r}{\partial \beta} < 0$[①]，表明 N 越大，或 β 越小（表示消费者消费跨国企业 2 品牌产品所需的交通成本越高），能够满足条件的 K_1 就越多，说明本土代工企业 1 实现品牌升级的可能性就越大，从而可得推论 7-2-2。

推论 7-2-2：在存在垂直和水平产品差异化的市场中，如果仅允许在位者实施垄断且市场空间尚未被其占满，那么市场需求规模越大，或外包企业越远离消费者（或越远离某一特定消费者群体），代工企业就越有可能进入终端市场而超越代工角色。

最后，在存在垂直和水平产品差异化的市场中，若两家企业都进入市场会引致双方的价格竞争，则本土企业 1 依然会选择进入市场，只要满足 $\pi_1^d > \pi_1^o$ 或 $\pi^o < \pi_1^n + \pi_2^n = \pi_1^d + \pi_2^d$。由式（7-27）和式（7-28）可得：

$$
\pi_1^d + \pi_2^d = \frac{N}{16\Delta B}\left[c_2 - c_1 + m + 2\Delta B\right]^2 - K_1 +
$$

---

① 根据情形 4，由式（7-13）中的约束条件 $p_1^r > p_1^m$ 可推得 $\alpha + \beta > c_1 + c_2$，故有 $\frac{\partial \phi^r}{\partial \beta} = \frac{N}{2B_2}[2c_1 - (\alpha + \beta)] < \frac{N}{2B_2}[2c_1 - (c_1 + c_2)] = \frac{N}{2B_2}(c_1 - c_2) < 0$。

$$\frac{N}{8\Delta B}\left[c_1 - c_2 - m + 2\Delta B\right]^2$$

$$\overset{\varepsilon_2 = 0}{=} \frac{N}{16}\left(\frac{3m^2}{\Delta B} + 12\Delta B - 4m\right) - K_1$$

$$\geqslant \frac{Nm}{2} - K_1 \tag{7-47}$$

可以证明，若 $K_1 < \dfrac{Nm}{2} - \pi^o = \left[\dfrac{m}{2} - \dfrac{(B_2 + \beta - c_1)^2}{4B_2}\right]N$，则必有

$\pi_1^d + \pi_2^d > \pi^o$。而当 $\varepsilon_2 > 0$ 但 $\varepsilon_2 \to 0$ 时，有 $\pi_1^d + \pi_2^d \to \dfrac{N}{16}\left(\dfrac{3m^2}{\Delta B} + 12\Delta B - \right.$

$\left. 4m\right) - K_1$。根据函数的连续性，$\exists K^{**} \in (\phi^d - \delta, \phi^d + \delta)$，其中 $\phi^d \equiv$

$\left[\dfrac{m}{2} - \dfrac{(B_2 + \beta - c_1)^2}{4B_2}\right]N$，$\delta \to 0^+$，当代工企业进入终端市场所需投资 K_1

$< K^{**}$ 时，必有 $\pi_1^d + \pi_2^d > \pi^o$ 满足代工超越条件。这意味着，只要代工企

业实现品牌升级所需追加的投资足够小，"外包—代工"关系就可能破

裂，代工企业选择进入终端市场与在位品牌企业共同获取寡头垄断

利润。

显而易见，$\dfrac{\partial \phi^d}{\partial N} > 0$，$\dfrac{\partial \phi^d}{\partial m} > 0$；且有 $\dfrac{\partial \phi^d}{\partial \beta} = -\left(\dfrac{1}{2} + \dfrac{B_2 + \beta - c_1}{2B_2}\right)N < 0$，

$\dfrac{\partial \phi^d}{\partial c_1} = \dfrac{N}{2B_2}(B_2 + \beta - c_1) > 0$。[①]表明 N 越大，或 m 越大（表示与跨国外包企

业 2 相比，本土代工企业 1 离消费者越近，其产品越符合消费者选择偏

好），或 β 越小，或 c_1 越大，能够满足条件的 K_1 就越多，说明本土代工企

业 1 实现品牌升级的可能性就越大，从而可得推论 7 - 2 - 3。

推论 7 - 2 - 3：在存在垂直和水平产品差异化的市场中，如果企业进

入会引致价格竞争，那么市场需求规模越大，或两家企业之间的水平产品

差异化程度越大，或外包企业越远离消费者（或越远离某一特定消费者群

体），或生产成本越大，代工企业就越有可能进入终端市场而超越代工

---

① 根据式（7-2）和式（7-4）可得 $B_2 + \beta - c_2 > 0$，再因 $c_2 > c_1$，故有 $B_2 + \beta - c_1 > B_2 + \beta - c_2 > 0$。

角色。

我们还发现，与推论 7 - 2 - 1 的结论恰恰相反的是，随着生产成本变大，代工企业进入终端市场实现品牌升级的可能性就越大。这意味着，生产成本大小对代工企业品牌升级的影响是不确定的，在不同的终端市场结构条件下可能存在截然相反的效应。具体来说，根据推论 7 - 2 - 1，如果跨国外包企业产品（进入终端市场的）和本土代工企业产品之间的水平差异化程度足够大，从而使得其能够分别成为不同类型市场中垄断者的条件下，较低的生产成本优势能够有助于本土代工企业进入终端市场并成为较强市场势力的垄断品牌商。而根据推论 7 - 2 - 3，如果两家企业产品之间的水平差异化程度不够高，从而当本土代工企业进入终端市场会引致双方的价格竞争，那么本土代工企业生产成本的提高使得其通过自创品牌而获利的空间增大，从而可以在一定程度上"倒逼"其进行品牌升级；相对地，较低的生产成本优势可能使得代工企业"沉溺"于原有的"外包—代工"关系，从而形成对代工模式的路径依赖。综上可得推论 7 - 2 - 4。

推论 7 - 2 - 4：生产成本大小对本土代工企业是否进入终端市场进行品牌升级的影响是不确定的，其效应取决于均衡条件下的终端市场结构。只有当其品牌产品与跨国外包企业品牌产品之间存在足够大的水平差异化程度，进而使得其能够成为利基（niche）市场中的唯一垄断品牌商，低廉生产成本优势才是促进本土代工企业实现品牌升级的有利条件。

7.3.3 对代工企业品牌升级决策的进一步讨论

上述命题与推论表明，代工企业实施品牌升级的战略决策，不仅与终端市场结构和产品差异化类型相关，而且与其品牌产品的水平产品差异化程度、品牌运营的追加投资、终端市场需求规模、企业生产成本等因素相关。

首先，产品差异化类型是代工企业是否实施品牌升级决策的决定性因素。命题 7 - 1 表明，在跨国外包企业与本土代工企业的品牌产品之间存在垂直产品差异化条件下，如果本土代工企业的品牌产品定位于跨国外包企业品牌产品已有市场，即不存在水平产品差异化，那么拥有天然品牌劣势与生产成本优势的理性代工企业，将热衷于继续从事国际代工而不会选择自创品牌升级。这是因为，一旦以自主品牌进入终端市场，就意味着从代工商化身为品牌商，从而将与外包企业进行正面竞争较量，而这可能会导致后者的各种遏制、阻挠以及中止代工合同和取消代工订单的可信威胁。这将导致代工企业不仅不能提高自身的附加值而实现企业升级，而且还可能陷入既无订单又无市场的双重窘境。因此，对于后进国家企业而言，若在没有明确的差异化市场定位条件下盲目地转型做自主品牌，硬生生地挤入几乎已被发达国家先进企业所占满的品牌空间，甚至幻想有朝一日将已有品牌挤出市场而替代其霸主地位，则很可能是"自掘坟墓"。即使代工企业一时进入终端市场创立自主品牌，也会最终经营亏损而回到继续代工的老路上。

其次，在存在水平产品差异化条件下，水平产品差异化程度和品牌运营所需的追加投资水平是影响代工企业品牌升级决策的关键因素。命题 7-2 表明，如果代工企业的自主品牌产品具有水平产品差异化，也就是说，将其品牌产品定位与原有发包企业不同的利基市场，那么，无论终端市场结构如何，只要自创品牌所需追加投资足够小，理性的代工企业就不会满足于仅仅为跨国公司进行国际代工，而可以选择进入终端市场，进而超越代工角色。这为后进企业超越国际代工模式指了"明路"：一是将自主品牌进行明确的市场定位，专注于特殊的细分市场，通过企业选址、消费者分流、技术区隔等手段来提升水平差异化程度，进入与原有发包方不同的产品市场，特别是一些具有较大产品空间的市场，尽量避免或减少与原有跨国企业的品牌进行无差异的直接竞争。二是通过为先进外包企业代工积累充足的资金、前沿的技术与高端人才，同时不断地学习跨国外包企业的技术研发、渠道运营、品牌建设等方面的经验，从而降低自创品牌时所需的追加投资成本。从这个意义上讲，代工与品牌"两条腿"走路，实施多元化经营，可能是后进代工企业初创品牌时的正确策略，因为巨大的品牌营销投入也需要代工业务所获利润的"输血"支持。另外，来自竞争对手的品牌营销竞争，也会导致代工企业品牌营销投入的被动增加，从而加大了代工企业品牌升级的难度。

再其次，市场需求规模也是影响代工企业品牌升级决策的重要因素之一。推论7－2－1至推论7－2－3进一步表明，消费市场规模越大越有利于代工企业品牌升级。这意味着，市场需求空间特别是具有"天时、地利、人和"的本土市场需求规模的不断扩大，将为后进企业超越代工提供很好的平台和机遇。不仅如此，代工企业积极"走出去"，以开拓和占有东道国市场为导向进行对外直接投资，特别是到有巨大潜力的新兴经济体以及发展中国家和地区的市场进行设立生产基地和构建销售网络，也将有利于代工企业成功实现品牌升级。

最后，代工企业的生产成本对代工企业品牌升级决策具有不确定的影响。推论7－2－4则表明，后进企业低廉的生产成本既可能是其从事国际代工的优势所在，在一定条件下也可能是其实施品牌升级的优势条件和动力源泉。只有代工企业自创品牌产品与跨国外包企业品牌产品之间的水平差异化足够大，并使得代工企业自有品牌能垄断细分利基市场，此时低廉的生产成本有助于代工企业进行品牌升级。否则，低廉的生产成本反而可能导致代工企业被"锁定"于原有代工模式，而生产成本的提高却在一定程度上可以"倒逼"其实施品牌升级决策。现实含义是，如果代工企业自主品牌的产品定位于未曾开拓的"新市场"或有待深入开拓的"新兴市场"①，意味着代工企业一旦通过自创品牌进入这些市场，将很可能成为该市场的垄断者，这种情况下代工企业的生产成本优势和生产制造核心能力将有助于进行品牌升级。相反地，如果代工企业自主品牌的产品定位于跨国外包企业品牌已在位的"旧市场"，意味着代工企业一旦通过自创品牌进入这些市场，将引致其与在位品牌商之间激烈的价格竞争，那么代工企业的生产成本优势将可能是将其"锁定"于代工角色的"枷锁"。此时，劳动力成本上升、融资约束加大、环境规制趋紧等引致企业生产成本增加的诸多外部因素，可能促使代工企业努力向自有品牌商进行转型升级。

---

① 这里的"新市场"或"新兴市场"，可以是经济发展水平或地理位置意义上的市场，如发展中国家市场、偏远地区市场等；也可以是某些细分市场特征意义上的市场，如针对女性消费者、儿童消费者、收入水平较低的消费者群体的市场或者经济相对落后地区的市场等。

7.4

代工依赖还是品牌升级：中国本土企业的案例分析

以上模型分析得出的理论命题是否符合代工企业实践，还有待进一步检验。代工企业品牌升级，既是产业组织学的研究领域，也是工商管理学的研究范畴。案例研究方法是组织管理学研究的基本方法之一，因而适用于本章的分析。根据样本数量不同，案例研究方法可以分为单案例分析和多案例分析。相较于单案例用于挑战现有理论，多案例则更多的适用于构建理论（Yin，2017）。而且，多案例研究通过案例的复制来支持结论，可以提高案例研究的效度（Eisenhardt，1989）。多案例研究重复性的"准实验"，更可能提供一般化和"稳健可靠"的结论，有助于捕捉和追踪实践中出现的新现象（毛基业和李晓燕，2010）。基于案例分析对象的典型性以及不同对象间的复制和可比性，本节分别以"代工之王"富士康、曾经的智能手机巨头"宏达电"以及著名微波炉品牌"格兰仕"为例，对其品牌升级成败的经验教训进行总结分析和比较，以印证上述模型中假设的影响代工企业品牌升级的几个重要决定因素。

7.4.1　代工企业发展的路径依赖：以富士康为例

创立于 1974 年中国台湾富士康科技集团是全球 3C（计算机、通讯、消费性电子）代工领域规模最大、成长最快、评价最高的国际集团，也是全球最大的电子科技制造服务商。自 1988 年在深圳龙华镇建厂以来，富士康迅速发展壮大。截至 2007 年年底，富士康在全国相对成熟的基地已超过 13 个，覆盖了包括珠三角、长三角、环渤海湾、东北老工业区在内的大半个中国大陆，且逐步向中西部地区渗透。据中国海关统计，2018 年，中国大陆出口企业 200 强中，前 10 强中就占了 3 席，分别为第 1 位的鸿富锦精密电子（郑州）有限公司和第 2 位的富泰华工业（深圳）有限公司以及第 10 位的鸿富锦精密电子（成都）有限公司。其中，郑州公司已经连续五年稳坐冠军宝座，是榜单上首个也是唯一的出口规模突破 2000 亿元的企业。不仅如此，在内地进口企业 200 强榜单中，富士康旗下公司也有 10 家上榜。如今，富士康出口总额已占中国大陆出口总额的 3.9%，进口总额占中国大陆的 3.6%，连续多年位居中国出口第一。2009 年，富士康跻身《财富》全球 500 强第 109 位，2018 年则高居《财富》全球 500 强第 24 位。由于其杰出的营运成绩及对地方经济所做出的巨大贡献，"富士康模式"已成为本土企业纷纷效仿的模板。

众所周知，低廉的生产成本是代工企业的主要竞争优势所在。作为代工企业的最经典范例，富士康的成功也自然离不开其所拥有的独一无二的生产成本优势，包括速度、品质、工程服务、弹性和成本这五大产品策略，与自创的垂直整合商业模式决定了富士康在代工领域不可撼动的优势地位。在速度决定效益的产能管理理念下，富士康总能在极为有限的时间内完成品牌客户所要求的"不可能完成的任务"，从而深得苹果、戴尔等国际品牌巨头的青睐与信赖。因此，即便是席卷全球的金融风暴冲击下，富士康依然可以傲立代工山头，获得大规模的代工订单。

与许多代工企业一样，富士康并不满足于为跨国公司从事代工。但是与在代工领域的出尽风头相比，富士康的自创品牌之路可谓困难重重，屡战屡败。2001 年，富士康驻赛博数码广场，为进军渠道经营埋下伏笔。2003 年，赛博在全国范围内扩张规模，开设 53 家门店，并声称目标是 500 家门店，但由于业绩不佳产生巨额亏损，从而在 2004 年不得已关闭大部分门店。2004 年，并不死心的富士康挖角联强团队成立"数码捷豹"，意欲在中国拷贝联强模式，但 2005 年"数码捷豹"便突然宣布歇业。2010 年，富士康又在中国大陆开"万马奔腾"电器超市，并推出"飞虎乐购"网站涉足电商，甚至携手全球第五大渠道商麦德龙开设 3C 卖场"万得城"。2013 年 7 月，富士康又推出 3C 数码网上购物平台"富连网"。另外，富士康还通过推出整机品牌"睿侠"电视和消费电子品牌"富可视"、收购"TATOP 品至"智能手机等途径进入终端市场。① 但是，这些向自主品牌和零售渠道转型的努力均难有作为，为苹果等品牌商代工仍然是富士康比

---

① 王泽旭. 富士康重回代工老路：制造八成 iPhone6［N］. 证券日报，2014－09－18.

较理想的出路。

从技术因素看，富士康拥有世界上一流的加工和制造能力，应该不存在做自主品牌所必需的产品设计与质量上的瓶颈。但是作为品牌营销领域的新手，富士康仅仅通过嫁接别人的渠道模式进入终端市场，并不能水到渠成。首先，在人们心中，"富士康"已俨然成了代工的代名词，要想让消费者突然接受"富士康"牌产品，并非那么容易。其次，品牌经营涉及技术研发、品牌推广、市场营销、售后服务、企业管理等多个环节的科学化运作，这与富士康现有的企业文化与管理模式相差甚远，再加上自创品牌所需的人力、物力和财力上的巨额投资也会让富士康不堪重负。

从市场因素来看，富士康选择的产品终端市场并不具备适合新进品牌经营与扩张的市场需求条件。2016 年，富士康分别收购了诺基亚和夏普两大老牌手机品牌巨头的大部分股权，开展智能手机业务，并且在推广品牌时尽量避免出现"富士康"相关字样，试图"东山再起"，但是结果如何还需要时间的考验。据国际数据公司（IDC）的数据显示，2017 年第二季度中国智能手机市场出货量同比下降 0.4%。由于消费市场较为低迷，众多手机厂商调整市场预期，相应减少产品出货，从而快速应对市场变化。其中前三巨头华为、OPPO、vivo 增速依旧较快，而其他手机阵营的市场份额则进一步减少了 26.2%。[①] 在智能手机市场接近饱和的今天，诺基亚和夏普想有所突破确实存在较大难度。所以即使富士康能创牌成功，如果没有自身特色，专注小众市场，也很难取得成功。因为这不仅会直接与众多在位品牌的竞争，使得自创品牌的不确定性增加，而且还可能由于转型做 OBM 而导致原有代工客户的强烈抵制、撤单威胁甚至市场封锁，从而可能会陷入"赔了夫人又折兵"的尴尬境地。

因此，面临接近饱和的"旧"终端市场以及自创品牌所需的巨大投资，具有较大的生产成本和供应链优势的富士康"理性"选择是仍然专注代工。种种现实也表明，身为"代工大王"的富士康在较大程度上形成了对国际代工发展的路径依赖。

---

① 周昊. 富士康：代工巨头的品牌化挑战 [N]. 中国经营报，2017 – 09 – 02.

7.4.2　代工企业品牌升级失败"打回原形"：以 HTC 为例

　　成立于 1997 年 5 月的中国台湾宏达国际电子股份有限公司，以下简称
"宏达电"（HTC），创建伊始是一家为惠普、康柏、戴尔等国际品牌代工
的 ODM 企业，主要进行掌上电脑（personal digital assistant，PDA）、手机
等数码产品的设计、生产和制造。2006 年 6 月，宏达电宣布正式转型做自
主品牌"HTC"。2008 年，HTC 联手谷歌（Google）和电信运营商 T-Mo-
bile，推出了世界上第一款基于安卓（Android）系统的智能手机 HTC G1。
2011 年 4 月，HTC 的市值超过了诺基亚（Nokia），成为全球市值仅次于苹
果公司的第二大智能手机生产商。根据咨询公司尼尔森的报告，HTC 在
2011 年曾以 21% 的市场份额位居全球智能手机厂商第二名，仅次于占据
29% 市场份额的苹果公司；2011 年第三季度 HTC 在美国市场占有率甚至
一度超过了苹果，达到历史巅峰。然而好景不长，2011 年下半年，HTC 的
命运就开始急转直下。2011 年 8 月，苹果公司以专利侵权为名对 HTC 提
起诉讼，根据美国国际贸易委员会（ITC）的最终判决，美国从 2012 年 4
月开始对 HTC 手机正式实施进口禁令。2012 年 6 月，经诺基亚的申诉，
ITC 又宣布对 HTC 发起确定是否存在专利侵权行为的"337 调查"，又一
次对 HTC 的美国市场产生了不小的冲击。此后，HTC 的经营状况持续恶
化，2012 年第四季度就被挤出全球智能手机五强之外，并且后续推出手机
产品的市场反应也比较惨淡，再也没能恢复当年的风光。2017 年 9 月 20
日发布的世界智能手机市场排名显示，HTC 的手机市场份额已经不足 1%，
仅为 0.68%，HTC 的业绩则已连续 9 个季度亏损。[①] 从 1997 ~ 2017 年，中
间以 2011 年为拐点，HTC 先是快速发展然后迅速衰落，其过山车般的发
展历程令人惊讶不已。HTC 的"抛物线"式发展历程，总体上可以分为以
下两个阶段。

7.4.2.1　第一阶段：从代工走向自主品牌

　　从宏达电创业开始，其高管团队就已认识到个人电脑的发展空间极其

---

① 　孟庆建. 从代工厂回到代工厂 HTC 跌落凡间［N］. 证券时报，2017 - 09 - 26.

有限，于是决定向智能手持设备的研发生产方向发展，并逐渐成长为世界上最大的掌上电脑代工企业。从 2002 年以来，宏达电通过与微软合作，逐渐成为基于 Window 系统平台的全球一线手机生产商。2006 年，宏达电抓住智能手机发展机遇，推出了自有手机品牌 HTC，从而转型成为 OBM。宏达电之所以成功实现了 OBM 升级，首要原因就是其准确感知到电子信息行业中技术与市场的发展趋势，以及这些趋势对公司发展的深远影响（陈戈和徐宗玲，2011）。除此之外，我们认为 HTC 成功实现品牌升级的原因还可能包括以下两个方面。

第一，定位于水平产品差异化的利基市场——智能手机市场。宏达电从 ODM 向 OBM 升级成功的重要原因之一在于，其顺应了电子信息技术的发展潮流，找到了以智能手机为核心的全新市场定位（Danneels，2002）。2007 年，苹果公司掀起的智能手机浪潮，极大地冲击了原有的传统手机市场格局，但同时也给智能手机提供了难得的发展机遇。此时进入智能手机的终端市场，意味着有可能成为市场的垄断者。宏达电抓住这个契机，抛弃了手机品牌商定制的传统代工模式，开创性地转向由电信运营商直接定制智能手机的新型代工模式。在这种新型商业模式下，宏达电不再是为手机品牌商代工，而是与电信运营商共同分享产业链价值，可以获得更多的利润，以及更直接迅速地获取终端市场需求的反应，从而有助于其自主品牌 HTC 的创建。同时，这种商业模式成功绕开了与诺基亚、摩托罗拉、三星等原有老牌手机品牌商的直接竞争。不仅如此，HTC 还通过开发注重消费者使用体验的 "Sense UI" 独立手机界面、将 "Quietly Brilliant" 作为品牌内涵等手段以区别于苹果等其他品牌的智能手机，形成了自己的特色，从而避免了与其他品牌商的同质化竞争。此外，在将产品定位于智能手机这个利基市场条件下，HTC 凭借其代工的生产成本优势，迅速占领市场。

第二，在 ODM 阶段积累研发、营销等经验资源，积极寻求与全球顶尖企业的战略合作，降低了后续品牌经营所需追加投资，同时也获得了巨大的市场空间支撑。宏达电在创业之初为戴尔、惠普、康柏等国际大企业代工掌上电脑的 ODM 阶段，就注重产品设计和技术研发的投入，从而为进军智能手机市场创立品牌奠定了坚实的技术基础。2001 年，宏达电的研发支出占全年支出的 20%，是台湾地区 PDA 产业研发经费投入最高的企业。① 不仅如此，宏达电还积极寻求与上下游国际顶尖企业的战略合作，获取产品技术研发、标准认证、品牌营销等方面的资源。例如，借势微软在移动时代的地位，宏达电抓住机会争取到微软 Windows CE 系统的技术授权，率先开发出全球第一款搭载 Window CE 平台的 PDA 手机，进而一举成为 Windows 手机的顶级生产商，HTC 手机曾占到微软系统手机 80% 的份额，从而享誉全球市场。又如，宏达电还陆续通过与高通、德州仪器、爱立信等行业国际知名企业签署长期技术移转与合作协议，逐步掌握了各项关键零部件来源以及相关软件来源。再如，宏达电从 2006 年开始与美国设计公司 One & Company Design、法国软件开发商 Abaxia、多普达开曼公司、配件品牌商 Beats Electronics 等海外公司进行战略兼并，从而提升其在海外市场的产品设计能力和品牌形象。此外，宏达电还积极与全球主要电信运营商建立战略合作关系，同时为几十个国家的电信运营商提供差异化服务。这不仅获取了许多的品牌声誉、营销渠道等互补性资产，而且也以较低的成本有效开拓了市场。可以说，宏达电的上述战略行为都为后续自主品牌建设铺平了道路。

7.4.2.2 第二阶段：从品牌回到代工原点

HTC，这个曾经是仅次于苹果公司的第二大全球智能手机品牌，一度占据全球智能手机市场的 10% 以上份额。然而，自 2011 年底以来经营业绩一路向下，2013 年出现上市以来首度亏损，2015 年股价一度下探到历史低点。2017 年 9 月，HTC 以 11 亿美元的价格将打造谷歌 Pixel 手机的团队及部分相关资产出售给谷歌，这意味着 HTC 将很有可能回归代工厂角色。② 从新加坡、韩国等新兴经济体代工企业转型实践来看，有些向 OBM 转

---

① 陈戈，徐宗玲. 资源基础转变与科技代工企业升级——以台湾宏达电子为例 [J]. 科技进步与对策，2013（3）：85 - 90.

② 虽然 HTC 自称还留下了自主品牌智能型手机和虚拟实境（VR）业务，但目前这两项都是亏损的。2015 年，HTC 旗舰手机 M9 大崩盘，2015 年 8 月公司宣布裁员。2016 年，HTC 开始卖出其上海的土地以弥补业绩的亏空。据新浪科技报道，因 HTC 智能手机销售疲软，2017 年 12 月交出了 13 年以来最差的月度财报；随后，HTC 智能手机和互联网设备业务总裁张嘉临（Chialin Chang）辞职。资料来源：孟庆建. 从代工厂 HTC 跌落凡间 [N]. 证券时报，2017 - 09 - 26.

型失败的企业又回到了 OEM 和 ODM，其原因在于缺乏足够的资金实力投入到市场和品牌、国外市场的残酷竞争等方面（Sturgeon & Lester，2002）。类似地，我们总结了 HTC 由盛转衰的几个可能的原因。

第一，执着于高端市场，但企业实力及产品竞争力却明显达不到。HTC 一开始并没有重视中国市场，反而注重欧美市场。虽然其产品定位高端、价位较高，但始终没有拿出能够与苹果、三星相媲美的产品。而且在高端市场上，HTC 的供应链能力与苹果、三星等顶级手机品牌商的差距也相当大。苹果的核心竞争力就是以 iOS 为首的整个苹果生态系统，三星的核心竞争力则是强大的硬件垂直整合能力，这些核心竞争力难以被模仿。而有多年 ODM 经验的 HTC 则以外观和功能设计见长，这种能力很容易被抄袭和仿制，从而缺乏真正的核心竞争力。另外，在受到苹果公司和诺基亚的专利侵权官司阻击后，HTC 在欧美市场上的份额严重萎缩。相比之下，华为、小米、OPPO、vivo 等中国自主品牌却立足国内市场，在牢牢占据中、低端市场后开始向高端市场发力。由于 HTC 进入国内市场较晚，在零售渠道能力上也难以和三星、中兴、华为、联想等手机品牌商抗衡。而且 HTC 采用"全国经销商→大区或省级经销商→当地手机批发商→当地手机零售商→消费者"模式，销售渠道比较冗长，缺乏供应链效率优势。目前，与华为、中兴等国内企业的低成本竞争优势相比，HTC 产品在中高端市场上也全面处于下风。可以说，HTC 的高、中、低端产品均缺乏足够的竞争力，陷入了"高不成低不就"的尴尬境地，而这主要是由其产品市场定位不当导致的。

第二，来自国际手机品牌巨头和国内手机品牌商的激烈竞争，压缩了产品市场空间，同时也使得 HTC 的品牌营销投入"水涨船高"。随着全球开始步入互联网时代，移动互联网与智能手机已不再是"稀有品""奢侈品"，而是在很大程度上成为人类生活的"必需品"。大量智能手机生产企业潮涌般出现，各种品牌充斥了市场，挤压了市场需求空间。HTC 虽然起步较早，但因缺乏难以模仿的核心竞争力，很难维持曾经的"垄断"地位。对于 HTC 来说，不仅在欧美中高端市场上面临着苹果、三星等国际巨头的竞争和压制，在国内市场和新兴市场上也受到来自华为、小米、联想、OPPO 等众多新兴手机品牌商的价格竞争，从而导致市场需求空间的缩小。

我们知道，品牌经营和维护需要巨大的资金和人力投入。HTC 的主要竞争对手之一的三星，就采用全方位、立体化的营销模式，保持其品牌较高的曝光率。从北京奥运会的官方合作伙伴到全球各大体育赛事，从韩剧广告、路牌广告到移动互联网营销，三星都投入了大量的品牌营销资源。相比之下，代工起家的 HTC "行事低调"，没有及时强化品牌推广营销策略；直到 2009 年才在美国市场推出 "谦和之中见卓越（quietly brilliant）" 的广告宣传标语，但仍有些低调。除此之外，品牌竞争对手的庞大营销预算也在无形中增加了 HTC 的品牌投入，这是 HTC 所难以承担的。例如，三星为了旗舰手机 S6 的营销，就投入了约 6000 万美元的资金，这相当于 HTC 一年的市场营销预算；而且三星还拥有一支上万人的直销团队，相比之下 HTC 的销售团队则不足 2000 人。可以预见，随着营销渠道竞争越来越激烈，HTC 的自主品牌投入必然越来越多。可用市场需求规模的缩小，以及品牌升级所需投入的增加都成为制约 HTC 自主品牌建设的重要因素。

第三，转型做自主品牌后放弃了原有的代工业务，导致资金、技术和品牌运营方面经验缺失。HTC 在开始推出自主品牌智能手机之后，除了继续为电信运营商提供定制外，基本上停止了为电脑和手机行业国际大品牌商的代工。如前所述，HTC 初创品牌的成功正是得益于为康柏、微软、惠普、谷歌等国际品牌巨头的代工。这不仅可以积累品牌升级所需资金，而且可以学习积累的设计研发、经营管理、品牌营销等诀窍和经验，从而降低品牌升级所需的投资成本。然而，HTC 过快放弃了代工业务，意味着失去了原有外包订单和战略合作在资金、技术、渠道上的支持，从而在一定程度上增加了其品牌升级的难度。而一旦品牌运营不顺利，则会使得企业陷入生存困境，从而不得不放弃自主品牌而重回代工老路。①

---

① 典型的案例是迪比特，这个一度成为仅次于波导、TCL 的第三大国产手机品牌，在 2001 年自创品牌滞后，一下子就停止了代工业务。但是为了维持工厂运营和保证出货数量，不得不打价格战而成为低端品牌。而在遭受 2004 年月销量 "80 万台瓶颈" 之后，迪比特不得不重返代工市场。资料来源：李杨. 贴牌？品牌？——评 IT 企业国际化战略 [J]. 上海信息化，2005（7）：46 - 49.

7.4.3　代工企业品牌升级成功"华丽转身"：以格兰仕为例

以羽绒服起家的广东格兰仕集团创建于 1978 年，自 1996 年贴牌生产微波炉以来，到目前已建成 2200 万台的微波炉生产基地，且在全国各地共设立 60 多家销售分公司和营销中心，在中国香港、韩国首尔、北美等地也都设有分支机构，已成为全球最大的微波炉生产企业。作为中国家电市场上的一大名牌，格兰仕已经连续多年蝉联了全国微波炉市场销量及占有率第一的桂冠。2006 年，格兰仕明确了"百年企业、世界品牌"的新方向，即从制造优势走向制造与创造优势并举，从市场全球化走向市场与品牌国际化并举，从制造型品牌向世界级消费品牌转型升级。目前，格兰仕的产业已经延伸到整个白色家电领域，在微波炉、空调、冰箱、烤箱、洗衣机、干衣机、洗碗机等厨房电器上都有自己的品牌，且出口到全球近 200 个国家和地区。在国际市场上，格兰仕已经从一个专业微波炉供应商，升级为一个领先的综合性白色家电品牌。为什么以 OEM 方式起家的格兰仕能在短短十来年时间内，不仅实现了从代工向自主品牌的跃升，而且还奠定了自己在微波炉行业中的"全球老大"地位？结合前文理论模型推导出的命题，我们总结了格兰仕品牌升级的成功经验至少包括以下三点。

第一，同时实施垂直和水平产品差异化的品牌战略和营销策略。一方面，格兰仕通过实施水平产品差异化来经营自主品牌。格兰仕作为微波炉的代工商，在初创品牌时选择进入空调和小家电行业，尽量避开与代工客户的直接竞争。同时，格兰仕还在保证其代工客户的利益前提下，通过品种分流、技术区隔和市场细分等手段来维持市场秩序，这样避免与在位品牌特别是品牌客户的正面竞争，从而能在不影响原有代工订单的前提下发展自主品牌。不仅如此，格兰仕还通过与国际品牌的授权合作来扩大自有品牌的影响，或者与当地大客户创立合作品牌，深耕渠道，增强其自有品牌的市场渗透力。另一方面，格兰仕通过提高产品服务质量和水平来巩固已有的市场，从而增强了垂直差异化效应。例如，其推出的"为顾客诚心、精心，让顾客安心、放心"的"四心级"服务；又如"三大纪律、八项注意"的规范服务；再如异地购物、全国维修的跨区域服务等，都是格兰仕成功创建自有品牌的法宝。

第二，充分利用代工经验，开展多元化经营，积累转型升级所需资金、技术与人才。首先，格兰仕从 1998 年开始就通过涉足空调以及电饭煲、电风扇、燃气灶、吸油烟机、电磁炉等小家电领域，以战略联盟的方式去扩大目前经营的产品品种，以更多的产品去覆盖客户的需求，从而积累了大量资金与技术。其次，格兰仕通过代工学习和掌握了许多品牌的关键技术。格兰仕做的不是一般意义上的 OEM 贴牌生产，而是充分发挥和利用自身优势，与 200 多家跨国公司，其中 80 多家世界名牌企业进行全方位合作。例如，格兰仕在为国外知名企业做代工制造的时候，坚持必须将对方成套的最新设备拿过来，甚至还要求对方提供相应的技术。又如，格兰仕利用为代工而引进的先进生产线的剩余生产能力制造自主品牌产品，同时利用跨国公司的营销网络将自己的品牌产品销往世界，出口到全球 100 多个国家和地区。① 这样既扩大了生产规模，还节省了生产线和营销渠道的投资，而且也充分发挥了规模效应。另外，格兰仕在引进和消化吸收国外先进的生产线和技术的基础上，进行模仿与集成创新，逐步过渡到合作开发和自主开发阶段，从而构筑其自己的纵深产业链。自 1995 年以来，格兰仕先后在国内总部及美国、日本、韩国等地设立了研发机构，为开展自主研发和创立自主品牌搭建了一个良好的平台。这些策略都在无形中降低了格兰仕自创品牌所需的追加投资成本。

第三，格兰仕的自主品牌发展也离不开足够的市场需求空间和低成本竞争优势的支撑。首先，巨大且快速增长的本土市场需求空间给格兰仕品牌的创建和发展提供了很好的平台。早在 1995 年，格兰仕就以 25.1% 的市场占有率雄居中国市场第一席位，1999 年就突破了 70% 的市场占有率，基本上垄断了国内微波炉市场。凭借在国内市场的巨大在位优势，格兰仕从本土品牌做起，逐步走向国际市场。而且随着人民生活水平的不断提高，国内市场需求潜力很大。以小家电为例，发达国家每个家庭的小家电拥有量达到 20 多件，而中国家庭的平均拥有量仅为 2.1 件，这说明中国市场潜在的发展空间很大。其次，格兰仕微波炉之所以能大规模进入国际市

---

① 文捷. 从贴牌到创牌 格兰仕蝶变 [J]. 中国品牌，2014（8）：44 – 45.

场，主要原因之一是借着当时欧洲各国对 LG 等韩国微波炉品牌实施反倾销制裁之时，迅速填补了韩国品牌大幅退出的市场空缺，一举进入被韩日企业垄断多年的国际微波炉制造市场（汪建成等，2008）。最后，格兰仕以低廉劳动力成本和规模经营为核心的成本领先优势也是格兰仕品牌从国内走向国际市场的重要法宝。目前，格兰仕在全球 10 多个发达国家和地区建立了商务机构，在中国香港、北美设立分公司，在日本设立研发中心，在全球 168 个国家和地区申请注册了自主商标。截至 2017 年，格兰仕在世界知识产权组织注册商标 9 个，而且在欧盟、非洲知识产权组织以及美国、新西兰、加拿大、日本、阿根廷、玻利维亚等涉及五大洲 70 多个国家都有注册"格兰仕""GALANZ"主商标。①

7.5

结论与启示

继续代工还是品牌升级，是代工企业发展到一定阶段所面临的战略抉择。本章构建了一个具有兼具垂直差异和水平差异的产品差异化选择模型，分析了在不同终端市场结构下 GVC 中跨国外包企业与本土代工企业的策略性行为及其均衡结果，并且找出了影响本土制造业代工企业品牌升级的关键因素。一系列理论模型结果表明：（1）产品差异化类型是代工企业能否实现品牌升级的决定性因素。如果 GVC 中跨国外包企业与本土代工企业的品牌产品之间仅仅存在垂直产品差异化，那么拥有天然品牌劣势与生产成本优势的理性代工企业，将热衷于继续从事国际代工而不会选择品牌升级。（2）如果 GVC 中上下游企业之间存在水平产品差异化，那么水平产品差异化程度和品牌运营所需的追加投资水平是影响代工企业品牌升级决策的关键因素。此时，如果代工企业将其品牌产品定位于与原有发包企业不同的利基市场，那么无论终端市场结构如何，只要自创品牌所需追加投资足够小，代工企业就可以选择进入终端市场

---

① 中国品牌格兰仕创新"走出去""1 + 5"模式布局全球［EB/OL］. 中国新闻网，2017 -05 - 11.

而实现品牌升级。（3）终端市场需求规模也在很大程度上影响了代工企业品牌升级。消费市场规模越大，越有利于代工企业创建自主品牌；反之，则会阻碍代工企业品牌升级。（4）代工企业的生产成本也会对代工企业品牌升级产生影响，但是作用方向是不确定的，与水平产品差异化程度和终端市场结构类型有关。如果代工企业自创品牌产品与跨国外包企业品牌产品之间的水平差异化足够大，从而使得代工企业自有品牌能垄断市场，此时，低廉的生产成本有助于代工企业进行品牌升级；否则，低廉的生产成本可能导致本土制造业企业被锁定于"代工陷阱"。该结论还意味着，随着劳动力成本上升、融资约束加大、环境规制趋紧，本土制造业企业生产成本不断增加，即使面临终端市场的激烈竞争，代工企业也可能会选择努力向自有品牌商进行转型升级。对于这个问题的内在机制及其效应，我们将在第 9 章进行更为深入的分析。

随后，我们以形成代工路径依赖的富士康、从代工到自创品牌再回归代工的智能手机厂商 HTC 以及实现品牌升级"华丽转身"的白色家电品牌格兰仕等本土代工企业作为案例，在一定程度上佐证了上述理论模型的结论，并且可以得到以下启示。

第一，继续代工还是自创品牌升级，需要因企业而异。拥有自主品牌特别是国际著名品牌、走上品牌发展之路应该是每一个代工企业的梦想，但是否应该选择自创品牌，不能一概而论，代工企业应当结合自身能力、成长阶段以及外部环境来选择适宜的发展战略。对于具有品牌劣势与生产成本优势的后进国家代工企业而言，为跨国外包企业进行国际代工应该是一种理性选择。而且，在没有明确市场定位条件下盲目地转型做自主品牌，不仅可能无法提高自身的附加值而实现企业升级，而且还可能陷入既无订单又无市场的双重窘境。但是，代工企业可以通过代工来积累必要的资金和技术，实施水平产品差异化，利用巨大的本土市场需求空间来实现品牌升级。

第二，找准市场定位，寻求水平产品差异化。品牌营销显著特点之一是进行市场细分和市场定位，即选择一个特定的消费者群体作为自己的重点营销目标。市场定位是否准确，直接关系到品牌个性塑造的成功与否，从而决定着其品牌产品是否能得到消费者认可和记忆。代工企业可以在不同的产业和产品类市场上创建自有品牌，以避免来自发包方的直接竞争以及撤单威胁。另外，在具备适当的条件时，需要加大产品创新和模式创新，扩大产品差异化程度。

第三，重视市场调研，制定有效的品牌战略。从代工转型做自主品牌，首当其冲的前期准备是市场调研，这不仅能帮助企业深入了解市场，而且也能为品牌市场定位做好铺垫。市场调研的主要内容应包括区域消费力、目标消费群的年龄阶层、消费者喜好以及竞争品牌的卖点等。市场调研的方式则应当将企业自主调研与第三方调研相结合，从感性认知和事实依据两个方面把握市场的需求动向。在市场调研的基础上，确定合理的产品组合，进行独特的产品策划，进而采取产品定制和品牌塑造的销售策略。

第四，重视流通服务业发展，降低企业品牌升级所需的渠道建设成本。本章结论还表明，除产品差异化因素之外，自主品牌的成功创建更有赖于可观的研发投资与渠道投资，特别是离不开销售流通环节的支撑。而对于缺乏渠道营销能力的代工企业来说，将其核心能力从生产制造转向品牌营销并非易事，因为其必然需要追加巨大的渠道投资成本。据此，我们认为，在产业专业化分工日趋细化条件下，在加强自主创新制度建设的同时，大力发展流通服务业，培植诸如沃尔玛、家乐福、麦德龙之类的"商业航母"，发挥商业流通的先导作用，提高流通效率、降低流通成本，也可能是中国制造业超越国际代工的重要路径之一。不仅如此，在互联网时代，可以通过借鉴"必要商城"的"大牌品质、工厂价格"模式和经验，为制造业企业搭建自主品牌渠道。其基本理念是，消费者能用低得多的价格买到出自大品牌背后优质代工厂的同样品质的东西。即通过构建基于"customer to manufacturer（C2M）"的平台经济，将消费者（C 端）的消费数据和信息同步共享给制造商（M 端），降低制造商品牌营销的成本，并倒逼制造商对生产线进行柔性化改造，以迎合瞬时变化的市场需求。这意味着我们需要将创建自主品牌的分析视角从生产领域延伸至流通领域，丰富了自主品牌建设的理论内涵。

第五，完善品牌建设的制度保障，为品牌培育搭建良好的平台。自主品牌的发展，离不开社会公众和政府政策的支持。每一个世界著名品牌的诞生和发展，都与其特殊的社会经济文化结构特别是与品牌的文化内涵、包容性和流行性有密切的关系。作为具有五千年悠久历史的炎黄子孙，首先应当塑造起民族文化认同感和培植对中国产品的自信心，从而形成产生和发展自主品牌的良好社会环境。从政府角度来看，应当通过制定和完善有利于品牌建设的各种相关法律法规，为创建品牌的企业提供制度性的支撑条件。

第 8 章

全球价值链中的品牌壁垒
与国际代工超越^①

8.1

引　言

　　以国际代工模式嵌入全球价值链（GVC），是拥有廉价劳动力等初级生产要素禀赋优势的后发国家分享国际分工利益、提升产业国际竞争力的重要途径。在产品内分工背景下，后发国家通过承接国际外包为发达国家代工，可以充分获取技术转移和溢出，从而促进本国技术进步和产业升级（Feenstra & Hanson，1996；Pack & Saggi，2001）。中国得益于 40 年的改革开放，已在工业基础设施和大规模制造能力上建立起关键"在位优势"，从而成了世界上最有竞争力的国际代工平台。从玩具到服装、从小家电到钢铁产品，"中国制造"已占据全球市场的半壁江山，中国企业几乎每小时就向全球输出价值 1 亿美元的中国代工产品。这种"两头在外"的国际代工模式不仅提供了数以亿计的劳动力就业岗位，并成为中国经济持续高速发展的主要源动力。然而，自 2008 年全球金融危机以来，在外需不振、贸易保护主义抬头、国内要素成本上升的国内外复杂经济形势下，这种代

　　① 本章主要内容已发表：杜宇玮. 全球价值链中的品牌壁垒与中国代工模式超越［J］. 产业组织评论，2019（1）：1－27.

工模式日渐式微，凸显了技术短板和品牌缺失对中国本土产业国际竞争力提升的巨大约束。因此，加快打造一批具有国际竞争力的自主品牌，超越国际代工模式，以品牌引领推动供需结构升级，无疑是迈向经济高质量发展阶段的重要任务之一。

"亚洲四小龙"以及其他东亚国家和地区的发展经验表明，从国际代工制造商（OEM、ODM）到自主品牌制造商（OBM）是后发国家企业升级的一般路径（Hobday，1995；Gereffi，1999）。然而，从中国现实来看，一方面，本土企业在经过长时间为跨国公司代工与组织学习后，大多数并不热衷于转型做自主品牌，而形成了类似"OEM→ODM…OBM"特征，仍然依附于外国跨国公司和国际大买家，这已成为从纺织服装、玩具等传统产业到电子信息等高新技术产业普遍存在的现象。以中国玩具产业为例，经过多年的发展，OEM仍是主流；80%的玩具企业是纯加工型代工企业，七成以上玩具出口都属于来料加工或来样加工。在东莞地区，有上千家从事动漫衍生品制造的玩具企业，其中95%都是在为欧美国际知名玩具品牌企业或经销商代工。另一方面，虽然"中国制造"已风靡全球，但是多年来中国仍然面临自主品牌尤其是国际著名品牌缺失的困境。在由世界品牌实验室（World Brand Lab）发布的2018年度《世界品牌500强》排行榜中，只有38家中国品牌入选，且排名普遍比较靠后，进入前50强的则只有国家电网（第30位）、腾讯（第39位）、海尔（第41位）和中国工商银行（第43位）这四个企业品牌。在另一份由全球知名品牌咨询公司Interbrand发布的"2018年度全球最佳品牌100强排行榜"上，华为成为中国唯一上榜品牌，且只位列第68位。中国的国际知名品牌很少，这与全球第二大经济体与最大消费市场的地位并不相称。这两种现象映射到宏观层面，就在一定程度上表现为中国（产业）的发展在一定程度上形成了对国际代工模式的"锁定"和路径依赖。

那么，为什么会产生这种代工模式锁定进而形成自主品牌缺失困境？兴起于20世纪末的GVC理论从治理角度给出了学理上的微观解释，即进入准层级或俘获型的价值链治理模式，能为发展中国家的生产商提供快速的产品升级和过程升级渠道，但阻碍了向自主研发设计和自主品牌发展的功能升级（Humphrey & Schmitz，2000）。一旦发展中国家代工生产体系进入功能或链的升级等高端阶段，试图建立自己的核心技术研发能力、品牌和销售终端时，这就对国际大购买商或跨国公司的买方垄断势力和既得利益形成挑战。于是后者就会利用各种手段来阻碍和控制发展中国家代工生产体系的升级进程，从而迫使发展中国家"锁定"于 GVC 中的低端环节（Schmitz & Knorringa，2000；刘志彪和张杰，2007）。那么，作为 GVC "链主"的发达国家跨国公司何以进行治理，其治理的权力来源和作用机制是什么？作为被治理者的后发国家企业，又该如何突破这种"治理困境"来实现从国际代工到自主品牌的跨越？对这些问题的深入阐释，不仅有助于更清晰地勾勒出 GVC 分工的图谱，并且可为后发国家攀升 GVC 提供重要的参考价值。

除了 GVC 治理文献之外，本书的研究还与另外两类文献相关。一类是代工模式转型升级的影响因素研究。从微观角度来看，代工模式转型升级主要是指代工企业的升级。许多实践经验案例表明，代工企业转型的途径和模式还会受到其所掌握的知识和技术水平、资源和营销能力、对买方的依赖程度以及所处的网络环境等企业内部、外部因素的共同影响（Lee & Chen，2000；Kaplinsky & Morris，2002；周长富和杜宇玮，2012）。与国际品牌客户构建战略性合作关系作为代工企业的升级战略之一，其持续的可能性会受到代工企业的客户范畴广度、战略性资源导向性、价值链垂直整合能力、参与客户共同决策这四个方面因素的影响（马海燕和李世祥，2015）。在代工企业向品牌企业转型升级的问题上，国内外诸多理论与案例研究表明，产业生命周期阶段、组织内部的资源和能力以及外部合作伙伴的支持、激烈的市场竞争环境是代工企业自创品牌的重要影响因素（Porter，1985；Onkvisit & Shaw，1989；Forbes & Wield，2001；Grunsven & Smakman，2005；Bonaglia et al.，2008；陈宏辉和罗兴，2008；毛蕴诗等，2009；杨桂菊，2010）。代工企业品牌策略的成功还取决于企业的自身效率、学习能力、资本和技术积累等多种因素，而且需要品牌经营的市场需求、文化、制度条件，外生冲击也在开拓市场、突破进入壁垒、获取营销渠道等方面给企业自创品牌带来机遇（刘志彪，2005；陈柳，2011）。瞿宛文（2007）基于中国台湾的研究也发现，政策、代工模式成长空间及相关产业特性等结构性因素将影响代工企业自创品牌的可能性。从宏观意义来看，代工模式的主要特征是加工贸易，因而本书还与加工贸易转型升级的影响因素研究文献相关。影响加工贸易转型升级的因素主要包括技术创新和品牌建设（闫国庆等，2009）、知识密集型服务嵌入（彭水军和袁凯华，2016）、融资约束（马述忠等，2017；刘晴等2017）、城市服务业发展（铁瑛和何欢浪，2018）等。

另一类是中国自主品牌建设问题研究。汪涛（2006）认为企业发展自主品牌是一种战略性决策，其受市场因素、组织内部因素及高层管理者的企业家精神这三个方面因素的影响。石奇（2007）认为中国自主品牌的建立具有内生性的比较劣势，单纯的低价策略（品牌替代）并不是当前中国企业的合意战略。杨东进和刘人怀（2008）基于16家中国汽车企业访谈数据的研究发现，政府蔽荫作为一种行政权力通过市场经济寻取租金的行为，是导致中国汽车产业自主品牌缺失的重要原因。王朝辉等（2013）对广州市12家企业的文本数据研究则发现，企业创建自主品牌受到企业核心能力和企业资源两方面的影响，但是在创建自主品牌的不同阶段，关键影响因素所起到的作用及其机制具有差异性。与外部环境因素相比，自主品牌是否成功的关键还是在于企业内部因素即企业竞争力的提升。宋耘和王婕（2017）的调查分析也发现了类似结论。

综上所述，中国代工模式转型升级之路以及自主品牌发展困境与本土企业内部能力和外部环境等多种因素有关。实际上，中国国际代工模式的本质是基于廉价劳动力等低级生产要素外生比较优势下的"依附式"代工。在这种代工模式下，中国本土产业升级与经济转型并非一种水到渠成的自动机制，而必然受制于跨国公司的战略意图和行为。本书认为，宏观意义上的中国代工模式锁定，可能是在作为GVC"链主"的跨国公司的全球化战略背景下，微观代工企业基于自身能力与外部市场环境的内生性选择而形成的一种"合成谬误"。第6~7章分别通过对跨国公司与本土代工企业之间的静态和动态博弈分析，在一定程度上揭示了在面临跨国公司竞争条件下，具有后发劣势的发展中国家代工企业是否实施品牌升级决策的条件及影响因素。但是，对于跨国公司是如何凭借巨大的市场势力控制终端市场需求，进而造成中国代工模式锁定的机理及其突破路径等问题，仍然还有待深入分析。

　　随着国际分工的广化和深化，产业组织的不断演变使得市场竞争越来越集中于品牌竞争，品牌已成为在位企业阻止潜在竞争者的进入壁垒。在全球化条件下，跨国公司所采取的一条重要战略就是"产品输出→技术输出→资金输出→品牌输出"。为此，本章将从 GVC 治理理论出发，着眼于品牌壁垒视角，构建数理模型及引用现实案例来阐释跨国公司是如何将中国等后发国家"锁定"在代工角色的，并寻求跨越 GVC 中品牌壁垒、超越代工模式的条件和策略。与第6~7章相比，本章的研究更加突出了跨国公司的主动策略性行为，即作为发包方的发达国家跨国公司充分利用其在销售终端渠道的品牌势力与市场需求控制力，对发展中国家代工企业升级进行扼制。因此，本章的研究也是对第5章的进一步阐释。

　　本章其余部分安排如下：第2节从 GVC 治理的本质出发，基于品牌经济学的分析框架构建一个简单的数理模型来揭示品牌在 GVC 中的重要性；第3节构建不同的动态博弈模型来阐释 GVC 中跨国公司品牌壁垒的形成，从而揭示中国代工模式锁定的形成机理；第4节基于消费者行为视角探讨品牌壁垒的跨越条件，从而引出培育自主品牌的策略；第5节是基于中国行业和企业的多个现实案例来佐证上述模型结论；第6节是结论与启示。

8.2

基于品牌的市场势力：GVC 治理的权力来源

8.2.1　市场势力与 GVC 治理

　　GVC 理论的核心是"治理（governance）"，其被定义为决定金融、生产资料和人力资源在价值链上分配和流动的权威和权力关系（Gereffi et al.，2005），使得非市场或外在的价值链协调活动得以开展的企业间关系和制度机制（Humphrey & Schmitz，2008）。GVC 治理模式决定了领导厂商与供应商之间的关系，而这种关系则影响着经济活动组织形式，从而在一定程度上决定了供应商的升级路径及其可能性。根据治理主体的不同，价值链可分为两类：生产者驱动型（producer-driven）和购买者驱动型（buyerdriven)。生产者驱动型价值链多见于汽车、航空器、计算机、半导体和重型机械等资本密集型与技术密集型行业。巨型跨国制造企业作为生产网络中关键治理者,掌握着雄厚的资本和关键的技术,并通过规模经济构筑了很高的进入壁垒,巩固自身的领导者的地位。购买者驱动型价值链则主要体现在服装、鞋类、玩具、家具、消费用电器以及各类手工艺品等劳动密集型行业中,其关键治理者是大型零售商、品牌营销商和品牌制造商。随着产品内分工的不断深入,这两类治理模式出现了不断融合的趋势,出现了兼具两类价值链特征的所谓"混合驱动型"的 GVC。在这种 GVC 中,掌控终端市场需求的跨国公司和国际大买家成为价值链的主导者。

格里菲等(2005)根据为维持某一交易所需的信息与知识转移的复杂性、信息与知识的可编码化程度、与交易需求相关的实际或潜在供应商的能力这三个因素,将 GVC 治理模式分为五种,如图 8 - 1 所示:市场型(market)、模块型(modular)、关系型(relational)、俘获型(captive)和科层型(hierarchy)。在市场型 GVC 中,交易比较容易编码,产品标准相对简单,供应商有能力独立满足采购商的需求,采购者基本不干预供应商在价格和产品方面的决策,因而信息交流的复杂性相对较低,交易不需要明显的协调就可以得以治理。模块型 GVC 基于产品建构的模块化和统一的技术标准而形成,其中的交易信息和知识较容易被编码,因而领导企业与供应商之间的知识流动远远多于价格信息,合作伙伴之间的转移成本也较低。当产品知识和信息编码较为困难、交易非常复杂而供应商能力又很强时,关系型治理方式就会出现。关系型 GVC 中各环节经常通过面对面交流来传递复杂的隐含信息,这种互相依赖性通过声誉、社会和空间接近性、家族关系和道德准则等得以规范。俘获型 GVC 则体现的是一种权力不平衡的交易关系。当知识与信息的编码能力以及产品标准的复杂性都很高,而供应商能力却很弱时,价值链治理方式往往是俘获型的。被俘获的供应商可能被长期锁定在某一领域,如仅从事简单加工组装业务,同时需要依托领导企业的设计、物流、零部件购买以及工艺技术升级等互补活动。科层型治理模式主要指跨国公司供应链的内部一体化,当产品标准不能进行编码且非常复杂,同时无法找到能力较高的供应商,领导企业就必须自己组织生产。

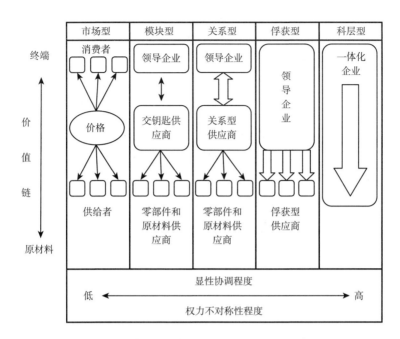

图 8 - 1 基于三因素划分的五种 GVC 治理模式

资料来源：作者根据格里菲等（2005）绘制。

可以看出，无论是哪种治理模式，GVC 治理都是由发达国家领导企业所主导的，表现为其与发展中国家供应商之间围绕价值与知识的竞合博弈，其治理的本质是价值权力的争夺。而且，在除市场型之外的其他 GVC 治理模式中，终端市场需求都是由领导企业所掌控与支配的。可以说，市场需求的归属决定了 GVC 治理权的分配，谁拥有终端市场需求的控制权，谁就成为 GVC 的关键治理者与主导者。这也就意味着，发达国家对全球需求市场终端通道的掌控与垄断所内含的市场势力正是其对发展中国家实施"结构封锁"的决定性因素（张杰和刘志彪，2007）。

在 GVC 体系中，虽然参与价值创造的国家和企业众多，但其在价值创造过程中的地位却迥然有异。占据价值链核心环节的领导企业主导着价值的创造和分配过程，其他企业则只是服从价值安排和收益分配的参与者，领导企业与其他参与企业之间存在着明显的层级关系。通常来说，新兴工业化国家和地区特别是发展中国家和地区的企业在这一价值链分工关系中处于较低的层次。格里菲（1999）曾将服装行业的领导企业与其供应商之间的商业联系看作是非对称性的权力关系。以上不同分类的治理模式也清晰地呈现了 GVC 的运行机制及其内部各主体之间的权力关系。从收益分配来看，GVC 中居主导地位的发达国家跨国公司和国际大买家，能够获得熊彼特租金甚至是李嘉图租金和垄断租金，从而获得较高收益；而发展中国家企业建立在生产成本比较优势上的要素禀赋，无法获得熊彼特租金，从而所获收益较低。随着经济全球化进程中要素收益率的降低，进入壁垒也开始成为"租金"的重要来源。因此，GVC 中的权力不对称和收益分配不平等，主要源于各价值链环节的进入壁垒差异所引致的链上企业的市场势力不平衡。进入壁垒较高的环节能产生较高的"租金"，而进入壁垒较低的环节竞争激烈，从而只能获得较低的收益。

8.2.2　品牌与市场势力

作为产品差异化的一种主要载体与表现形式，品牌无疑是构成进入壁垒的关键要素之一。在商品过剩条件下，生产领域的"租金"会因进入壁垒的降低而被慢慢耗散。但由于无形知识获得难度较高，因此，服务领域特别是价值链下游的市场营销和品牌推广领域却越来越显示出其高进入壁垒的特征，因而这些领域的掌控者就成为生产与贸易全球化中的最大受益者。国际代工模式是产品内分工条件下以跨国公司为主导的先进企业在全球范围内寻求最佳资源配置的一种产物，是属于 GVC 中一种特殊的企业网络组织方式。在 GVC 的代工关系中，作为领导者的发包企业掌握着价值链战略环节的控制权，拥有对代工网络的协调和管理权力，而代工供应商则处于被领导与被支配的地位。整个网络中参与企业的力量是不对称的，其呈现出"金字塔形"的权力结构（Sacchetti & Sugden, 2003）。在这种非对称的网络中，市场需求的极大部分都是由全球品牌所占据与支配的，从这个意义上说，持有这些品牌的公司在 GVC 治理中作用将越来越大。由于品牌代表着高质量与好形象，其需要定义并执行产品与工艺参数，因而品牌与强大的价值链治理权力往往是相辅相成的。

那么，品牌是如何决定厂商的市场需求及市场势力的呢？我们对孙曰瑶和刘华军（2007）的品牌经济学分析框架进行了修正和拓展，在此基础上构建了一个简单的数理模型进行阐释。科斯（Coase，1937）认为，在经济体系中，任何选择都要付出代价，需求曲线中的价格也当然不仅限于金钱意义上的价格，而是最广泛意义上的价格或代价。消费者在由价格机制引导下做出最优化的终极选择之前，需要有个搜寻和辨别信息的过程。这个过程中，消费者也需要花费一定的交易费用或选择费用，然后建立起可供其择优的备选集。这个意义上讲的搜寻成本就侧重于需求角度的成本，因而可以将交易成本（transaction cost）与选择成本（choice cost）分别看作生产和消费选择过程中的"摩擦力"，其中选择成本和支付价格（P）共同构成了消费者选择和购买的最终"价格"。

根据趋利避害原则，选择成本作为消费者选择的代价将影响消费者的选择。在价格一定条件下，若选择成本提高，消费者的代价或成本上升，则需求降低；反之会使需求提高。可见，需求量（q）与选择成本（C_c）呈反方向变动，即 q 是 C_c 的减函数，可用公式表示为：

$$q = f(P, C_C), \frac{\partial q}{\partial C_C} < 0, 且 \frac{\partial^2 q}{\partial C_C^2} > 0 \qquad (8-1)$$

在消费者选择过程中，品牌的存在使得消费者节约了其做出最优决策所需付出的成本，从而降低了信息搜寻成本和时间机会成本。因此，品牌成为消费者完成选择的理性标准，使之成为真正意义上的主流经济学所假定的"理性人"。据此，可将选择成本表示为品牌信用度（B）[①] 的函数，即 $C_C = C_C(B)$，且 $\frac{dC_C}{dB} < 0$，再结合式（8-1），可以得到需求量与品牌之间的关系：

$$q = f[P, C_C(B)], 满足 \frac{\partial q}{\partial B} = \frac{\partial q}{\partial C_C} \times \frac{dC_C}{dB} > 0 \qquad (8-2)$$

即考虑了品牌因素的需求函数。进而可以得到厂商利润（π）与品牌之间的关系：

[①] 根据刘华军（2007）的定义，品牌信用度（B）是指通过排他性的品牌符号向目标顾客做出并实践对某种品类承诺的程度，由品牌品类度与品牌策略共同决定，其值介于 0~1 之间。其中，品牌品类度是指消费者在心理上将某个具体品牌当作某个品类的心理认知程度。

$$\frac{\partial \pi}{\partial B} = (P - c)\frac{\partial q}{\partial B} > 0 \qquad (8-3)$$

式（8-3）表明，在考虑品牌因素条件下，厂商的市场需求由市场价格与品牌信用度共同决定。当价格一定时，市场需求随着品牌信用度提高而提高，进而利润也增加；反之亦然。

为了更直观地说明企业品牌创建的动机，进一步假设需求函数为线性形式[①]：

$$q = f[P, C_c(B)] = a(1 + B) - b(1 - B)P \qquad (8-4)$$

式（8-4）表明，当品牌信用度为 0（$B = 0$），即无品牌时，厂商的市场需求完全由价格来决定，这显然是一般意义上的需求函数；当 B 不为零，即有品牌时，需求扩大，厂商的需求曲线将右移，且更缺乏弹性。这说明品牌的出现不仅能扩大厂商的市场份额，提高利润率，而且会导致价格重要性相对降低。这在一定程度上可以解释品牌对于企业的重要意义，以及具有品牌的商品在价格较高的情况下仍然具有较大需求的原因。对于跨国公司而言，其强势品牌具有较高的品牌价值和品牌信用度，虽然价格比较高，但是能有效减少消费者的选择成本，从而能在消费者剩余最大化的条件下实现自身利润最大化。

进一步地，可以根据勒纳指数（L）来求得市场势力大小。其计算公式为：$L = (P - c)/P$，其中，c 为边际成本；L 在 0~1 之间变动，其值越大，市场势力越强。在市场完全竞争时，L 等于 0。将其变形代入式（8-4）得：

$$q = a(1 + B) - b(1 - B)P = a(1 + B) - b(1 - B)\left(\frac{c}{1 - L}\right)$$
$$(8-5)$$

再进行全微分，并且令 $\mathrm{d}q = 0$，有：

$$\mathrm{d}q = a\left(a + \frac{bc}{1 - L}\right)\mathrm{d}B - \frac{bc(1 - B)}{(1 - L)^2}\mathrm{d}L = 0 \qquad (8-6)$$

---

① 孙曰瑶和刘华军（2007）在其《品牌经济学原理》一书中曾将需求函数设定为 $q = a(1 + B) - bBP$。显然当 $B = 0$ 时，$q = a$，不符合一般需求规律，故本书认为作此设定欠妥。

$$\frac{\mathrm{d}L}{\mathrm{d}B} = \frac{(1-L)\left[a(1-L)+bc\right]}{bc(1-B)} > 0 \qquad (8-7)$$

由此得到命题 8 - 1：品牌信用度（B）越高，市场势力（L）越大，越是强势的品牌，具有越高的市场支配与控制能力。

命题 8 - 1 表明，品牌是市场势力的重要来源，解释了当今品牌竞争时代的现实：谁拥有品牌，谁就占有市场。在激烈的价格竞争中，品牌已逐渐成为各企业之间不对等市场势力与竞争实力的主要标志，基于品牌的市场势力也成为 GVC 治理的重要权力来源。

8.3

跨国公司品牌壁垒下中国代工模式锁定的形成机理

从以上模型分析可以得知，跨国公司的强势品牌是其实施 GVC 治理的重要武器。在这种强价值链治理下，作为供应商的代工企业在向设计、营销、品牌和零售环节进行功能升级的过程，通常会面临来自价值链领导企业的阻碍、抵制甚至封锁，从而可能被深深锁定在商品生产"陷阱"里。那么，具有强势品牌的跨国公司是如何抑制中国企业自主品牌建设从而形成代工模式锁定的呢？我们认为，跨国公司通过实施多样化的品牌策略形成可信的进入遏制，构筑起坚实的品牌壁垒，挤压了中国企业（后发企业）建设自主品牌的市场空间，从而打消了后者试图通过自主品牌进入终端销售渠道的动机。

品牌壁垒被认为是一种基于消费者选择行为的在位品牌先占优势，其主要来源于广告投入所带来的销售量壁垒、忠诚度壁垒以及规模经济壁垒等（任晓峰，2011）。品牌壁垒的产生是由于消费者已经对在位品牌形成了一定程度上的消费习惯和品牌认知，导致其在转换品牌过程中具有转换成本，从而阻碍了其对新品牌的选择（刘华军，2009）。从这个意义上，品牌壁垒更像是一种结构性进入壁垒。然而，根据新产业组织学派的观点，品牌壁垒作为进入壁垒的重要形式之一，也可以是在位企业实施一系列进入阻止或进入遏制行为后形成的竞争性结果，从而是一种策略性（strategic）进入壁垒。所以，本书认为的品牌壁垒，指的是终端市场中的在位跨国公司凭借其品牌优势而实施的、意图阻止终端市场的潜在进入者创建自主品牌的一系列策略性行为而形成的进入壁垒。基于此，我们试图通过构建不同的动态博弈模型，来阐释跨国公司的不同品牌策略是如何形成进入壁垒的。

8.3.1 跨国公司与中国企业之间的两阶段动态博弈

为了证明跨国公司的品牌战略是可信的且有效的，我们首先作出如下假设：第一，一个产业中有两家企业，企业 M 是市场在位企业（跨国公司），企业 H 为潜在进入企业（中国企业）。其中企业 M 可以选择创建品牌，也可以不创建品牌；企业 H 的策略选择集则包括进入或不进入终端市场。[①] 第二，市场需求规模既定。第三，退出成本很高，以至于无论企业 H 是否进入终端市场，企业 M 都不会退出。第四，当市场中只有企业 M 时，在位企业 M 可以获得垄断利润，但有品牌时的垄断利润与无品牌时存在差异：有品牌时利润为 3 个单位，而无品牌时只能获得 2 个单位。显然，此时未进入市场的企业 H 获得利润为 0。当企业 H 选择进入终端市场时，在企业 M 无品牌条件下两家企业平分市场，形成寡占的市场结构。在企业 M 有品牌条件下，企业 M 可获得 2 个单位，而由于在位强势品牌，企业 H 进入终端市场试图建立自己的品牌时，一方面，会面临来自市场中在位跨国品牌商的强烈抵制和打压，可能因现有代工订单的撤销而失去代工收益；另一方面，作为后发者，中国企业 H 进入终端市场创建品牌，需要支付技术升级、渠道建设、品牌拓展、广告营销等方面的巨大投资成本，从而在短期内不仅无法获得利润，而且亏损 1 个单位。[②]

基于以上假设，两家企业的博弈过程如图 8-2 所示。在博弈树的末端，可以看到企业 M 与企业 H 在博弈后的支付情况。根据逆向归纳法，可

---

① 对企业 H 来说，进入终端市场是创建品牌的前提。对跨国公司 M 来说，企业 H 进入终端市场就意味着其将与自己瓜分市场，而无论其是否有自主品牌。如果在位者的品牌壁垒起到了阻止潜在进入者进入终端市场的作用，那么也就意味着后者不能创建自主品牌。因此，这里不区分企业 H 是有品牌进入还是无品牌进入。

② 在两阶段博弈中，企业通常只考虑可预期的短期收益；而且在长期中，后发企业是否能获得正利润也存在诸多不确定性。

以求得该博弈的均衡解。从图 8-2 中可以发现，企业 H 在左右两个决策结上的最优选择分别为进入和不进入：给定 M 选择不创建品牌时，H 选择进入；而给定 M 选择创建品牌时，H 选择不进入。对企业 M 来说，显然创建品牌是其最优选择，从而可以得到 3 个单位的利润。因此，该博弈的子博弈精炼纳什均衡解为（有品牌，不进入），企业 M 和企业 H 的支付矩阵为（3，0）。这意味着，为了遏制潜在进入企业的进入，在位企业都会实施品牌战略，由此可得命题 8-2。

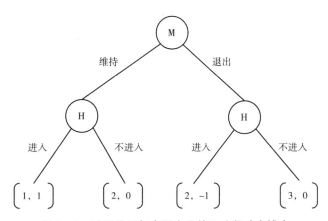

图 8-2　跨国公司与中国企业的两阶段动态博弈

资料来源：作者绘制。

命题 8-2：跨国公司的品牌战略可以构筑起可信的进入壁垒，从而能有效阻止潜在进入者进入终端市场，并得以维持已有的市场垄断势力。

命题 8-2 的经济意义是，品牌战略是跨国公司全球化战略的重要内容之一，跨国公司必然会实施品牌战略，构筑起坚实的品牌壁垒，以此来阻碍后发国家企业品牌升级。这也就意味着，中国企业培育和发展自主品牌并将其升级为国际品牌的目标，无论是在国内市场还是国际市场，势必都要受到具有全球化战略野心和品牌优势的跨国公司的挤压和遏制。

8.3.2　跨国公司与中国企业之间的多重动态博弈：一个空间先占模型

施马兰西（Schmalensee，1978）、伊顿和利普西（Eaton & Lipsey，

1979）研究认为，在位厂商为了遏制潜在进入者生产替代产品，可以通过在潜在进入者进入市场之前抢先生产新产品，以填满产品空间而不给潜在进入者留下任何市场空间。类似地，具有品牌在位优势的跨国公司也可能采取市场需求空间先占策略，来阻止中国等后发国家企业的品牌进入。考虑存在一个长度为 1 的豪泰林线性城市，消费者均匀分布在这一线段中。为简化分析，我们做出如下假设：

（1）存在一个连续的时间变量 $t \in [0, T]$，在这段区间内，市场需求不变，即消费者密度不变，均为 1。

（2）厂商品牌只可能位于城市的两个端点处。

（3）存在两家企业：跨国公司 M 和中国企业 H。其中在 $t = 0$ 时刻，跨国公司 M（在位企业）位于线段左端，是整个市场中的唯一品牌；在 $t \in (0, T]$ 时，M 或 H 都可以在线段右端建立一个新品牌，其固定投资成本为 F；退出成本很高，以至于任何一家企业在创建新品牌后无法退出市场。

（4）当两家企业都没在城市右端建立品牌时，显然跨国公司 M 是市场垄断者，从而在单位时间内获得垄断利润为 π_0^M；若 M 率先在右端创建品牌时，那么其将获得利润 $\pi_1^M - F$，而 H 企业利润为 0；若中国企业 H 先进入市场在右端设立品牌，那么整个市场将形成寡占结构，跨国公司 M 将获得 π^D 的利润，而中国企业 H 所获利润为 $\pi^D - F$。

（5）跨国公司 M 具有在城市右端设立新品牌的天然动机，即 $\pi_0^M < \pi_1^M - F$；且 $\pi_1^M > 2\pi^D$。因为 $\pi_1^M - F > 2\pi^D - F$，即垄断市场利润显然要大于寡占市场的总利润。

（6）随着时间的变化，由于知识积累、技术进步和"干中学"效应，引入新产品的成本不断下降，从而利润趋于上升。

8.3.2.1 基本模型

借鉴梯若尔（Tirole，1988）的产品扩散模型分析思路，令 $t^* \in (0, T]$ 为某企业在城市右端创建品牌时刻，即先占时刻。同时记 $L_i(t^*)$ 为企业 i（i 为 M 或 H）先占时从 $0 \sim T$ 时刻其利润的贴现值，$F_i(t^*)$ 为企业 i 被先占时从 $0 \sim T$ 时刻其利润的贴现值，利息率为 r，故有：

$$L_M(t^*) = \int_0^{t^*} \pi_0^M e^{-rt} dt + \int_{t^*}^T \pi_1^M e^{-rt} dt - Fe^{-rt^*} \qquad (8-8)$$

$$F_H(t^*) = 0 \qquad (8-9)$$

$$L_H(t^*) = \int_{t^*}^T \pi^D e^{-rt} dt - Fe^{-rt^*} \qquad (8-10)$$

$$F_M(t^*) = \int_0^{t^*} \pi_0^M e^{-rt} dt + \int_{t^*}^T \pi^D e^{-rt} dt \qquad (8-11)$$

进一步地，存在时刻 T^*，满足 $L_H(T^*) = F_H(T^*) = 0$，即此时对企业 H 来说，先占与被先占是无差异的，故而有引理 8-1 和引理 8-2。

引理 8-1：当且仅当 $t^* > T^*$ 时，$L_H(t^*) > F_H(t^*)$。

引理 8-2：对于任何 $t^* \geqslant T^*$，都有 $L_M(t^*) > F_M(t^*)$。①

根据利润最大化原则，跨国公司 M 在没有面临潜在进入威胁时，在到达时间 T 之前不会考虑在右端建立新品牌。于是，M 与 H 之间就存在一个动态博弈的过程。我们采用逆向归纳法来分析该博弈。

首先，在 T 时刻，企业 H 认识到 M 将在此时刻进入。因此为阻止 M 进入，H 会在早于 T 的某个时刻 $T-\varepsilon$（ε 为一个很小的正数）抢先在城市右端创建品牌，因为有 $L_H(T-\varepsilon) > F_H(T)$。其次，当企业 M 认识到 H 会在 $T-\varepsilon$ 时刻选择进入，其必然会更抢先一步进入城市右端……这种重复博弈过程直到 T^* 时刻才停止，因为早于该时刻进入对于企业 H 来说将会面临亏损；而跨国公司 M 只要在 T^* 时刻之前在城市右端实施品牌空间先占，就能阻止 H 的进入，此时即达到均衡。均衡结果表现为，在既定的市场需求空间内，作为在位者的跨国公司 M 总有空间先占动机，从而足以遏制作为潜在进入者的中国企业进入终端市场，由此可得到命题 8-3。

命题 8-3：在有限的市场容量内，为了阻止潜在品牌的进入而保持自身的垄断地位，作为在位者的跨国公司必然会实施品牌空间先占策略，而作为潜在进入者的中国企业将无法创建自主品牌。

命题 8-3 的现实意义是，在全球化格局下，由贸易规模和市场结构决

① $L_M(t^*) - F_M(t^*) = \int_{t^*}^T (\pi_1^M - \pi^D) e^{-rt} dt - Fe^{-rt^*} > \int_{t^*}^T \pi^D e^{-rt} dt - Fe^{-rt^*} = L_H(t^*) > 0$，即 $L_M(t^*) > F_M(t^*)$，证毕。

定的品牌空间，已基本上被美、日、欧等发达国家的领先企业占满。而中国企业自创品牌的战略，会受到跨国公司的高强度营销投入及其策略的障碍，跨国公司多品牌战略对产品空间的占据也使新进入者的渗透成本很高。中国品牌要挤入发达国家企业所主导的有限品牌空间甚至挤出其品牌，需要付出长时间的巨大成本和努力。

8.3.2.2　模型扩展

上述基本模型在将品牌空间简化成城市两个端点的基础上，探讨了在位品牌企业与潜在进入企业之间的品牌建设博弈，佐证了跨国公司全球化战略下的品牌战略及其可信威胁阻碍了中国企业的品牌建设，结果在一定程度上反映了在有限市场需求空间条件下中国企业自主品牌建设的困境。然而，随着中国经济的迅速崛起，本土市场容量得以高速成长并逐渐呈现高端化趋势，这也必然吸引更多的跨国公司参与到抢占中国市场的竞争中来。从中国吸引的 FDI 来看，多数是市场寻求型的，其主要动机和目的是通过建立独资或合资子公司打入并占领中国巨大的本土市场。那么，在市场需求递增且多样化条件下，即在品牌空间较大的条件下，跨国公司又会采取什么样的策略来抢占和瓜分中国市场，进而形成对中国自主品牌的进入壁垒呢？对此，我们将基于经典合谋寡占市场理论进行扩展分析。

合谋寡占市场理论的一个最普遍的应用是卡特尔。卡特尔是工厂、企业或国家之间的一种组织和契约形式，该组织中的成员通过协调或联合行动，可以增加其联合垄断利润。我们的研究对象是具有多产品品牌创建和营销能力的跨国公司，若干个产品品牌均处于同一家跨国公司的所有权与控制之下，从而成为品牌市场中的垄断者，这就与卡特尔非常类似[①]。因此，这里将沿用卡特尔理论的思路来分析跨国公司品牌策略及其品牌壁垒的形成。

假设跨国公司具有 N 个品牌，每个品牌的产量为 $q_i(i = 1, 2, \cdots, N)$，其拥有共同的生产技术，且满足一个二次成本函数 $C_i(q_i) = F + cq_i^2$；跨国公司面临的总需求函数为线性的：$P = a - bQ$。对于跨国公司而言，其经营

---

① 一般来说，卡特尔组织没有权力关闭其中的工厂或消灭其成员国。而本书与卡特尔有所不同的是，跨国公司有权力决定是否取消它的一些品牌。

目标是通过选择品牌数 N 及其产量 q_i 来实现整个企业的利润最大化：

$$\max\pi(q_i, N) = \max\sum_{i=1}^{N}\pi_i(q_i) = \left(a - b\sum_{i=1}^{N}q_i\right)\left(\sum_{i=1}^{N}q_i\right) - \sum_{i=1}^{N}C_i(q_i)$$

$$(8-12)$$

$$[\text{F. O. C}] \quad \frac{\partial\pi}{\partial q_j} = a - 2b\sum_{i=1}^{N}q_i - MC_j(q_j) = MR(Q) - MC_j(q_j)$$

$$= 0, j = 1, 2, \cdots, N \quad (8-13)$$

式（8-13）表明，跨国公司所拥有的每个品牌的产量，可由其总的边际收益函数 $MR(Q)$ 等于每个品牌的边际成本函数 $MC_j(q_j)$ 来决定。

进一步地，假设每个品牌的总成本函数为 $C_j(q_j) = C(q) = F + cq^2$（$q$ 为任一品牌的产量），从而有 $2cq = MC_j(q_j) = MR(Q) = a - 2bNq$，故可得：

$$q = \frac{a}{2(bN + c)} \quad (8-14)$$

$$Q = Nq = \frac{Na}{2(bN + c)}; P = a - bQ = \frac{a(bN + 2c)}{2(bN + c)} \quad (8-15)$$

进而有：

$$\frac{\partial q}{\partial N} < 0; \frac{\partial Q}{\partial N} = \frac{a(bN + c) - Nab}{2(bN + c)^2} = \frac{ac}{2(bN + c)^2} > 0 \quad (8-16)$$

$$\frac{\partial(PQ)}{\partial N} = \frac{a^2c^2}{2(bN + c)^3} > 0 \quad (8-17)$$

$$\frac{\partial\pi}{\partial N} = \frac{\partial(PQ - TC)}{\partial N} = \frac{\partial(PQ - F - Ncq^2)}{\partial N} = \frac{a^2c^2(2bN + c)}{4(bN + c)^4} > 0$$

$$(8-18)$$

据式（8-16）至式（8-18）可得命题 8-4。[①]

命题 8-4：随着跨国公司所拥有的品牌数量增加，单个品牌的销售量

---

① 一般而言，公司初创品牌时需要支付开拓品牌销售渠道的固定成本，但是一旦建立起营销网络，则可以为自己的多个品牌所共享。因此，在不考虑品牌营销渠道所需维护成本的情况下，本书假设跨国公司创建品牌的固定成本（F）不随品牌数量变化而变化。式（8-18）中的 TC 为企业总成本。

趋于下降，但是其所拥有全部品牌的总销售量、总销售额和总利润是随之增加的。

命题 8 - 4 表明，在不存在其他潜在进入者的威胁时，跨国公司总是具有品牌扩张的动机。然而为了保持自身的垄断地位，跨国公司需要采取适当的品牌策略阻止其他企业品牌的进入。阻止进入的必要可信条件通过调整其品牌数量，在保持其利润最大化的条件下，最小化每个品牌单位产量的成本。便于分析，这里假定品牌数量 N 是一个连续变量。根据总成本函数，得到平均成本函数为 $AC(q) = F/q + cq$，再求得其最小化条件并由式（8 - 14）得到：

$$q = \sqrt{F/c} = \frac{a}{2(bN + c)} \qquad (8 - 19)$$

进而求得均衡品牌数量 N^*：

$$N^* = \left(\frac{a\sqrt{c}}{2\sqrt{F}} - c\right)\big/ b \qquad (8 - 20)$$

从式（8 - 20）可以看出，$\frac{\partial N^*}{\partial a} > 0, \frac{\partial N^*}{\partial F} < 0, \frac{\partial N^*}{\partial b} < 0$，由此可得命题 5。

命题 8 - 5：跨国公司拥有的品牌数量将根据需求参数和成本参数进行调整，利润最大化目标下的品牌数量将随着需求参数 a 的增加而增加，随着固定成本参数 F 和需求参数 b 的增加而减少。

命题 8 - 5 表明，跨国公司会根据其自身技术水平与市场需求条件来调整其品牌数量，以实现利润最大化。同时，在价格满足式（8 - 15）的条件下，具有相同或更高平均成本的潜在进入者不可能进入该行业创建新品牌，因为进入就意味着亏损。进而可以得到推论 8 - 1。

推论 8 - 1：在跨国公司具有足够的市场势力控制市场价格条件下，当其所拥有的品牌数量为 N^* 时，不具成本优势的中国企业将不会创建品牌。

推论 8 - 1 佐证了作为发包方的发达国家跨国公司充分利用其在销售终端渠道的品牌势力与市场需求控制力，降低并压制了中国企业自创品牌的主动性与可能性，从而将中国企业锁定在 GVC 的代工环节。

8.4

跨越全球价值链中品牌壁垒的条件及策略选择

以上模型分析表明，GVC 中的发达国家跨国公司必然实施品牌战略，并且会倾向于通过品牌空间先占策略实施进入遏制、市场封锁，从而形成强大的品牌壁垒，来阻碍中国本土企业发展自主品牌的努力，试图将中国牢牢锁定在国际代工环节。因此，中国要实现超越国际代工，必须努力跨越跨国公司构筑的品牌壁垒。那么作为后发者，中国企业应当如何进入由发达国家跨国公司和国际大买家所主导的品牌俱乐部呢？下面基于消费者行为视角，对品牌壁垒的跨越条件进行探讨，进而寻求培育自主品牌实现代工超越的策略。

8.4.1 模型设定

根据品牌经济学理论，选择成本是影响消费者品牌选择行为的关键变量，理性消费者将根据既定效用条件下的选择成本最小化原则进行品牌选择。选择成本的一个重要表现是转换成本（switching cost），是指消费者或用户因为从在位厂商处购买产品转向从新进入厂商处购买产品时而面临的一次性成本（杨公朴，2005）。显然，当消费者从选择购买一种品牌转换到选择购买另一种品牌的过程中，也具有一定的转换成本。这种成本可能包括学习成本、交易成本、由品牌转换所带来的优惠损失以及改变消费习惯或更换品牌所引致的心理成本等。为此，可以构建一个存在转换成本（C_{S_j}）时新品牌 j 的选择成本函数为：

$$C_{C_j} = C_C(b_j, C_{S_j}) = C_C(\mid \alpha \mid b_i) + C_{S_j}, i \neq j \qquad (8-21)$$

其中，b 为品牌品类度，$b \in [0,1]$，且满足 $\dfrac{\mathrm{d}C_C}{\mathrm{d}b} < 0$，即选择成本与品牌品类度是呈反方向变动关系。$\alpha$ 为品类相似系数，反映在位品牌 i 与新进入品牌 j 之间的相似（或差异化）程度，$\alpha \in [-1,1]$，所以有 $\mid \alpha \mid \leqslant 1$。

8.4.2 跨越条件

进一步地，考虑一个完全竞争市场中消费者的两期选择问题。假定新旧品牌之间无差异，其价格均为 P；但新品牌为了将原有品牌的消费者吸引过来，需要在第一期提供一定的折扣优惠 d，市场利率为 r。那么只有当消费者转换品牌后的收益现值大于其仍使用原有品牌的收益现值，消费者才可能转换品牌，即新品牌才可能进入，故其转换条件可表示为：

$$P - d + \frac{P}{r} + C_C(b_j, C_{S_j}) \leqslant P + \frac{P}{r} + C_C(b_i) \qquad (8-22)$$

将式（8-21）代入式（8-22）可得：

$$C_C(b_j, C_{S_j}) - d = C_C(|\alpha|b_i) + C_{S_j} - d \leqslant C_C(b_i) \qquad (8-23)$$

$$C_C(|\alpha|b_i) - C_C(b_i) \leqslant d - C_{S_j} \qquad (8-24)$$

由于 $C_C(\cdot)$ 为单调减函数，故当 $C_{S_j} > d$ 时，必有 $C_C(|\alpha|b_i) - C_C(b_i) > d - C_{S_j}$，与式（8-24）相悖。只有在折扣优惠 d 足够大或转换成本 C_{S_j} 足够小时，才可能满足式（8-24），由此可得命题8-6。

命题8-6：当 $C_{S_j} > d$ 时，永远无法满足转换条件，从而形成品牌需求锁定；只有当 C_{S_j} 明显小于 d 时，消费者才有可能将偏好转移到新品牌上来，即新品牌才有可能进入。

在买方市场条件下，生产领域中的优势可能会被迅速模仿和扩散，最终失去壁垒作用。命题8-6的经济意义包括，对于在位品牌来说，只有从消费者选择效用最大化出发，通过正确的品牌策略让消费者重新选择品牌的转换成本提高，才能有效防御潜在进入者的竞争而巩固其在位优势。而对潜在进入者而言，一方面，需要通过提供颇具吸引力的折扣优惠、消费者补贴等方式来弥补和克服消费者的转换成本；另一方面，更重要的是，要在充分了解消费者信息的基础上，秉承消费者利益至上原则，从产品和品牌本身入手来尽可能降低消费者的不确定性，从而降低消费者的品牌转换成本。这意味着，对于作为后发者的中国产业和企业而言，需要从消费者利益出发来制定有效的品牌策略。既可以通过消费补贴、打折优惠、广告促销等渠道建设入手，也可以通过人性化和智能化的产品设计、精准的品牌定位、提升产品质量、加强产品体验、完善售后服务等产品和服务优化入手，还可以通过直接租赁、联合或并购市场在位品牌等途径来促成消费者对新产品品牌的购买，从而得以跨越全球价值链中的品牌壁垒，逐步培育本土自主品牌。

8.5

跨国公司品牌壁垒及其跨越：基于中国的现实案例

在贸易投资自由化的全球化浪潮下，"中国制造"虽然已在国际市场上大行其道，但是进入国际市场的中国产品仍然是以为跨国公司品牌代工的贴牌产品为主，而且外资企业也正在中国国内市场攻城略地。据统计，2017年自主品牌汽车出口数量不到100万辆，仅占整体生产比例的5%；目前自主家电品牌出口量则仅占到全部海外市场份额的2.46%，而这当中的82%来自海尔。[①] 在国内市场上，除了少数垄断行业之外，大部分行业市场被贴着国外品牌的商品占据。以日化行业为例，宝洁、联合利华、强生等外国品牌占据了超过70%的市场份额；[②] 而曾经家喻户晓的许多民族品牌，如"大宝""小护士""丁家宜""舒蕾""美涛""风影""美加净"等都已逐渐被外资企业收购或控股。可以说，中国企业正遭遇发达国家跨国公司所构筑的强势品牌壁垒，自主品牌建设之路举步维艰。

8.5.1　基于品牌的 GVC 治理与中国"代工微利"困境

前文的模型说明，品牌是跨国公司进行 GVC 治理的重要权力来源。这意味着，在国际竞争中，谁拥有自主品牌资产，谁就可以掌握全球市场的主动权和控制权，提升自己的市场势力，进而获取价值链高附加值环节的

---

① 　资料分别来源于中国经济网"汽车频道"（http：//auto. ce. cn/auto/）以及海尔官网（ht-tp：//www. haier. net/cn/）中关于海外市场的介绍。

② 　国外品牌占据中国日化行业超70%市场份额［J］. 国内外香化信息，2012（10）：4.

高额利润。典型的例子如耐克、苹果、美泰、沃尔玛等国际品牌制造商和零售商巨头。它们作为 GVC 中的"链主"和系统集成者,通过强大的市场势力和渠道势力牢牢控制了上游资源要素市场和下游终端产品市场,并形成了"瀑布效应"(cascade effect),导致发展中国家代工企业议价能力较弱,定价权缺失,只能处于"贵买贱卖"的尴尬境地。

从中国现实来看,自 2008 年全球金融危机特别是 2010 年以来,国内要素成本不断攀升,原本廉价初级生产要素的比较优势已逐渐减弱,众多从事国际代工的中国制造企业只能被动地陷入"代工微利"困境。以玩具行业为例,一个售价在 9.99 美元的芭比娃娃,扣除 0.65 美元的原材料成本后共增值 9.34 美元,其中大部分被美国的玩具厂商、经销商和零售商所瓜分,而中国代工企业只分得 0.35 美元,还不到总价值的 4%。而且自 2004 年以来,随着中国玩具行业规模逐年扩大,利润率呈下降趋势;特别是在 2007 年欧美关于玩具生产新标准及中国玩具强制性认证相继实施之后,企业生产成本提高了 8% 左右,国内玩具行业利润已几乎被国际买家榨干。中国产业调研网数据显示,2016 年我国规模以上玩具企业整体毛利率仅仅为 10% 左右。①

另据统计,珠三角地区代工企业绝大多数利润率不超过 10%,2006 ~ 2010 年,电子制造服务业平均毛利率从 6.2% 骤降到不足 3%,而净利润则不到 1%。② 在富士康、伟创力、仁宝、比亚迪等"巨无霸"型代工企业之间,为生存而相互争夺订单早已司空见惯,而且这些企业无一例外地都以牺牲自身利益为代价,来换取利润微薄的巨额订单。2006 年,富士康和比亚迪甚至还为争夺订单上演了一场名为"窃取商业秘密"的官司。而一向关系良好的"鸿海"和"广达",也曾因争夺"苹果"订单而"大打出手"。2009 年初,广达集团负责"iPod Touch"业务的资深副总裁被"鸿海"挖走,并一下子带走了数十位经验丰富的工程师。此后,"广达"则把"鸿海"已经到手的"MacBook"笔记本电脑订单抢了回来,并直接

---

① 2017 年中国玩具行业格局分析及国内外对比情况分析 [EB/OL]. 中国产业信息网,2017 – 11 – 10.

② 谢建超,王月金,张李源清,路涛. 珠三角:"代工时代"正在成为历史?[N]. 中国经济时报,2010 – 07 – 08.

导致"鸿海"数位产品事业群总经理被撤换。① 类似"不惜代价"的恶性竞争闹剧，同样也在纺织服装、鞋、玩具等劳动密集型行业中不断上演。

8.5.2　跨国公司品牌壁垒下的中国"代工锁定"困境

在"代工微利"困境逼迫下，一些中国代工企业试图通过创建自主品牌来提升盈利能力。然而实际上，全球市场特别是中高端市场几乎被国外知名品牌抢先占据，中国品牌很难挤入。以化妆品行业为例，几个跨国公司凭借其强大的研发能力、品牌影响力及营销能力，牢牢占据化妆品行业的领先地位，排名前五的欧莱雅、宝洁、联合利华、雅诗兰黛和资生堂合计约占了全球市场份额的 52.4%。以玩具行业为例，作为全球最大的玩具生产和出口国，2011~2015 年，中国制造的玩具占据了全球玩具总消费的 73%。② 但是中国玩具产品仍然以代工为主，出口的自主品牌产品也主要停留在中低档产品水准，缺乏具有国际影响力和竞争力的品牌，单个品牌的市场占有率较低。相对地，发达国家的玩具企业则依靠"品牌 + 渠道"的成熟商业模式占据了较大市场份额。2015 年，全球玩具零售额已经达到 890 亿美元，其中来自美国、日本和丹麦的全球五大知名品牌玩具占据了 25.21% 的市场份额。具体地，美国"美泰"品牌销售额为 57.03 亿美元，日本"万代"为 54.32 亿美元，丹麦"乐高"为 54.21 亿美元，美国"孩之宝"为 44.48 亿美元，日本"多美"为 14.4 亿美元。这五家玩具巨头分别在不同细分市场占据龙头地位，比如"乐高"在建筑模型玩具中就占据了 65.5% 的市场份额。2016 年，这五大玩具品牌在全球市场份额更是提升至 30.8%。③

从玩具行业来看，广泛开设品牌专卖店（网）是乐高、美泰等跨国公司扩大其品牌市场份额的重要手段。通过专卖店的开设扩张，给消费者带

① 曾航. 苹果暗中推动代工商变阵提防鸿海一家独大 [N]. 21 世纪经济报道, 2010 - 09 - 11.
② 吴宇. 中国玩具出口与进口"双增长"：生产与消费大国地位进一步巩固 [EB/OL]. 新华网, 2017 - 03 - 30.
③ 2016 年中国玩具行业市场现状及投资前景分析 [EB/OL]. 中国产业信息网, 2016 - 09 - 02；2017 年中国玩具行业格局分析及国内外对比情况分析 [EB/OL]. 中国产业信息网, 2017 - 11 - 10.

来亲身购买体验，不断增强其品牌的认同度和信誉度。相关公开资料显示，乐高集团自 2010 年正式进军中国市场以来，截至 2018 年 11 月，已在中国的 16 个城市开设了 47 家乐高品牌零售店，并且其计划于 2019 年在中国新开 80 家品牌零售店（授权专卖店），届时将在超过 30 个中国城市拥有约 140 家品牌零售店。① 另一玩具巨头美泰除了在中国大陆开设 5 家分公司专门服务中国市场，并且还将"中国玩具批发网"作为其专业代理网站在中国市场推广其品牌。2017 年，美泰在中国市场展开了新的布局：首先是与阿里巴巴达成战略合作，不仅是利用阿里巴巴的"天猫"销售平台在中国销售玩具，更是想利用阿里巴巴对中国消费者的了解，共同开发创新玩具产品，在中国市场深耕其品牌。随后，美泰还与中国著名的母婴网站"宝宝树"合作，联合打造儿童早期教育发展的在线平台，其意图是利用互联网和大数据，跟踪消费者需求，提升消费者体验，加强消费者对其品牌的认同度。②

此外，为了占据中国巨大的消费市场，跨国公司往往还实施多品牌策略以适应消费者的多样化需求。在日化行业中，宝洁公司（P&G）在洗发水产品中就推出"海飞丝""潘婷""飘柔""沙宣"等不同品牌，洗衣粉产品有"汰渍""碧浪"等 9 种品牌，此外还有家喻户晓的"舒肤佳""佳洁士""玉兰油"等不同日用消费品品牌，从而在中国日化行业中占据了半壁江山。就美泰公司而言，除了著名的"芭比娃娃"（Barbie）之外，还包括"费雪"（Fisher-Price）、"风火轮"（Hot Wheels）、"美高积木"（Mega Bloks）以及"托马斯＆朋友"（Thomas & Friends）等。其中，"专注天赋成长"的"费雪"品牌玩具适合那些 0 ~ 3 岁的婴幼儿；"托马斯＆朋友"品牌是作为 3 ~ 5 岁幼儿的"成长路上好伙伴"；而对于 6 ~ 14 岁的儿童，则有鼓励男孩子们"放胆向前"的"风火轮"品牌以及激励女孩子们"你就是无限可能"的"芭比"品牌。

可以说，在很多领域的中国国内消费市场已基本上被发达国家跨国公司的大品牌覆盖。对于玩具产品来说，由于其主要消费群体是儿童，

---

① 陈姗姗. 乐高集团首席执行官：加大在华线上线下投入［EB/OL］. 第一财经，2018 - 11 - 07.

② 林枫. 美泰大力布局中国市场的启示［J］. 中外玩具制造，2017（3）：7.

良好的品牌形象在很大程度上代表着安全可靠的品质，而这需要较长时间的市场竞争考验、信誉积累以及巨大的资源投入。因此，本土玩具品牌企业作为新进入者，要跨越跨国公司构筑的强大品牌壁垒绝非易事。这也在一定程度上解释了玩具行业的"代工锁定"困境，即多年以来，中国上千家玩具生产企业大多数仍然只是为国外知名玩具品牌进行代工生产，拥有自主品牌的企业屈指可数。另据我们 2014 年对江苏省百家企业的问卷调查显示①，在企业战略转型升级方式的选择上，发现选择创立品牌的企业所占比重最小，只有 34.4%，从而呈现出对代工模式的路径依赖。

8.5.3　中国企业跨越品牌壁垒超越代工的成功经验

虽然在跨国公司品牌壁垒下，多数中国本土制造业企业被锁定在国际代工环节。但是也不乏一些企业成功突围，实现了从承担代工生产的"打工仔"角色向拥有自主品牌的"老板"角色的"华丽转身"，典型企业如好孩子集团、安踏体育、奥马电器、亿得电器（台湾）、宝成工业（台湾）、艾美特电器（台湾）等。从对消费者需求的影响角度来看，这些企业主要的成功经验可以总结为以下四个方面。

（1）注重加强多样化的营销渠道建设。品牌建设，渠道为王。江苏昆山的好孩子集团作为全球最大的婴儿车供应商和中国最大的母婴用品分销商和零售商，拥有覆盖全中国的 35 家分公司、2636 个专柜、32 个专卖店、1533 个经销商、236 个服务保障中心以及 4200 多名员工组成的销售系统，并建有基于开放式互联网的 DRP 分销资源计划系统的信息平台，销售网络的成本支出占到集团年销售额的 30% 以上（杜宇玮和陈柳，2013）。好孩子集团庞大的国内销售网络也使其成为"Nike Kids"等 12 个国际著名品牌在中国的独家代理。

国内最大的体育用品品牌商——安踏体育先从国内中小城市入手，采

---

① 2014 年，在江苏省经济与信息化委员会支持下，我们成立课题组对江苏省内不同县（市、区）和不同行业的 151 家制造业企业进行了问卷调查，内容包括企业基本信息、企业经营环境调查、产品升级情况和新产品研发情况这四大部分，借以评价分析江苏企业转型升级现状。

用专卖店加盟和总部投资直营的方式，逐步建立了自主品牌和销售网络。同时，安踏还与中国国家乒乓球队签订协议，聘请乒乓球世界冠军孔令辉等体育明星做品牌代言人。另外还赞助国内多种体育赛事，在 CCTV - 5 上频繁播出广告，从而逐渐被消费者所熟知和认可。新锐冰箱品牌商——广东奥马电器则采取线上线下营销网络并举，构建立体销售网络，围绕品牌营销在全国布局 140 余个办事处作为销售管理机构。其中三、四级市场以地区代理为主，中心城市则通过百货公司等传统家电经销商渠道、苏宁等家电连锁以及沃尔玛、家乐福、好又多等大型连锁综合超市系统等途径销售。在线上销售（电子商务）方面，奥马电器与各大 B2C 平台建立了深度合作关系，特别是与京东和苏宁易购建成了战略合作伙伴关系，不时地联合开展促销。据京东和苏宁易购提供的数据显示，奥马电器一直稳居电商平台冰箱销量前三，仅次于海尔。2014 年，奥马电器还与区域经销商汇达通开启战略合作，以 O2O 方式来开拓国内农村市场，后者通过庞大的乡镇网点搜集和萃取乡镇消费数据，助力奥马电器研发生产乡镇市场所需的产品。

全球最大的电风扇生产商——台湾艾美特电器的品牌销售也离不开各地经销商的协助，其目前在大陆的经销商已 300 多家，构建了 1 万多个零售渠道。为了更好地服务经销商，艾美特导入资讯系统协助，建立 ERP 系统，并与客户的 CRM 系统对接。另外，为了抢进三线以下城市，艾美特还在 2861 个县设置了经销商，并在浙江成立销售公司，锁定了当地中产阶层。① 中国大陆最大的家庭用熏香熔器生产商——东莞虎门亿得电器（台资）则从五星级饭店入手，构建其品牌 "Serene House" 的销售渠道，目前已成功打入大陆许多知名饭店的 SPA 服务领域。

（2）提供迎合消费者需求的优质产品和服务。创建自主品牌，最关键的是要满足客户即消费者的需求。好孩子集团选择工业设计作为创新的主要手段，四大研发中心分工协作，设计符合市场需求的产品。同时还聘请了专业人士来主导大数据分析应用体系，深度挖掘用户数据，精准把握用户需求和趋势，推动全面改进智能制造柔性生产线以满足用户个性化需

---

① 樊莉莉，刘艳，李旭丰. 制造业台商转型成功案例之一：艾美特因为"舍得"，从代工成为大陆家电业领导品牌 [J]. 海峡科技与产业，2012（11）：24 - 27.

求。并且早在 2000 年，好孩子就建立了全球最大的华人在线科学育儿网站"好孩子科学育儿网"，聘请了 1900 多位母婴专家，为消费者在线互动解答育儿难题。① 另外，好孩子集团还与合资品牌"Mothercare"以及耐克、阿迪达斯等全球 12 大知名运动品牌结成联盟，在线上和线下同时为消费者提供安全可靠的商品和便利快捷的服务。奥马电器也针对国内市场需求，自主设计研发了六大系列 70 多款产品；而且根据国外 ODM 客户的不同需求，也累计开发了 60 多款产品。同时，奥马电器还设立了各类售后服务网点超过 2000 家，覆盖了全国所有销售区域，以保证 98% 的消费者在 50 公里内就有奥马电器的服务商，对消费者的服务确保 24 小时响应到位（毛蕴诗，2017）。艾美特则拥有一支来自日本、法国、中国 600 多人的设计研发团队，专门针对顾客细微要求进行设计研发，每年开发 200 多件新产品，平均一天半就有新品出炉。另外，艾美特已在大陆建立了 600 余个维修点，同时开设消费者投诉热线和免费电话，及时回复和处理消费者的疑问。

（3）实施差异化的市场定位与品牌定位。为了避免与跨国品牌客户的直接正面竞争，许多代工企业寻求产品差异化的品牌定位，开拓新的消费市场，从而能最大限度地减少消费者的品牌转换成本，而且使得其能够在不影响原有代工订单基础上创建自主品牌。例如，为全球 60 多个大品牌商进行代工的"世界鞋王"宝成工业集团，于 2008 年推出自主品牌"宝元鞋匠"，其定位为休闲舒适型，主要目标客户是 25～39 岁的女性尤其是家庭主妇，从而与主打专业运动和卓越体育形象、以年轻男性为目标客户的耐克等品牌形成需求错位。安踏将市场定位在国内二三线城市，将品牌则定位于中档专业体育用品市场。奥马电器以县级、乡镇市场为代表的三、四级市场为突破口，提供高性价比的国际品质产品，从而迅速夺取市场份额。亿得电器则将客户目标锁定为中高端消费者，自创"Serene House"品牌，逐步开发出超音波雾化香薰机和电子、融蜡、藤枝、精油香等属性的香薰器等多样化产品。

（4）租赁、联合或并购国际著名品牌。后发企业在自主品牌建设初

---

① 苏经信. 好孩子：创新成就全球行业龙头［N］. 江苏经济报，2018 - 03 - 09.

期，可以通过租赁或并购国际成熟品牌，借鉴其品牌营销经验和市场影响力，有效降低消费者的品牌转换成本。依托成熟品牌其完善的营销渠道，"借鸡生蛋""借船出海"，为新建自主品牌经营铺路。安踏于 2009 年斥资 3.3 亿元收购了百丽国际所持"Full Prospect"的 85% 股权以及旗下国际知名时尚运动品牌"Fila"在中华区的商标权和运营业务，借此机会进军国际高端运动市场。^① 好孩子集团于 1996 年与美国第二大婴儿用品制造商 COSCO 创立了一个联合品牌"COSCO - Geoby"，自己负责生产，而 COSCO 公司则负责在美国市场的销售。借助 COSCO 公司的销售渠道，不仅"COSCO - Geoby"成为美国销量最大的童车品牌，在美市场份额高达 40%；而且好孩子集团的多个自主品牌也直接打进了沃尔玛、家乐福、玩具反斗城等所有主流销售网络。2014 年，好孩子集团更是完成了震动业界的两次并购，先是全资收购欧洲著名高端儿童品牌德国的"Cybex"，然后又以 1.4 亿美金全资并购美国百年知名婴童品牌"Evenflo"。^② 凭借这两大品牌在当地市场成熟的品牌和营运体系以及优秀的本土经营团队，好孩子的多个自主品牌得以在欧美市场扎稳脚跟，从而实现了向全球化企业的转变。

8.6

结论与启示

品牌是一个企业乃至一个国家竞争力的综合体现，也是民族文化影响力的重要标签。培育自主品牌实现代工模式超越，不仅是我国提高制造业附加值和实施内涵化发展的必由之路，而且是深化供给侧结构性改革和推动中国经济高质量发展的战略选择。本书从 GVC 治理理论出发，运用品牌经济学、产业组织学的基本理论和博弈论方法，构建了一系列数理模型推导演绎出若干命题，阐释了基于品牌的市场势力是 GVC 治理的权力来源，而具有品牌优势的发达国家跨国公司必然通过实施品牌战略以及空间先

---

① 李梦竹. 安踏收编百丽旗下运动品牌 Fila [EB/OL]. 经济观察网，2009 - 08 - 14.
② 许红洲. 好孩子集团从贴牌代工到走上自主品牌之路——"隐形冠军"走到台前 [J]. 商业文化，2017 (1)：16 - 17.

占、品牌扩张等策略构筑起强大的品牌壁垒来控制终端市场，从而揭示了GVC下中国代工模式锁定的形成机理，并且给出了中国企业跨越品牌壁垒的条件及自主品牌培育策略。

主要结论包括：（1）品牌是市场势力形成的重要因素之一，谁拥有品牌，谁就占有市场；品牌信用度越高，市场势力越大，越是强势的品牌，具有越高的市场支配与控制能力。（2）品牌战略是跨国公司全球化战略的重要内容之一，跨国公司的品牌战略可以构筑起可信的进入壁垒，以有效阻止潜在进入者进入终端市场，并得以维持已有的市场垄断势力，从而阻碍了中国这样的后发国家企业向自主品牌升级。（3）在既定的市场需求空间内，为了阻止潜在品牌的进入而保持自身的垄断地位，作为在位者的跨国公司必然会实施空间先占策略，而作为潜在进入者的中国企业将无法创建自主品牌。而在市场需求递增且多样化条件下，跨国公司会根据其自身技术水平与市场需求条件来调整其品牌数量，以实现利润最大化；在跨国公司具有足够的市场势力控制市场价格条件下，不具成本优势的中国企业也将不会创建自主品牌。（4）具有在位品牌的跨国公司可能通过提高消费者重新选择品牌的转换成本从而形成品牌需求锁定，以有效防御潜在进入者的竞争而巩固其在位优势。而对于潜在进入终端品牌市场的中国企业而言，只有在购买折扣优惠力度足够大或消费者品牌转换成本足够小时，才有可能跨越GVC中的品牌壁垒然后逐步创建本土自主品牌。随后基于中国行业和企业的现实案例分析也表明，跨国公司基于品牌的GVC治理导致了中国"代工微利"困境，而跨国公司品牌壁垒则使得中国陷入"代工锁定"困境。中国本土企业要进入终端市场拥有自主品牌，可以通过加强营销渠道建设、针对消费者需求提供优质产品和服务、实施差异化的市场与品牌定位战略以及租赁、联合或并购国际知名品牌等路径来实现。

上述结论意味着，在GVC分工条件下，中国企业培育和发展自主品牌并试图将其升级为国际品牌的目标，势必都要受到具有强势品牌的跨国公司的打压甚至"围剿"。因此，中国代工模式锁定和自主品牌缺失困境，在很大程度上是跨国公司品牌壁垒下微观企业"理性"选择而形成的一种"合成谬误"。中国品牌要挤入发达国家跨国公司所主导的有限品牌空间甚至挤出其品牌，并不是一朝一夕就能实现的，需要企业和政府付出长时间的巨大成本和努力。因此,对于后发国家企业而言,GVC 中发达国家跨国公司构筑的品牌壁垒可能是最难逾越的进入壁垒。

同时,中国超越国际代工模式向自主品牌转型升级之路,离不开微观企业的努力和政府的支持。对于企业来说,不仅需要在充分认识竞争对手实力和市场结构特征的基础上致力于提高自身生产经营能力,而且也需要从消费者利益出发来制定有效的贯穿全价值链和全产业链的品牌营销策略。对于政府而言,不仅需要为企业的自主品牌建设营造良好的市场竞争平台与制度环境,降低从代工到自主品牌的转型成本;而且还应该以国民利益为根本出发点,通过规范用工制度、调节收入分配差距、完善社会保障体系等多渠道来降低消费者的消费风险,扩大市场需求空间,从而为自主品牌的创建提供稳定而有力的市场支撑。

第**9**章

制造业企业转型升级的影响因素：
基于江苏企业的问卷调查分析

9.1
引　言

　　改革开放以来，在比较优势理论指导下，以长三角、珠三角为代表的中国东部地区利用其劳动力优势、区位优势、政策优势、商务成本优势和良好的工业基础，积极参与国际分工，形成了以国际代工为基本特征的外向型经济产业发展模式，迅速确立了"世界加工厂"的地位。然而，自国际金融危机以来，加工贸易在全球经济衰退和需求下行的形势下增速趋缓甚至逆转为负增长，极大地制约了中国东部地区外向型经济的健康发展。而且，在原材料和劳动力成本上升、人民币持续升值、国内外新标准的苛刻化以及加工贸易限制新政的调整等"四重咒"下，"中国制造"集体走向微利时代已是大势所趋，代工链条在中国的经济发展史上正悄然走到了十字路口。推动代工企业转型升级，已成为未来中国东部沿海制造业转换发展方式从而促进经济高质量发展的重要现实问题。

　　国内外诸多研究表明，在产品内分工条件下，发展中国家代工企业升级的成败不是必然的，其升级路径及效果会受到诸多因素的影响。

全球价值链（GVC）理论认为，不同的价值链治理模式会对集群中企业的升级产生不同的影响，并在很大程度上决定着代工企业升级的路径与效果（Humphrey & Schmitz，2000；Bazan & Navas-Alemán，2003）。李吉仁和陈振祥（2000）则强调产品能力、设计能力、流程能力及模块化能力等反映企业技术水平的环节，企业对市场的熟悉程度、品牌运作经验等企业营销能力是影响 OEM 代工企业转型路径选择的重要条件和影响因素。卡普林斯基和莫里斯（2002）在探讨南美家具企业在价值链上的功能升级时，提到影响价值链功能升级的一个很重要的因素就是要求企业能够适应由于功能升级而带来的不断增加的技术设计能力的要求。刘志彪（2005）则指出，要实现从 OEM 向 ODM 和 OBM 的转化，不仅需要企业不断提高学习能力、创新能力和累积组织能力，而且需要社会和政府为某些有条件的中国企业创造品牌经营的市场基础和需求条件，培植品牌企业所需要的文化自信心和制度条件等。

另有文献运用企业案例分析了可能影响代工企业转型升级的因素。例如，尤鲁克（2002）通过对波兰和罗马尼亚的服装 OEM 企业之间的对比，发现企业转型模式受到企业对买方的依赖程度、所处的网络环境、知识和技术的积累、企业的资源和组织能力等内、外部因素的共同影响。毛蕴诗等（2009）通过对东菱凯琴和佳士科技两家采用不同升级战略的 OEM 企业进行了比较分析后发现，市场环境、地方政策所形成的地区技术创新环境、OEM 企业与合作企业的良好关系等制度环境对 OEM 企业升级战略选择具有重要影响，而生产制造能力、创新技术能力、企业家精神、资本能力、创新人才、营销能力及管理整合能力这些基于"适应性学习"的企业能力决定了 OEM 企业的升级战略。杨桂菊（2010）构建了代工企业转型升级的理论模型，比较分析了捷安特、格兰仕和万向集团在 OEM、ODM和 OBM 三个不同阶段的核心能力、存在的问题和升级战略，发现合作研发是中小企业突破 OEM 阶段的有效手段；高层领导的企业家精神是实现ODM 到 OBM 的关键因素；而自主品牌建设是 OBM 到 IBM 阶段的有效途径。马海燕和李世祥（2015）认为，与国际品牌客户构建战略性合作关系作为代工企业的升级战略之一，其持续可能性会受到代工企业的客户范畴广度、战略性资源导向程度、价值链垂直整合能力、参与客户共同决策程度这四个方面因素的影响。

　　归纳而言，现有研究发现了价值链治理模式、企业能力及外部制度环境是代工企业转型升级的重要影响因素。本书的前面几章也探讨了本土市场需求、后发劣势、市场结构、产品差异化、品牌壁垒等因素对代工企业品牌升级的影响。但是，基本上是以理论分析和个案研究为主，从而不足以充分揭示制造业代工企业转型升级的普遍规律。对代工企业转型升级的影响因素研究，有必要利用大样本微观企业数据进行实证分析。本章的研究就试图进行这项工作，以期为中国制造业转型升级的影响因素提供一个可靠的微观证据。

　　本章其余部分安排如下：第 2 节我们基于江苏省内各县（市、区）的百家制造业企业的问卷调查得到的结构性数据，对本地制造业企业转型升级面临的背景及现状特征进行统计描述；第 3 ~ 4 节分别从转型还是转移的战略决策选择和实施转型升级的路径选择这两个角度，分析制造业企业转型升级的机制及其影响因素，并给予实证上的检验和支持；第 5 节则以国际代工特征显著的昆山市为例，通过对其制造业出口企业的大样本调查，运用统计和计量分析方法，总结其转型升级的成就，并实证检验和分析代工企业转型升级绩效的可能影响因素，结论可为其他地区制造业企业转型升级战略的实施提供经验借鉴与政策启示。

9.2

江苏制造业企业转型升级调查的特征事实

　　江苏作为中国的制造业大省，以制造业为主的实体经济占全省经济总量的 80% 以上。江苏制造业总产值超 16 万亿元，约占全国 1/8、全球 3% 左右。2016 年，江苏工业主营业务收入和利润总额均居全国第一，占全国比重分别约为 14% 和 15%；先进制造业占比约 43%，规模以上工业增加值 3.5 万亿元，总量连续 7 年保持全国第一，规模工业企业、中小企业数均居全国首位。同时，江苏作为开放型经济大省，其制造业发展还具有显著的国际代工和加工贸易特征，20世纪90年代以来，加工贸易在全省贸易中所占的比重基本上都处在40%以上，"十一五"期间，加工贸易出口额占全省出口比重达到了60%以上。然而近年来，随着中国经济开始进入新常态，受国内复杂因素的影响，以出口导向型为主的江苏制造业企业面临较大挑战，一些结构性和体制性的深层次矛盾比较突出，推动制造业企业的转型升级已势在必行。

党的十八大期间，习近平总书记在参加江苏代表团的讲话中，对江苏提出的"三项重点要求"的第一点就是要求江苏加快转型升级的步伐。2011年以来，江苏省相继出台了《转型升级工程推进计划》《关于加快培育规模骨干工业企业的意见》《江苏省万企升级行动计划》等多项重要措施推进企业转型升级工作。基于这些背景，作者当时所任职的江苏省社科院区域发展研究中心与江苏省经济和信息化委员会联合成立"江苏百家企业转型升级研究"课题组，并于2014年5~6月期间，编制了《江苏典型企业转型升级问卷调查表》，对江苏省内各县（市、区）抽取151家企业进行调查，以了解江苏省制造业企业转型升级情况。调查内容包括"企业基本信息""企业经营环境调查""产品升级情况"和"新产品研发情况"四大部分。

9.2.1 调查样本企业概况

调查样本企业的基本情况如表9-1所示。

表9-1 调查样本企业基本情况

特征	分类标准	样本数（家）	占全部样本比重（%）
所属区域	苏南地区	48	31.79
	苏中地区	54	35.76
	苏北地区	49	32.45
所有制性质	国有企业	19	12.58
	民营企业	121	80.13
	外资企业	11	7.28

续表

特征	分类标准	样本数（家）	占全部样本比重（%）
企业所属行业	机械、电气、电子设备制造业	48	31.79
	纺织业	13	8.61
	化学原料和化学制品制造业	11	7.28
	金属制品业	7	4.64
	医药制造业	6	3.97
	塑料制品业	6	3.97
	石油加工和炼焦业	5	3.31
	黑色金属冶炼和压延加工业	5	3.31
	非金属矿物制造业	4	2.65
	化学纤维制造业	3	1.99
	印刷和记录媒介复制业	3	1.99
	有色金属冶炼和压延加工业	1	0.66
	造纸和纸制品业	1	0.66
	综合性行业*	13	8.61
	其他行业	25	16.56
企业规模	大型企业	26	17.57
	中型企业	71	47.97
	小型企业	47	31.76
	微型企业	4	2.70

注：*是指涉及 2 个及以上行业。作者根据企业问卷调查整理而得。

（1）所有制性质。在 151 家来自苏南、苏中、苏北地区的样本企业中，民营企业数量最多，为 121 家，所占比重为 80.13%；国有企业和外资企业则分别为 19 家和 11 家，占比分别为 12.58% 和 7.28%。

（2）企业所属行业。样本企业涉及机械电气电子设备制造、纺织、化学原料和化学制品制造、金属制品、医药制造、塑料制品、黑色金属冶炼和压延加工、非金属矿物制造、化学纤维制造、造纸和纸制品、有色金属冶炼和压延加工、石油加工和炼焦、印刷等行业。其中，占比最大的三个行业分别是机械、电气、电子设备制造业（占 31.79%）、纺织业（占 8.61%）以及化学原料和化学制品制造业（占 7.28%），合计占全部企业的比重 47.68%，行业分布与江苏省制造业结构基本上一致。

（3）企业规模。参照国家统计局《统计上大中小微型企业划分办法
(2017)》①，样本企业主要以中小型企业为主。在准确填写职工人数和营业
收入问卷的 148 家企业中，中型企业 71 家，占比 47.97%；小型企业 47
家，占比 31.76%；大型企业和微型企业数量则较少，分别为 26 家和 4
家，占比分别 17.57% 和 2.7%。按固定资产规模计算，样本企业的平均规
模为 7.52 亿元，最小企业规模为 41 万元，最大企业规模为 197.43 亿元。

9.2.2　调查样本企业转型升级面临的现实背景

对于制造业企业而言，转型升级主要面临要素成本的约束。首先，在
经济萧条背景下，制造业企业特别是劳动密集型企业，在转型升级过程
中，面临用工难尤其是一线工人缺乏的问题。其次，流动资金需求大，缺
乏后续资金支持，负债率高。在经济下行的背景下，银行不愿意"雪中送
炭"给中小企业贷款，而且利率很高，致使企业信贷难、融资难，造血功
能不足。最后，用地指标收紧，土地价格上升，环境保护要求进一步提
高，对企业转型升级成本形成压力。全球金融危机之后，同全国其他地区
一样，江苏企业的生产成本出现了集中性大幅上涨，其主要表现为劳动力
成本急剧上升、资金成本明显提高、土地成本和原材料价格大幅上扬、环
境规制趋紧等特征。

（1）劳动力成本上升的影响。2008 年以来，受新《劳动合同法》等
因素的影响，劳动力工资水平快速提升，随之带来的"用工难"问题已然
成为江苏等东部发达地区制造业发展面临的主要瓶颈之一。据问卷调查结
果显示，自 2008 年全球金融危机以来，江苏企业普遍面临工资强烈上涨的
压力，且形势日益紧迫。调查数据表明，2008～2010 年，有 57.89% 的调
查企业反映有工资上涨压力，到 2011～2013 年该比例达到 78.01%。同

---

① 根据国家统计局《统计上大中小微型企业划分办法（2017）》，我国工业企业规模依据营
业收入和从业人员可以划分为大型、中型、小型、微型四种类型。其中，大型工业企业须同时满
足从业人员大于等于 1000 人，营业收入大于等于 4 亿元；中型工业企业须同时满足从业人员介于
300～1000 人之间，营业收入介于 2000 万～4 亿元之间；小型工业企业须同时满足从业人员介于
20～300 人之间，营业收入介于 300 万～2000 万元之间；微型工业企业则是从业人员少于 20 人或
营业收入低于 300 万元的企业。

期，存在招工困难的受访企业比例从 34.75% 增加至 53.74%，企业普通工人工资有强烈上涨的压力的企业比例从 51.75% 增加至 75%，技术（管理）人员工资有强烈上涨的压力的企业占比则从 59.13% 增加至 75.17%。按不同规模的企业来看，2011～2013 年，71.4% 的大型企业、83.8% 的中型企业以及 84.6% 的小微型企业认为其面临着员工工资上涨的压力急剧，可见，中小微企业比大型企业面临更为严重的用工问题。

与此同时，不同规模的企业表现出不同的特点。对于年销售收入达 4 亿元及以上的大型企业而言，其用工问题主要来源于技术（管理）人员工资有急剧上涨的压力；对于年销售收入额处于 2000 万～4 亿元之间的中型企业而言，技术（管理）人员工资上涨压力最大，其次为普通工人工资上涨压力；而对于年销售额低于 2000 万元的小微企业而言，面临的最大问题是普通工人工资上涨的压力，如表 9－2 所示。此外我们还发现，60% 以上的企业认为有研发管理能力的技术人才和掌握关键技术的人才是企业转型升级中最急需的人才，30%～40% 的企业很需要有技术背景的中高层管理人才，还有部分企业认为能够贯彻研发方向、完成大量研发活动的中级技术人才以及专业对口的大学毕业生也是企业创新升级所需要的人才。

表 9－2　　　　2011～2013 年江苏制造业企业面临的用工问题　　　　单位：%

类型	面临工资急剧上涨压力的企业占比	存在招工困难的企业占比	面临普通工人工资急剧上涨压力的企业占比	面临技术（管理）人员工资急剧上涨压力的企业占比
全部受访企业	78.01	53.74	75.00	75.17
大型企业	71.40	50.90	75.00	75.40
中型企业	83.80	58.10	75.70	78.60
小微型企业	84.60	50.00	78.60	64.30

资料来源：作者根据企业问卷调查整理而得。

调研也发现，江苏中小企业面临的用人困难在于如何引进并留住专业技术研发人才和一线技术工人，许多中小企业缺的不是创业人才和高层次管理人才，而是能直接参与产品研发、营销管理、操作技工等发展需要的人才。这是因为：其一，中小企业的职位上升空间相对较小、收入也相对较低，导致许多企业高级研发和管理人才流失严重，而生产一线工人则主要以40岁以上当地人为主，生产效率和技术水平相对较低，这一现象在苏中、苏北地区尤为突出。其二，苏南某些三、四线城市其吸引力相对差、个税高也降低了员工的收入水平，使得一些高级技术人员和管理人才宁愿去实际收入较多的大城市。调查显示，43.8%的企业发生过关键技术人员主动离职现象，其最大的动机是"想自己创业"和"想得到更高的收入"，均占受访企业总数的27.1%。其三，企业投入很大精力、财力培养出来的技术人员和管理人员很快就会被一些大企业以高薪待遇挖走。调查显示，18.8%的企业认为"被别的同行企业挖走"也是一个重要因素。此外，近年来劳工社保标准不断提高，但执行制度的不完善，也成为许多"守规矩"企业的一大负担。

（2）资金成本提高的影响。在2008年下半年至2010年，为了应对金融危机，货币政策转为适度宽松。为了防止宽松货币政策可能的负面效应，2011年以来一直处于前期刺激政策的消化期，在"稳中求进"总基调下，稳健的货币政策一直是主要的宏观政策取向。因此，资金成本居高不下将成为此后我国企业面临的常态。

根据问卷调查结果，2008~2010年，52.78%的企业认为融资较为容易，52.43%的企业认为融资成本合理，这可能得益于这两年多国家为应对金融危机而实施的宽松货币政策；但同时40.74%的受访企业认为融资较为困难，42.72%的企业认为企业融资成本偏高，这些企业主要是中小微企业。2011~2013年，认为"融资较为便利"和"融资成本合理"的受访企业比重大幅下降，而认为存在"融资难"问题的企业则占据主流，其中47.06%的企业认为融资较为困难；认为融资成本偏高的企业则占54.55%，比2008~2010年上升了近12个百分点。从不同规模的企业来看，2011~2013年，有40%的大型企业、49.2%的中型企业、69.2%的小微型企业认为融资较为困难，而44.4%的大型企业、61.9%的中型企业、66.7%的小微型企业认为融资成本偏高，说明"融资难"对于江苏制造业企业特别是中小微企业来说是一个重要发展瓶颈。

另外，据课题组调研访谈，在中小企业融资问题上，一个共性认识是以银行为主的金融机构只会"锦上添花"，而不会"雪中送炭"：当企业经营形势好、现金流充裕的时候往往贷款十分容易；但是一旦企业扩大规模、增加研发投入或由于经济形势等原因急需资金解困时，银行基于自身风险的考虑，便不愿意给中小企业继续放贷，甚至要求收回原来贷款。

（3）原材料价格波动的影响。消耗自然资源是工业生产的必要条件，制造业作为工业中的一种，是对采掘的自然物质资源和工农业生产的原材料进行加工和再加工，为国民经济其他部门提供生产资料，为全社会提供日用消费品的社会生产制造部门（石奇，2010）。因此，原材料价格波动对制造业具有不可避免的影响。在 2010 年左右的经济刺激阶段，问卷显示，半数受访企业认为大宗商品或资源价格波动对企业经营具有负面影响；其中，66% 的大型企业、38.2% 的中型企业、42.9% 的小微型企业认同这种影响。这说明，大型企业产值大，其原材料采购规模也较大，从而可能对原材料价格波动更为敏感。

（4）环境管制标准提高的影响。现有研究认为，环境规制对企业技术创新和转型升级具有双重效应——"补偿效应"和"抵消效应"。前者是指环境规制政策帮助企业克服了组织惰性，引发创新补偿成本，促使其研制出更为清洁和环保的生产工艺，使厂商在国际市场上更具竞争优势，即著名的"波特假说"（Porter，1991；Porter & Van der Linde，1995）。后者是指环境规制水平的提高导致企业环境治理成本支出的增加，这势必会挤占企业的研发投入资金，从而增加企业的成本负担，最终由于技术创新的高风险性和产权制度的缺失降低了企业技术创新能力（Gray & Shadbegian，1995；Wheeler，2001；Erbas & Abler，2008；Greenstone et al.，2012）。

在跨国公司的环境质量标准和我国政府有意识地进行环境规制的背景下，许多企业开始重视企业的环境污染问题，但是对于环境规制的最终效应尚且存在争论。对于江苏制造业企业而言，在环境规制约束下，到底多少企业愿意转型升级？哪些企业更愿意进行转型升级？据调研问卷分析，有71.19% 的受访企业在 2008~2010 年，有增加环境保护的设备或工艺投入，到 2011~2013 年则升至 85.33%，其中包括 93.2% 的大型企业、82.4% 的中型企业和 78.6% 的小微型企业。至于环保投入对产品成本的影响，有 56.4%的大型企业、45% 的中型企业以及 27.3% 的小微型企业认为影响一般，而29.1% 的大型企业、30% 的中型企业、36.4% 的小微型企业认为影响较大。

上述事实表明，日益严苛的环境规制对江苏制造业企业已有了较大的"倒逼效应"，其中大中型企业因为自身人才和资金等方面的实力相对雄厚，更具有加强环保治理和转型升级的动力和能力。

9.2.3 调查样本企业转型升级的现状特征

综上可见，江苏制造企业在不同程度上受到要素成本上升的制约影响。那么，在各种要素成本全面上升背景下，企业会作出什么样的决策选择？其转型升级的方式和途径是什么？接下来，对这些问题作进一步探究。

第一，我们关注企业选择转型还是转移的决策情况。低廉的劳动力、土地资源、宽松的环境规制水平等要素成本优势是江苏制造业得以迅速发展的基础条件，然而自2004年左右以来，随着东部沿海地区综合要素成本的不断上升，许多制造业企业不得不考虑将企业迁移到成本更低的地区或国家来维持经营。基于此，我们对企业迁移情况进行了问卷调查，有效问卷为140份。如表9-3所示，存在搬迁转移的企业仅有30家，占全部样本比重21.43%；其他110家企业并没有搬迁转移的行为或打算，而更倾向于在本地进行转型升级。可见，通过企业迁移和产业转移来压缩成本并未成为江苏制造业企业的主要选择。

表9-3　　　　　　　　调查样本企业搬迁转移决策情况

分类	转移目标地区	样本数（家）	占全部样本比重（%）
存在搬迁转移	合计	30	21.43
	其中：江苏其他低成本地区	17	12.14
	中西部地区	7	5.00
	上海等发达地区	6	4.29
	南京等省内中心城市	3	2.14
	其他低成本国家	1	0.71
不存在搬迁转移	—	110	78.57

资料来源：作者根据企业问卷调查整理而得。

　　从存在搬迁转移的企业来看，其中有 17 家企业已有向江苏省内其他低成本地区布局的倾向，其所占比重为 56.67%，说明大多数企业倾向于在本省辖区内进行产业转移。搬迁到中西部地区的企业为 7 家，所占比重 23.33%。以上这两种类型的企业合计占全部有搬迁转移行为企业的比重为 80%，占全部样本企业的比重 17.14%。相对而言，搬迁转移到上海、南京等长三角地区较为发达的城市以及实施跨国产业转移的企业数量较少。这在一定程度上说明江苏制造业企业中大部分是出于降低生产成本考虑而进行搬迁转移的。从行业分布来看，上述搬迁转移的企业主要集中在纺织服装、印染、机械、材料加工等行业，说明劳动密集型产业或环节的企业对要素成本更为敏感，从而更具有为降低成本而实施搬迁转移的动机。

　　第二，我们来看企业转型升级的方式与路径选择情况。如表 9 - 4 所示，江苏省制造业企业转型升级路径已呈现出多样化的特点，涉及行业变更、经营模式转变、产品更新、技术创新、市场开拓、品牌创立、设备更新等多种方式。其中，首先是通过产品更新换代方式进行转型升级的企业数量最多，达 96 家，占全部样本比重 63.58%；其次是通过创立企业技术中心或工程技术研究中心方式进行转型升级的企业，共 95 家，占比 62.91%；最后是通过管理模式变化方式进行转型升级的企业，有 94 家，占全部样本比重 62.25%。相对地，选择通过创立新品牌进行转型升级的企业最少，为 52 家，仅占全部样本比重 34.44%；通过进入市场需求更好的新行业的企业也只有 54 家，占全部样本比重 35.76%。这说明，江苏制造业企业更加倾向于进行产品升级、工艺流程升级以及技术升级，而对于品牌升级、跨产业链升级则较为谨慎。这与刘晴和徐蕾（2013）的研究结论一致，即与过程升级和产品升级相比，企业进行功能升级和跨部门升级的难度会较大。

表 9 - 4　　　　　　　　　　调查样本企业转型升级路径情况

转型升级范畴	具体路径方式	样本数（家）	占全部样本比重（%）
战略转型	进入新的市场需求更好的行业	54	35.76
	进入新的技术要求更高的行业	82	54.30
	企业商业模式和盈利模式革新	71	47.02
	企业管理模式变化	94	62.25

续表

转型升级 范畴	具体路径方式	样本数（家）	占全部样本 比重（%）
企业升级	产品更新换代	96	63.58
	创立企业技术中心或工程技术研究中心	95	62.91
	进入新的市场	79	52.32
	创立新品牌	52	34.44
	主要装备更新到国际先进水平	72	47.68

资料来源：作者根据企业问卷调查整理而得。

9.3

转型还是转移：要素成本上升如何影响企业发展？

要素成本上升如何影响产业或企业发展？对此问题的回答最早可以追溯到新古典经济学关于劳动力成本（工资）上涨对企业创新影响的研究。其认为，工资上涨或劳动力成本上升会促进资本、技术等生产要素对劳动要素的替代（Hicks，1963；Vergeer & Kleinknecht，2007），会加速资本与设备折旧从而促进技术更新换代（Solow，1957），有利于推动产业结构升级。内生增长理论也同样支持提高工资诱致企业创新的观点：高工资是企业创新的一种激励，每单位有效劳动力资本存量上升导致资本成本下降刺激了部门的研发，促进了创新和技术进步（Romer，1986）。诸多实证研究也证实了劳动力等要素成本上升可以"倒逼"企业加强技术创新和提高生产率（David，1975；Van Reenen，1996；林炜，2013；程晨和王萌萌，2016），提升制造业出口技术复杂度和出口竞争力（陈晓华和刘慧，2011；程承坪等，2012；张先锋等，2014），从而促进制造业转型升级（阳立高等，2014）。

然而，在要素成本上升背景下，制造业企业除了选择设备更新改造和技术升级，也可以选择将工厂迁移到成本更低的国家或地区来缓解成本上升压力。刘新争（2012）认为，中国东部地区劳动力成本上涨，会促使劳动密集型产业从东部地区向中西部地区转移，同时推动东部及中西部地区的产业升级。一些中小代工企业难以承受成本上涨压力纷纷停产倒闭，而富士康等另一些企业则通过将代工厂向劳动力成本更为廉价的内陆地区及东南亚国家转移来进一步压缩成本（杨亚平和周泳宏，2013）。戴翔等（2016）基于中国 29 个省份工业产业面板数据的实证结果则发现，人口红利的衰减会加速工业产业的空间转移，并进一步"倒逼"低技术产业向高技术产业转型。但是，以上研究都局限于产业层面的分析，而缺乏企业微观层面的机制分析和证据支撑。

　　事实上，转型还是转移？不仅是一个产业层面的宏观战略问题，更是企业层面的微观决策问题。而且，对于不同制造业企业而言，并不能一概而论，而是取决于异质性企业的利润最大化决策。本节我们首先将基于迪克西特 – 斯蒂格利茨（D-S）模型的垄断竞争分析框架下，构建一个开放条件下利润最大化异质性企业的动态决策模型，以考察企业在面临要素成本上升时的战略选择机制，提出若干理论命题；其次结合这些命题，对上述江苏制造业企业的问卷调查所体现出的相关特征事实进行阐释。

9.3.1　理论模型与基本命题

9.3.1.1　消费者偏好与需求

　　假设一个产品多样化的封闭经济体内有 M 个部门，每个部门中有 n 家（代工）企业，每家企业生产一种产品 i，消费者对任何一种产品 i 都有需求。那么，该经济体的典型消费者效用函数和需求函数为：

$$U = \prod_{m}^{M} U_m \, ; U_m = Y_m = \left(\int_{i \in \Theta} y_i^{\frac{\sigma-1}{\sigma}} \mathrm{d}i \right)^{\frac{\sigma}{\sigma-1}} \qquad (9-1)$$

　　其中，U 为总效用；U_m 为消费 m 部门产品的效用；Y_m 为 m 部门产品消费量；y_i 为产品 i 的消费量；Θ 为产品的消费集；σ 为两种产品之间的替代弹性，满足 $\sigma > 1$。

　　进一步地，假设开放经济条件下，该经济体会与其他经济体 $s(s =$

$1,\cdots,S$) 进行贸易①，那么根据消费者效用最大化，部门 m 中产品 j 的消费者需求函数为：

$$Y_{mj} = E \frac{p_{mj}^{-\sigma} C_m}{P_m^{1-\sigma}} \qquad (9-2)$$

$$P_m \equiv \left(\int_{i\in\Theta} p_{mi}^{1-\sigma} \mathrm{d}i + \sum_{s=1}^{S} \phi \int_{h_s\in\Theta} p_{mh}^{1-\sigma} \mathrm{d}h_s \right)^{\frac{1}{1-\sigma}} \qquad (9-3)$$

其中，E 为本经济体的消费者总支出，C_m 为 m 部门产品消费量占全社会产品支出的比重，$1 > C_m > 0$；P_m 为 CES 总价格指数，h_s 为从 s 经济体的进口商品，ϕ 为贸易自由度，$1 \geqslant \phi \geqslant 0$，$\phi$ 越大，说明贸易自由化程度越大，该经济体越开放，$\phi \equiv \tau^{1-\sigma}$；$\tau$ 为贸易中的冰山成本，$\tau \geqslant 1$。当 $\tau = 1$ 时，$\phi = 1$，说明该经济体实行完全的自由贸易政策；当 $\tau \to \infty$ 时，$\phi = 0$，则说明该经济体采取闭关自守的封闭经济政策。同理，经济体 s 中一个典型的消费者需求函数可以表示为：

$$Y_{mj}^s = E^s \frac{\tau p_{mj}^{-\sigma} C_m}{(P_m^s)^{1-\sigma}} \qquad (9-4)$$

$$P_m^s \equiv \left(\int_{i\in\Theta} p_{mi}^{1-\sigma} \mathrm{d}i + \int_{h_s\in\Theta} p_{mh}^{1-\sigma} \mathrm{d}h_s + \sum^{S-1} \phi \int_{h\in\Theta} p_{mh}^{1-\sigma} \mathrm{d}h \right)^{\frac{1}{1-\sigma}} \qquad (9-5)$$

其中，E^s 是经济体 s 中的消费者购买 s 经济体内部产品的支出；P_m^s 是经济体 s 的 CES 价格指数。$\int_{i\in\Theta} p_{mi}^{1-\sigma} \mathrm{d}i$ 表示经济体 s 从本经济体进口产品 i 的数量，$\int_{h_s\in\Theta} p_{mh}^{1-\sigma} \mathrm{d}h_s$ 是指经济体 s 内部生产的产品数量，$\sum^{S-1} \phi \int_{h\in\Theta} p_{mh}^{1-\sigma} \mathrm{d}h$ 则表示经济体 s 从其他 $s-1$ 经济体进口的产品数量之和。

9.3.1.2 生产者部门

m 部门中的制造业（代工）企业 j 生产单一产品 j，生产函数为跨部门

---

① 严格来说，这里的开放经济条件包括对外开放和对内开放。因此，这里经济体之间的贸易既包括不同国家之间的国际贸易，也包括不同区域之间的区际贸易。相应地，后面的产业转移或迁移，既包括从一个国家迁移到另一个国家的国际产业转移，也包括从特定国家内部的一个地区迁移到另一个地区的区际产业转移。

的 C-D 函数，只使用一种生产要素劳动 L，边际报酬为 ω，即为工资水平，要素供给无弹性。假设企业之间存在劳动生产率差异，企业单位产品的要素投入量为 α，劳动生产率则为 $1/\alpha$，边际成本为 $\omega\alpha$。面对工资水平上升，不同生产率的制造业企业可以选择两种不同的战略以缓解劳动力成本上升的压力：通过转移到要素成本更低的地区或者通过技术创新、自创品牌进行转型升级。为了便于分析，假设市场中企业数量不变，即不存在新进入企业或退出企业。

（1）第一种情形：选择"转型"的制造业企业。m 部门中企业 j 若选择"转型升级"决策，除了维持企业现有生产经营的固定成本 FC_m，还需支付技术研发、产品创新等所需的边际创新成本 D_m，以及机器设备更新、品牌营销渠道建设等固定创新成本 R_m。令 x_{mj} 为企业生产 j 产品产量，由此可以得到企业转型升级的成本函数以及总成本函数分别为：

$$TTC = \omega D_m + \omega R_m x_{mj} \qquad (9-6)$$

$$TC_{mj} = FC_{mj} + \omega \alpha_{mj} + \omega(D_m + R_m x_{mj}) \qquad (9-7)$$

根据 D-S 模型，可以得到 m 部门 j 企业（产品）的国内消费价格指数 p_{mj} 和经济体 s 的进口价格指数为：

$$p_{mj} = \frac{\omega(D_m + \alpha_{mj})}{(\sigma - 1)/\sigma}; p_{mj}^s = \tau p_{mj} = \frac{\tau\omega(D_m + \alpha_{mj})}{(\sigma - 1)/\sigma} \qquad (9-8)$$

然后，根据式（9-2）至式（9-5）以及式（9-8），可以得到选择转型升级的企业的利润函数：

$$
\begin{aligned}
\pi(\alpha_{mj}) &= \left(B_m + \sum_{s=1}^{S} \phi B_m^s\right)\frac{C_m}{\sigma} p_{mj}^{1-\sigma} - FC_m - \omega R_m \\
&= \left(B_m + \sum_{s=1}^{S} \phi B_m^s\right)\frac{C_m}{\sigma}\beta^{1-\sigma}\left[\omega(D_m + \alpha_{mj})\right]^{1-\sigma} - FC_m - \omega R_m
\end{aligned}
$$

$$(9-9)$$

其中，$B_m \equiv \dfrac{E}{P_m^{1-\sigma}}; B_m^s \equiv \dfrac{E^s}{(P_m^s)^{1-\sigma}}; \beta = \dfrac{\sigma}{\sigma - 1}$。

（2）第二种情形：选择"转移"的制造业企业。若 m 部门中企业 j 选择进行"产业转移"，那么企业的创新成本 $D_m = R_m = 0$；然而，企业进行产业转移则会产生另外两种成本,国外(区外)边际转移成本 A_m 和管理成本 F_m。令国外(区外)劳动力工资水平为 ω^*,那么边际成本则为 $A_m\omega^* + \alpha_{mj}\omega^*$。根据全球价值链治理理论,一旦当处于俘获型全球价值链中的发展中国家代工企业试图建立自己的核心技术设计研发能力、品牌和销售终端来进行功能升级或链的升级时,可能会受到后者的阻碍和控制(Schmitz & Knorringa,2000;刘志彪和张杰,2007)。因此,相对于通过技术创新和自创品牌来实现转型升级,将工厂迁移到其他国家或地区的成本较小,故有 $A_m\omega^* + \alpha_{mj}\omega^* < \omega(D_m + \alpha_{mj})$。另外,与在本地相比,企业将工厂转移到新的国家或地区需要增加额外的管理成本,故有 $F_m > R_m$。综上,可以得到选择转移决策的企业利润函数:

$$\pi^F(\alpha_{mj}) = \left(B_m + \sum_{s=1}^{S}\phi B_m^s\right)\frac{C_m}{\sigma}p_{mj}^{1-\sigma} - FC_m - \omega^*F_m$$

$$= \left(B_m + \sum_{s=1}^{S}\phi B_m^s\right)\frac{C_m}{\sigma}\beta^{1-\sigma}\left[\omega^*(A_m + \alpha_{mj})\right]^{1-\sigma} - FC_m - \omega^*F_m$$

$$(9-10)$$

9.3.1.3 制造业企业决策权衡

根据式(9-9)和式(9-10),当且仅当 $\pi(\alpha_{mj}) > \pi^F(\alpha_{mj})$,企业才会选择"转型"而不是"转移"决策,即须满足:

$$\left[\omega(D_m + \alpha_{mj})\right]^{1-\sigma} - \left[\omega^*(A_m + \alpha_{mj})\right]^{1-\sigma} > (\omega R_m - \omega^*F_m)/G$$

$$(9-11)$$

其中,$G = \left(B_m + \sum_{s=1}^{S}\phi B_m^s\right)\frac{C_m}{\sigma}\beta^{1-\sigma}$。对比"转型"和"转移"两种决策的利润,得到:

$$\Delta\pi = \pi(\alpha_{mj}) - \pi^F(\alpha_{mj})$$

$$= G\left\{\left[\omega(D_m + \alpha_{mj})\right]^{1-\sigma} - \left[\omega^*(A_m + \alpha_{mj})\right]^{1-\sigma}\right\} - (\omega R_m - \omega^*F_m)$$

$$(9-12)$$

根据式(9-12),可以推导出:

$$\frac{\partial \Delta \pi}{\partial \omega} < 0, \frac{\partial \Delta \pi}{\partial \omega^*} > 0, \frac{\partial \Delta \pi}{\partial \tau} > 0 \tag{9-13}$$

$$\frac{\partial \Delta \pi}{\partial R_m} < 0, \frac{\partial \Delta \pi}{\partial D_m} < 0, \frac{\partial \Delta \pi}{\partial F_m} > 0, \frac{\partial \Delta \pi}{\partial \alpha_{mj}} > 0 \tag{9-14}$$

由此，可以得到以下 3 个命题。

命题 9 - 1：要素成本（劳动力成本）是制造业企业决策的影响因素之一。在其他条件不变的情况下，本地要素成本（ω）越高，企业越倾向于进行"转移"，而不是选择"转型"；产业转移目的地要素成本（ω^*）越高，企业越不会选择进行"转移"，而相对会倾向于选择"转型"。

命题 9 - 1 表明，随着本地要素成本上升，制造业企业往往倾向于向其他成本更低的地区进行产业转移，而不是选择就地转型升级来化解成本上涨的压力。但是，企业决策还受到产业转移目的地要素成本的影响。如果产业转入地要素成本不够低，那么制造业企业可能也不会实施搬迁转移，而会选择转型升级。

命题 9 - 2：贸易成本（τ）、企业创新的成本（R_m、D_m）以及产业转移的管理成本（F_m）都是影响制造业企业决策的重要因素。在其他条件不变的情况下，不同国家（地区）之间的贸易成本越高，企业创新成本越低，产业转移成本越高，企业越倾向于选择"转型"而不是"转移"。

命题 9 - 2 表明，开放条件下贸易自由化程度越低或者国内区域壁垒越大，或者技术研发、产品创新、品牌运营等价值链高端环节的成本越低，或者产业转移所需的运营管理成本越高，企业越不愿意搬迁转移，而倾向于选择转型升级。

命题 9 - 3：企业生产率（$1/\alpha$）是代工企业决策的影响因素之一。不同生产率的企业不同的决策偏好。在其他条件不变的情况下，生产率越大的企业，越倾向于进行"转移"；反之，生产率相对较小的企业，则更倾向于选择"转型"。

命题 9 - 3 表明生产率越大的企业越可能进行产业转移，这与梅利兹（Melitz，2003）的异质性企业贸易理论观点相一致；但是，生产率越小的企业反而越可能选择转型升级，这好像有违常识。除了本节模型仅仅考虑了"转移"或"转型"两种决策之间权衡的因素之外，还有一种可能的解释是，生产率越高的企业，往往与发包方跨国公司关系密切的企业（如富士康），资产专用性投资大，代工能力突出，或者由外方掌握控制权的外资代工企业。这类企业在受到外部成本冲击时，往往不会贸然选择转型升级，其最优决策通常是通过将代工厂迁移到成本更低的地区，继续承接跨国公司订单来从事代工制造。相对而言，那些生产率较小的企业，在受到外部成本或需求冲击下，或者停业倒闭（如诸多中小民营企业），或者被"倒逼"进行技术创新甚至转行做自主品牌（如一些"涅槃重生"的国有企业）。

9.3.2　基于江苏制造业企业问卷调查的结构数据分析

在本章第 2 节中已经发现，在要素成本上升冲击下，虽然搬迁转移是压缩生产成本的重要途径，但是大多数江苏制造业企业并未将其当成首选策略，而倾向于选择进行转型升级。究其原因，可能主要包括以下三个方面。

第一，国内要素成本上升是普遍趋势。从我们调查结果来看，在 30 家具有搬迁转移行为的企业中，有向其他低成本国家搬迁转移决策的企业仅有 1 家，说明国内区域之间的产业转移是江苏制造业企业迁移的主要方式。然而，目前国内各地区普遍存在要素成本上涨趋势。据统计，自 2005 年以来，中国劳动力成本上升了 5 倍，比 1995 年则涨了 15 倍；2005 ~ 2015 年，无论是北京、上海、深圳等东部发达地区，还是河南、四川等中西部欠发达地区，最低工资水平均分别上涨了 164% ~ 338% 不等。土地价格与商品房价格自 2008 年之后也持续快速上涨，2014 年中国房地产百强企业研究报告显示，土地成本上升超过 30%。① 国土资源部中国土地勘测规划院监测报告显示，全国综合地价由 2009 年全年的 2504 元/平方米增至 2017 年一季度的 3880 元/平方米，同时工业地价从 584 元/平方米增至 787 元/平方米。2000 ~ 2014 年，中国商品房年均售价累计上涨约 200%，这不仅是一、二线城市的普遍现象，而且也出现在一些三、四线城市中。

第二，贸易成本仍然较高，产业转移成本代价高昂。贸易成本包括国际贸易成本与国内贸易成本，产业转移成本包括国际产业转移成本，即

---

① 武力超，张中驰，满月 . 要素成本上升背景下我国外贸的中长期趋势分析［J］. 数理统计与管理，2017（3）：518 – 529.

"走出去"进行海外投资（OFDI）成本以及区际产业转移成本。受全球金融危机影响和国际贸易摩擦影响，出口到欧美发达国家的企业数量有所减少，以发达国家为主要出口市场的企业比例从 21.98% 小幅下降为21.38%。而且，我们的调研还发现，随着国内要素成本上升和出口市场下降，部分江苏制造业企业开始尝试"走出去"，通过直接到海外进行投资设厂来开拓当地市场。然而，目前"走出去"的方式仅仅局限于在国外部分国家和地区小范围设立配送中心、仓储基地等比较初级的形式。其除了对国外文化、法律等方面不够了解的原因之外，还与缺乏企业"走出去"的成功案例以及企业之间缺乏合作机制相关。企业家访谈发现，现阶段中小企业要想真正"走出去"并不现实；其理由是，行业龙头企业在国外市场都难以盈利，更何况实力更弱的中小企业。在并购投资上，由于缺乏第三方机构的引导和协调，有意向并购海外企业的本土企业之间缺乏合作互信机制，企业都有自己的"小算盘"，而单打独斗却实力不济，"窝里斗"的结果必然导致并购计划的频频流产。以上这些都是国际贸易成本和国际产业转移成本较高的表现。

从国内条件来看，缺乏大容量的有效本土市场需求规模是企业发展的重要瓶颈。特别是对于苏中、苏北的中小企业来说，不仅面临着较高的区际贸易壁垒，而且面临着"既无法立足本地、又无法走向外地"的两难困境。一方面，囿于自身实力的弱小，再加上普遍存在的地方保护主义和市场分割，本地企业产品很难挤入其他地区的市场；另一方面，当地政府往往偏好外来投资，对于外来企业（不仅包括外资企业，也包括外地国内企业）通常会给予优于本地企业的特殊政策，所谓"外来和尚好念经"，从而使得本地企业在与外来企业竞争中处于劣势地位。

第三，企业生产率不高。现有不少研究已发现，从事国际代工或加工贸易的中国制造业企业生产率较低（李春顶，2010；Wang & Yu，2012；戴觅等，2014；Dai et al.，2016）。我们的调查统计也显示，30 家存在搬迁转移企业的平均利润率为 6.47%，比不存在搬迁转移企业的平均利润率高 3.07 个百分点。这说明进行搬迁转移的企业往往生产率较高。然而对于大多数江苏制造业企业而言，可能由于生产率不够高，从而制约了其进行产业转移的意愿。

9.4

企业转型升级路径选择的影响因素分析

本章第 2 节的特征事实已表明，对于江苏制造业企业而言，产品升级、工艺流程升级以及技术升级是其转型升级的主要方式和路径；相对地，较少的企业选择品牌升级和跨产业链升级。那么，企业转型升级的路径选择受哪些因素决定呢？本节拟根据汉弗莱和施密茨（2002）提出的 GVC 升级分类，分别以产品升级、工艺流程升级、功能升级和跨产业链升级相关指标作为被解释变量，将企业规模、盈利能力、人力资本水平、出口目标市场类型以及所有制类型相关指标作为解释变量，运用 Logit 模型和 Probit 模型实证检验企业转型升级的内部因素。最后，考虑到政府补贴、创新的公共服务平台建设等有利于降低企业创新成本，本节还将结合问卷调查得到的结构性数据，考察政府政策因素对企业转型升级的影响。

9.4.1 影响企业转型升级的内部因素：变量阐释

（1）企业规模。在转型升级的过程中，不同规模的企业可能会选择不同的方式和路径。对于规模较大且具有较大市场影响力的企业，一般的技术进步并不足以使其产生根本性的变化，它们往往更多地倾向于开创新的市场、新的产业和突破性的技术，但是这种突破性的转型升级方式对于企业来说会是个艰苦的选择，因为在具有高收益的同时，也具有较高的风险。例如，芬兰的诺基亚（NOKIA）公司曾经是世界上最大的手机厂商，最多的时候占据着全球 40% 的市场份额，但是面对智能手机时代的到来，并没有实现成功的战略转型，其市场被苹果手机和三星手机取代，诺基亚最终不得不面对被微软收购的命运。对于较小规模的企业而言，它们缺乏足够的经济实力和前瞻性的战略眼光来实施根本性的转型升级，而更多的关注于管理模式的创新和技术的局部性创新，以达到成本的节约、产品品质的提升或者功能的改进。不过，对于大量的小微企业而言，由于它们没有明确的发展战略，也没有足够的经济实力来支持转型升级，因此往往选择"船小好调头"，放弃市场行情不好的领域，进入利润更高的行业，专注于某一个细分领域进行研发，以实现在细分市场上的领导地位。根据调查问卷设计，选取固定资产规模作为企业规模的代理变量。

（2）盈利能力。盈利能力的高低左右着企业转型升级的力度，同时盈利水平对于转型升级而言也是一把双刃剑。一般而言，在企业盈利能力持续攀升的时候，企业会认为自己处于竞争优势地位，往往容易忽略转型升级的必要性。典型的案例如日本索尼（SONY）公司，其在 20 世纪 90 年代是全球消费电子领域的领军者。然而，危机却悄悄来临。一方面，美国开始了互联网革命，消费电子进入了互联网时代；另一方面，中国的低成本制造开始冲击索尼公司占据的家电市场。但是当时的索尼公司并没有意识到这种变化，依然执着于对消费电子产品的传统化改进。进入 21 世纪，索尼公司开始发现越来越难以与美国甚至中国的竞争对手分庭抗礼，于是公司陷入了巨额的亏损中。相对地，一个盈利能力较低的企业，虽然存在着希望通过转型升级而改变企业绩效的强烈愿望，但却可能因为受制于有限的经济实力以及转型升级的巨大不确定性，而不敢贸然进行转型升级。根据调查问卷设计，选取企业净利润作为企业盈利能力的代理变量。

（3）人力资本水平。人力资本是企业转型升级赖以开展和实现的重要资源基础。转型升级的过程是企业不断自我革新的过程，这个过程对企业的人力资本储备水平提出了更高的要求。现代企业在产品市场竞争的背后是其管理团队、研发团队和营销团队的竞争，高水平的人才队伍能够使得转型升级战略得到更好的落实，为转型升级提供有力的支撑。因此，人力资本储备丰富的企业，可以有选择更多的转型升级的方式和路径，并能够有效降低转型升级的成本，提高转型升级的速度。相对地，那些人力资本储备薄弱的企业，不仅自主创新能力严重不足，而且通过模仿创新和集成创新来提高自身技术水平的能力也极为有限，从而制约其转型升级的步伐及效果。根据调查问卷设计，选取中高级技术工人与中高层管理人员之和占全部人员比重作为人力资本水平的代理变量。

（4）出口目标市场特征。作为以加工贸易为主的江苏制造业企业来说，出口市场的规模及特征是影响企业转型升级的重要因素。由于出口到不同国家的市场环境不同，导致了对出口产品的要求不同。由于发达国家市场存在着较高的进入门槛和激烈的竞争，因此对于以发达国家为出口目标的企业而言，要维持其产品的市场竞争力，就需要主动进行转型升级，适应发达国家市场的变化。相对来说，新兴市场国家的消费能力远远低于发达国家，所以新兴市场国家的消费者更加青睐性价比高的产品，促使中国企业为其提供高性价比产品。而广大发展中国家由于经济发展滞后，居民消费能力有限，主要偏好廉价消费品，因此以发展中国家为出口目标市场的企业转型升级动力就可能相对较低。根据问卷设计，分别选取出口到欧美发达国家的产品销售额、出口到新兴市场国家的产品销售额、出口到发展中国家的产品销售额作为反映出口目标市场特征的变量。①

（5）所有制结构类型。企业的所有制结构和治理结构是影响企业创新和转型升级的重要因素之一。从制造业企业的所有制结构类型来看，一般主要有国有企业、民营企业和外资企业三类。这三种所有制企业通常具有不同的生产效率，从而具有不同的转型升级动机及路径。其中，国有企业因政策负担和预算软约束的存在而效率较低（Lin & Tan，1999；林毅夫和李志赟，2004），外资企业则由于拥有母国公司的先进技术和资金支持而效率较高（Decreuse & Maarek，2008），民营企业通常居于两者之间（周明海等，2010）。已有证据发现了民营企业在创新方面的优势（周黎安和罗凯，2005）；但是也有不同观点和证据认为，由于科研创新资源大部分被国有企业所拥有的，所以国有企业更具有创新性，产品附加值往往更高（Hu，2001；李春涛和宋敏，2010）。对于外资企业而言，投资导向的不同也会导致转型升级路径选择及其效果的差异。例如，成本导向的外资企业倾向于进行产业转移，而市场导向的外资企业倾向于实施技术转移。因此，哪种所有制结构更易于转型升级，尚存在较大的争议。鉴于调查企业大部分是民营企业，因而这里选取"是否为民营企业"这个虚拟变量作为影响因素之一来考察。

---

① 这里的分析样本中不包括非出口企业。而且，由于调查问卷中并未单独设立"出口到新兴市场国家的产品销售额"选项，因此我们将出口企业的销售总收入和国内市场和出口市场相当企业的销售总收入的一半，分别都减去其出口到欧美发达国家和发展中国家的产品销售额来近似求得相应数值。

9.4.2　企业转型升级的内部影响因素实证分析

（1）企业产品升级的影响因素分析。根据产品升级的定义，我们以"产品是否更新换代"作为被解释变量（若"是"，取值1；若"否"，取值0），以上述5个变量作为解释变量进行 Logit 模型和 Probit 模型估计。如表9－5所示，企业规模越小、净利润越低、人力资本水平越低时，企业产品更新换代意愿越高。从出口市场因素来看，对发达国家和新兴市场国家出口越少或者对发展中国家出口越多，产品更新换代的意愿也越高。相比国有企业和外资企业而言，民营企业更愿意进行产品更新换代。这在一定程度上说明，产品更新换代可能是较为容易的一种转型升级方式，从而成为江苏制造业企业转型升级的首选路径。

表 9 - 5　　　　　　　　企业产品升级的影响因素估计

解释变量	被解释变量：产品是否更新换代	
	Logit 模型	Probit 模型
企业规模	− 0.05 ***	− 0.03 *
	(0.01)	(0.09)
盈利能力	− 0.006 *	− 0.004 *
	(0.07)	(0.06)
人力资本水平	− 0.76 *	− 0.53 *
	(0.07)	(0.06)
向发达国家出口规模	− 0.03 **	− 0.02 **
	(0.02)	(0.02)
向新兴市场国家出口规模	− 0.02 **	− 0.01 **
	(0.05)	(0.04)
向发展中国家出口规模	0.13 **	0.08 **
	(0.02)	(0.02)
是否为民营企业	4.95 **	2.87 **
	(0.04)	(0.04)
似然函数值	− 84.46	− 82.55

注：＊表示在10%的置信区间上显著、＊＊表示在5%的置信区间上显著、＊＊＊表示在1%的置信区间上显著。

（2）企业工艺流程升级的影响因素分析。所谓工艺流程升级，是指通过重新组织生产系统或引进先进技术，提高价值链中加工流程的效率，表现特征包括成本降低、产品质量提高、响应市场的时间缩短、利润率增加等。据此定义，工艺流程升级应当既表现为生产效率和利润率的提高，还包括管理流程的优化改善。因此，我们分别选取"主要装备是否更新到国际先进水平""是否实现企业商业模式和盈利模式革新""是否改变企业管理模式"作为被解释变量（若"是"，取值1；若"否"，取值0），以上述5个变量作为解释变量进行 Logit 模型和 Probit 模型估计，如表9－6所示，企业规模越小、企业盈利能力水平越高、人力资本储备越少的企业，越倾向于通过更新升级装备来转型升级；而规模较大的企业更容易选择通过改变企业管理模式来实现转型升级；盈利能力越差、人力资本水平越高、企业越容易选择进行商业模式和盈利模式革新。向发达国家市场出口规模越大，越更加倾向于通过更新升级装备和改变企业管理模式来实现转型升级；而向新兴市场国家和发展中国家出口规模越大的企业，相对其他两种路径而言，更加倾向于进行商业模式和盈利模式革新。对于民营企业而言，往往会倾向于选择将设备更新到国际先进水平以及改变企业管理模式这两种路径来实现转型升级，而在商业模式和盈利模式的革新上会显得比较保守。

表9－6　　　　　　　　企业工艺流程升级的影响因素估计

被解释变量	主要装备是否更新到国际先进水平		是否实现企业商业模式和盈利模式革新		是否改变企业管理模式	
解释变量	Logit 模型	Probit 模型	Logit 模型	Probit 模型	Logit 模型	Probit 模型
企业规模	−0.01*	−0.006*	−0.02***	−0.01***	0.09**	0.05**
	(0.10)	(0.10)	(0.01)	(0.01)	(0.05)	(0.04)
盈利能力	0.02**	0.01**	−0.007*	−0.004*	0.02**	0.01**
	(0.02)	(0.02)	(0.07)	(0.06)	(0.03)	(0.03)
人力资本水平	−1.04**	−0.59**	0.99**	0.60**	3.60**	2.22**
	(0.04)	(0.04)	(0.05)	(0.05)	(0.02)	(0.02)
向发达国家出口规模	0.002*	0.001*	−0.02**	−0.01**	0.11**	0.07**
	(0.08)	(0.09)	(0.05)	(0.04)	(0.04)	(0.03)

续表

被解释变量	主要装备是否更新到国际先进水平		是否实现企业商业模式和盈利模式革新		是否改变企业管理模式	
解释变量	Logit 模型	Probit 模型	Logit 模型	Probit 模型	Logit 模型	Probit 模型
向新兴市场国家出口规模	− 0.03 **	− 0.02 **	0.02 **	0.01 **	− 0.30 **	− 0.18 **
	(0.04)	(0.04)	(0.02)	(0.02)	(0.03)	(0.02)
向发展中国家出口规模	− 0.01 *	− 0.007 *	0.12 **	0.07 **	− 0.005 *	− 0.003 *
	(0.06)	(0.06)	(0.04)	(0.04)	(0.09)	(0.09)
是否为民营企业	0.98 *	0.50 *	− 0.50 *	− 0.30 *	9.21 *	5.55 **
	(0.07)	(0.07)	(0.08)	(0.07)	(0.07)	(0.05)
似然函数值	− 140.76	− 140.53	− 148.53	− 147.63	− 78.68	− 76.57

注：* 表示在10%的置信区间上显著、** 表示在5%的置信区间上显著、*** 表示在1%的置信区间上显著。

（3）企业功能升级的影响因素分析。考虑到本书的研究主题是超越国际代工、实现自主品牌升级，因而这里着重考察向品牌营销环节的功能升级。以"是否创立新品牌"作为被解释变量（若"是"，取值1；若"否"，取值0），以上述 5 个变量作为被解释变量进行 Logit 模型和 Probit 模型估计。如表9－7所示，企业规模越大，净利润越高，企业越倾向于创立新的品牌。对发达国家出口规模增加也强化了企业创立新品牌的意愿，民营企业也更加愿意创立新品牌。但是人力资本水平以及对新兴市场国家、发展中国家的出口增加则会降低企业创立新品牌的意愿。从江苏制造业来看，企业规模偏小、附加值偏低，可能是制约企业特别是民营企业实施品牌升级的重要障碍。另外，受全球金融危机和欧债危机影响较大，导致向欧美发达国家出口减少，也使得企业通过自创品牌进行转型升级的意愿降低。

表 9－7　　　　企业功能升级（品牌升级）的影响因素估计

解释变量	被解释变量：是否创立新品牌	
	Logit 模型	Probit 模型
企业规模	0.004 **	0.002 **
	(0.05)	(0.05)
盈利能力	0.008 **	0.005 **
	(0.04)	(0.04)

解释变量	被解释变量：是否创立新品牌	
	Logit 模型	Probit 模型
人力资本水平	- 0.60 * (0.06)	- 0.35 * (0.06)
向发达国家出口规模	0.02 ** (0.03)	0.01 ** (0.03)
向新兴市场国家出口规模	- 0.004 * (0.08)	- 0.002 * (0.07)
向发展中国家出口规模	- 0.04 ** (0.01)	- 0.03 ** (0.01)
是否为民营企业	0.38 * (0.09)	0.27 * (0.08)
似然函数值	- 183.21	- 182.37

注：* 表示在10%的置信区间上显著、** 表示在5%的置信区间上显著、*** 表示在1%的置信区间上显著。

（4）企业跨产业链升级的影响因素分析。根据调查问卷，"进入新的市场需求更好的行业"和"进入新的技术要求更高的行业"这两项代表跨产业链升级。为此，分别以"是否进入市场需求更好的行业""是否进入技术要求更高的行业"作为被解释变量（若"是"，取值1；若"否"，取值0），以上述5个变量作为被解释变量进行 Logit 模型和 Probit 模型估计，如表9-8所示，资产规模越大、盈利能力越强、人力资本水平越高的企业，在跨产业链升级路径选择上，更倾向于进入技术要求更高的行业，而不是市场需求更好的行业。向发达国家出口较多的企业，具有较强的跨产业链升级意愿；而依赖新兴市场国家或发展中国家市场的出口企业，跨产业链升级的意愿也较低。民营企业则可能因自身能力所限，一般不愿意选择风险较大、成本较高的跨产业链升级。

综上对四种转型升级路径的内部影响因素分析，如表9-9所示，可以得出以下基本结论：第一，江苏制造业中的民营企业更愿意进行产品升级和品牌升级，说明了诸多本土民营企业是我国制造业转型升级、超越国际代工的主力军。但是，受到自身企业能力所限，品牌升级还存在较大的难度。第二，从企业要素储备和企业能力因素来看，企业规模越大、盈利能力越高的企业，越愿意通过改变企业管理模式来实现工艺流程升级以及自创品牌升级。盈利能力较强的企业，往往更容易进行技术装备的升级，也更容易进入高技术行业。人力资本水平越高，企业越倾向于进行工艺流程升级或者通过技术升级进入知识、技术密集型的高技术产业领域。第三，从出口企业来看，以发达国家市场为主要出口目的地的企业往往更乐于转型升级，而以新兴市场和发展中国家为主要出口的企业，则相对比较保守。

表 9 - 8　　　　　　　　　　企业跨产业链升级的影响因素估计

被解释变量	是否进入市场需求更好的行业		是否进入技术要求更高的行业	
解释变量	Logit 模型	Probit 模型	Logit 模型	Probit 模型
企业规模	- 0.005 * (0.06)	- 0.003 * (0.07)	0.01 ** (0.03)	0.006 ** (0.02)
盈利能力	- 0.02 *** (0.01)	- 0.012 * (0.09)	0.02 ** (0.03)	0.01 ** (0.03)
人力资本水平	- 2.12 ** (0.02)	- 1.28 *** (0.01)	2.55 *** (0.01)	1.55 *** (0.01)
向发达国家出口规模	0.05 ** (0.02)	0.03 *** (0.01)	0.03 * (0.08)	0.02 * (0.08)
向新兴市场国家出口规模	- 0.05 * (0.08)	- 0.05 *** (0.01)	- 0.02 ** (0.03)	- 0.01 ** (0.03)
向发展中国家出口规模	- 0.11 * (0.08)	- 0.07 * (0.07)	- 0.04 ** (0.03)	- 0.02 ** (0.03)
是否为民营企业	- 1.29 * (0.06)	- 0.78 * (0.06)	- 2.07 ** (0.03)	- 1.25 ** (0.04)
似然函数值	- 156.32	- 156.06	- 159.69	- 159.42

注：* 表示在 10% 的置信区间上显著、** 表示在 5% 的置信区间上显著、*** 表示在 1% 的置信区间上显著。

表 9 - 9　　　　　　　　　**企业转型升级的影响因素比较**

转型升级路径	产品升级	工艺流程升级			功能升级	跨产业链升级	
	产品更新换代	主要装备更新到国际先进水平	实现企业商业模式和盈利模式革新	改变企业管理模式	创立新品牌	进入市场需求更好的行业	进入技术要求更高的行业
企业规模	-	-	-	+	+	-	+
盈利能力	-	+	-	+	+	-	+
人力资本水平	-	-	+	+	-	-	+
向发达国家出口规模	-	+	-	+	+	+	+
向新兴市场国家出口规模	-	-	+	-	-	-	-
向发展中国家出口规模	+	-	+	-	-	-	-
是否为民营企业	+	+	-	+	+	-	-

注："＋"表示正相关，"－"表示负相关。

资料来源：根据表 9 - 5 至表 9 - 8 的估计结果整理而得。

9.4.3　政府政策因素对企业转型升级的影响

在一个给定的科技投入与制度体系下，政府因素所形成的外部环境对企业创新能力有着深刻而复杂的影响，这些因素包括公共资源供给、政府部门的扶植与金融机构的支持、企业所处地域的信息化水平、政府机构的办事效率和政策施行效力等。

从公共研发资源的利用来看，35.4% 的受访企业与高校有合作项目，27.1% 的企业与科研院所有合作项目，反映了企业受制于自身薄弱的研发能力，倾向于利用科研机构等公共组织的研发力量；相比而言，政府部门设立的研发设施如公共检测平台、科技或产业园区孵化器、大型仪器设备平台等利用率则较低。从政府的直接扶持政策来看，2008～2010 年只有

45.5%接受过政府部门的研发补助，2011～2013 年该比例上升至 60%，表明最近几年政府对企业创新支持力度有所加大。从补助的企业类型来看，大型企业中有 63.2%的比例受益，中型企业和小微型企业的受益比例也分别有 58.6%和 45.5%。

进一步地，通过对接受过政府补助的企业与企业转型升级模式之间的交叉分析可知，受研发补助的江苏制造业企业更倾向于哪种类型的转型升级模式，如表 9－10 所示，首先，在接受过政府研发补助的企业中，选择产品更新换代实现产品升级的企业最多，占 75.7%，说明政府补助是导致企业倾向于通过产品更新换代实现转型升级的重要因素之一。其次，选择创立企业技术中心或工程技术研究中心以及选择转变企业管理模式的企业较多，分别占 73.1%和 72%。最后，65.8%的企业选择进入新的技术要求更高的行业，62.3%的企业选择进入新的市场，这两类企业也相对较多。半数左右的企业还会选择将主要装备更新到国际先进水平，实现工艺流程升级，或者选择商业模式和盈利模式革新。仅有四成左右的企业才会选择进入新的市场需求更好的行业或者选择创立新品牌。

表 9－10　　　　接受政府研发补助的企业转型升级路径比较　　　单位:%

转型升级范畴	转型升级路径	占全部样本比重	受政府补助企业样本比重
战略转型	进入新的市场需求更好的行业	35.76	41.4
	进入新的技术要求更高的行业	54.30	65.8
	企业商业模式和盈利模式革新	47.02	52.3
	企业管理模式变化	62.25	72.0
企业升级	产品更新换代	63.58	75.7
	创立企业技术中心或工程技术研究中心	62.91	73.1
	进入新的市场	52.32	62.3
	创立新品牌	34.44	40.2
	主要装备更新到国际先进水平	47.68	51.1

资料来源：作者根据企业问卷调查整理而得。

可以发现以下两个事实：第一，受到政府研发补助的企业在转型升级的动力上，明显高于整体企业样本。从问卷设定的转型升级的九种不同模式来看，均体现出这一点。第二，从企业转型升级的路径来看，受到政府补助企业的转型升级方式与全部样本企业的特征是基本一致的。即均是倾向于进行产品升级、技术升级、工艺流程升级或者通过开拓新市场来实现升级，而对于自创品牌这样难度较大的功能升级基本上持观望态度。从这个意义上说，突破性的转型升级主要还是依赖于企业的内生动力，政府支持虽有一定正面作用，但非决定性。

9.5

代工企业转型升级绩效的影响因素：基于昆山经验的实证分析[①]

本章前几节基于江苏不同地区制造业企业大样本数据的分析，探讨了企业转型升级决策及其路径选择的影响因素。本节进一步聚焦制造业企业中的代工企业，以国际代工制造特征显著的昆山市为经验案例，探究其转型升级的可能影响因素。首先，从贸易方式、出口商品结构、企业要素结构和销售状况等方面进行统计描述，总结昆山外向型经济转型升级的成就。其次，提出代工企业转型升级绩效影响因素的理论假说，并构建实证模型。再其次，分别以企业出口倾向和附加值为被解释变量，实证检验与分析其相互之间以及与企业规模和技术创新强度等因素之间的内在关系。最后，是结论与政策启示。

9.5.1 昆山外向型经济转型升级的特征事实：统计描述

改革开放以来，昆山作为苏州所辖的一个县级市，充分发挥其紧邻上海的区位优势，积极为外向型经济发展搭建平台，以国际代工方式融入GVC，以国际化带动工业化，以工业化推动城市化，实现了由单一农业向率先实现基本现代化迈进的经济跨越式发展的奇迹。经过40来年的

① 本节主要内容已发表：周长富，杜宇玮. 代工企业转型升级的影响因素研究——基于昆山制造业企业的问卷调查 [J]. 世界经济研究，2012 (7)：23 – 28 + 86 – 88。感谢郑江淮教授、张二震教授领衔的南京大学"昆山市产业转型升级之路研究"课题组提供的调研机会。

开放，在以外资代工模式为主的出口导向型经济的带动下，昆山市的整体经济实力跃上了新的台阶。综合经济实力从曾经位列苏州 6 个县之末，上升到如今连续多年的全国百强县之首，经济总量超过了某些地级市、省会城市甚至少数省区，是全国首个 GDP 超 3000 亿元的县级市；进出口贸易总额高居全国 31 个省区市前十名，甚至超过了某些省份的外贸规模。① 据工信部"2018 县域经济 100 强榜单"显示，昆山市连续 14 年位列中国中小城市科学发展测评第一名，同时还获得"2018 年度全国综合实力百强县市""2018 年全国绿色发展百强县市""2018 年度全国投资潜力百强县市""2018 年全国科技创新百强县市""2018 年度全国新型城镇化质量百强县市"5 个全国第一，可称得上是新时代"华夏第一县"。

全球金融危机以来，昆山持续加大促进加工贸易转型升级各项政策措施，着力推动昆山加工贸易由粗加工向深加工，由劳动密集型为主向技术、资本密集型为主，由进口料件加工向采用国产材料加工出口，由贴牌生产向自创品牌，由制造业为主向研发、生产、销售"三位一体"，由"引进来"为主向"引进来、走出去"相结合，由出口为主向内外销并重等"七个转变"，取得了明显的成效。总结而言，昆山在其外向型经济发展的过程中，一方面，充分利用外资企业带来的先进技术水平和管理经验，促进内资企业的发展；另一方面，采取了一系列的政策措施，不断提高其自主创新能力，促进企业转型升级，初步构建了区域自主创新体系，从而加速推动了"昆山制造"向"昆山创造"的转变。其主要表现为以下四个方面。

第一，从出口贸易方式来看，一般贸易出口快速增长，加工贸易出口增速趋缓，但仍以加工贸易为主。如表 9 – 11 所示，在外资代工模式下，加工贸易出口总额依然逐年上升，2010 年加工贸易出口额达到 467 亿美元，比 2002 年增长 12.4 倍，但增速明显趋缓，从 2002 年的 78.5% 降至 2010 年的 27.4%，下降了近 1/3。而昆山一般贸易自 2002 年以来

---

① 2017 年，昆山市 GDP 达到人民币 3500 亿元，进出口总额达 800 亿美元（折合人民币约 5400 亿元），连续 13 年位居全国百强县之首。相比之下，2017 年宁夏回族自治区的 GDP 才有人民币 3453 亿元，河南全省的外贸规模也仅有人民币 5000 亿元左右。

出口平稳增长，2010 年一般贸易的出口额达到 44.26 亿美元，比 2002 年增长 8 倍；且从 2005 年开始，一般贸易出口额占比总体呈现上升的趋势（除 2008 年金融危机出现了较大的波动）。但是，由于加工贸易出口基数过大，即使一般贸易出口每年都以 40% 左右的速度递增，加工贸易比重居高不下，仍然是昆山贸易的主体。这表明，贸易方式的彻底转型还有待时日。

表 9 - 11　　　从贸易方式看 2002 ~ 2010 年昆山的出口贸易结构

年份	一般贸易出口总额（万美元）	一般贸易出口占比（%）	一般贸易出口增速（%）	加工贸易出口总额（万美元）	加工贸易出口占比（%）	加工贸易出口增速（%）
2002	54201	12.5	44.3	377951	87.4	78.5
2003	86866	12.0	60.3	634137	87.9	67.8
2004	127930	10.0	47.3	1154743	89.9	82.1
2005	170675	9.5	33.4	1621741	90.4	40.4
2006	232681	9.6	36.3	2199964	90.3	35.7
2007	326168	10.1	40.2	2870726	88.8	30.5
2008	372876	9.6	14.2	3432242	88.8	16.4
2009	307084	7.5	-17.6	3668003	90.0	6.9
2010	442644	8.3	44.2	4671399	87.5	27.4

资料来源：作者根据昆山市统计局相关数据整理而得。

第二，从出口商品结构来看，技术含量和分工水平明显提高，加工贸易产业链不断延伸。随着昆山推进转型升级政策措施的落实，加工贸易开始由劳动密集型行业为主逐步转向以资本、技术密集型行业为主过渡。到"十一五"末，昆山就已基本形成了以集成电路、计算机及网络设备、通信为重点的电子信息以及以模具、工程机械（特种车辆）、数控设备为重点精密机械等主导产业链。如表 9 - 12 所示，机电产品和高新技术产品出口占全市出口额的比重不断上升，其中机电产品的占比从 2002 年的 75.8% 上升到 2010 年的 92.2%，2002 ~ 2010 年以工厂产品为主的高新技术产品出口占比则提升了 30 个百分点。① 而且随着外向型经济的转型升级，加工贸易也逐步向新兴制造业、现代服务业等领域拓展。

表 9 – 12　　　　　　　2002～2010 年昆山出口商品结构的部分情况

年份	出口总额（亿美元）	机电产品出口额（亿美元）	机电产品出口占比（%）	IT 产品（高新技术产品）出口额（亿美元）	IT 产品出口占比（%）
2002	43.2	32.79	75.8	21.38	49.4
2003	72.1	57.95	80.3	41.80	57.9
2004	128.4	108.41	84.4	82.62	64.3
2005	179.5	155.29	86.5	117.25	65.3
2006	243.7	214.62	88.1	160.64	66.0
2007	323.2	288.79	89.4	234.51	72.6
2008	386.8	347.00	89.0	287.00	73.6
2009	407.7	374.50	91.9	325.80	79.9
2010	533.5	491.50	92.1	423.40	79.4

资料来源：作者根据昆山市统计局相关数据整理而得。

第三，从出口企业绩效来看，企业创新投入大幅增长，要素结构不断优化，利润率显著提高。根据我们对昆山市 500 家企业的调研数据，如表 9 – 13 所示，制造业企业的研发投入在 2007～2010 年增长了 3.75 倍，表明企业对技术创新的重视程度不断提高。而且在代工微利趋势下，企业已普遍开始重视自主品牌建设，用于创建品牌投入的资金也大幅上升。从企业劳动力结构来看，人才结构也不断优化，普通工人占比从 2007 年的 56.19%，下降到 2010 年的 36.89%，人力资源素质有了明显提高。从市场盈利情况来看，昆山市制造业企业的销售总收入在这三年间增长了一倍，附加值（利润率）从 2007 年的 5.15% 上升到 2010 年的 6.51%，表明其在 GVC 的地位已有了显著提升。同时，出口额占比则不断下降，从 2007 年的 12.23% 下降到 2010 年的 11.19%，表明随着外需衰退及内需市

---

① 从表 9 – 11 可以发现，昆山市出口贸易中加工贸易出口占了绝大多数。因此，机电产品和高新技术产品出口占出口总额比重的提升也在很大程度上反映了加工贸易出口结构的不断优化。

场的兴起，昆山制造企业对国际市场的依赖逐渐下降，已经开始转向对国内市场的开拓。

表 9 – 13 昆山制造业企业转型升级调查结果汇总

年份	销售总收入 （万元）	出口额 （万元）	出口额占比 （%）	总利润 （万元）	利润率 （%）
2007	2497930	305595.5	12.23	128538.26	5.15
2010	5102663	571289.0	11.19	331982.59	6.51
年份	研发投入 （万元）	创建品牌投入 （万元）	职工总人数 （人）	普通工人 （人）	普通工人占比 （%）
2007	23336.40	9470	52115	29281	56.19
2010	87461.44	16463	152963	56428	36.89

资料来源：作者根据问卷调查结果整理而得。

第四，以台资企业为主的企业转型升级成效显著。自 2008 年起，昆山市就专门设立了"促进台资企业转型升级"科技专项资金，台资企业被纳入市级科技和技改贴息项目的申报资助范围。2014 年以来，昆山市又加大了对驰名商标和著名商标的奖励力度，对新获得中国驰名商标企业、江苏省著名商标企业的一次性奖励分别提高至 80 万元、20 万元，对新获苏州市知名商标、新注册国内商标和国际注册商标继续给予相应补助，极大激发了台资企业自创品牌的热情。不仅如此，昆山市工商局还结合台资企业经营特点，采取"一对一""面对面"指导，帮助成长性好的规模型台企申报知名、著名商标。同时，昆山市工商局还深入开展"护航品牌""双打"专项整治行动，对台资品牌企业的举报和投诉在第一时间受理和第一时间查处，以切实维护台资企业的合法权益。目前已有超过 500 家台资企业拥有自主品牌，包括中国驰名商标 9 件，占苏州市驰名商标总数大半，占中国大陆台资企业中国驰名商标拥有量的近 1/3。[①] 以全球排名前三位的代工厂昆达电脑为例，现在已拥有"麦哲伦""Mio"两个自主品牌，品牌业务已占昆达全部业务的五六成。

---

① 付钦，徐蓉蓉. 昆山台企从"代工生产"向"自创品牌"转变［N］. 昆山日报，2014 – 07 – 16.

9.5.2　代工企业转型升级绩效的影响因素：理论假说与模型设计

9.5.2.1　理论假说与变量选取

为了充分揭示代工企业转型升级的绩效及其影响因素，本节在理论分析基础上，根据昆山市国际代工模式的现实，选取相应的模型变量，如表 9 - 14 所示，提出几个待检验假说，从微观视角实证检验代工企业转型升级的普遍性影响因素。在下列变量中，（1）和（2）是被解释变量，用来衡量制造业代工企业转型升级的绩效；（3）~（5）是解释变量；（6）~（8）则是控制变量。

表 9 - 14　　　　　　　　　　模型变量选取及其描述

变量	代码	变量描述
附加值水平	Va	企业销售利润率 = 利润额/销售收入总额
出口倾向	Ex	产品销售收入总额中出口额所占比重
企业规模	$Size1$	固定资产总额（千万元）
	$Size2$	销售收入总额（千万元）
	$Size3$	员工总人数
	$Size4$	主营产品销售规模在同行业中处于平均规模以上取 1，其他取 0
技术创新强度	$R\&D$	R&D 经费投入（万元）
工资水平	$Wage$	职工人均工资水平
人力资本水平	$Hum1$	普通工人占总员工比例
	$Hum2$	高中及高中以下学历占总员工比例
所处行业特性	Ind	虚拟变量：机械、电气、电子设备制造业取 1，其他取 0
企业所有制结构	Own	虚拟变量：三资企业取 1，其他取 0

资料来源：作者整理。

（1）附加值水平（Va）。附加值是衡量企业价值链地位的关键变量，附加值越高，在价值链分工中所获租金越多。显然，附加值提升是企业转型升级的重要标志。衡量附加值的直接指标通常包括工业增加值率和利润率。利润率是衡量企业盈利能力的重要指标，从而在一定程度上反映了企业附加值水平。考虑到数据的可获得性，我们采用各企业的销售利润率来反映其附加值状况。

（2）出口倾向（*Ex*）。从国际市场角度来看，国际代工模式的显著基本特征是出口导向。出口倾向越大，表明对国际市场越是依赖和偏好，从而对跨国公司和国际大买家的依赖性更强。而且，作为发包方的发达国家跨国公司充分利用其在销售终端渠道的品牌势力与市场需求控制力，通过规模经济效应、俘获效应、用工压榨效应、消费遏制效应以及制度效应，降低并压制了代工企业超越代工的主动性与可能性。因此，出口倾向大小可以在一定程度上反映国内制造企业转型升级的效果。我们选用各企业的出口额与销售总收入的比值表示出口倾向。该比值越低，说明企业的国际代工倾向越低，对外需市场依赖越小，企业转型升级越成功。另外，在跨国公司和国际大买家的"瀑布效应"下，代工企业只能赚取低廉的"手工费"和微薄的附加值和利润。而那些附加值较高的企业，往往是注重内销的企业特别是非出口企业，可能拥有自主品牌，处于国内价值链的高端，对国际市场依赖较小。因此，出口倾向与附加值水平呈负相关关系。故有假说9-1。

假说9-1：附加值水平与出口倾向负相关。企业出口比重越大，所获附加值越低；相反地，附加值越高的企业，出口倾向越低。

（3）企业规模（*Size*）。规模经济是技术进步和企业升级的重要影响因素之一。根据市场结构理论，规模较大的企业往往具有较强的定价权和市场势力，因此企业规模经济水平在一定程度上决定着企业的利润和附加值。此外，从中国现实来看，规模更大的企业可能越容易获得具有GDP增长、财政税收和就业偏好的地方政府的关注和支持，从而影响着其出口绩效。我们选择企业的固定资产总额、销售收入总额、员工总人数以及主营产品销售规模在同行业中所处的规模，作为企业规模的衡量指标。故有假说9-2。

假说9-2：企业规模与附加值和出口倾向均呈正相关关系。企业规模越大，附加值越高，出口倾向越大；因而企业规模对代工企业转型升级的作用可能是正面的，也可能是负面的。

（4）技术创新强度（*R&D*）。从理论上讲，技术创新强度的增强表明企业重视高级生产要素的培育与使用，从而有利于企业脱离低端要素"锁定"陷阱。同时，自主创新能力的增强使得制造企业有能力从低端的OEM

向高端的 ODM 甚至 OBM 转型升级，从而有利于脱离对跨国公司和国际大买家的依赖，同时附加值也得以提升。故有假说 9 - 3。

假说 9 - 3：技术创新强度越大，附加值越高，出口倾向越低，企业升级效果越好。

（5）工资水平（*Wage*）。从出口贡献方面看，中国制造企业出口的竞争优势主要是基于廉价的劳动力成本而获得的，必须考虑工资水平对制造业出口倾向的作用。故有假说 9 - 4。

假说 9 - 4：工资水平与附加值正相关，与出口倾向负相关。工资水平的提高有利于代工企业实现转型升级。

（6）人力资本水平（*Hum*）。人力资本水平在新增长理论中作为促进一个国家经济发展的重要因素之一，作为知识产品的主要载体。人力资本水平的提高可以提高一个地区和企业吸收、学习新技术的能力，影响其自主创新能力。我们选取普通工人占总员工比例和高中及高中以下学历占总员工比例两个指标作为人力资本变量。

（7）所处行业特性（*Ind*）。行业特征也是影响企业出口和附加值状况的主要变量。我国对外贸易中加工贸易占比一直维持在90%左右，这些加工贸易主要是以劳动密集型产业为主。因此，我们引进行业虚拟变量来控制行业特性对制造业企业的出口比例和利润率的影响。

（8）企业所有制结构（*Own*）。FDI 主导下的外资代工也是中国国际代工模式的重要特征之一，很多跨国公司利用我国的廉价劳动力成本和自然资源，将一些低端的生产环节放在我国，进行加工组装然后复出口。外资代工企业与本土代工企业相比，前者与代工客户维持着更为稳定而长期的战略合作伙伴关系，更容易接受代工客户的知识溢出和技术转移，从而更容易实现代工边界内升级，如从 OEM 到 ODM 的转变。但由于外资代工企业的所有权与控制权都归属于跨国公司，其代工出口角色定位不会轻易改变，因此一般不会向拥有自主品牌的 OBM 升级。为此，我们设置了所有制结构虚拟变量来考察三资企业是否对企业的附加值和出口倾向产生影响。

9.5.2.2　计量模型与数据来源

为验证上述理论假说，考虑到计量分析的可行性和数据的可获得性，我们建立如下模型：

$$Va_i = \beta_0 + \beta_1 Ex_i + \beta_2 Size_i + \beta_3 R\&D_i + \beta_4 Wage_i +$$
$$\beta_5 Hum_i + \beta_6 Ind_i + \beta_7 Own_i + \varepsilon_i \quad\quad (9-15)$$

$$Ex_i = \beta_0 + \beta_1 Va_i + \beta_2 Size_i + \beta_3 R\&D_i + \beta_4 Wage_i +$$
$$\beta_5 Hum_i + \beta_6 Ind_i + \beta_7 Own_i + \varepsilon_i \quad\quad (9-16)$$

其中，下标 i 表示不同企业个体，Va 代表企业的利润率；Ex 是出口倾向；$Size$ 代表企业规模；$R\&D$ 是企业的技术创新强度；$Wage$ 是企业的平均工资水平；Hum 是企业的人力资本状况；Own 是企业的所有制结构；ε_i 为随机误差项。最后，为了消除量纲，将所有绝对数变量取自然对数进行分析。

在实证分析样本方面，课题组设计了企业转型与升级问卷调查表，对昆山市制造业企业进行了大样本调查。一共发放问卷调查表近 500 份，收回调查问卷 356 份，通过对调查问卷的数据进行整理，最终确定的有效问卷 186 份，其中填写了出口金额的企业共 75 家，占有效样本数的 40.3% 左右。为了分析代工企业的转型升级状况，囿于难以直接获得代工企业的资料，这里假设出口企业曾经或者正在从事国际代工，因而剔除了非出口企业的样本。实际上，苏南地区的绝大多数企业，包括拥有"捷安特"品牌的台湾巨大机械工业股份有限公司等，都依然从事着部分国际代工业务。在出口企业的样本中，属于机械、电气、电子设备制造业行业的企业共 20 家，其他的行业主要有纺织业、塑料制品业、金属制品业、皮革、毛皮、羽绒及制造业、化学纤维制造业和金属制品业 8 个行业；有研发投入的企业 34 家，占比 45.3%。样本企业的平均规模 2 亿元（以 2010 年固定资产额计），最小企业 180 万元，最大企业 39.42 亿元。

9.5.3 代工企业转型升级绩效的影响因素：实证检验与结果分析

我们运用 EViews 6.0 软件，利用最小二乘法对横截面数据进行计量分析。通过对模型的多重共线性进行检验，得出系数矩阵。从系数矩阵可以看出，变量的相关系数绝大部分都维持在 0.2 以内，不存在多重共线性。同时，考虑到异方差问题对检验结果稳健性的影响，我们采用怀特（White，1980）的异方差一致协方差矩阵，修正了模型回归结果的标准误差和 t 统计值。我们利用逐步回归法，对模型进行多次组合和筛选，分别以 2007 年、2010 年的数据进行回归分析。从回归的结果发现 2010 年的数据检验结果拟合的更好。有鉴于此，我们仅选择 2010 年的数据进行分析。

9.5.3.1　以销售利润率为因变量的回归结果分析

由于附加值能更好地反映制造业企业在 GVC 中的地位，因此，以销售利润率作为因变量，分析影响制造业企业价值链升级的影响因素。在有效控制人力资本、企业所有制性质、行业变量等因素的情况下，我们主要考察企业规模、附加值、研发投入、工资水平对昆山市制造业企业的转型升级的影响，检验结果如表 9 - 15 所示。

表 9 - 15　　　　　　以销售利润率为因变量的 OLS 回归结果

变量	模型（1）	模型（2）	模型（3）	模型（4）
lnEx	- 0. 3035 ***	- 0. 3331 *	- 0. 2466 ***	- 0. 1824 **
	(- 3. 6248)	(- 1. 2789)	(- 3. 4512)	(- 2. 9271)
ln$Size1$	- 0. 2129 ***			
	(- 1. 6395)			
ln$Size2$		- 0. 2479 ***		
		(- 2. 1846)		
ln$Size3$			- 0. 1260 *	
			(- 1. 0824)	
ln$Size4$				- 0. 2147
				(- 0. 7272)
$R\&D$	- 0. 1294 ***	- 0. 0019 ***	- 0. 0987 **	- 0. 0624 **
	(- 1. 9215)	(- 2. 0294)	(- 1. 5232)	(- 1. 9227)
$Wage$	- 0. 0199	- 0. 0454 *	- 0. 0127	- 0. 1643 *
	(- 0. 5259)	(- 1. 2474)	(- 0. 3015)	(- 1. 0187)
Ind	0. 2680 *	0. 1292	0. 2487 *	0. 6567
	(1. 1819)	(0. 6035)	(1. 0537)	(0. 6928)

续表

变量	模型（1）	模型（2）	模型（3）	模型（4）
Hum2	0.3598 ** （1.6318）	0.1108 * （-1.1944）	0.5662 ** （1.9823）	0.3572 * （1.5490）
Hum1	0.0199 （0.0274）	0.1216 （0.1748）	-0.1883 （0.0708）	-0.1934 （-0.2574）
Own	1.4835 * （1.3769）	0.2893 * （1.2211）	0.0263 * （1.3487）	0.4444 ** （1.6162）
F 值	2.3049	2.7547	1.9777	1.8390
调整后 R^2	0.4925	0.5370	0.4544	0.4364

注：括号内为 t 值，其中 *** 表示通过 5% 的显著性水平检验、** 表示通过 10% 的显著性水平检验、* 表示通过 15% 的显著性水平检验，未带 * 表示未通过 15% 的显著性水平检验。

首先，附加值水平与企业规模呈负相关关系。我们设置了固定资产总额、销售收入总额、员工总人数和主营产品销售规模在行业中所处位置 4 个指标衡量企业规模。模型（1）至模型（4）分别依次考察了这四种指标对制造业企业利润率的影响。从模型回归结果和拟合优度来看，模型（2）的检验结果最好，说明采用销售收入总额指标，最能体现企业规模对制造业企业利润率的影响。模型的检验结果都显示，企业规模与销售利润率负相关。其中，固定资产投资总额每上升 1 个单位，利润率下降 0.21 个单位；销售收入总额上升 1 个单位，利润率下降 0.25 个单位；员工总人数每上升 1 个单位，利润率下降 0.13 个单位。究其原因，一方面，可能是随着企业规模的不断扩大，出口比例不断上升，在产生规模经济的同时，利润总额不断上升。然而由于过于依赖出口，导致企业长期被锁定在价值链的低端，从而利润率呈现不断下降的趋势。另一方面，大企业并不一定能带来较高的附加值，反而可能由于组织结构臃肿、管理效率低下等因素而陷入"X 非效率"状态。

其次，附加值水平与出口倾向呈负相关关系。4 个模型的回归结果都显示：随着企业的出口比重不断上升，销售利润率呈现不断下降的趋势。说明企业从事出口业务并不能为企业带来丰厚的回报；而且由于缺乏国际市场势力，对国际市场的依赖程度加深，使得企业利润率不断下降，从而可能导致企业陷入"贫困化增长"陷阱。

再其次，附加值水平与技术创新强度呈负相关关系。实证检验结果表明，R&D 经费投入的增加，企业利润率不但没有提高反而下降。可能的原因是，技术创新是一个长期投入的过程，其投资效益在短期内很难显现。这也充分说明，企业的研发投入需要政府进行适当的引导和政策扶持。我们通过在昆山的实际调研也发现，昆山市的高新技术区和小核酸研究基地等，为了促进技术创新，不断在摸索新的投资模式。例如，小核酸基地采用政府投资，建立研发平台，吸引一些企业从事新产品的开发，降低了企业创新的风险，提高了企业研发投入的积极性。

最后，附加值水平与企业所处行业虚拟变量呈正相关关系。由于我们所取的行业虚拟变量是机械、电子、电子设备制造业，因而这也说明与传统的纺织、化工等劳动密集型行业相比，这些行业的利润率更高。工资水平对企业利润率影响显著水平较低，模型（2）和模型（4）在15％的水平下显著，其他模型并不显著。这说明在昆山经济比较发达的地区，随着劳动成本的优势不断丧失、工资水平不断提高，工资水平并不是决定企业利润率的主要影响因素。而当采取高中及高中以下学历占总员工比例作为自变量时，我们发现随着低学历占比的不断提高，利润率也在不断上升。这一研究结论表明"用工荒"的出现，一方面说明长三角和珠三角发达地区对低学历的劳动力需求仍然较大；另一方面显示低学历的熟练劳动力仍然是影响企业利润率的一个主要变量。此外，企业所有制结构虚拟变量与利润率呈正相关关系，这一研究结果也表明，我国民营企业与三资企业相比，其利润率要低得多，而且我国的政务环境和政府的一系列政策措施并不利于民营企业的发展。而三资企业进入我国享受政府的政策优惠和技术方面的优势，其利润率要远高于内资企业。

9.5.3.2 以出口倾向为因变量的回归结果分析

上文以销售利润率为因变量的研究从价值链角度证明，代工企业转型升级的价值链地位的提升易受到企业规模、附加值等因素的影响。为了从市场角度更好地分析制造业企业转型升级的影响因素，以出口占比为因变量，分析影响企业代工行为的影响因素，同样在控制人力资本、行业虚拟变量和所有制结构变量后，得到的回归结果如表9-16所示。

表 9 – 16   以出口倾向为因变量的 OLS 回归结果

变量	模型（1）	模型（2）	模型（3）	模型（4）
ln$Size1$	0. 9809 *** (5. 2592)			
ln$Size2$		0. 8859 *** (6. 4763)		
ln$Size3$			0. 8062 *** (3. 3768)	
$Size4$				0. 8736 * (1. 2785)
Va	− 1. 3470 *** (− 3. 6248)	0. 1232 (0. 2789)	− 1. 5624 *** (− 3. 4512)	− 1. 7041 ** (− 2. 9271)
$R\&D$	− 0. 4690 *** (− 4. 2009)	− 0. 3691 *** (− 3. 7248)	− 0. 4493 *** (− 3. 2427)	− 0. 5155 *** (− 2. 9431)
$Wage$	− 0. 0081 (− 0. 1003)	0. 0435 (0. 6015)	0. 0422 (0. 3979)	− 0. 0341 (− 0. 2482)
Ind	0. 6987 * (1. 3457)	0. 2726 (0. 6612)	0. 8005 * (1. 3733)	0. 6566 ** (1. 9139)
$Hum2$	0. 4354 * (1. 3603)	2. 0171 ** (2. 0191)	1. 8409 * (1. 2911)	3. 2323 ** (1. 7355)
$Hum1$	0. 9949 (0. 6578)	− 1. 5226 (− 1. 1742)	0. 1308 (0. 0708)	− 1. 1108 (− 0. 4858)
Own	0. 7056 * (1. 3768)	0. 3449 ** (1. 7366)	0. 0263 (0. 0372)	0. 6166 ** (1. 6966)
F 值	13. 0076	17. 7168	7. 6483	4. 2046
调整后 R^2	0. 7806	0. 8320	0. 6633	0. 4871

注：括号内为 t 值，其中 *** 表示通过 5% 的显著性水平检验、** 表示通过 10% 的显著性水平检验、* 表示通过 15% 的显著性水平检验，未带 * 表示未通过 15% 的显著性水平检验。

首先，出口倾向与企业规模呈正相关关系。与式（9 – 15）所示模型的检验过程类似，我们依次考察 4 种企业规模指标对出口倾向的影响。从模型拟合的结果来看，仍然是采取销售收入总额这一指标模型拟合的结果较好，其拟合优度最高。4 个模型结果都显示企业规模与出口规模呈正相关关系，其中固定资产每增加 1 个单位，出口规模上升 0.98 个单位；销售收入每上升 1 个单位，出口规模上升 0.89 个单位；员工人数每增加 1 个单位，出口规模上升 0.81 个单位。当采用销售规模在行业中处于平均规模以上这一指标时，变量只通过 15% 的显著性水平。虽然显著性较差，但是这一指标进一步说明企业规模对出口的影响存在一定的门槛，当跨越这一门槛后，随着企业规模的不断上升，出口规模也会进一步扩大。这一方面说明了政府对大企业的"特殊照顾"可能提升了企业的出口竞争力；另一方面也会强化企业对国际市场的依赖，从而可能导致代工"锁定"。

其次，出口倾向与企业销售利润率呈负相关关系。在模型（1）至模型（4）中，除模型（2）不显著以外，其他模型均具有较高的显著性水平。这表明，企业利润率越低，越难以进行承担自主创新和自主品牌所需的巨大资金投入，从而更加依赖通过被动接收代工订单来进入国际市场。这与刘志彪和张杰（2007）的研究结论基本一致：国内的代工企业通过为外资企业代工，由于所获得的附加值较低，缺少自主研发、产品创新和自主品牌建设的资金，很难摆脱低端的依附型经济的状况。

再其次，出口倾向与企业技术创新强度也呈负相关关系。表明要摆脱对国外市场的依赖，其中关键是要加强技术创新，特别是以自主知识产权和自主品牌为导向的创新，促使代工企业由 OEM/ODM 向 OBM 的升级。而目前，制造业企业普遍存在创新能力不足的问题，可能使企业陷入低级要素锁定与外部市场依赖的困境。

最后，工资水平对制造业企业出口的影响并不显著。正如上文分析表明，随着人口结构的变化、劳动力供求关系的转变、劳动力成本的上升和"刘易斯转折点"的到来，我国劳动力无限供给的状况逐渐消失，普通劳动力的工资水平大幅提升。但是，劳动力成本不断上升并没有改变我国制造业企业竞争力不断上升的趋势，主要是得益于制造业企业的转型升级，其在价值链中的地位不断上升，弱化了工资水平上升带来的负面影响。

此外，作为控制变量的人力资本水平、行业特性和所有制结构虚拟变量对企业的出口也存在显著影响。其中，行业虚拟变量显示，机械、设备行业与出口比重呈正相关关系，这与样本期昆山市的出口现状相吻合。这说明，昆山持续加大促进加工贸易转型升级各项政策措施已经初见成效，高新技术产品的进出口比例明显上升。人力资本变量显示，随着普通工人和低学历工人占比的不断上升，出口比例也不断提高，说明昆山市的出口行业结构虽然不断提高，但是人才结构仍有待完善，主要还是依赖低成本的劳动力优势。另外，所有制结构变量的估计系数表明，三资企业仍然是出口的主要力量，所有制结构虚拟变量与出口比例呈正相关关系，这与前文的假说一致，反映了以昆山为代表的东部沿海地区国际代工是以外资代工为主的基本现实。

9.5.4 结论与政策启示

在经济高质量发展的新时代，中国东部地区开放型经济发展已进入了转型升级的新阶段。一方面，传统的劳动力资源丰富、相对便宜的土地、较低的能源资源成本和社会成本的比较优势逐渐丧失；另一方面，在复杂的世界经济形势下，国际贸易摩擦不断加剧，围绕市场、资源、人才、技术的竞争日趋激烈。这些都说明原有的发展条件和比较优势发生了较大变化，低成本时代一去不复返，传统的经济发展方式和路径难以持续，代工模式转型升级势在必行。与以往的理论分析和个案研究不同，本节以国际代工特征显著的江苏省昆山市为例，利用制造业出口企业的大样本调查数据，总结了外向型经济转型升级成就，并从微观层面实证研究了代工企业转型升级的可能影响因素。

综上两个实证模型的研究结果，可以得出以下4个结论：第一，出口倾向与附加值水平之间存在着此消彼长的关系，企业的价值链升级能减少其对国际市场的依赖，对外需市场依赖越小，企业越容易转型升级。第二，企业规模的扩大并不能促进制造业企业的转型升级，反而会使得企业由于规模经济而产生对国际代工模式的路径依赖，并长期处于价值链的低端。第三，技术创新强度与出口倾向和附加值水平都呈显著的负相关关系，这说明创新能力提高固然可以改变制造业企业过度依赖出口的局面，但可能要发挥长期效应才能有助于价值链升级。第四，工资水平对附加值和出口倾向影响的显著性水平都较低，这说明随着我国不断融入全球分工体系和制造业企业在全球价值链中的地位不断提升，可能弱化了要素成本上升带来的负面影响。

从以上结论中可以得到的政策启示包括：第一，在外需衰退下行、国际贸易不确定性增加以及制造业企业缺少国际市场势力的条件下，由依赖外需向注重内需的转化应该是代工企业转型升级的重要举措之一。第二，一味地扩大企业规模并不能改变企业处于价值链低端的现状，反而会导致企业陷入"贫困化增长"陷阱。这需要政府转变观念，给予一些有创新潜力的中小企业和民营企业更多的政策扶持。第三，要想推动企业加强技术创新力度，有效发挥技术进步与知识创新在产业转型升级中的作用，还需要政府采取自主创新的激励机制，完善知识产权保护体系，为企业技术研发与创建自主品牌提供良好的孵化平台和制度环境，以更好地促进本土制造业企业从代工生产到代工设计、再到品牌拥有者的跨越式转型升级。

第 *10* 章

主要结论与研究展望

当今，经济全球化的实质在于以发达国家为主导、以跨国公司为载体的全球范围的产业结构调整，其中必然伴随着大规模的国际产业转移。作为产品内国际分工条件下国际区域间经济联系的重要特征，GVC 模式的国际产业转移既是发达国家调整产业结构、实现全球战略的重要手段，也是发展中国家改造和调整产业结构、实现技术进步和产业升级的重要途径。

从宏观意义上看，在 GVC 分工的时代浪潮推动下，得益于特有的初级生产要素比较优势及外向型经济发展战略，中国特别是东部地区已成为最有竞争力的全球外包基地和享誉全球的"世界工厂"。改革开放 40 年以来，这种以国际代工为主要特征的经济成长模式推动了国民经济繁荣与产业结构升级，但同时也给中国经济增长的质量和安全带来了诸多问题，并且可能进一步强化这种资源消耗型和低附加值特征的粗放型增长路径。

从微观意义上看，以代工模式积极嵌入 GVC 和融入全球生产网络，无疑是缺少先进核心技术和海外销售渠道的中国本土制造企业提升国际竞争力的重要途径。然而，中国"贸易悖论"表明简单承接跨国公司的外包订单进行国际代工并非长久之策，处于低附加值环节的本土代工企业必须通过能力和经验的积累，不断向高附加值的"微笑曲线"两端攀升，特别是通过拥有自主品牌进行升级，超越国际代工，才能在国际市场竞争中取得主动，从而获取并保持竞争优势。

因此，全面把握国际代工模式下中国制造业演变趋势、特征及发展困境，并从企业视角寻求中国制造业超越国际代工的路径、条件及其决定因素等微观机理，对于破解开放经济条件下 GVC 低端锁定困境与实现经济可持续发展具有重大的现实意义。

10.1

主要结论及政策启示

第一，中国国际代工模式是一把"双刃剑"。它推动了经济快速增长、产业结构优化和社会结构转型，加速了中国现代化进程；同时也产生了诸多制约可持续发展否认经济社会矛盾，并且呈现出比较优势和贸易模式的自我强化与路径依赖。具体来说，出口导向型经济发展战略下形成的中国国际代工模式，加速了中国国内生产要素由低效率组合向高效率组合的转型，并间接促成了中国公民从终身制的"单位人"向聘用制的"社会人"转型。与此同时，这也带来了贸易条件恶化、经济虚高增长、能源紧缺和环境污染、收入分配及地区差距拉大、产业升级困境以及贸易摩擦等诸多经济与社会问题。更重要的是，无论是从贸易方式、贸易结构、劳动力市场等宏观视野，还是从企业组织和企业行为的微观视野来看，国际代工模式对中国制造业发展产生了比较明显的锁定效应。产业层面的实证研究发现，在国际代工模式下，中国制造业在不同程度上表现出投入维度的要素锁定效应、需求维度的市场锁定效应以及功能维度的价值链锁定效应，其是由跨国公司战略、产业企业规模和技术水平、对生产要素的利用方式以及外部制度环境等多种因素共同作用的结果。而且，由于具有不同要素资源禀赋的制造业行业其锁定效应的表现渠道与结果并不相同，因此，针对不同产业的升级策略应有所区分和侧重。

上述结论意味着，在全球化浪潮下，中国制造业加入 GVC 分工本身并无可厚非，特别是在具有土地、劳动力等生产方面较优势和资金、技术、品牌方面的较劣势下，通过国际代工进行学习和承接全球生产网络的技术转移，应当是促进本土产业升级和国际竞争力提升的重要途径。关键在于，中国制造业在进行适当时间的代工学习与模仿后，需要根据自身产业特性，促成要素密集度逆转，发挥"本地市场效应"，及时调整加入全球价值链的方式，以避免由于锁定效应而被困在全球价值链的低端。对于代工企业而言，应当充分发挥"干中学"效应，培养快速的技术学习能力和生产反应能力，然后将核心能力的建设转移到知识管理与创新管理、自主创新与市场分析、信息科技与电子商务、渠道开拓与物流管理以及品牌经营与客户服务等领域，努力培育研发设计、渠道开拓、市场分析和品牌经营等核心能力，开展多元化经营，跨越多条价值链来学习和积累先进技术和管理水平，增加自身的讨价还价能力，并依托现代服务业推动向价值链高端攀升。对于各级政府而言，一方面，需要从加快推动 FDI 结构升级，促进代工企业的本土化。东部地区 FDI 的升级可以为本土企业腾出接包空间，让本土企业可以从国际代工中获取技术能力与足够资金，从而为创建自主品牌实现代工超越奠定基础。另一方面，需要规范劳动力市场，完善社会保障体系，加强金融体系的建设，不断拓宽信贷渠道，积极完善社会信用制度等方面着手，营造良好的营商环境，支持本土企业实现从国际代工者角色向自主创新者和自主品牌拥有者转变，助力"中国制造"向"中国设计"乃至"中国创造"的跨越式升级。

第二，国际代工可能是制约生产性服务业促进制造业转型升级作用发挥的重要因素。作为制造业的重要中间投入要素，生产性服务业对促进制造业转型升级的功能发挥取决于相互之间的产业关联效率或投入产出效率，而且生产性服务业规模应当与制造业发展需求相匹配。本书的实证研究发现，中国生产性服务业促进制造业转型升级的作用效率总体上还不够高，生产性服务业对制造业转型升级的促进作用主要表现为经济效益提升方面，但是在创新能力提升和结构高度提升上的作用却还有很大的改进空间。同时也发现，东部地区生产性服务业在促进制造业经济效益提升和创新能力提升方面的作用要劣于中西部地区；国际代工特征最为显著的长三角和珠三角地区，其生产性服务业在促进制造业创新能力提升方面的作用显著低于全国平均水平以及其他地区。结果还发现，反映国际代工状况的外资水平并未呈现出对生产性服务业促进制造业转型升级作用上具有显著的积极效应；并且，发达地区生产性服务业规模对其促进制造业转型升级作用效率的抵消效应比欠发达地区更大。这些结论从产业关联效应角度体现了国际代工对中国制造业转型升级的阻滞效应。

上述结论意味着，要有效发挥生产性服务业对制造业升级的促进作用，应当注重产业关联效率，以要素投入产出效率的改善为着眼点。必须摒弃注重先进产业和高端产业规模的"数量化"思维，转向强调产业链融合和价值链升级的"效率化"理念。特别是，对于东部沿海发达地区，应当以提升制造业经济效益和创新能力作为生产性服务业发展的目标，致力于提高引资质量，促成 FDI 结构从劳动密集型低端代工制造业为主，向技术、知识密集型的现代服务业为主转变。同时，加强对内需市场的开拓与利用，加快经济发展方式从出口导向和外资依赖向内外需并重转变。

第三，从嵌入 GVC 转向构建 NVC，由外需依赖转化为以内外需并重，依托本土市场需求创建自主品牌，已逻辑地成为未来中国制造业超越国际代工的可行路径。本书研究发现，市场需求是驱动全球价值链并使其稳定运行的力量源泉所在，市场需求的归属决定了 GVC 治理权的分配，谁拥有终端市场需求的控制权，谁就成为 GVC 的关键治理者与主导者。GVC 中作为发包方的发达国家跨国公司充分利用其在销售终端渠道的品牌势力与市场需求控制力，通过规模经济效应、俘获效应、用工压榨效应、消费遏制效应以及制度效应，降低并压制了发展中国家本土企业超越代工的主动性与可能性。这意味着，基于 GVC 的内源性升级必然会受到发达国家跨国公司的"结构封锁"，进而形成代工模式锁定；而能否利用本土市场需求规模，发挥"本地市场效应"，实现外源性升级，则成为中国制造业能否超越国际代工的关键所在。理论上，本书研究认为，本土市场需求规模越大、本土高端市场需求容量越大以及本土市场需求的区域不平衡程度越明显，越有利于 NVC 构建，从而越能摆脱对国际代工模式的依赖。实践上，本书研究发现，来自金融危机、贸易摩擦的外部市场冲击，国内市场需求条件的成熟，以及"一带一路"倡议、长江经济带战略、长三角区域一体化发展等国家战略的叠加实施，都意味着中国已具备构建 NVC 的客观条件。

上述结论意味着，对于拥有巨大本土市场以及消费结构不断高级化的中国来说，在融入 GVC 的基础上另辟蹊径构建 NVC 的战略，由外需依赖转化为内外需并重，应该是全球化背景下突破结构封锁、实现超越国际代工的重要战略选择。中国政府不仅需要从降低代工企业的转型成本、规范用工制度和完善劳动力市场等方面为代工企业转型升级提供有利的要素条件、市场条件和制度环境；而且更重要的是，需要通过提高居民的收入水平、拓宽居民消费渠道和优化居民消费环境等途径来培育中高端本土消费市场以及切实消除国内市场分割，建立国内统一大市场，从而有效扩大内需，助力本土企业构建 NVC。

第四，代工企业自身的后发劣势以及本土优势决定了其品牌升级的可能性。对具有内生性后发劣势的后进国家代工企业来说，基于成本优势的价格竞争可能是实现超越国际代工的短期策略选择。本书构建的静态均衡模型表明，代工企业自创品牌之路，受制于其跟发包商之间的经验差距、代工产品价格、要素贡献率以及本土异质性要素投资成本。代工企业要实现自创品牌，首先，需要增强与发包方的讨价还价能力，逐步提升自身价值链地位，先进入代工的高级阶段如 ODM；其次，需要利用代工客户的知识溢出效应，不断积累产品开发和品牌运作的知识经验，努力增强技术创新能力；最后，还必须熟悉本土市场环境，积极创造开发本土市场的有利条件，充分发挥"本地市场效应"。但需要看到的是，随着全球化程度不断加深，代工市场的竞争日益加剧，代工企业后发劣势愈发明显，这种同质化竞争可能使代工企业深陷"代工泥潭"而没有足够能力自创品牌。

来自江苏玩具企业的案例研究表明，虽然通过大规模地自创品牌需要依赖于一国的科技、经济乃至软实力的提升，但是这并不排斥某些先进企业可能在代工经验积累与知识学习的基础上，通过积极开展技术创新，组建战略联盟来缩小与跨国发包企业的能力差距，采取代工与自主品牌并行的商业模式，提升讨价还价能力和价值链地位，扩大自身的获利空间，同时借力"本地市场效应"，获取成本领先的竞争优势，逐步创建自主品牌而实现国际代工超越。当然，对于企业而言，这种成本领先战略在不同阶段可以有所差异。在初始阶段，企业竞争优势主要来源于规模经济基础上的成本领先；在较为成熟的阶段，则可以在立足规模经济和范围经济的基础上获取成本领先优势。对于政府而言，应当从信贷、税收政策方面给予技术创新和品牌建设以较大力度的倾斜和扶持；利用环保、劳资政策的"倒逼"机制，迫使企业放弃低端同质竞争而进行自主创新和自创品牌；

积极完善收入分配制度和知识产权保护制度，加强商业信用体系和行业协会制度建设，为企业营造有利于自主品牌发展的良好市场环境。

第五，代工企业与跨国外包企业之间的产品差异化类型及程度，是代工企业是否以及能否成功实施品牌升级战略决策的决定性因素。在拥有自主创新能力和品牌营销能力的前提下，产品差异化策略被看作企业创建品牌与取得竞争优势的重要战略。本书的产品市场竞争模型、企业动态博弈模型与案例研究发现，代工企业实施品牌升级的战略决策，不仅与终端市场结构和产品差异化类型相关，而且与其品牌产品的水平产品差异化程度、品牌运营的追加投资、终端市场需求规模、企业生产成本等因素相关。具体而言，首先，如果 GVC 中跨国外包企业与本土代工企业的品牌产品之间仅仅存在垂直产品差异化，那么拥有天然品牌劣势与生产成本优势的理性代工企业，将热衷于继续从事国际代工而不会选择品牌升级。相对地，如果 GVC 中上下游企业之间存在水平产品差异化，代工企业将其品牌产品定位于与外包企业不同的利基市场，那么无论终端市场结构如何，只要自创品牌所需追加投资足够小，代工企业就可以选择进入终端市场而实现品牌升级。其次，消费市场规模越大，越有利于代工企业创建自主品牌；反之，则会阻碍代工企业品牌升级。最后，代工企业的生产成本对代工企业品牌升级的影响方向是不确定的，这与水平产品差异化程度和终端市场结构类型有关。如果代工企业自创品牌产品与跨国外包企业品牌产品之间的水平差异化足够大，代工企业自有品牌能垄断细分市场，此时低廉的生产成本有助于代工企业进行品牌升级；否则，低廉的生产成本可能导致本土制造业企业被锁定于"代工陷阱"。

上述结论意味着，代工企业应当结合自身能力、成长阶段以及外部环境来选择适宜的发展战略。实施正确的产品差异化策略，可能是中国制造企业在寻求突破代工困境和品牌升级时所参照的可行途径。对于具有品牌劣势与生产成本优势的后进国家代工企业而言，为跨国外包企业进行国际代工是一种理性选择。但也需要看到，代工企业可以通过代工来积累必要的资金和技术，找准市场定位，实施水平产品差异化；同时重视市场调研，制定有效的品牌战略，利用巨大的本土市场需求空间来实现品牌升级。对于政府而言，应当重视流通服务业发展，培育"中国商业航母"，发挥商业流通的先导作用，并积极发展互联网背景下的平台经济，降低企业品牌升级所需的渠道建设成本；同时，积极塑造起民族文化认同感和培育国内民众对本土产品的自信心，完善品牌建设的法律法规，为自主品牌培育营造良好的社会环境。

第六，对于要超越国际代工的后进国家企业而言，发达国家跨国公司构筑的品牌壁垒可能是最终需要面对也是最难逾越的进入壁垒。本书的数理模型与案例分析发现，从 GVC 角度来看，基于品牌的市场势力是 GVC 治理的权力来源，而具有品牌优势的发达国家跨国公司必然通过实施品牌战略以及空间先占、品牌扩张等策略构筑起强大的品牌壁垒来控制终端市场。在跨国公司具有足够的市场势力控制市场价格条件下，不具有成本优势的中国企业也将不会创建自主品牌。不仅如此，具有在位品牌的跨国公司还可能通过提高消费者重新选择品牌的转换成本从而形成品牌需求锁定，从而增加了后进企业创建自主品牌的难度。也就是说，跨国公司基于品牌的 GVC 治理导致了中国"代工微利"困境，跨国公司品牌壁垒则使得中国陷入"代工锁定"困境。因此，宏观意义上的中国代工困境，在很大程度上是跨国公司品牌壁垒下微观企业"理性"选择而形成的一种"合成谬误"。但是，本书研究同时还发现，对于潜在进入终端品牌市场的中国企业而言，当购买折扣优惠力度足够大或消费者品牌转换成本足够小时，也有可能跨越 GVC 中的品牌壁垒然后逐步创建自主品牌。

上述结论意味着，后进品牌要挤入发达国家的企业所主导的有限品牌空间甚至挤出旧品牌，并不是一朝一夕就能实现的，需要企业和政府付出长时间巨大的成本和努力。中国本土企业要进入终端市场拥有自主品牌，不仅需要在充分认识竞争对手实力和市场结构特征的基础上致力于提高自身生产经营能力，而且也需要从消费者利益出发来制定有效地贯穿于全价值链和全产业链的品牌营销策略。具体而言，可以通过加强营销渠道建设、针对消费者需求提供优质产品和服务、实施差异化的市场与品牌定位战略以及租赁、联合或并购国际知名品牌等路径来实现。结论还意味着，要培育中国自主品牌，从根本上还需要有挑剔的国内消费者作为市场支撑。这当然需要政府政策层面通过规范用工制度、调节收入分配差距、完善社会保障体系等多渠道来降低消费者的消费风险，扩大市场需求空间。

同时，还需要塑造国民对本国文化价值的认同感，于是，健全文化体制、发展文化产业就成为关键切入点。因此，需要实施技术创新与文化创新协同战略，充分发挥技术创新与文化创新的双轮驱动作用，促成技术与文化双重附加值的提升，最终实现中国制造业的国际代工超越，这也是本书研究启示的重要延伸。

第七，产品升级、工艺流程升级以及技术升级是当前中国制造业企业转型升级的主要方式和路径，企业转型升级路径受到企业规模、企业盈利能力、人力资本水平、出口目标市场特征、企业所有制类型、企业生产率等内部因素，以及要素成本、贸易成本、政府补贴等外部因素的综合影响。本书基于江苏全省百家制造业企业问卷调查的分析发现，在要素成本上升冲击下，虽然企业搬迁转移是压缩生产成本的重要途径，但其并未成为制造业企业的主要选择；这可能与国内各地区要素成本上升的普遍趋势、较高的贸易成本和较低的企业生产率有关。

本书进一步采用 Logit 模型和 Probit 模型对企业转型升级路径影响因素的实证分析则发现了以下结论：（1）民营制造业企业更愿意进行产品升级和品牌升级，但品牌升级在较大程度上受到自身企业能力所限。（2）企业规模越大、盈利能力越高的企业，越愿意通过改变企业管理模式来实现工艺流程升级和品牌升级；盈利能力较强的企业也更倾向于选择进行技术装备的升级或进入高技术行业；具有较高人力资本水平的企业则倾向于进行工艺流程升级或者进入知识、技术密集型的高技术产业领域。（3）以发达国家市场为主要出口目的地的企业往往更乐于转型升级，而以新兴市场和发展中国家为主要出口的企业则相对比较保守。（4）受到政府研发补助的企业更倾向于进行转型升级，且倾向于进行产品升级、技术升级、工艺流程升级或者开拓新市场，而不太乐于选择自创品牌这样难度较大的功能升级。从这些研究结论中可以得到的启示是，本土民营企业是我国制造业品牌升级、超越国际代工的主力军。特别是对于那些企业规模较大、盈利能力较强、以发达国家为主要出口市场的企业，应当予以更多的鼓励、资助和支持。然而在具体措施上，政府采取研发补贴进行直接资助，往往会激励企业通过产品更新换代、创立企业技术中心或工程技术研究中心、转变企业管理模式、进入新的技术要求更高的行业或新市场，也可能会有助于企业将主要装备更新到国际先进水平以及进行商业模式和盈利模式革新，但是对于品牌升级而言却并不是理想的支持方式。这在一定程度上意味着，进行自创品牌这样突破性的转型升级，主要还是取决于企业的内生动力。

本书基于昆山市制造业企业问卷调查的实证研究分析还发现：（1）对外需市场依赖越小，企业越容易转型升级；（2）仅仅通过扩大企业规模并不能促进制造业企业的转型升级，反而会使企业由于规模经济而产生对国际代工模式的路径依赖，并长期处于价值链的低端；（3）创新能力提高固然可以改变制造业企业过度依赖出口的局面，但可能要发挥长期效应才能有助于价值链升级；（4）要素成本上升并未体现出对制造业转型升级的阻滞作用。这些结论意味着，我国制造业代工企业应当由依赖外需市场转向注重内需市场。同时，政府需要转变观念，一是加大对一些有创新潜力的中小企业和民营企业的政策扶持；二是强化企业在技术创新中的主体地位，重视基础共性技术的研发，激励企业围绕产业核心技术进行持续创新和原始创新；三是加强法治建设，加快完善专利、知识产权方面的法律法规，营造长期、稳定、可信的制度环境助力本土制造业企业的转型升级和国际代工超越。

10.2

未来研究展望

本书基于全球价值链（GVC）分工相关理论的主要框架，从宏观层面、中观层面和微观层面，对国际代工模式下中国制造业演变特征、发展困境、消极影响、突破路径、超越条件及其影响因素进行了较为系统和严谨的剖析，并运用中国的统计数据、企业案例及一手调查数据做了验证和分析，得出了一些有益的结论与启示。当然，随着研究方法和样本数据的不断进步与完善，尚有许多地方的研究有待进行深化和拓展。

第一，关于国际代工的经济效应研究有待细化。首先，随着世界投入产出表的丰富、完善和普及，关于 GVC 的测度方法更加多样化和精确化。

因此，需要结合最新的世界投入产出表，对国际代工（嵌入 GVC 分工）的经济效应进行更为细致的实证分析。其次，需要更为精确地衡量锁定效应。本书虽然对国际代工模式下的锁定效应进行了案例描述和初步分解，但由于没有给出一个明确的测度指标，从而未能准确地衡量锁定效应。从锁定效应的含义来看，其强调初始事件对后期决策与发展方向的影响，表现出对初始发展模式的一种路径依赖，而路径依赖的随机过程具有一个基本特征，即它的渐进分布是该过程自身历史的函数（David，1985，2005）。因此，在研究锁定效应时，需要分析前期变量对当期变量的影响，这需要基于较长的时间序列进行分析。最后，需要针对加入不同类型 GVC 的代工产业和企业，分别探讨其锁定效应。根据治理模式的不同，GVC 可以分为多种类型。显然，嵌入不同 GVC 的产业和企业会面临来自 GVC 治理者不同的参数要求，因而其面临的升级机会必然存在一定的差异。例如，美国主导的 GVC 是被俘获型的，而欧洲主导的 GVC 是属于松散型的。

第二，关于 NVC 的实证研究有待加强。本书虽然从理论上提出了通过构建 NVC 来实现超越国际代工的基本路径，且利用相关统计数据进行了初步验证，但是还缺乏基于大样本的实证分析支撑。作为 GVC 在一国国土地理空间内的复制，NVC 的根本运作模式应该与 GVC 类似，可以按 GVC 的测度方法来衡量 NVC，进而对 NVC 构建的条件、内需引致的本土市场效应及其影响因素做较为深入的实证研究。

第三，关于生产性服务业发展及其对超越国际代工的影响研究还有待深入。本书的实证研究虽然指出国际代工在一定程度上制约了生产性服务业的制造业升级效应。但是，该结论只是初步的。而且制造业超越代工，意味着从低级生产要素驱动的加工生产制造环节，向创新要素驱动的研发设计、品牌营销等价值链两端的生产性服务环节攀升，这本身就是生产性服务业发展的重要内容。因此，如何推动生产性服务业发展，以及如何发挥生产性服务业的高级要素集聚功能来促进制造业转型升级的机制和路径等问题还有待深入研究。

第四，关于国际代工锁定和路径依赖的其他决定因素研究有待考察。例如，从技术溢出角度看，在产品内分工条件下，跨国公司对中国技术进步的促进作用主要是通过上下游之间的垂直技术溢出实现的，而国际代工或加工贸易模式下的中间品和零部件进口是技术转移与技术溢出的重要渠道。一方面，贸易政策的不确定性、跨国公司对技术转移的控制与限制以及国内装备制造业等资本品和中间产业的低技术水平，可能导致本土企业只能依靠维持代工关系才能获取先进技术与设计能力，从而导致国际代工锁定；另一方面，长期依赖作为发包方的跨国公司的代工生产方式，会导致加工贸易企业丧失自主创新能力和动力激励机制，最终形成"进口资本品和关键零部件中间品→获得出口机会和低成本的出口优势→自主创新能力缺失→进一步依赖进口资本品和关键零部件中间品来获得出口机会"的路径依赖式"加工贸易困境"（张杰，2015）。因此，未来可研究贸易政策不确定性、本土装备制造业发展以及中间品外包等因素影响加工贸易或代工企业转型升级的内在机制。再如，从制度因素来看，经济转型期各种不确定因素的存在使人们对未来的预期往往持谨慎态度，再加上大多数本土中小民营企业的创新能力不足，以及缺乏足够的"冒险性"企业家精神；因而代工企业普遍存在短视行为——满足于承接巨额而稳定的代工订单，而不愿意向拥有自主品牌的 OBM 升级。因此，经济制度环境与企业治理结构对代工企业转型决策的影响机理也需要做进一步的研究。

第五，关于超越国际代工的其他路径研究有待拓展。例如，本章的全书总结部分曾提到，中国可以通过实施技术创新与文化创新协同战略，以及大力发展流通服务业来实现超越国际代工。那么具体地，如何实施技术创新与文化创新的协同？这种协同对制造业转型升级的影响效应有多大？流通服务业发展对自主品牌建设的影响机制是什么？在互联网时代背景下，平台经济对企业自主品牌建设的机理是什么？对于这些问题，都有待深入的理论探讨和实证检验。再如，对于处在价值链低端的代工企业来说，自主创新所必需的研发设计和渠道开拓方面的知识与能力缺失是制约其实现品牌升级的重要障碍。因此，本土制造企业实现超越国际代工的关键之一在于如何通过代工进行组织学习，采用"干中学""用中学""互动中学"等多种模式，消化吸收来自发包方的显性与隐性知识转移，深耕产业价值链，从模仿创新升华为自主创新。因此，未来研究还可以基于组织学习视角进行深入的理论与实证分析。

参考文献

［1］白清．生产性服务业促进制造业升级的机制分析——基于全球价值链视角［J］．财经问题研究，2015（4）：17-23．

［2］陈飞翔，黎开颜，刘佳．锁定效应与中国地区发展不平衡［J］．管理世界，2007（12）：8-17．

［3］陈飞翔，俞兆云，居励．锁定效应与我国工业结构演变：1992～2006［J］．经济学家，2010（5）：54-62．

［4］陈戈，徐宗玲．动态能力应用与代工企业OBM升级——以台湾宏达电子为例［J］．经济管理，2011（12）：25-32．

［5］陈宏辉，罗兴．贴牌是一种过时的战略选择吗——来自广东省制造型企业的实证分析［J］．中国工业经济，2008（1）：96-104．

［6］陈柳．外部需求衰退与代工企业自创品牌［J］．国际贸易问题，2011（3）：35-44．

［7］陈柳，刘志彪．代工生产、自主品牌与内生激励［J］．财经论丛，2006（5）：8-13．

［8］陈晓华，刘慧．要素价格与中国制造业出口技术结构——基于省级动态面板数据的系统GMM估计［J］．财经研究，2011（7）：103-113．

［9］陈羽，黄晶磊，谭蓉娟．逆向外包、价值链租金与欠发达国家产业升级［J］．产业经济研究，2014（4）：1-12．

［10］陈仲常，马红旗．我国制造业不同外包形式的就业效应研究——基于动态劳动需求模型的实证检验［J］．中国工业经济，2010（4）：79-88．

［11］程晨，王萌萌．企业劳动力成本与全要素生产率——"倒逼"机制的考察［J］．南开经济研究，2016（3）：118-132．

［12］程承坪，张旭，程莉．工资增长对中国制造业国际竞争力的影响研究——基于中国 1980～2008 年数据的实证分析［J］．中国软科学，2012（4）：60－67．

［13］程大中．中国生产性服务业的水平、结构及影响——基于投入—产出法的国际比较研究［J］．经济研究，2008（1）：76－88．

［14］程大中，程卓．中国出口贸易中的服务含量分析［J］．统计研究，2015（3）：46－53．

［15］程发新，黄玉娟，梅强．代工模式下的竞争优先权与企业绩效关系研究［J］．管理学报，2012（1）：45－49．

［16］程名望，贾晓佳，俞宁．农村劳动力转移对中国经济增长的贡献（1978～2015 年）：模型与实证［J］．管理世界，2018（10）：161－172．

［17］戴魁早．中国高技术产业垂直专业化的生产率效应［J］．统计研究，2012（1）：55－62．

［18］戴觅，余淼杰，MAITRA M．中国出口企业生产率之谜：加工贸易的作用［J］．经济学（季刊），2014（2）：675－698．

［19］戴翔，刘梦，任志成．劳动力演化如何影响中国工业发展：转移还是转型［J］．中国工业经济，2016（9）：24－40．

［20］邓军．所见非所得：增加值贸易统计下的中国对外贸易特征［J］．世界经济研究，2014（1）：35－40＋88．

［21］杜修立，王维国．中国出口贸易的技术结构及其变迁：1980～2003［J］．经济研究，2007（7）：137－151．

［22］杜宇玮．中国何以跨越"中等收入陷阱"——基于创新驱动视角的考察［J］．江海学刊，2018（4）：78－84＋238．

［23］杜宇玮，刘东皇．预防性储蓄动机强度的时序变化及影响因素差异——基于 1979～2009 年中国城乡居民的实证研究［J］．经济科学，2011（1）：70－80．

［24］杜宇玮，刘东皇．中国生产性服务业发展对制造业升级的促进：基于 DEA 方法的效率评价［J］．科技管理研究，2016（14）：145－151．

［25］段国蕊，方慧．制造业"国际代工"模式对生产者服务业的影响分析［J］．世界经济研究，2012（11）：56－61＋88－89．

[26] 樊纲，关志雄，姚枝仲．国际贸易结构分析：贸易品的技术分布 [J]．经济研究，2006（8）：70－80．

[27] 范红忠．有效需求规模假说、研发投入与国家自主创新能力 [J]．经济研究，2007（3）：33－44．

[28] 冯泰文．生产性服务业的发展对制造业效率的影响——以交易成本和制造成本为中介变量 [J]．数量经济技术经济研究，2009（3）：56－65．

[29] 冯晓玲，赵放．金融危机背景下中国加工贸易的纠偏与完善 [J]．财经问题研究，2010（9）：33－39．

[30] 傅钧文．加工贸易发展战略及中国的选择 [J]．世界经济研究，2008（7）：3－8＋26＋87．

[31] 高传胜，刘志彪．生产者服务业与长三角制造业集聚和发展——理论实证和潜力分析 [J]．上海经济研究，2005（8）：35－42．

[32] 高传胜，汪德华，李善同．经济服务化的世界趋势与中国悖论：基于WDI数据的现代实证研究 [J]．财贸经济，2008（3）：110－116＋128．

[33] 葛和平，吴福象．垂直专业化、核心技术创新与自主品牌创建——基于产业集群中我国本土企业创新行为视角 [J]．济南大学学报（社会科学版），2017（3）：102－117＋159－160．

[34] 巩爱凌．全球价值链视角下外贸出口向内涵型发展转变研究 [J]．现代经济探讨，2012（6）：53－57．

[35] 顾乃华．生产性服务业对工业获利能力的影响和渠道——基于城市面板数据和SFA模型的实证研究 [J]．中国工业经济，2010（5）：48－58．

[36] 顾乃华，毕斗斗，任旺兵．中国转型期生产性服务业发展与制造业竞争力关系研究 [J]．中国工业经济，2006（9）：14－21．

[37] 洪联英，刘建江．中国为什么难以转变外贸发展模式——一个微观生产组织控制视角的分析 [J]．数量经济技术经济研究，2012（12）：3－19＋37．

[38] 胡兵，张明．中国加工贸易增值率影响因素的实证分析 [J]．财贸研究，2011（4）：54－60＋148．

［39］胡大立，刘志虹，谌飞龙．全球价值链分工下我国加工贸易转型升级的政策绩效评价［J］．当代财经，2018（3）：90-97.

［40］胡浩然．加工贸易转型升级政策效应及其影响机制——基于企业出口水平视角的分析［J］．产业经济研究，2019（1）：37-49.

［41］胡昭玲．产品内国际分工对中国工业生产率的影响分析［J］．中国工业经济，2007（6）：30-37.

［42］黄建忠，胡懿，赵玲．加工贸易转型升级的路径研究——基于劳动力成本上升的视角［J］．国际商务研究，2017（2）：5-21.

［43］黄磊，李巍．代工模式下关系专用性投资对自有品牌战略的影响：客户关系的视角［J］．预测，2014（4）：21-27.

［44］黄莉芳，黄良文，郭玮．生产性服务业提升制造业效率的传导机制检验——基于成本和规模中介效应的实证分析［J］．财贸研究，2012（3）：22-29.

［45］黄兴年．比较优势战略的锁定效应与对外开放效益评估［J］．世界经济研究，2006（10）：13-17.

［46］黄永明，何伟，聂鸣．全球价值链视角下中国纺织服装企业的升级路径选择［J］．中国工业经济，2006（5）：56-63.

［47］江波，李江帆．生产性服务业的多维考量与困境摆脱［J］．改革，2016（10）：84-95.

［48］江静，刘志彪．世界工厂的定位能促进中国生产性服务业发展吗［J］．经济理论与经济管理，2010（3）：62-68.

［49］江静，刘志彪，于明超．生产者服务业发展与制造业效率提升：基于地区和行业面板数据的经验分析［J］．世界经济，2007（8）：52-62.

［50］江霈，王述英．外包生产模式及其对市场结构影响的分析［J］．中国工业经济，2005（6）：74-80.

［51］江心英，李献宾，顾大福，等．全球价值链类型与OEM企业成长路径［J］．中国软科学，2009（11）：34-41.

［52］蒋为，陈轩瑾．外包是否影响了中国制造业企业的研发创新——基于微观数据的实证研究［J］．国际贸易问题，2015（5）：92-102.

［53］蒋云根．历史性的转换：从"单位人"到"社会人"［J］．探

索与争鸣，1999（9）：21－23.

[54] 孔婷，孙林岩，冯泰文．生产性服务业对制造业效率调节效应的实证研究 [J]．科学学研究，2010（3）：357－364.

[55] 黎开颜，陈飞翔．深化开放中的锁定效应与技术依赖 [J]．数量经济技术经济研究，2008（11）：56－70.

[56] 李春顶．中国出口企业是否存在"生产率悖论"：基于中国制造业企业数据的检验 [J]．世界经济，2010（7）：64－81.

[57] 李春涛，宋敏．中国制造业企业的创新活动：所有制和CEO激励的作用 [J]．经济研究，2010（5）：55－67.

[58] 李桂华，黄磊，卢宏亮．代工专用性投资、竞争优先权与自有品牌战略 [J]．南开管理评论，2013（6）：28－37.

[59] 李海舰，原磊．基于价值链层面的利润转移研究 [J]．中国工业经济，2005（6）：81－89.

[60] 李冀申，王慧娟．中国加工贸易国内增值链的定量分析 [J]．财贸经济，2011（12）：102－106.

[61] 李江帆，朱胜勇．"金砖四国"生产性服务业的水平、结构与影响——基于投入产出法的国际比较研究 [J]．上海经济研究，2008（9）：3－10.

[62] 李筱乐．契约制度影响制造业利用生产性服务的实证分析 [J]．中央财经大学学报，2015（10）：104－112.

[63] 李小平．国际贸易中隐含的CO_2测算——基于垂直专业化分工的环境投入产出模型分析 [J]．财贸经济，2010（5）：66－70.

[64] 李旭辉，彭现美，马成文．中国农村劳动力转移对经济增长的贡献 [J]．财贸研究，2018（4）：46－56.

[65] 廖涵．论我国加工贸易的中间品进口替代 [J]．管理世界，2003（1）：63－70.

[66] 林炜．企业创新激励：来自中国劳动力成本上升的解释 [J]．管理世界，2013（10）：95－105.

[67] 林毅夫，李志赟．政策性负担、道德风险与预算软约束 [J]．经济研究，2004（2）：17－27.

[68] 刘纯彬，杨仁发．中国生产性服务业发展对制造业效率影响实证分析 [J]．中央财经大学学报，2013 (8)：69-74.

[69] 刘丹鹭，郑江淮．异质性企业的国际代工战略选择——基于苏州地区企业的实证分析 [J]．国际商务 (对外经济贸易大学学报)，2012 (6)：86-97.

[70] 刘德学，李晓姗．加工贸易升级机制实证分析 [J]．国际经贸探索，2010 (8)：4-9.

[71] 刘华军．品牌经济学的理论基础 [J]．财经研究，2007 (1)：36-43.

[72] 刘华军．国际贸易中的品牌壁垒及其跨越——基于品牌经济学视角的理论与策略研究 [J]．经济学家，2009 (5)：87-92.

[73] 刘洪愧，谢谦．新兴经济体参与全球价值链的生产率效应 [J]．财经研究，2017 (8)：18-31+121.

[74] 刘林青，谭力文，施冠群．租金、力量和绩效——全球价值链背景下对竞争优势的思考 [J]．中国工业经济，2008 (1)：50-58.

[75] 刘晴，徐蕾．对加工贸易福利效应和转型升级的反思——基于异质性企业贸易理论的视角 [J]．经济研究，2013 (9)：137-148.

[76] 刘晴，程玲，邵智，等．融资约束、出口模式与外贸转型升级 [J]．经济研究，2017 (5)：75-88.

[77] 刘庆林，高越，韩军伟．国际生产分割的生产率效应 [J]．经济研究，2010 (2)：32-43+108.

[78] 刘书瀚，张瑞，刘立霞．中国生产性服务业和制造业的产业关联分析 [J]．南开经济研究，2010 (6)：65-74.

[79] 刘维刚，倪红福，夏杰长．生产分割对企业生产率的影响 [J]．世界经济，2017 (8)：29-52.

[80] 刘维林．产品架构与功能架构的双重嵌入——本土制造业突破GVC低端锁定的攀升途径 [J]．中国工业经济，2012 (1)：152-160.

[81] 刘维林．中国式出口的价值创造之谜：基于全球价值链的解析 [J]．世界经济，2015 (3)：3-28.

[82] 刘文革，周方召，肖园园．不完全契约与国际贸易：一个评述

[J].经济研究,2016 (11):166-179.

[83] 刘笑萍,杨立强.代工厂商创牌博弈与角色转换模式分析 [J].哈尔滨工业大学学报(社会科学版),2017 (1):135-140.

[84] 刘新争.比较优势、劳动力流动与产业转移 [J].经济学家,2012 (2):45-50.

[85] 刘叶,刘伯凡.生产性服务业与制造业协同集聚对制造业效率的影响——基于中国城市群面板数据的实证研究 [J].经济管理,2016 (6):16-28.

[86] 刘志彪.全球化背景下中国制造业升级的路径与品牌战略 [J].财经问题研究,2005 (5):25-31.

[87] 刘志彪.生产者服务业及其集聚攀升全球价值链的关键要素与实现机制 [J].中国经济问题,2008 (1):3-12.

[88] 刘志彪.基于内需的经济全球化:中国分享第二波全球化红利的战略选择 [J].南京大学学报(哲学·人文科学·社会科学版),2012 (2):51-59+159.

[89] 刘志彪.从全球价值链转向全球创新链:新常态下中国产业发展新动力 [J].学术月刊,2015 (2):5-14.

[90] 刘志彪,张杰.全球代工体系下发展中国家俘获型网络的形成、突破与对策——基于GVC与NVC的比较视角 [J].中国工业经济,2007 (5):39-47.

[91] 刘志彪,张杰.从融入全球价值链到构建国家价值链:中国产业升级的战略思考 [J].学术月刊,2009 (9):59-68.

[92] 隆国强.加工贸易发展问题研究 [J].国际贸易,2006 (9):4-8.

[93] 卢锋.产品内分工 [J].经济学(季刊),2004 (4):55-82.

[94] 卢福财,胡平波.全球价值网络下中国企业低端锁定的博弈分析 [J].中国工业经济,2008 (10):23-32.

[95] 路红艳.生产性服务与制造业结构升级——基于产业互动、融合的视角 [J].财贸经济,2009 (9):126-131.

[96] 逯宇铎,戴美虹.我国出口企业选择加工贸易的原因探究:生产

率和融资约束视角［J］. 当代财经, 2014 (10): 86 – 96.

［97］陆旸. 中国全要素生产率变化趋势［J］. 中国金融, 2016 (20): 40 – 42.

［98］罗长远, 张军. 附加值贸易: 基于中国的实证分析［J］. 经济研究, 2014, 49 (6): 4 – 17 + 43.

［99］罗建兵. 加工贸易产业升级与国内价值链构建［J］. 当代财经, 2010 (2): 98 – 104.

［100］吕延方, 王冬. 承接外包对中国制造业全要素生产率的影响——基于 1998～2007 年面板数据的经验研究［J］. 数量经济技术经济研究, 2010 (11): 66 – 83.

［101］马光明. 汇率/工资冲击、趋势性与我国加工贸易转型［J］. 国际贸易问题, 2014 (12): 80 – 90.

［102］马海燕, 李世祥. 代工企业和国际品牌客户相互依赖性的实证研究［J］. 管理学报, 2015 (10): 1562 – 1570.

［103］马海燕, 熊英. 代工企业的国际联盟与升级绩效实证研究［J］. 中国地质大学学报 (社会科学版), 2016 (3): 105 – 114.

［104］马述忠, 张洪胜, 王笑笑. 融资约束与全球价值链地位提升——来自中国加工贸易企业的理论与证据［J］. 中国社会科学, 2017 (1): 83 – 107 + 206.

［105］毛其淋. 人力资本推动中国加工贸易升级了吗?［J］. 经济研究, 2019 (1): 52 – 67.

［106］毛蕴诗. 重构全球价值链——中国企业升级理论与实践［M］. 北京: 清华大学出版社, 2017.

［107］毛蕴诗, 姜岳新, 莫伟杰. 制度环境、企业能力与 OEM 企业升级战略——东菱凯琴与佳士科技的比较案例研究［J］. 管理世界, 2009 (6): 135 – 145 + 157.

［108］聂娜, 汪勇. 基于演化博弈的出口企业品牌创建行为［J］. 企业经济, 2017 (1): 18 – 25.

［109］潘悦. 在全球化产业链条中加速升级换代——我国加工贸易的产业升级状况分析［J］. 中国工业经济, 2002 (6): 27 – 36.

[110] 裴长洪.正确认识我国加工贸易转型升级 [J].国际贸易，2008 (4)：4-7.

[111] 裴长洪.中国贸易政策调整与出口结构变化分析：2006~2008 [J].经济研究，2009 (4)：4-16.

[112] 裴秋蕊.我国出口型代工中小企业升级路径研究——基于互联网经济时代全球价值链视角 [J].国际商务 (对外经济贸易大学学报)，2017 (2)：143-152.

[113] 彭水军，袁凯华.全球价值链视角下中国加工贸易的升级演进 [J].经济学家，2016 (10)：96-104.

[114] 乔均，金汉信，陶经辉.生产性服务业与制造业互动发展研究——1997~2007 年江苏省投入产出表的实证分析 [J].南京社会科学，2012 (3)：20-28.

[115] 覃大嘉，刘人怀，杨东进，等.动态核心能力在反向国际化品牌战略中的作用 [J].管理科学，2017 (2)：27-38.

[116] 覃毅.品牌主导型产业迈向全球价值链中高端路径探析 [J].经济学家，2018 (5)：32-38.

[117] 尚涛，郑良海.国际代工生产中的技术转移、技术积累与产业链升级研究 [J].经济学家，2013 (7)：62-68.

[118] 沈鸿，顾乃华.地方财政分权、产业集聚与企业出口行为 [J].国际贸易问题，2017 (9)：25-36.

[119] 盛斌，牛蕊.生产性外包对中国工业全要素生产率及工资的影响研究 [J].世界经济文汇，2009 (6)：1-18.

[120] 盛丰.生产性服务业集聚与制造业升级：机制与经验——来自230 个城市数据的空间计量分析 [J].产业经济研究，2014 (2)：32-39.

[121] 瞿宛文.台湾后起者能借自创品牌升级吗？ [J].世界经济文汇，2007 (10)：41-69.

[122] 任晓峰.广告、品牌壁垒与消费者选择 [J].产业经济研究，2011 (6)：79-86.

[123] 佘群芝，贾净雪.中国出口增加值的国别结构及依赖关系研究 [J].财贸经济，2015 (8)：91-103.

[124] 沈利生, 王恒. 增加值率下降意味着什么 [J]. 经济研究, 2006 (3): 59 - 66.

[125] 石奇. 中国自主品牌比较劣势的内生性及其解决 [J]. 财经问题研究, 2007 (12): 11 - 16.

[126] 石奇. 基于要素供给条件变化的产业发展成本研究——以"外资代工模式"的长三角制造业为例 [J]. 中国工业经济, 2010 (8): 140 - 149.

[127] 宋耘, 王婕. 企业能力对企业自主品牌升级的影响研究——基于广东省制造业企业的调查分析 [J]. 广东财经大学学报, 2017 (3): 85 - 98.

[128] 苏杭, 郑磊, 牟逸飞. 要素禀赋与中国制造业产业升级——基于WIOD 和中国工业企业数据库的分析 [J]. 管理世界, 2017 (4): 70 - 79.

[129] 苏启林, 张庆霖. 外生冲击与代工产业升级: 自东部地区观察 [J]. 改革, 2009 (12): 41 - 47.

[130] 孙楚仁, 沈玉良. 生产控制模式对我国加工贸易企业生产率的影响——基于六省 (市) 加工贸易企业水平调查数据的计量分析 [J]. 世界经济研究, 2012 (3): 46 - 52 + 88.

[131] 孙晓华, 翟钰, 秦川. 生产性服务业带动了制造业发展吗?——基于动态两部门模型的再检验 [J]. 产业经济研究, 2014 (1): 23 - 31.

[132] 孙日瑶, 刘华军. 品牌经济学原理 [M]. 北京: 经济科学出版社, 2007.

[133] 谭洪波, 郑江淮. 中国经济高速增长与服务业滞后并存之谜——基于部门全要素生产率的研究 [J]. 中国工业经济, 2012 (9): 5 - 17.

[134] 谭云清, 李元旭, 翟森竞. 锁定效应、跨界搜索对国际代工企业创新的影响 [J]. 研究与发展管理, 2017 (2): 52 - 60.

[135] 汤碧, 陈莉莉. 全球价值链视角下的中国加工贸易转型升级研究 [J]. 国际经贸探索, 2012 (10): 44 - 55.

[136] 唐东波. 垂直专业化贸易如何影响了中国的就业结构? [J]. 经济研究, 2012 (8): 118 - 131.

[137] 唐东波. 垂直专业分工与劳动生产率：一个全球化视角的研究 [J]. 世界经济，2014 (11)：25 - 52.

[138] 唐海燕，张会清. 产品内国际分工与发展中国家的价值链提升 [J]. 经济研究，2009 (9)：81 - 93.

[139] 陶锋. 吸收能力、价值链类型与创新绩效——基于国际代工联盟知识溢出的视角 [J]. 中国工业经济，2011 (1)：140 - 150.

[140] 陶锋，李诗田. 全球价值链代工过程中的产品开发知识溢出和学习效应——基于东莞电子信息制造业的实证研究 [J]. 管理世界，2008 (1)：115 - 122.

[141] 铁瑛，何欢浪. 城市服务业发展、企业出口与加工贸易转型 [J]. 财经研究，2018 (3)：97 - 111.

[142] 厄特巴克. 把握创新 [M]. 高建，李明，译. 北京：清华大学出版社，1999：2 - 13.

[143] 汪建成，毛蕴诗，邱楠. 由 OEM 到 ODM 再到 OBM 的自主创新与国际化路径——格兰仕技术能力构建与企业升级案例研究 [J]. 管理世界，2008 (6)：148 - 155 + 160.

[144] 汪素芹，史俊超. 我国工业制成品贸易条件变动的实证研究：1995 ~ 2006 年 [J]. 财贸经济，2008 (8)：90 - 94 + 129.

[145] 汪涛. 影响中国自主品牌决策的因素分析 [J]. 中国软科学，2006 (10)：141 - 149.

[146] 王朝辉，陈洁光，黄霆，等. 企业创建自主品牌关键影响因素动态演化的实地研究——基于广州 12 家企业个案现场访谈数据的质性分析 [J]. 管理世界，2013 (6)：111 - 127.

[147] 王高凤，郑玉. 中国制造业生产分割与全要素生产率——基于生产阶段数的分析 [J]. 产业经济研究，2017 (4)：80 - 92.

[148] 王海杰，李延朋. 全球价值链分工中产业升级的微观机理：一个产权经济学的观点 [J]. 中国工业经济，2013 (4)：82 - 93.

[149] 王俊. 承接跨国外包对我国生产率的动态影响 [J]. 财贸经济，2014 (1)：94 - 104.

[150] 王雷. FDI 驱动型集群演化机制及其锁定效应 [J]. 改革，

2008 (3)：47 –52.

[151] 卫瑞，庄宗明．生产国际化与中国就业波动：基于贸易自由化和外包视角 [J]．世界经济，2015 (1)：53 –80.

[152] 魏江，李拓宇，赵雨菡．创新驱动发展的总体格局、现实困境与政策走向 [J]．中国软科学，2015 (5)：21 –30.

[153] 吴斯丹，毛蕴诗．代工企业——国外品牌客户的竞合关系与绩效研究 [J]．科研管理，2014 (7)：91 –98.

[154] 项丽瑶，胡峰，俞荣建．基于三矩结构范式的本土代工企业升级能力构建 [J]．中国工业经济，2014 (4)：84 –96.

[155] 肖文，樊文静．产业关联下的生产性服务业发展——基于需求规模和需求结构的研究 [J]．经济学家，2011 (6)：72 –80.

[156] 徐彪，张骁，杨忠．产业升级中的代工企业品牌经营模式研究——宏观经济视角向微观管理视角的理论延伸 [J]．软科学，2012 (2)：98 –104.

[157] 徐春华，刘力．论生产性服务业的适度规模—基于马克思经济学的视角 [J]．当代经济研究，2014 (11)：48 –53.

[158] 徐辉，苗菊英．我国制造业承接外包的环境效应 [J]．环境经济研究，2018 (2)：118 –133.

[159] 徐康宁，冯伟．基于本土市场规模的内生化产业升级：技术创新的第三条道路 [J]．中国工业经济，2010 (11)：58 –67.

[160] 徐宁，皮建才，刘志彪．全球价值链还是国内价值链——中国代工企业的链条选择机制研究 [J]．经济理论与经济管理，2014 (1)：62 –74.

[161] 徐毅，张二震．外包与生产率：基于工业行业数据的经验研究 [J]．经济研究，2008 (1)：103 –113.

[162] 许晖，许守任，王睿智．嵌入全球价值链的企业国际化转型及创新路径——基于六家外贸企业的跨案例研究 [J]．科学学研究，2014 (1)：73 –83.

[163] 许基南．基于产业链分析的代工企业自主品牌战略研究 [J]．当代财经，2007 (2)：71 –75.

[164] 许南，李建军．国际金融危机与中国加工贸易转型升级分析——

基于全球生产网络视角 [J]. 财贸经济, 2010 (4): 98 - 106 + 137.

[165] 宣烨. 生产性服务业空间集聚与制造业效率提升——基于空间外溢效应的实证研究 [J]. 财贸经济, 2012 (4): 121 - 128.

[166] 宣烨, 孔群喜, 李思慧. 加工配套企业升级模式及行动特征——基于企业动态能力的分析视角 [J]. 管理世界, 2011 (8): 102 - 114.

[167] 闫国庆, 孙琪, 仲鸿生, 等. 我国加工贸易战略转型及政策调整 [J]. 经济研究, 2009 (5): 66 - 78.

[168] 阳立高, 谢锐, 贺正楚, 等. 劳动力成本上升对制造业结构升级的影响研究——基于中国制造业细分行业数据的实证分析 [J]. 中国软科学, 2014 (12): 136 - 147.

[169] 杨东进, 刘人怀. 政府蔽荫与自主品牌缺失——基于中国轿车产业的实证研究 [J]. 中国工业经济, 2008 (4): 15 - 24.

[170] 杨公朴. 产业经济学 [M]. 上海: 复旦大学出版社, 2005.

[171] 杨桂菊. 本土代工企业自创国际品牌——演进路径与能力构建 [J]. 管理科学, 2009 (6): 38 - 45.

[172] 杨桂菊. 代工企业转型升级: 演进路径的理论模型——基于3家本土企业的案例研究 [J]. 管理世界, 2010 (6): 132 - 142.

[173] 杨桂菊, 刘善海. 从OEM到OBM: 战略创业视角的代工企业转型升级——基于比亚迪的探索性案例研究 [J]. 科学学研究, 2013 (2): 240 - 249.

[174] 杨桂菊, 李斌. 代工企业品牌升级的5W - 1H (360度) 创新模型 [J]. 科学学研究, 2015 (11): 1749 - 1759.

[175] 杨桂菊, 程兆谦, 侯丽敏, 等. 代工企业转型升级的多元路径研究 [J]. 管理科学, 2017 (4): 124 - 138.

[176] 杨亚平, 周泳宏. 成本上升、产业转移与结构升级——基于全国大中城市的实证研究 [J]. 中国工业经济, 2013 (7): 147 - 159.

[177] 杨震宁, 范黎波, 李东红. 是"腾笼换鸟"还是做"隐形冠军"——加工贸易企业转型升级路径多案例研究 [J]. 经济管理, 2014 (11): 68 - 80.

[178] 姚星, 杨锦地, 袁东. 对外开放门槛、生产性服务业与制造业

生产效率——基于省际面板数据的实证分析 [J]. 经济学动态，2012 (5)：24-28.

[179] 姚洋，张晔. 中国出口品国内技术含量升级的动态研究——来自全国及江苏省、广东省的证据 [J]. 中国社会科学，2008 (2)：67-82+205-206.

[180] 姚战琪. 工业和服务外包对中国工业生产率的影响 [J]. 经济研究，2010 (7)：91-102.

[181] 殷京生. 论中国城市社会整合模式的变迁 [J]. 南京师大学报 (社会科学版)，2000 (2)：40-46.

[182] 俞荣建，文凯. 揭开 GVC 治理"黑箱"：结构、模式、机制及其影响——基于 12 个浙商代工关系的跨案例研究 [J]. 管理世界，2011 (8)：142-154.

[183] 原长弘，李敬姿，方坤. 贴牌生产还是自主创新：一个理论分析 [J]. 系统管理学报，2008 (6)：629-633.

[184] 袁欣. 中国对外贸易结构与产业结构："镜像"与"原像"的背离 [J]. 经济学家，2010 (6)：67-73.

[185] 袁志刚，饶璨. 全球化与中国生产服务业发展——基于全球投入产出模型的研究 [J]. 管理世界，2014 (3)：10-30.

[186] 曾铮，张路路. 全球生产网络体系下中美贸易利益分配的界定——基于中国制造业贸易附加值的研究 [J]. 世界经济研究，2008 (1)：36-43+85.

[187] 翟士军，黄汉民. 人口红利、工资刚性与加工贸易增值强度 [J]. 国际贸易问题，2015 (11)：39-50.

[188] 詹浩勇，冯金丽. 生产性服务业集聚与制造业转型升级的机理与实证检验 [J]. 商业研究，2014 (4)：49-56.

[189] 张国胜. 全球代工体系下的产业升级研究——基于本土市场规模的视角 [J]. 产经评论，2010 (1)：38-45.

[190] 张红梅，李善同，许召元. 改革开放以来我国区域差距的演变 [J]. 改革，2019 (4)：78-87.

[191] 张晖. 产业升级面临的困境与路径依赖锁定效应——基于新制

度经济学视角的分析 [J]. 现代财经 (天津财经大学学报), 2011 (10): 116-122.

[192] 张杰. 进口行为、企业研发与加工贸易困境 [J]. 世界经济研究, 2015 (9): 22-36+127.

[193] 张杰, 刘志彪. 需求因素与全球价值链形成——兼论发展中国家的结构封锁型障碍与突破 [J]. 财贸研究, 2007 (6): 1-10.

[194] 张杰, 刘志彪, 郑江淮. 出口战略、代工行为与本土企业创新——来自江苏地区制造业企业的经验证据 [J]. 经济理论与经济管理, 2008 (1): 12-19.

[195] 张杰, 刘志彪, 张少军. 制度扭曲与中国本土企业的出口扩张 [J]. 世界经济, 2008 (10): 3-11.

[196] 张杰, 李勇, 刘志彪. 外包与技术转移: 基于发展中国家异质性模仿的分析 [J]. 经济学 (季刊), 2010 (4): 1261-1286.

[197] 张杰, 张培丽, 黄泰岩. 市场分割推动了中国企业出口吗? [J]. 经济研究, 2010 (8): 29-41.

[198] 张京红, 王生辉. 从代工到创建自主品牌: 基于全球价值链理论的阶段性发展模型 [J]. 经济管理, 2010 (4): 84-91.

[199] 张明, 胡兵. 加工贸易增值率的实证研究 [J]. 国际贸易问题, 2010 (4): 25-31.

[200] 张明志, 李敏. 国际垂直专业化分工下的中国制造业产业升级及实证分析 [J]. 国际贸易问题, 2011 (1): 118-128.

[201] 张其仔, 郭朝先, 汪晓春. 2006 年我国产业组织研究前沿综述 [J]. 经济管理, 2007 (11): 88-92.

[202] 张庆霖, 陈万灵. 外资进入、内资研发与加工贸易升级——基于面板数据的实证研究 [J]. 国际经贸探索, 2011 (7): 4-9.

[203] 张少军, 刘志彪. 全球价值链模式的产业转移——动力、影响与对中国产业升级和区域协调发展的启示 [J]. 中国工业经济, 2009 (11): 5-15.

[204] 张曙霄, 郭沛. 中国价格贸易条件与出口商品结构的关系——基于 2001-2008 年季度数据的分析 [J]. 南开经济研究, 2009 (5):

108 - 123.

[205] 张先锋，张敬松，张燕．劳工成本、双重创新效应与出口技术复杂度 [J]．国际贸易问题，2014 (3)：34 - 43.

[206] 张亚豪，李晓华．复杂产品系统产业全球价值链的升级路径：以大飞机产业为例 [J]．改革，2018 (5)：76 - 86.

[207] 张月友，刘丹鹭．逆向外包：中国经济全球化的一种新战略 [J]．中国工业经济，2013 (5)：70 - 82.

[208] 张蕴如．加工贸易与开放式产业结构升级探析 [J]．国际经贸探索，2001 (3)：30 - 33.

[209] 张幼文，梁军．要素集聚与中国在世界经济中的地位 [J]．学术月刊，2007 (3)：74 - 82.

[210] 张振刚，陈志明，胡琪玲．生产性服务业对制造业效率提升的影响研究 [J]．科研管理，2014 (1)：131 - 138.

[211] 赵伟，郑雯雯．生产性服务业、贸易成本与制造业集聚：机理与实证 [J]．经济学家，2011 (2)：67 - 75.

[212] 周黎安，罗凯．企业规模与创新：来自中国省级水平的经验证据 [J]．经济学（季刊），2005 (2)：623 - 638.

[213] 周茂荣，辜海笑．新产业组织理论的兴起对美国反托拉斯政策的影响 [J]．国外社会科学，2003 (4)：50 - 55.

[214] 周明海，肖文，姚先国．企业异质性、所有制结构与劳动收入份额 [J]．管理世界，2010 (10)：24 - 33.

[215] 朱有为，张向阳．价值链模块化、国际分工与制造业升级 [J]．国际贸易问题，2005 (9)：98 - 103.

[216] 朱钟棣，李璇．我国加工贸易的增值因素分析 [J]．国际商务研究，2007 (5)：1 - 6.

[217] 卓越，张珉．全球价值链中的收益分配与"悲惨增长"——基于中国纺织服装业的分析 [J]．中国工业经济，2008 (7)：131 - 140.

[218] ADELMAN M A. The Concept and Statistical Measurement of Vertical Integration, in G. J. Stigler: Business Concentration and Price Policy [M]. Princeton University Press. 1955.

[219] AMIGHINI A. China in the International Fragmentation of Production: Evidence from the ICT Industry [J]. European Journal of Comparative Economics, 2005, 2 (2): 203 –219.

[220] AMITI M, WEI S J. Service Offshoring, Productivity and Employment: Evidence from the US [J]. International Monetary Fund Working Paper, 2005.

[221] AMSDEN A H. Asia's Next Giant: How Korea Competes in the World Economy [J]. Technology Review, 1989, 92 (4): 46 –53.

[222] ANDERSON P, PETERSEN N C. A Procedure for Ranking Efficient Units in Data Envelopment Analysis [J]. Management Science, 1993, 39 (10): 1261 –1264.

[223] ANTRÀS P. Firms, Contracts, and Trade Structure [J]. The Quarterly Journal of Economics, 2003, 118 (4): 1375 –1418.

[224] ANTRÀS P. Incomplete Contracts and the Product Cycle [J]. American Economic Review, 2005, 95 (4): 1054 –1073.

[225] ANTRÀS P, GARICANO L, ROSSI-HANSBERG E. Offshoring in a Knowledge Economy [J]. The Quarterly Journal of Economics, 2006, 121 (1): 31 –77.

[226] ANTRÀS P, HELPMAN E. Global Sourcing [J]. Journal of Political Economy, 2004, 112 (3): 552 –580.

[227] ARTHUR W B. Competing Technologies, Increasing Returns, and Lock-in by Historical Events. The Economic Journal, 1989, 394: 116 –131.

[228] BAIR J, PETERS E. Global Commodity Chains and Endogenous Growth: Export Dynamism and Development in Mexico and Honduras [J]. World Development, 2006, 34: 203 –221.

[229] BARNEY J. Firm Resources and Sustained Competitive Advantage [J]. Journal of Management, 1991, 17 (1): 99 –120.

[230] BASTOS P, CABRAL M. The Dynamics of International Trade Patterns [J]. Review of World Economics, 2007, 143 (3): 391 –415.

[231] BAZAN L, NAVAS-ALEMÁN L. Upgrading in Global and National

Value Chains: Recent Challenges and Opportunities for the Sinos Valley Footwear Cluster, Brazil [R]. The EADI's Workshop Clusters and Global Value Chains in the North and the Third World, Novara, 30 – 31, 2003.

[232] BONAGLIA F, COLPAN A M, GOLDSTEIN A. Industrial Upgrading in the White Goods Global Value Chain: The Case of Arcelik [R]. ITEC Working Paper Series, 08 – 04 (3), 2008.

[233] BRANDT L, MORROW P M. Tariffs and the Organization of Trade in China [J]. Journal of International Economics, 2017, 104: 85 – 103.

[234] BUCKLEY P J. The Limits of Explanation: Testing the Internalization Theory of the Multinational Enterprise [J]. Journal of International Business Studies, 1988, 19 (2): 181 – 193.

[235] CALABRESE G, ERBETTA F. Outsourcing and Firm Performance: Evidence from Italian Automotive Suppliers [C]. 13th Annual IPSERA Conference, 2004.

[236] CHEN Y-H H. Trade, Industrial Structure, and Brand [J]. Industrial and Corporate Change, 2011, 20 (1): 133 – 174.

[237] CHENG J M S, BLANKSON C, WU P C S, CHEN S S M. A Stage Model of International Brand Development: The Perspectives of Manufacturers from Two Newly Industrialized Economies-South Korea and Taiwan [J]. Industrial Marketing Management, 2005 (34): 504 – 514.

[238] COASE R H. The Nature of the Firm [J]. Economica, 1937, 4 (16): 386 – 405.

[239] DAI M, MAITRA M, YU M J. Unexceptional Exporter Performance in China? The Role of Processing Trade [J]. Journal of Development Economics, 2016 (121): 177 – 189.

[240] DANIELS P W. The TransitionTo Producer Services In China: Opportunities And Obstacles [M] //Producer Services in China. Routledge, 2013: 49 – 71.

[241] DANNEELS E. The Dynamics of Product Innovation and Firm Competences [J]. Strategic Management Journal, 2002, 23 (12): 1095 – 1121.

［242］ DAVID P A. Technical Choice Innovation and Economic Growth: Essays on American and British Experience in the Nineteenth Century ［M］. Cambridge University Press, 1975.

［243］ DAVID P A. Clio and the Economics of QWERTY ［J］. American Economic Review, 1985, 75 (2): 332 – 337.

［244］ DAVID P A. Path Dependence and Historical Social Science: An Introductory Lecture ［C］. An Invited Lecture to the Symposium on Twenty Years of Path Dependence and QWERTY-Effects, Moscow, Russia, 2005.

［245］ DECREUSE B, MAAREK P. FDI And The Labor Share in Developing Countries: A Theory and Some Evidence ［R］. No. halshs – 00333704, 2008.

［246］ DILGER R, MOFFITT R, STRUYK L. Privatization of Municipal Services in America's Largest Population Cities ［J］. Public Administration Review, 1997, 57 (1): 21 – 26.

［247］ DYER J H, SINGH H. The Relational View: Cooperative Strategy and Sources of Interorganizational Competitive Advantage ［J］. Academy of Management Review, 1998, 23 (4): 660 – 679.

［248］ EATON B C, LIPSEY R G. The Theory of Market Preemption: The Persistence of Excess Capacity and Monopoly in Growing Spatial Markets ［J］. Economica, 1979, 46 (182): 149 – 158.

［249］ EGGER H, EGGER P. International Outsourcing and the Productivity of Low-skilled Labour in the EU ［J］. Economic Inquiry, 2006, 44 (1): 98 – 108.

［250］ EGGER P, PFAFFERMAYR M, WOLFMAYR-SCHNITZER Y. The International Fragmentation of Austrian Manufacturing: The Effects of Outsourcing on Productivity and Wages ［J］. The North American Journal of Economics and Finance, 2001, 12 (3): 257 – 272.

［251］ EISENHARDT K M. Building Theories from Case Study Research ［J］. Academy of Management Review, 1989, 14 (4): 532 – 550.

［252］ ERBAS B C, ABLER D G. Environmental Policywith Endogenous Technology from a Game Theoretic Perspective: The Case of the US Pulp and Paper Industry [J]. Environmental and Resource Economics, 2008, 40 (3): 425 – 444.

[253] ESWARAN M, KOTWAL A. The Role of the Service Sector in the Process of Industrialization [J]. Journal of Development Economics, 2002, 68 (2): 401 –420.

[254] ETHIER W J. National and International Returns to Scale in the Modern Theory of International Trade. The American Economic Review, 1982, 72 (3): 389 –405.

[255] FEENSTRA R C. Integration of Trade and Disintegration of Production in the Global Economy [J]. The Journal of Economic Perspectives, 1998, 12 (4): 31 –50.

[256] FEENSTRA R C, HANSON G H. Foreign Investment, Outsourcing and Relative Wages [R]. National Bureauof Economic Research, 1995.

[257] FEENSTRA R C, HANSON G H. Globalization, Outsourcing, and Wage Inequality [J]. American Economic Review, 1996, 86 (2): 240 –245.

[258] FEENSTRA R C, HANSON G H. The Impact of Outsourcing and High Technology Capital on Wages: Estimates for the United States, 1979 ~ 1990 [J]. Quarterly Journal of Economics, 1999 (3): 907 –940.

[259] FEENSTRA R C, HONG C, MA H, et al. Contractual Versus Non-Contractual Trade: The Role of Institutions in China [J]. Journal of Economic Behavior & Organization, 2013, 94: 281 –294.

[260] FORBES N, WIELD D. From Followers to Leaders: Managing Technology and Innovation in Newly Industrializing Countries [M]. London Rutledge, 2001.

[261] GRABHER G. The Weakness of Strong Ties: The Lock-in of Regional Development in the Ruhr Area. in G. Grabher (ed.), The Embedded Firm: On the Socioeconomics of Industrial Networks [M]. London: Routledge, 1993: 255 –277.

[262] GEREFFI G, KORZENIEWICZ M. (Eds.), Commodity Chains and Global Capitalism [M]. Westport, CT: Praeger, 1994.

[263] GEREFFI G. Commodity Chains and Regional Divisions of Labor in East Asia [J]. Journal of Asian Business, 1996, 12: 75 –112.

[264] GEREFFI G. International Trade and Industrial Upgrading in the Apparel Commodity Chains [J]. Journal of International Economics, 1999, 48 (1): 37 –70.

[265] GEREFFI G, HUMPHREY J, STURGEON T. The Governance of Global Value Chains [J]. Review of International Political Economy, 2005, 12 (1): 7 –10.

[266] GERSCHENKRON A. Economic Backwardness in Historical Perspective: A Book of Essays [M]. Cambridge, Ma: Belknap Press of Harvard University Press, 1962.

[267] GIRMA S, GÖRG H. Outsourcing, Foreign Ownership, and Productivity: Evidence from Uk Establishment-Level Data [J]. Review of International Economics, 2004, 12 (5): 817 –832.

[268] GIULIANI E, PIETROBELLI C, RABELLOTTI R. Upgrading in Global Value Chains: Lessons from Latin American Clusters [J]. World Development, 2005, 33 (4): 549 –573.

[269] GOLANY B, ROLL Y. An Application Procedure for DEA [J]. International Journal of Management Science, 1989, 17 (3): 237 –250.

[270] GÖRG H, HANLEY A. International Outsourcing and Productivity: Evidence from Plant Level Data [J]. Globalization, Productivity and Technology, University of Nottingham. 2003.

[271] GÖRG H, HANLEY A. International Outsourcing and Productivity: Evidence from the Irish Electronics Industry [J]. North American Journal of Economics and Finance, 2005, 16 (2): 255 –269.

[272] GÖRG H, HANLEY A, STROBL E. Productivity Effects of International Outsourcing: Evidence from Plant-Level Data [J]. Canadian Journal of Economics, 2008, 41 (2): 670 –688.

[273] GRAY W B, SHADBEGIAN R J. Pollution Abatement Costs, Regulation, and Plant-Level Productivity [R]. National Bureau of Economic

Research, No. w4994, 1995.

[274] GREENSTONE M, LIST J A, SYVERSON C. The Effects of Environmental Regulation on the Competitiveness of US Manufacturing [R]. National Bureau of Economic Research, No. w18392, 2012.

[275] GROSSMAN G M, HELPMAN E. Innovation and Growth in the Global Economy. Cambridge: MIT Press, 1991.

[276] GROSSMAN G M, HELPMAN E. Outsourcing ina Global Economy [J]. The Review of Economic Studies, 2005, 72 (1): 135 – 159.

[277] GRUNSVEN L V, SMAKMAN F. Industrial Restructuring and Early Industry Pathways in the Asian First-Generation NICs: The Singapore Garment Industry [J]. Environment and Planning A: Economy and Space, 2005, 37 (4): 657 – 680.

[278] HAMEL G, DOZ Y L, PRAHALAD C K. Collaborate with Your Competitors and Win [J]. Harvard Business Review, 1989, 67 (1): 133 – 139.

[279] HENSHER D. Some Thoughtson Competitive Tendering in Local Bus Operations [J]. Transport Reviews, 1988, 8 (4): 363 – 372.

[280] HICKS J. The Theory of Wages [M]. Springer, 1963.

[281] HOBDAY M. Innovation in East Asia: The Challenge to Japan [M]. Cheltenham, U. K.: Edward Elgar Publishing, 1995.

[282] HSIEH C, WOO K T. The Impact of Outsourcing to China on Hongkong's Labor Market [J]. American Economic Review, 2005 (5): 1673 – 1687.

[283] HU A G. Ownership, Government R&D, Private R&D, and Productivity in Chinese Industry [J]. Journal of Comparative Economics, 2001, 29 (1): 136 – 157.

[284] HUMMELS D, ISHII J, YI K M. The Nature and Growth of Vertical Specialization in World Trade [J]. Journal of International Economics, 2001, 54 (1): 75 – 96.

[285] HUMPHREY J, SCHMITZ H. Governance and Upgrading: Linking-Industrial Cluster and Global Value Chains Research [R]. Ids Working Paper,

No. 12, institute of Development Studies, University of Sussex, 2000.

[286] HUMPHREY J, SCHMITZ H. How does Insertion in Global Value Chains Affect Upgrading in Industrial Cluster [J]. Regional Studies, 2002, 9 (36).

[287] HUMPHREY J, SCHMITZ H. Inter-Firm Relationships in Global Value Chains: Trends in Chain Governance and their Policy Implications [J]. International Journal of Technological Learning, Innovation and Development, 2008, 1 (3): 258 – 282.

[288] KAPLINSKY R. Is Globalization Allit is Cracked up to be [J]. Review of International Political Economy, 2001, 8 (1): 45 – 65.

[289] KAPLINSKY R, MORRIS M. A Handbook for Value Chain Research [C]. Prepared for the IDRC, 2003, 38 – 39.

[290] KAPLINSKY R, READMAN J. Globalisation and Upgrading: What can (and cannot) be Learnt from International Trade Statistics in the Wood Furniture Sector? University of Sussex. Institute of Development Studies [J]. 2000.

[291] KARAOMERLIOGLU D, CARLSSON B. Manufacturing in Decline? A Matter of Definition [J]. Economics of Innovation and New Technology, 1999, 8 (3): 175 – 196.

[292] KEE H L, TANG H. Domestic Value Added in Exports: Theory and Firm Evidence from China [J]. American Economic Review, 2016, 106 (6): 1402 – 36.

[293] KIMURA K. Growth of the Firm and Economic Backwardness: A Case Study and Analysis of China's Mobile Handset Industry [R]. IDE Discussion Paper, No. 130, 2007.

[294] KOGUT B. Designing Global Strategies: Comparative and Competitive Value-Added Chains [J]. Solan Management Review, 1985, 26 (4): 15 – 28.

[295] KRUGMAN P. The Narrow Moving Band, the Dutch Disease, and the Competitive Consequences of Mrs. Thatcher: Noteson Trade in the Presence of Dynamic Scale Economics. Journal of Development Economics, 1987, 27:

41 – 55.

[296] LECHNER C, LORENZONI G, TUNDIS E. Vertical Disintegration of Production and the Rise of Market for Brands [J]. Journal of Business Venturing Insights, 2016, 6 (12): 1 – 6.

[297] LEE J R, CHEN J S. Dynamic Synergy Creationwith Multiple Business Activities: Toward a Competence-Based Business Model for OEM Suppliers [J]. Advances in Applied Business Strategy, 2000, (6a): 209 – 228.

[298] LEVINSON A. Technology, International Trade, and Pollution from Us Manufacturing [J]. American Economic Review, 2009, 99 (5): 2177 – 2192.

[299] LIU B J, TUNG A C. Export Outsourcing and Foreign Direct investment: Evidence from Taiwanese Exporting Firms [C]. Dynamics, Economic Growth, and International Trade, Conference Paper, 2004.

[300] MANOVA K, YUZ. How Firms Export: Processing vs. Ordinary Trade with Financial Frictions [J]. Journal of International Economics, 2016, 100: 120 – 137.

[301] MARKUSEN J R. Trade in Producer Services and in Other Specialized Intermediate Inputs [J]. The American Economic Review, 1989, 79 (1): 85 – 95.

[302] MATHEWS J A, CHO D S. Tiger Technology: The Creation of A Semiconductor Industry in East Asia [M]. Cambridge, Uk: Cambridge University Press, 2000.

[303] MAZZOLA F, BRUNI S. The Role of Linkages in Firm Performance: Evidence from Southern Italy [J]. Journal of Economic Behavior & Organization, 2000, 43 (2): 199 – 221.

[304] MCLAREN J. "Globalization" and Vertical Structure [J]. American Economic Review, 2000, 90 (5): 1239 – 1254.

[305] MELITZ M J. The Impact of Trade on Intra-Industry Reallocations and Aggregate Industry Productivity [J]. Econometrica, 2003, 71 (6): 1695 – 1725.

[306] MICHEL B. Does Offshoring Contribute to Reducing Domestic Air

Emissions? Evidence from Belgian Manufacturing [J]. Ecological Economics, 2013, 95 (4): 73 –82.

[307] MILGROM P, ROBERTS J. The Economics of Modern Manufacturing: Technology, Strategy, and Organization [J]. American Economic Review, 1990, 80 (3): 511 –528.

[308] MULLER E, ZENKER A. Business Servicesas Actors of Knowledge Transformation: The Role of Kibs in Regional and National Innovation Systems [J]. Research Policy, 2001, 30 (9): 1501 –1516.

[309] NASH J. Two-Person Cooperative Games [J]. Econometrica: Journal of the Econometric Society, 1953: 128 – 140.

[310] ONKVISIT S, SHAW J. The International Dimension of Branding: Strategic Consideration and Decisions [J]. International Marketing Review, 1989, 6 (3): 22 –34.

[311] PACK H, SAGGI K. Vertical Technology Transfer via International Outsourcing [J]. Journal of Development Economics, 2001, 65 (2): 389 –415.

[312] PIETROBELLI C, RABELLOTTI R. Upgrading in Clusters and Value Chains in Latin America: The Role of Policies [R]. Inter-American Development Bank, 2004.

[313] PETTIGREW A. Longtitude Field Research on Change: Theory and Practice [J]. Organization Science, 1990, 1 (3): 267 –292.

[314] POON S C. Beyond the Global Production Networks: A Case of Further Upgrading of Taiwan's Information Technology Industry [J]. International Journal of Technology & Globalisation, 2004, 1 (1): 130 – 144.

[315] PORTER M E. Competitive Advantage: Creating and Sustaining Superior Performance [M]. New York: Free Press, 1985.

[316] PORTER M E. America's Green Strategy. Business and the Environment [J]. 1996.

[317] PORTER M E. The Competitive Advantage of Nations: Witha New Introduction [M]. Free Press, 1998.

[318] PORTER M E, VAN DER LINDE C. Towarda New Conception of

the Environment-Competitiveness Relationship [J]. Journal of Economic Perspectives, 1995, 9 (4): 97 – 118.

[319] PRAHALAD C K, HAMEL G. The Core Competence of the Corporation [J]. Harvard Business Review, 1990, 68 (3): 79 – 91.

[320] PRAHALAD C K, HAMEL G. Competing for the Future [M]. Boston: Harvard Business School Press, 1994.

[321] PROUDMAN J, REDDING S. Evolving Patterns of International Trade [J]. Review of International Economics, 2000, 8 (3): 373 – 396.

[322] QUINN J B. Strategic Outsourcing: Leveraging Knowledge Capabilities [J]. MIT Sloan Management Review, 1999, 40 (4): 9.

[323] REDDING S. Dynamic Comparative Advantage and the Welfare Effects of Trade. Oxford Economic Papers, 1999, 51: 15 – 39.

[324] ROMER P M. Increasing Returnsand Long-Run Growth [J]. Journal of Political Economy, 1986, 94 (5): 1002 – 1037.

[325] ROMER P M. The Origins of Endogenous Growth [J]. Journal of Economic Perspectives, 1994, 8 (1): 3 – 22.

[326] ROSEN E I. Making Sweatshops: The Globalization of the U. S. Apparel Industry [M]. Berkeley: University of California Press, 2002.

[327] SACCHETTI S, SUGDEN R. The Governance of Networks and Economic Power: The Nature and Impact of Subcontracting Relationships [J]. Journal of Economic Surveys, 2003, 17 (5): 669 – 691.

[328] SCHMALENSEE R. A Model of Advertising and Product Quality [J]. Journal of Political Economy, 1978, 86 (3): 485 – 503.

[329] SCHMITZ, H. Local Upgrading in Global Chains: Recent Findings [C]. Paper to be Presented at the Druid Summer Conference, 2004.

[330] SCHMITZ H, KNORRINGA P. Learning from Global Buyers [J]. Journal of Development Studies, 2000, 37 (2): 177 – 205.

[331] SOLOW R M. Technical Changeand the Aggregate Production Function [J]. The Review of Economics and Statistics, 1957: 312 – 320.

[332] STEHRER R. Accounting Relations in Bilateral Value Added Trade

[R]. The Vienna Institute for International Economic Studies, wiiw, 2013.

[333] STURGEON T J, LEE J R. Industry Co-Evolution and the Rise of a Shared Supply-Base for Electronics Manufacturing [C]. Paper Presented at the Nelson and Winter Conference, 2001, 6.

[334] STURGEON T J, LESTER R K. Upgrading East Asian Industries: New Challenges for Local Suppliers [R]. Paper for World Bank. Mit Industrial Performance Centre, 2002.

[335] TAGLIONI D, WINKLER D. Making Global Value Chains Work for Development [M]. The World Bank, 2016.

[336] TEECE D J. Profiting from Technological Innovation: Implications for Integration, Collaboration, Licensing and Public Policy [J]. Research Policy, 1986, 15 (6): 285 –305.

[337] TEECE D J, PISANO G, SHUEN A. Dynamic Capabilities and Strategic Management [J]. Strategic Management Journal, 1997, 18 (7): 509 –533.

[338] TIROLE J. The Theory of Industrial Organization [M]. Cambridge, Ma: The Mit Press, 1988.

[339] TOMIURA E. Foreign Outsourcing and Firm-Level Characteristics: Evidence from Japanese Manufacturers [R]. Discussion Paper Series, No. 64, Hitotsubashi University Research Unit for Statistical Analysis in Social Sciences, 2004.

[340] TOMIURA E. Foreign Outsourcing, Exporting, and FDI: A Productivity Comparison at the Firm Level [R]. Discussion Paper Series No. 168, Kobe University, 2005.

[341] UNCTAD. Global Value Chains and Development: Investment and Value Added Trade in the Global Economy-A Preliminary Analysis [M]. Geneva: UNCTAD, 2013.

[342] UNIDO. Industrial Development Report 2002/2003: Competing through Innovation and Learning [M]. 2002.

[343] VANDERMERWE S, RADA J. Servitization of Business: Adding Value by Adding Services [J]. European Management Journal, 1988, 6 (4):

314 – 324.

[344] VAN REENEN J. The Creation and Capture of Rents: Wages and Innovation in a Panel of UK Companies [J]. The Quarterly Journal of Economics, 1996, 111 (1): 195 – 226.

[345] VERGEER R, KLEINKNECHT A. Jobs versus Productivity? The Causal Link from Wages to Labour Productivity Growth [J]. TU Delft Innovation Systems Discussion Papers, IS, 2007, 1.

[346] WALSH K. Competitive Tendering for Local Authority ServicesInitial Experiences [M]. London: Hmso, 1991.

[347] WANG Z, YU Z. Trading Partners, Traded Products and Firm Performances of China's Exporter-Importers: Does Processing Trade Makea Difference? [J]. The World Economy, 2012, 35 (12): 1795 – 1824.

[348] WATANABE S. Subcontracting, Industrialisation and Employment Creation [J]. International Labour Review, 1971, 104 (1/2), 51 – 76.

[349] WHEELER D. Racing to the Bottom? Foreign Investment and Air Pollution in Developing Countries [J]. The Journal of Environment & Development, 2001, 10 (3): 225 – 245.

[350] WILLIAMSON O E. Transaction-Cost Economics: The Governance of Contractual Relations [J]. The Journal of Law and Economics, 1979, 22 (2): 233 – 261.

[351] YEN Y X, HORNG D J. The Outsourcing Application in Developing One's Own Brand: Transformation from ODM Business [J]. International Journal of Technology Marketing, 2007, 2 (4): 364 – 380.

[352] YIN R K. Case Study Research and Applications: Design and Methods [M]. Sage Publications, 2017.

[353] YORUK, D E. Patterns of Industrial Upgrading in the Clothing Industry in Poland and Romania [R]. Economics Working Papers (19). Centre for the Study of Economic and Social Change in Europe, Ssees, Ucl, London, UK, 2002.

[354] YU M. Processing Trade, Tariff Reductions and Firm Productivity:

Evidence from Chinese Firms [J]. The Economic Journal, 2015, 125 (585): 943 – 988.

[355] ZYSMAN J, SCHWARTZ A. Reunifying Europe in an Emerging World Economy: Economic Heterogeneity, New Industrial Options, and Political Choices [J]. Journal of Common Market Studies, 1998, 36 (3): 405 – 429.

后　记

　　这是一个复杂多变的时代，日新月异，瞬息万变。在以互联网技术引领的科技革命推动下，信息巨量膨胀、知识快速更新、经济持续发展、社会不断进步。全球金融危机发生多年之后，老牌资本主义国家开始力求复兴，新兴发展中经济体继续奋力赶超，都积极抓住新一轮科技革命的契机，欲求在全球经济版图中占据重要的位置。于是，明争暗斗、争端摩擦不可避免。即便如此，与时俱进、不断创新、千方百计谋发展、已然成为所有国家和地区发展的主流旋律。

　　这是一个激烈竞争的时代，千帆竞发，百舸争流。天下一片"勃勃生机"，却又处处"暗藏杀机"。生活在这个时代的国人，既见证了改革开放的光辉历程，也经历了社会转型的巨大变迁。中国经济的腾飞与国民收入水平的提高让世人刮目相看，但同时也引起诸多经济与社会矛盾。国家与国家之间、企业与企业之间、人与人之间的竞争日趋激烈，生活的节奏越来越快。于是，物欲横流、心浮气躁蔚然成风。纵然如此，踏实奋进、不断进取、撸起袖子加油干，应当成为我们青年一代奋斗的根本态度。

　　抚卷沉思，百感交集。在全书付梓之际，正值南方的梅雨时节，天气闷热而潮湿，时而烈日当空，时而雷雨交加。此时的心境正如这天气般复杂，既有积压多年的博士论文终将出版的释然与喜悦，也有漫漫长路的学术生涯注定艰辛的焦虑与不安。我是一个完美主义者，总觉得自己的博士论文还很多地方需要完善，留待时日慢慢修改补充后再作出版。但是由于工作上、生活上的各种繁杂琐事干扰，未能很好地付诸于行动。近几年，在复旦大学做博士后的经历以及与老师、同学和学者的日常交流，发现学术圈的进步实在太快，让我倍感压力与不安。逆水行舟，不进则退。时至今年，我终于下定决心抽出时间整理完稿。从重建框架到重推模型，从更新数据到增补案例，再次体验了当年做毕业论文时的艰辛。虽然终稿依旧不甚令人满意，不过总算是告一段落。

回首往昔，感慨万千。四岁破格上小学的我成为那个年代老家的一段佳话，九岁住校远离家人的我也过早地品尝了生活的酸甜苦辣。而我作为农村孩子和家中老大，也不得已肩负了更多的生活重担。这些与大多数同龄人不太相似的经历，在磨炼我意志的同时，也让我对知识和学业倍加渴望和重视。然而可能因为年轻，曾经也松懈、迷茫、散漫甚至放纵过，未能实现父亲对我入读"少年班"的期许。但还好及时反省和努力，在16岁那年也考上了"211"重点大学，再几经波折，最后也如愿取得博士学位，成为这个世上"最有文化"的人之一。一路走来，走南闯北，经历了许多，感受了许多，学会了许多。我已从当年同学们口中的"小杜"到如今同事们口中的"老杜"，青春虽不再，初心却依旧。曾经的风光或失落、曾经的憧憬或困惑、曾经的坚韧或怯弱、曾经的是非与功过，都已随着似水的流年、如梭的岁月而化成记忆中的点点滴滴。

饮水思源，师恩难忘。多年来，我的每一步成长都离不开博士导师刘志彪教授的鼓励、指点与关怀。老师将我带入刘门，实现了我多年的名校之梦。老师高尚的品德、豁达的胸襟、爽直的性格、风趣的言行、广博的知识、敏锐的思维、独到的见解更是令我无限敬仰，为我树立了立身治学的典范。每次交流，无论是关于人生哲理、学术问题抑或是社会见闻，我总能得到许多收获与感悟。攻博期间，学业的顺利完成当然更是离不开刘老师的悉心指导，他在我困惑、彷徨、纠结之时的点拨让我茅塞顿开、信心倍增。毕业之后，他又一度成为我工作单位的领导，对我关照有加。如今虽然未能以前一样时常当面领教，但是老师的谆谆教诲，是我人生中最宝贵的财富，我将永远铭记于心。感谢我的博士后合作导师程大中教授，让我有机会亲身体验复旦浓厚的学术底蕴，贴近经济学的国际前沿，领略各路经济学专业人士的风采，这也成为激励我努力前行的动力。程老师低调、谦逊、率真的个性，严谨、认真、求精的治学态度，长期坚持奋斗在科研第一线，让我倍感欣赏和崇敬。感谢我的硕士导师郑京淑教授，她一直如慈母般对待学生，即使在我毕业多年以后，依然时常关心我的学习和生活。在南大求学期间，洪银兴教授、范从来教授、沈坤荣教授、安同良教授、郑江淮教授、于津平教授、葛扬教授、杨德才教授、裴平教授、高波教授、刘东教授、李晓春教授、吴福象教授、谢建国教授、皮建才教授、魏守华博士、史先诚博士、郑东雅博士等经济学院的老师们高深的学术水平让我景仰，生动的授课和讲座则让我受益良多，在此一并感谢。感谢辅导员温馨老师对我的信任，将博士班班长之重任委之以我，让我有了一个锻炼自我、全面发展的难得机会。

同窗情谊，历久弥香。感谢刘东皇博士、周长富博士，与他们的讨论与合作，助我体验了初次发表权威期刊论文的欣喜。南京大学江静教授和巫强教授、中国人民大学张杰教授、厦门大学张少军教授等同门翘楚为我树立了学习标杆，时时催我努力向上。感谢师兄卜茂亮博士在我博士论文写作过程中提供重要的数据帮助。感谢张月友博士、张建忠博士、徐宁博士、岳中刚博士、熊宇博士、桑瑞聪博士、陈启斐博士、陈东博士、董也琳博士、闫东升博士、蒋春华博士候选人、何冬梅博士候选人等诸多同门新秀，与他们的交流助我不断进步。感谢侯赟慧博士、路瑶博士、杨继军博士、张三峰博士、王斌博士、王文莉博士、孙治宇博士、郭金秀博士、张益丰博士、张望博士、杜秀红博士、张莉博士、徐圆博士、张文武博士、盛天翔博士等学姐、学长和同学对我的帮助与关心。感谢东北财经大学韩超博士在本书写作与出版过程中提供的有益建议。

同舟共济，来日方长。感谢我的领导江苏省社科院副院长章寿荣研究员、社会政策研究所所长徐琴研究员对我的关照与支持。感谢南京大学长江产业经济研究院陈柳研究员、江苏省社科院社会政策研究所王树华副研究员、周睿博士在研究调查问卷数据整理上的协助。感谢程俊杰博士、何雨博士、顾丽敏博士、骆祖春研究员、张立冬研究员、黎峰研究员、吕永刚博士等同事的支持与鼓励。感谢经济科学出版社编辑老师凌健女士为本书出版所做的辛勤工作，她的开朗、热情、细致、严谨，督促我按时保质地完成了书稿的整理与修缮。

养育之恩，无以为报。感谢我的父母，他们节衣缩食、含辛茹苦地将我们兄妹抚养成人，而我却多年奔波在外，未能尽到足够的孝心。我唯有不懈努力，方能报答他们。感谢我的诸位亲友，他们的理解、鼓励、扶持和关爱给予我强大的精神支柱，是我不断前进的动力。

　　千言万语，道不完感恩谢辞、诉不尽此刻心绪。本书的完成与出版也只是漫漫人生旅途上的一个新起点，学术历程难免伴随着艰辛但也蕴含着成功的快乐。就让这一段文字，作为一时的情感宣泄抑或是永久的纪念，承载我所有的愿望与抱负，激励自己奋力前行吧！

杜宇玮

2019 年 7 月于南京